AF743114

Lutte contre le trafic international des espèces sauvages menacées d'extinction

Le droit aujourd'hui

La collection « Le droit aujourd'hui » regroupe des études juridiques concernant des problèmes d'actualité nationale et internationale, dans divers domaines (éthique, politique, questions de société…).

Dernières parutions

Béatrice BLOHORN-BRENNEUR (dir.), *La médiation sur les cinq continents, rêve ou réalité ? GEMME 20 ans déjà !*, 2024.
Anaïs VIAL, *Le droit à la mort*, 2024.
Béatrice BLOHORN-BRENNEUR (dir.), *Médiation, écologie, environnement et intelligence artificielle*, 2024.
François GERBER, *Tempête Xynthia. La responsabilité des acteurs locaux dans les conséquences de la submersion*, 2023.
Olivier SALOMON, *Interprétation artistique et propriété intellectuelle, Essai d'une théorie du voisinage des droits exclusifs au sein de la propriété littéraire et artistique*, 2023.
Sarah TOUBAL, *Le rebond du débiteur. Contribution à l'étude du droit de la défaillance économique*, 2023.
Claire BORREL, Loïc PELISSIER, Abélisse PINCHON, *Altruisme et Droit*, 2023.
Cristina Elena POPA TACHE, *Le dynamisme du droit international public contemporain et la transdisciplinarité*, 2023.
Charles COLOMAR, *Le droit de l'art en question(s). 20 réponses juridiques sur des thématiques artistiques*, 2023.
Marcel Yannick MISONGUI, *La protection juridictionnelle par la Cour de justice dans l'ELSJ et la PESC après le Brexit*, 2023.
François CAMPAGNOLA, *Précis de droit de l'énergie*, 2023.
Sébastien DEMAY, *La charge de travail à l'ère du numérique*, 2023.
Meganne NATALI, *Le droit international face au trafic illégal de biodiversité sauvage*, 2023.
Rahma BENTIROU MATHLOUTHI (dir.), *Proportionnalité, droits fondamentaux et juge, Proportionality, fundamental rights and judges*, 2023.

Cléo MASHINI MWATHA

Lutte contre le trafic international des espèces sauvages menacées d'extinction

Évaluation de la mise en oeuvre de la convention de Washington (CITES)

Préface de **An CLIQUET et Luc LAVRYSEN**

L'Harmattan

© L'Harmattan, 2024
5-7, rue de l'École polytechnique, 75005 Paris

www.harmattan.fr

ISBN : 978-2-336-45769-7
EAN : 9782336457697

REMERCIEMENTS

La présente publication est une partie de ma thèse de doctorat qui a été supervisée par la professeure Dr. An CLIQUET, comme promotrice, et par les professeurs Dr. Luc LAVRYSEN et Dr. Jean-Paul SEGIHOBE BIGIRA, en leur qualité de membres du comité de guidance. Je voudrais ici leur exprimer ma profonde gratitude pour leur accompagnement ainsi que pour leurs précieuses orientations. Cette même gratitude est également exprimée à l'endroit des professeurs qui m'ont fait l'honneur de composer le jury d'évaluation de ma thèse, à savoir : Dr. Michel TISON, doyen de la faculté de droit et président du jury, Dr. Carole BILLIET, Dr. Blaise Pascal NTIRUMENYERWA et Dr. Hendrick SCHOUKENS.

De la thèse à l'ouvrage, j'ai continué à bénéficier des conseils éclairés des professeurs Dr. An CLIQUET et Dr. Luc LAVRYSEN qui ont accepté de préfacer cette œuvre. À tous deux, je ne peux que dire merci, que dis-je, un tout grand merci.

Finaliser une thèse, puis la mettre à jour pour une publication, demande un grand investissement notamment en temps et beaucoup d'énergie ce qui peut être épuisant. Cependant, pour me ressourcer, j'ai pu compter sur l'amour et le soutien notamment de Nancy, mon épouse, de Cléa, Chloé et Clancy-Emilia, mes enfants, de Jean-Claude, mon père, de Sabin, mon oncle, ainsi que de toute ma famille et de mes amis. Les sacrifices consentis ensemble sont ici couronnés ; et je ne peux, en retour, que leur témoigner mon attachement et mon amour.

Je ne saurais terminer ces propos sans remercier l'équipe de chercheurs du Centre de Recherches Interdisciplinaires en Droit de l'Environnement (CRIDE) et les experts de JURISTRALE tant pour nos fructueux échanges que pour le combat commun pour la protection de l'environnement et la promotion du droit de l'environnement.

Cléo MASHINI MWATHA

PRÉFACE

Il est généralement admis que l'exploitation et le commerce intensifs de certaines espèces de faune et de flore sauvages constituent des fortes pressions sur la survie des espèces, dont certaines sont aujourd'hui menacées d'extinction ou risquent de l'être si les tendances ne sont pas inversées. Le gain important que génère ce commerce est à l'origine de cette expansion. La Convention sur le commerce international des espèces de faune et de flore sauvages menacées d'extinction (CITES) du 3 mars 1973 représente le cadre conventionnel international qui vise à conjuguer les efforts communs pour assurer un commerce durable desdites espèces, pour les protéger et lutter contre leur commerce illicite.

En dépit de la CITES et des lois nationales d'application, ainsi que des mécanismes et outils mis en place afin de réguler ce commerce, on constate une augmentation inquiétante du nombre de saisies des produits CITES. Cléo MASHINI MWATHA indique que ceci reflète partiellement l'état de menace de plusieurs espèces sauvages dont l'éléphant qui est braconné pour la commercialisation de son ivoire. Il apparait qu'un tel commerce illicite, intéressant les réseaux criminels organisés, impacte la paix et la sécurité nationale et internationale ainsi que la santé humaine. Cette criminalité facilite souvent le blanchiment d'argent et la cybercriminalité et contribue au terrorisme.

L'approche de l'auteur est solide. Dans l'ouvrage on retrouve une introduction circonscrite à l'aide d'un grand nombre de documents émanant des instances internationales et des études juridiques, politiques et scientifiques. Dans ceux-ci, on y constate l'ampleur de la criminalité liée aux espèces sauvages. En effet, on y retrouve des statistiques qui laissent sans voix, et qui montrent l'urgence d'agir pour stopper cette hémorragie qui conduirait inéluctablement à l'extinction de certaines espèces sauvages comme l'éléphant d'Afrique. Il cite, entre autres, la liste rouge de l'IUCN 2023 qui relève, par exemple, que les 157 190 espèces étudiées, 44 016 sont classées « menacées ». Dans les trois rapports « *World Wildlife Crime Report : Trafficking in protected species* » de l'UNODC, qu'il exploite à bon escient, on y observe un fort accroissement des saisies. Il y relève notamment le fait que le rapport de 2016 contenait plus de 164.000 saisies dans 120 pays, celui de 2020 contenait 180.000 saisies dans 149 pays alors que celui de 2024 contient 140.000 saisies dans 162 pays et territoires.

Dans *la première partie,* l'auteur évalue les efforts visant la réduction du trafic des espèces sauvages dont l'ampleur et les tendances restent inquiétantes. Il s'appuie sur les données les plus récentes collectées au sein du secrétariat de la CITES, complétées par celles de UNODC, INTERPOL, OMD, PNUE, TRAFFIC et de recherches scientifiques disponibles. Ces données sont évaluées en termes de l'effectivité et de l'efficacité à l'aide des contributions doctrinales solides.

Dans la *deuxième partie,* l'auteur se préoccupe des perspectives de renforcement de la CITES, au regard des impératifs de lutte contre la criminalité liée aux espèces sauvages, et de conservation de la biodiversité. Des propositions réfléchies sont ainsi avancées. Celles-ci se fondent partiellement sur des analyses faites dans le cadre de la CITES ainsi que sur la base de ses propres recherches et de son expérience professionnelle.

Au total, l'auteur a évalué en détail la CITES et les lois nationales d'application de la Belgique et de la RDC, ainsi que la manière dont ces instruments sont mis en œuvre. Il en conclut que les niveaux d'effectivité et d'efficacité de celles-ci sont faibles vu notamment certaines faiblesses et lacunes juridiques. Il recommande des amendements à la CITES et des réformes visant notamment l'institution d'un mécanisme financier en appui à la CITES. Il a également recommandé l'élargissement des compétences de la Cour pénale internationale en vue d'y insérer l'écocide comme 5e crime sur la liste des crimes relevant de cette Cour, tels que limitativement énumérés à l'article 5 du Statut de Rome et s'interroge sur le rôle de la Cour internationale de justice concernant le règlement de différends et la responsabilité internationale des États en matière environnementale.

Nous avons eu beaucoup de plaisir à superviser le travail doctoral de Cléo, en qualité respectivement de promotrice et de membre du comité de guidance, et à le suivre dans un cheminement intellectuel aussi ambitieux que personnel. Son étude est très bien documentée avec des analyses et des recommandations tant pertinentes qu'originales. Aussi, nous semble-t-il qu'elle soit la meilleure présentation de cette Convention et l'évaluation de celle-ci en langue française. Par ailleurs, l'utilisation des tableaux dans une approche à la fois synthétique et comparative en facilite la compréhension.

Au final, nous pensons que les contributions de l'auteur sont des apports indéniables dans la conceptualisation et la mise en œuvre du droit international de l'environnement. Aussi, ne pouvons-nous que souhaiter à ce remarquable *magnum opus*, fruit de beaucoup de recherches comme cela transparaît à sa lecture, de connaître une très large diffusion.

An CLIQUET
Professeure à l'Université de Gand (UGhent)
Faculty of Law and Criminology
Department of European, Public and International Law

Luc LAVRYSEN
Professeur émérite à l'Université de Gand (UGhent)
Faculty of Law and Criminology
Department of European, Public and International Law
Président de la Cour constitutionnelle de la Belgique

AVANT-PROPOS

À lire le préambule de la Convention, on se rend à l'évidence que son but est de veiller à ce que le commerce international des spécimens d'animaux et de plantes sauvages ne menace pas la survie des espèces auxquelles ils appartiennent. Ainsi, la CITES régule une partie du marché mondial, spécifiquement celle qui s'intéresse au commerce international des espèces de faune et de flore sauvages menacées d'extinction. Ce marché, comme tout autre, répond à la loi de la demande et de l'offre. La demande en espèces sauvages étant en forte expansion dès les années 1960, il s'est vite avéré nécessaire d'instaurer un système de régulation du commerce desdites espèces à l'échelle mondiale, d'où la signature de la CITES en 1973.

En dépit de ce cadre conventionnel, et des lois nationales des Parties à cette Convention dont la Belgique et la RDC, on constate plusieurs activités illégales de commerce touchant les espèces couvertes par la CITES. D'énormes saisies des spécimens, des produits et sous-produits qui en sont issus, sont opérées de plus en plus à travers le monde. L'éléphant d'Afrique n'est pas épargné. En analysant ces saisies et les arrestations subséquentes, on se rend compte que ces activités criminelles ne sont pas que l'œuvre isolée de certaines personnes, mais relèvent de plus en plus de la criminalité organisée. Ce commerce illégal des espèces sauvages sape les efforts de conservation et a des impacts économiques, sociaux et environnementaux dévastateurs. À ce jour, il est connu que plusieurs espèces inscrites à la CITES ont une forte valeur marchande et sont ciblées par la criminalité organisée. Il en résulte que le commerce illicite d'espèces sauvages doit être traité comme un crime grave et doit être une priorité dans les programmes de lutte contre la fraude, parallèlement à d'autres formes graves de criminalité telles que le trafic d'êtres humains, de drogues et d'armes.

Ainsi, le lien établi entre la CITES et la lutte contre le trafic des espèces sauvages mérite effectivement de l'être, au vu, notamment, des risques que cette criminalité occasionne, par le contournement des règles, sur les espèces reprises dans ses annexes. Cette criminalité se constitue ainsi en pesanteur pour l'atteinte de l'objet de la CITES, car les espèces dont elle est censée veiller à la survie sont commercialisées illégalement, précipitant ainsi le risque de leur extinction. Ce qui rendrait, fort malheureusement, sans objet l'existence même de la CITES. C'est ainsi, que le présent ouvrage formule des propositions qui permettront de rehausser le degré d'effectivité et d'efficacité de la CITES ainsi que sa mise en œuvre sur le plan national.

LISTE DES ABRÉVIATIONS ET SIGLES

AME	:	Accord Multilatéral sur l'Environnement
ACNP	:	Avis de Commerce Non-Préjudiciable
AFE	:	Accord sur la Facilitation des Échanges
AFRICA-TWIX	:	Africa - Trade in Wildlife Information eXchange (Plateforme Internet d'échange d'information de saisies des produits de faune et flore en Afrique centrale)
AFSCA	:	Agence Fédérale pour la Sécurité de la Chaîne Alimentaire (Belgique)
ALCRIF	:	Application de la Loi et Lutte contre la CRIriminalité Faunique (Projet conjoint JURISTRALE – WWF)
AMSZ	:	Afdeling Multilaterale en Strategische Zaken (Service Affaires multilatérales et Stratégiques, Belgique)
ANB	:	Agentschap voor Natuur en Bos (Agence pour la Nature et la Forêt, Flandre, Belgique)
Art.	:	Article
AWF	:	African Wildlife Fundation (Fondation africaine de la faune)
BDEA	:	Base de Données sur l'Éléphant d'Afrique (du GSEAf)
BE	:	Belgique
BNG	:	Banque de données Nationale Générale (Belgique)
BRENUAC	:	Bureau régional des Nations Unies pour l'Afrique centrale
C.N.CITES	:	Comité national CITES (RDC)
CAFEC	:	Central Africa Forest Ecosystems Conservation (Projet de Conservation des Écosystèmes Forestiers d'Afrique Centrale)
CARPE	:	Central African Regional Program for Environment (Programme régional de l'Afrique centrale pour l'environnement)
CCI	:	Centre du Commerce International
CDB	:	Convention sur la Diversité Biologique
CDF	:	Franc congolais, monnaie de la RDC (son symbole est « FC »)
CDI	:	Commission du droit international
CFA	:	Franc de la Coopération financière en Afrique centrale pour les États de la Communauté économique et monétaire de l'Afrique centrale (son symbole est « XAF »)
CENAREF	:	Cellule Nationale des Renseignements Financiers (RDC)
CIES	:	Commerce Illégal des Espèces Sauvages
CIJ	:	Cour Internationale de Justice
CITES	:	Convention on International Trade in Endangered Species of Wild Fauna and Flora (Convention sur le commerce international des espèces de faune et de flore sauvages menacées d'extinction)
CMS	:	Convention sur la conservation des espèces migratrices appartenant à la faune sauvage
CNUCED	:	Conférence des Nations Unies sur le Commerce et le Développement
COMIFAC	:	Commission Ministérielle des Forêts d'Afrique Centrale

CoP	:	Conference of Parties (Conférence des Parties)
COVID-19	:	Corona Virus D - 19
CPI	:	Cour Pénale Internationale
CSE	:	Commission de Sauvegarde des Espèces (de l'UICN)
CTE	:	Cours et Tribunaux Environnementaux
CTIF	:	Cellule de Traitement des Informations Financières (Belgique)
CTL	:	Fonds d'affectation spéciale CITES
DCN	:	Direction de la Conservation de la Nature (RDC)
DGDA	:	Direction Générale des Douanes et Assises (RDC)
DGE/DG5	:	Direction Générale Environnement (Belgique)
DGF	:	Direction de la Gestion Forestière (RDC)
DIAF	:	Direction des inventaires et Aménagements Forestiers (RDC)
DNF	:	Département de la Nature et des Forêts (Wallonie, Belgique)
ECOFAC 6	:	Ecosystèmes des Forêts d'Afrique centrale (un programme d'appui pour la préservation de la biodiversité et des écosystèmes fragiles)
ECOSOC	:	Economic and Social Council (Conseil économique et social des Nations Unies)
EPI	:	Elephant Protection Initiative (Initiative pour la Protection des Éléphants d'Afrique)
ETIS	:	Elephant Trade Information System (Système d'Information sur le Commerce de l'Éléphant)
EUR	:	Monnaie unique de l'union économique et monétaire de l'Union européenne (son symbole est « € »)
EU-TWIX	:	European Union - Trade in Wildlife Information eXchange
FAO	:	Food and Agriculture Organization of the United Nations (Organisation des Nations Unies pour l'alimentation et l'agriculture)
FCITES	:	Fonds CITES
FEA	:	Fonds pour l'Éléphant d'Afrique
FEM	:	Fonds pour l'Environnement Mondial
GABAC	:	Groupe d'action contre le blanchiment d'argent en Afrique centrale
GAD	:	Groupe Anti-Drogue (unité du service des douanes belges)
GATT	:	General Agreement on Tarifs and Trade (Accord général sur les tarifs douaniers et du commerce)
GSEAf	:	Groupe de Spécialistes de l'Éléphant d'Afrique (de la CSE)
GTC	:	Groupe Technique Consultatif (auprès d'ETIS et de MIKE)
GVTC	:	Greater Virunga Transboundary Collaboration (Collaboration transfrontalière du Grand Virunga)
ICCN	:	Institut Congolais pour la Conservation de la Nature (RDC)
ICCWC	:	International Consortium on Combatting Wildlife Crime (Consortium international de lutte contre la criminalité liée aux espèces sauvages)
INL	:	International Narcotics and Law Enforcement Affairs (USA)

INTERPOL	:	International Police (Organisation Internationale de Police Criminelle, OIPC)
IPC	:	Indice de Perception de la Corruption
IWT	:	Illegal Wildlife Trade (commerce illégal des espèces sauvages)
J.O.	:	Journal officiel (RDC)
JO L	:	Journal officiel de l'Union européenne / Législation
JURISTRALE	:	Juristes pour le Renforcement et l'Application de la Loi dans le secteur de l'Environnement
LAB	:	Lutte Anti-Braconnage
LATF	:	Lusaka Agreement Task Force (Équipe spéciale de l'Accord de Lusaka)
LRBPO	:	Ligue Royale Belge pour la Protection des Oiseaux (Belgique)
M.B.	:	Moniteur Belge (Belgique)
MEDD	:	Ministère de l'Environnement et Développement Durable (RDC)
MIKE	:	Monitoring the illegal killing of Elephants (Système de suivi à long terme de la chasse illicite à l'éléphant).
OCC	:	Office Congolais de Contrôle (RDC)
OCFSA	:	Organisation de la Conservation de la Faune Sauvage en Afrique
ODD	:	Objectifs de Développement Durable
OIER	:	Organisation d'Intégration Économique Régionale
OLAF	:	Office européen de Lutte Antifraude
OMC	:	Organisation Mondiale du Commerce
OMD	:	Organisation Mondiale des Douanes
OMS	:	Organisation Mondiale de la Santé
ONG	:	Organisation Non Gouvernementale
ONU	:	Organisation des Nations Unies
PANI	:	Plan d'Action National pour l'Ivoire (National Ivory Action Plan)
PAPECALF	:	Plan d'Action sous-régional des Pays de l'Espace COMIFAC pour le renforcement de l'Application des Législations nationales sur la Faune Sauvage
PFBC	:	Partenariat pour les Forêts du Bassin du Congo
PIKE	:	Proportion of Illegally Killed Elephants (Proportion des éléphants abattus illégalement)
PLN	:	Projet sur les Législations Nationales
PMA	:	Pays les Moins Avancés
PNC	:	Police Nationale Congolaise (RDC)
PNUE	:	Programme des Nations Unies pour l'Environnement
PRCMD	:	Principe des Responsabilités Communes Mais Différenciées
QTL	:	Fonds de soutien aux activités CITES
RDC	:	République Démocratique du Congo
RTNU	:	Recueil des traités des Nations Unies
RVA	:	Régie des Voies Aériennes (RDC)
SPF SPSCAE	:	Service Public Fédéral Santé Publique, Sécurité de la Chaîne Alimentaire et Environnement (Belgique)
SPP	:	Servitude Pénale Principale

SYVBAC	:	Système de suivi de la filière - Viande de Brousse en Afrique Centrale
TGI	:	Tribunal de Grande Instance
TIDM	:	Tribunal International du Droit de la Mer
TRAFFIC	:	Trade Records Analysis of Fauna and Flora in Commerce (Réseau pour le suivi du commerce de la faune)
UE	:	Union Européenne
UICN	:	Union Internationale pour la Conservation de la Nature
UNODC	:	United Nations Office on Drugs and Crime (Office des Nations Unies contre la drogue et le crime)
USAID	:	United States Agency for International Development (Agence des États-Unis pour le développement international)
USD	:	Dollar des États-Unis (son symbole est « $ »)
WCS	:	Wildlife Conservation Society (Société de conservation de la faune)
WDPA	:	World Database on Protected Areas (Base de données mondiale sur les aires protégées)
WISE	:	World Wildlife Seizure database (Base de données mondiale sur les saisies d'espèces sauvages)
WWF	:	World Wide Fund for Nature (Fonds Mondial pour la Nature)

ABSTRACT

Intensive exploitation and trade in certain species of wild fauna and flora is putting great pressure on the survival of species, some of which are now threatened with extinction or may become so if trends are not reversed. One of the reasons for this expansion is the gain from such trade (for example the case of the sale of elephant ivory and other derived products). Thus, the idea of defining an international treaty aimed at combining common efforts to ensure sustainable trade in these species and thus to protect them and fight against their illegal trade has emerged. Hence the birth of the Convention on International Trade in Endangered Species of Wild Fauna and Flora (CITES) of 3 March 1973.

In spite of this convention framework and the national implementing laws, as well as the mechanisms and tools put in place to regulate this trade, there has been a worrying increase in the number of seizures of CITES products at the international level. This partially reflects the threat status of several wildlife species, including elephants poached for the trade in their ivory. Such illegal trade, involving organized criminal networks, has strong impacts both on national and international peace and security as well as on human health. Moreover, this wildlife crime, often facilitated by corruption, money laundering and cybercrime, also contributes to terrorism.

The evaluation of CITES and national implementing legislation, particularly in Belgium and the DRC, found that the levels of effectiveness and efficiency of CITES and national implementing legislation are low, particularly in view of certain weaknesses and legal loopholes. We have therefore recommended, on the one hand, to ensure that the Convention and the laws as they stand are applied, because one of the findings is the low level of implementation of this legal framework. On the other hand, amendments to CITES and reforms were recommended, aimed in particular at the establishment of a financial mechanism to support CITES. And, in a forward-looking vision, it was recommended that the jurisdiction of the International Criminal Court be broadened to include ecocide as the 5th crime on the list of crimes under the jurisdiction of this Court as exhaustively enumerated in Article 5 of the Rome Statute. Such an approach also led to questions about the role of the International Court of Justice in dispute settlement and the law of international state responsibility in environmental matters. In short, these contributions will help to increase the effectiveness and efficiency of CITES.

Key words: international environmental law, Convention on International Trade in Endangered Species of Wild Fauna and Flora, CITES, wildlife crime, illegal wildlife trade, ecocide, Belgium, Democratic Republic of Congo (DRC), law enforcement, effectiveness and efficiency.

RÉSUME

L'exploitation et le commerce intensifs de certaines espèces de faune et de flore sauvages impliquent de fortes pressions sur la survie des espèces, dont certaines sont aujourd'hui menacées d'extinction ou risquent de l'être si les tendances n'étaient pas inversées. Cette expansion est notamment due au gain que génère un tel commerce (le cas de la vente d'ivoire d'éléphants et autres produits dérivés). C'est ainsi que s'est imposée l'idée de définir un cadre conventionnel international visant à conjuguer des efforts communs pour assurer un commerce durable desdites espèces et partant, de les protéger et de lutter contre leur commerce illicite. D'où la naissance de la Convention sur le commerce international des espèces de faune et de flore sauvages menacées d'extinction (CITES) du 3 mars 1973.

En dépit de ce cadre conventionnel et des lois nationales d'application, ainsi que des mécanismes et outils mis en place afin de réguler ce négoce, on constate une augmentation inquiétante du nombre de saisies des produits CITES à l'international. Ceci reflète partiellement la situation menaçante dans laquelle se trouvent plusieurs espèces sauvages, dont l'éléphant braconné pour la commercialisation de son ivoire. Un tel commerce illicite, intéressant les réseaux criminels organisés, a de forts impacts tant sur la paix et la sécurité nationale et internationale que sur la santé humaine. Par ailleurs, cette criminalité liée aux espèces sauvages, souvent facilitée par la corruption, le blanchiment d'argent et la cybercriminalité, contribue également au terrorisme.

De l'évaluation de la CITES et des lois nationales d'application notamment de la Belgique et de la RDC, il s'est avéré que les degrés d'effectivité et d'efficacité de celles-ci sont faibles, vu notamment certaines fragilités et lacunes juridiques. Aussi, avons-nous prescrit, d'une part, de s'assurer d'appliquer la Convention et les lois en leur état, car un des constats est le niveau minimal de mise en œuvre de ce cadre juridique. D'autre part, des amendements à la CITES et des réformes visant notamment l'instauration d'un mécanisme financier en appui à la CITES ont été recommandés. Et, dans une vision prospective, l'élargissement des compétences de la Cour pénale internationale en vue d'y insérer l'écocide comme 5e crime sur la liste des crimes relevant de cette Cour tels que limitativement énumérés à l'article 5 du Statut de Rome a été préconisé. Une telle démarche amène également à s'interroger sur le rôle de la Cour internationale de justice en matière de règlement de différends et de droit de responsabilité internationale des États en matière environnementale. En somme, ces contributions permettront de rehausser le degré d'effectivité et d''efficacité de la CITES.

Descripteurs : droit international de l'environnement, Convention sur le commerce international des espèces de faune et de flore sauvages menacées d'extinction, CITES, criminalité liée aux espèces sauvages, criminalité faunique, commerce illégal des espèces sauvages, écocide, Belgique, République Démocratique du Congo (RDC), application de la loi, effectivité et efficacité.

INTRODUCTION GÉNÉRALE

L'exploitation et le commerce intensifs de certaines espèces de faune et de flore sauvages « constituent des fortes pressions sur la survie des espèces dont certaines sont aujourd'hui menacées d'extinction »[1] ou risquent de l'être si les tendances n'étaient pas inversées. Cette expansion est notamment due au gain que génère un tel commerce. En effet, comme le relève Jean-Pierre BEURIER, « l'appât du gain est le moteur essentiel de ce commerce, à la fois dans les pays pauvres où les prix d'achat, bien que faibles, constituent une source de revenu pour la paysannerie, et dans les pays développés où ces espèces sont revendues en bout de chaîne dix à cinquante fois la valeur de leur prix d'achat »[2]. C'est ainsi que s'est imposée l'idée de définir un cadre conventionnel international visant à conjuguer des efforts communs pour assurer un commerce durable desdites espèces et partant, de lutter contre leur commerce illicite et de les protéger. D'où la naissance de la Convention sur le commerce international des espèces de faune et de flore sauvages menacées d'extinction (CITES) du 3 mars 1973[3].

La CITES a pour objet de « veiller à ce que le commerce international des spécimens d'animaux et de plantes sauvages ne menace pas la survie des

---

[1] C. MASHINI MWATHA et N. SHABANI AZIZA, *La protection de la faune sauvage en droit international : contribution de la CITES à la protection de l'éléphant d'Afrique*, Sarrebruck, Editions Universitaires Européennes, 2015, p. 15.

[2] J.-P. BEURIER, *Droit international de l'environnement*, Paris, éd. A. Pedone, 5e éd., 2017, p.350. Voy. aussi J.-M. ARBOUR et S. LAVALLEE, *Droit international de l'environnement*, Québec, éd. Yvon Blaise, 2e éd., 2001, p.387.

[3] Convention sur le commerce international des espèces de faune et de flore sauvages menacées d'extinction, Washington D.C., 3 mars 1973, RTNU, vol. 993, p. 244 (entrée en vigueur le 1er juillet 1975). Selon Willem WIJNSTEKERS (Secrétaire général de la CITES de 1999-2010.), le titre qui désigne cette convention « constitue une barrière psychologique pour les secteurs économiques impliqués dans l'exploitation de produits de consommation dérivés, comme les poissons et le bois. La plupart des consommateurs ne comprendront pas qu'une espèce inscrite à l'Annexe II n'est pas menacée d'extinction alors que ses produits sont couverts par une convention internationale qui réglemente le commerce mondial des espèces "menacées" ». Aussi, proposa-t-il, pour supprimer cet obstacle psychologique, d'utiliser un titre de travail beaucoup plus neutre pour se référer à la convention, comme la CITES – « Convention sur le commerce des espèces sauvages ». Celle-ci n'a malheureusement pas encore reçu d'écho favorable dans le langage courant. L'on peut certainement penser que les acteurs de la conservation voudraient qu'un accent particulier soit mis sur l'expression « espèces menacées d'extinction » afin de rappeler l'état critique des espèces que la convention entend protéger, car tout de suite ça interpelle. Voy. W. WIJNSTEKERS, *L'évolution de la CITES*, Budapest, International Council for Game and Wildlife Conservation (CIC), 9e éd., 2011, p. 27. Nous pensons, quant à nous, que les différents spécimens inscrits dans les annexes CITES sont effectivement menacés d'extinction, mais à des degrés différents selon qu'ils figurent à l'Annexe I, II ou III. Il s'agit donc d'espèces qui, si leur commerce n'était pas contrôlé, pourraient facilement s'éteindre.

espèces auxquelles ils appartiennent »[4]. L'objet de la régulation de ce commerce peut s'étendre notamment en suggérant que ledit commerce ne menace ni la paix ni la sécurité internationale ; car, bien souvent, il alimente des guerres et il est source de plusieurs conflits[5]. De cet avis, le Secrétaire général des Nations unies relève que « le braconnage [et le trafic illégal des espèces sauvages], parfois lié à d'autres activités criminelles, voire terroristes, représente une grave menace pour la paix et la sécurité durables »[6]. De son côté, le Conseil de sécurité des Nations unies a également établi ce même lien, entre la criminalité liée aux espèces sauvages et la paix et la sécurité, notamment dans ses résolutions 2134 (2014)[7] et 2136 (2014)[8] prenant des sanctions à l'encontre des groupes armés, en République centrafricaine et en République Démocratique du Congo, qui sont financés par l'exploitation illégale des ressources naturelles, y compris le braconnage et le commerce illégal d'espèces sauvages[9]. Par ailleurs, cette criminalité a également plusieurs autres impacts, notamment sur la santé humaine avec les différentes zoonoses à l'instar de la COVID-19, mais aussi sur le plan économique et sur la biodiversité.

Le système de régulation actuel du commerce des espèces sauvages repose, essentiellement, sur la CITES qui ne porte que sur le commerce des espèces de faune et de flore menacées d'extinction. Celle-ci est, de ce fait, venue compléter l'architecture conventionnelle existante sur la régulation du commerce international de façon globale. Ainsi, ces règles coexistent avec celles de l'Organisation mondiale du commerce (OMC). Cette dernière s'occupe « des règles régissant le commerce entre les pays. Sa principale fonction est de favoriser autant que possible la bonne marche, la prévisibilité, la liberté des échanges et d'assurer des conditions égales entre tous ses membres »[10]. Pour sa part, la CITES est un accord environnemental

---

[4] CITES, *La CITES en Bref*, accessible sur : http://www.cites.org/fra/disc/what.php, consulté le 25 octobre 2014.

[5] Commission européenne, *Communication de la commission au Conseil et au Parlement européen sur l'approche adoptée par l'UE en matière de lutte contre le trafic d'espèces sauvages*, COM (2014) 64 final, février 2014, p. 2.

[6] Nations unies, *Rapport du Secrétaire général de l'ONU du 20 mai 2013, S/2013/297, résolution du Conseil de sécurité de l'ONU 2121 (2013)*, p.17.

[7] Conseil de sécurité des Nations unies, résolutions 2134 (2014), accessible sur : http://www.un.org/fr/ga/search/view_doc.asp?symbol=S/RES/2134(2014), consulté le 15 juin 2018.

[8] Conseil de sécurité des Nations unies, résolutions 2136 (2014), accessible sur : http://www.un.org/News/Press/docs/2014/sc11268.doc.htm, consulté le 15 juin 2018.

[9] CITES, *Sanctions adoptées par les Nations unies contre les groupes armés financés par le braconnage et le commerce illicite des espèces sauvages en République centrafricaine et en République démocratique du Congo*, accessible sur : http://www.cites.org/fra/news/sundry/2014/20140203_un_sanctions.php, consulté le 15 juin 2018.

[10] CITES et OMC, *Renforcer la coopération en faveur du développement durable*, Secrétariat de l'OMC, Suisse, 2015, p. 1.

multilatéral qui s'appuie essentiellement sur des mesures commerciales pour atteindre ses objectifs. De ce point de vue, les systèmes de régulation du commerce de l'OMC et de la CITES sont donc complémentaires[11]. Le premier étant considéré comme *lex generalis* (loi générale) et le second comme *lex specialis* (loi particulière)[12].

En tant que convention de première génération, la CITES possède un système de fonctionnement relativement simple. Il repose entièrement sur trois annexes (article II) dans lesquelles sont listées des espèces en fonction de l'importance de la menace pesant sur leur survie. De ce classement dépend l'autorisation ou l'interdiction du commerce de telle ou telle espèce animale ou végétale[13]. L'annexe dans laquelle est inscrit un taxon détermine le niveau de protection, de la réglementation[14] et la nature du commerce autorisé. En outre, elle a institué un mécanisme de contrôle basé sur des permis et des certificats (article VI) afin d'assurer la régulation de ce commerce au niveau international.

En dehors de la sphère purement commerciale, couverte par la CITES et d'autres normes internationales[15], il existe d'autres cadres juridiques liés à la

---

[11] Voy. H. HELLIO, *L'Organisation mondiale du commerce et les normes relatives à l'environnement. Recherches sur la technique de l'exception*, Thèse de doctorat en droit international, Université de Paris II, 2005, p. 22, cité par J. ANDELA, « L'art. xx du GATT de 1994 dans la jurisprudence de l'organe de règlement des différends de l'OMC : une analyse sous le prisme environnemental », in *Revue québécoise de droit international*, 25.1 (2012), pp. 3-4. Par ailleurs, un conflit entre la loi générale et la loi particulière reste possible. En effet, en 1991, par exemple, un différend sur la protection des espèces sauvages soulevé dans le cadre du GATT a mis en lumière le risque de conflit entre les disciplines commerciales et les mesures de conservation des ressources naturelles. Ce différend concernait un embargo imposé par les États-Unis sur les importations de thons en provenance du Mexique pêchés au moyen de filets qui causaient la mort accidentelle de dauphins. Ce qui distinguait ce différend, c'était que, pour la première fois, une mesure visant à protéger une espèce sauvage sans valeur commerciale était examinée dans le cadre du système commercial multilatéral. Dans cette affaire, le Groupe spécial du GATT a tranché en faveur du Mexique. Bien que son rapport n'ait pas été adopté formellement, il a déclenché une controverse sur la capacité du système commercial multilatéral à prendre en compte des préoccupations environnementales légitimes. Voy. *CITES et OMC, Renforcer la coopération en faveur du développement durable*, *op.cit.*, p. 5.

[12] A. GADJI, *Libéralisation du commerce international et protection de l'environnement*, Thèse de doctorat en droit, Université de Limoges, Faculté de droit et des sciences économiques, CRIDEAU, Limoges, 2007, p. 100. Il rappelle que ce principe est une application bien établie en droit national selon laquelle en cas de conflit entre une règle spéciale et une règle générale, c'est la règle spéciale qui l'emporte.

[13] T. DELEUIL, « La CITES et la protection internationale de la biodiversité », accessible sur : http://www.sifee.org/static/uploaded/Files/ressources/actes-des-colloques/paris/session-1-2/1_DELEUIL_TXT.pdf , p. 3, consulté le 12 octobre 2016.

[14] Peut s'écrire règlementation, selon les rectifications orthographiques de 1990, voir notamment, Dictionnaire de l'Académie française, *Règlementation*, accessible sur : http://www.dictionnaire-academie.fr/article/A9R1340, consulté le 28 janvier 2023.

[15] Notamment la Conférence des Nations unies sur le commerce et le développement (CNUCED) et le Centre du commerce international (CCI). Voy. à ce sujet, PNUE, *Renforcement des cadres juridiques liés au commerce licite et illicite des espèces sauvages et*

protection de l'environnement[16] qui renforcent les efforts de régulation afin notamment de garantir la conservation de la biodiversité et de s'attaquer à une des causes de sa destruction, à savoir le commerce illicite. Parmi ces textes, l'on citerait notamment les conventions sur « la diversité biologique[17], les espèces migratrices appartenant à la faune sauvage[18], le patrimoine mondial culturel et naturel[19] et la Convention relative aux zones humides d'importance internationale particulièrement comme habitats des oiseaux d'eau[20]. Cet arsenal conventionnel, qui enrichit le droit international de l'environnement, met en place un cadre juridique spécifique en vue de protéger la faune [et la flore] sauvage[s] »[21]. Une telle protection, par-delà les considérations purement environnementales, est renforcée par des normes visant à lutter contre tout type de criminalité à l'instar de la Convention des Nations unies contre la criminalité transnationale[22], de la Convention des Nations unies contre la corruption[23] ainsi que la Convention internationale pour la répression du financement du terrorisme[24].

Sur le plan national, il conviendrait de nous focaliser sur la Belgique et la République Démocratique du Congo (RDC)[25] afin d'évaluer leurs

---

des produits forestiers, Leçons tirées des secteurs de la gestion des ressources naturelles, de la réglementation du commerce et de la justice pénale, Nairobi, 2019, p. 9.

[16] A ce propos, Nicolas De Sadeleer relève que « si la protection de l'environnement n'est pas une préoccupation récente, celle-ci a pris, ces dernières années, une acuité nouvelle, marquée par l'urgence de trouver des solutions universelles au réchauffement climatique, à l'érosion de la biodiversité ainsi qu'à l'épuisement des ressources naturelles » (N. De Sadeleer, *Environnement et marché intérieur*, Bruxelles, éd. de l'Université de Bruxelles, 2010, p.7).

[17] Convention sur la diversité biologique, Rio de Janeiro, 5 juin 1992, RTNU, vol. 1760, p. 79 (entrée en vigueur le 29 décembre 1993).

[18] Convention sur la conservation des espèces migratrices appartenant à la faune sauvage, Bonn, 23 juin 1979, RTNU, vol. 1651, p. 333 (entrée en vigueur le 1er novembre 1983).

[19] Convention concernant la protection du patrimoine mondial culturel et naturel, Paris, 23 novembre 1972, RTNU, vol. 1037, p. 174 (entrée en vigueur le 17 décembre 1975).

[20] Convention relative aux zones humides d'importance internationale particulièrement comme habitats des oiseaux d'eau (Ramsar, 1971).

[21] C. Mashini Mwatha et N. Shabani Aziza, *La protection de la faune sauvage en droit international : contribution de la CITES à la protection de l'éléphant d'Afrique, op. cit.*, p. 17.

[22] Convention des Nations unies contre la criminalité transnationale organisée, New York, 15 novembre 2000, RTNU, vol. 2225, p. 209 (entrée en vigueur le 29 septembre 2003).

[23] Convention des Nations unies contre la corruption, New York, 31 octobre 2003, RTNU, vol. 2349, p. 41 (entrée en vigueur le 14 décembre 2005).

[24] Convention internationale pour la répression du financement du terrorisme, New York, 9 décembre 1999, RTNU, vol. 2178, p. 197 (entrée en vigueur le 10 avril 2002).

[25] La Belgique est partie à la CITES depuis le 3 octobre 1983, laquelle est entrée en vigueur le 1er janvier 1984. La RDC, pour sa part, est partie à la CITES depuis le 20 juillet 1976, et cette dernière est entrée en vigueur le 18 octobre 1976. Voir à ce propos CITES, *Liste des Parties à la CITES*, accessible sur : https://cites.org/eng/disc/parties/chronolo.php, consulté le 2 novembre 2020. Nous avons limité nos recherches à ces deux pays. Ce choix est motivé notamment par le fait que la RDC est un État de l'aire de répartition de l'éléphant (CITES, *CoP16 Doc. 53.2.2 (Rev. 1)*, p. 15) et qu'il s'y pose beaucoup de problèmes à la fois de braconnage et de commerce illégal de l'ivoire d'éléphant (CITES, *SC62 Doc. 46.1 (Rev. 1), op.*

contributions dans la lutte contre la criminalité liée aux espèces sauvages en général et à l'éléphant en particulier. De façon plus globale, à partir notamment de ces deux pays[26], nous allons évaluer l'effectivité et l'efficacité de la CITES. En Belgique, la CITES est mise en application via des règlements européens (UE)[27] complétés par d'autres textes dont la loi du 28 juillet 1981[28] et son arrêté royal d'exécution du 9 avril 2003[29], la loi du 7 février 2014[30] portant des dispositions diverses en matière de bien-être animal, de commerce international des espèces de faune et de flore sauvages menacées d'extinction, et de santé des animaux ainsi que certaines dispositions de la loi du 12 juillet 1973[31] sur la conservation de la nature. En RDC, l'on peut principalement citer la loi n°14/003 du 11 février 2014 relative à la conservation de la nature[32], la loi n° 82-002 du 28 mai 1982 portant réglementation de la chasse, l'arrêté n°056 CAB/MIN/AFF-ECNT.F/01/00 du 28 mars 2000 portant réglementation du commerce international des espèces de la faune et de la flore menacées d'extinction (CITES) ainsi que l'arrêté ministériel n°020/CAB/MIN/ECN-EF/2006 du 20 mai 2006 portant agrément de la liste des espèces animales protégées RDC.

Tel se fonde le système actuel de régulation du commerce international des espèces de faune et de flore au niveau mondial, et sa mise en œuvre au niveau national. Celui-ci enrichit le droit de l'environnement qui a pour objet

---

cit, p. 8) ainsi que, de façon globale, des problèmes d'application de la loi liés à plusieurs pesanteurs. La Belgique a été choisie pour deux principales raisons. D'abord, au vu des relations historiques qu'elle a avec la RDC qui est une de ses anciennes colonies. Par ailleurs, les deux pays entretiennent de bonnes relations, notamment commerciales. Il y a au moins un à deux vols de Kinshasa vers la Belgique chaque jour. Ensuite, de par sa position au sein de l'Union européenne, plusieurs transactions passent par la Belgique. Elle se présente donc à la fois comme un pays de destination, mais beaucoup plus comme un pays de transit des espèces protégées allant soit vers d'autres pays d'Europe, soit vers l'Asie. Par ailleurs, comme la relève si bien Jean-François NEURAY, « la ressource [étant] au Sud, et l'argent au Nord » (J.-F. NEURAY, *Droit de l'environnement, Bruxelles*, Bruylant, 2001, p.43), une étude comparée permettra d'établir un parallèle entre un pays en développement (disposant de la faune) et un pays développé (disposant des moyens financiers) afin notamment de démontrer l'influence du niveau de développement sur la mise en œuvre de certains engagements internationaux. Au-delà des niveaux inégaux de développement, d'autres différences peuvent également avoir un impact sur la mise en œuvre des engagements internationaux, notamment le cadre légal ou la culture propre à chaque État.

[26] De l'évaluation de la CITES sur les lois nationales, les deux pays ont été repris dans la catégorie 1 reprenant les pays dont les législations permettent une bonne application de la CITES.

[27] Il s'agit des règlements (CE) n° 338/97, (CE) n° 865/2006 et (CE) n° 750/2013.

[28] M.B., 30 décembre 1983, L. LAVRYSEN, « Un accord de coopération : le moyen d'appliquer et de faire respecter effectivement et de manière intégrée, la régulation CITES ? », in *Liber Amicorum Francis Haumont*, Bruxelles, Bruylant, 2015, p.561.

[29] M.B., 6 juin 2003.

[30] M.B., 28 février 2014.

[31] M.B., 11 septembre 1973.

[32] J.O. n°4 -I du 15 février 2015.

l'environnement et pour finalité sa protection dans ses relations et interactions avec l'homme par un ensemble de règles juridiques. Michel PRIEUR relève ainsi que « le droit de l'environnement va organiser les relations de l'homme avec les différentes composantes de l'environnement telles que l'air, l'eau, le sol, la faune, la flore et leurs interactions, le paysage, les biens qui composent l'héritage culturel »[33].

Par ailleurs, en dépit de cette régulation, l'édition de la Liste rouge mondiale de l'UICN de 2023 montre que « les 157 190 espèces étudiées, 44 016 sont classées menacées. Parmi elles, 41% des amphibiens, 12% des oiseaux et 26% des mammifères sont menacés d'extinction au niveau mondial. C'est également le cas pour 37% des requins et raies, 36% des coraux constructeurs de récifs et 34% des conifères »[34]. Les espèces emblématiques, à l'instar de l'éléphant d'Afrique (*Loxodonta africana*) [35], s'orientent lentement mais sûrement vers une extinction totale à cause d'une forte criminalité liée aux espèces sauvages, laquelle est source de gain pour les trafiquants.

Les risques liés à cette criminalité sont également soulignés dans les rapports « *World Wildlife Crime Report : Trafficking in protected species* » de l'UNODC de mai 2016, juillet 2020 et mai 2024. De l'analyse de ces trois rapports, on constate une évolution significative de la quantité des saisies de produits illicites de faune et de flore entre 2016 et 2024. De façon globale, en 2016, la base de données *World Wildlife Seizures* (World WISE) contenait

---

[33] M. PRIEUR, *Le Droit de l'environnement*, Paris, Eyrolles, 2007, p. 295.

[34] UICN, *La Liste rouge mondiale des espèces menacées (version 2023.1)*, accessible sur : https://uicn.fr/liste-rouge-mondiale/, consulté le 16 mai 2024.

[35] De son nom scientifique « *Loxodonta africana* ». Taxonomy : KINGDOM (*Animalia*) ; PHYLUM (*Chordata*) ; CLASS (*Mammalia*); ORDER (*Proboscidea*) ; FAMILY (*Elephantidae*) & GENUS (*Loxodonta*). Il est une des espèces phares les plus braconnées et faisant l'objet d'un grand trafic illicite au niveau mondial, notamment à cause de son ivoire, l'on retrouve l'éléphant d'Afrique, le plus grand mammifère terrestre restant sur la planète. En termes de menace sur l'espèce, on peut relever la flambée du braconnage, le commerce illicite de l'ivoire, l'accélération de la perte de l'habitat et de l'aire de répartition (PNUE, CITES, IUCN, TRAFFIC, *Des éléphants dans la poussière – La crise de l'éléphant d'Afrique, Évaluation rapide des réponses à apporter Programme des Nations unies pour l'environnement*, GRID- Arendal, Norvège, 2013, pp.4 et 6.), mais aussi la pression due à l'aménagement du territoire et les conflits hommes-éléphants (CITES, *SC62 Doc. 46.1 (Rev. 1)*, p. 8, accessible sur : http://cites.org/fra/com/sc/62/F62-46-01.pdf, consulté le 1e juin 2014.). En effet, « selon les estimations, le nombre d'éléphants d'Afrique tués illégalement a doublé au cours des dix dernières années, tandis que la quantité d'ivoire saisie a triplé. En 2012, les braconniers ont tué environ 22.000 éléphants. Plus de 40 tonnes d'ivoire illégal ont été saisies en 2013. La population d'éléphants d'Afrique, estimée à 500.000 individus, est probablement en déclin aujourd'hui dans toutes les sous-régions du continent ». Comme le montre l'analyse des données des instruments CITES, « le niveau de l'abattage illégal dans toute l'aire de l'éléphant d'Afrique est sérieux et de plus en plus préoccupant » (Commission européenne, *Communication de la commission au conseil et au parlement européen sur l'approche adoptée par l'UE en matière de lutte contre le trafic d'espèces sauvages*, *op.cit.*, p. 2.).

plus de 164 000 saisies dans 120 pays[36]. Pour 2016-2018, l'UNODC a reçu plus de 42 600 enregistrements de saisies provenant des rapports annuels des Parties à la CITES sur le commerce illégal, impliquant environ 1 500 espèces. Ainsi, la version de la base de données *World WISE* - qui est à la base du rapport 2020 - comprend près de 180 000 saisies dans 149 pays avec près de 6 000 espèces représentées dans le commerce illégal, avec des saisies allant de 1999 à 2018[37]. Le rapport de 2024 fait état de 140.000 saisies[38] dans 162 pays et territoires[39]. En ce qui concerne spécifiquement l'ivoire d'éléphant, on peut constater que le rapport UNODC de 2016[40], relevait un total de 18 % des saisies des produits et sous-produits d'éléphants, tandis que le rapport de 2020 indique un total de 30,6 %. On constate donc, entre les deux périodes considérées, une augmentation de 12,6 %, soit 70 % des saisies des produits et sous-produits d'éléphants. Le rapport de 2024, en dépit des perturbations liées à la pandémie de COVID-19, en relève 15% des saisies[41]. Or, « en raison des volumes considérables de biens qui franchissent les frontières internationales, il est probable que seule une fraction du flux de contrebande est saisie » [42], c'est la partie visible de l'iceberg de ce commerce illicite qui représenterait environ seulement « 10% du commerce illégal d'espèces sauvages »[43].

En effet, « le commerce illicite d'espèces de la faune et de la flore sauvages échappe par définition à la réglementation et à la gestion officielles et représente donc une menace économique, environnementale et sécuritaire importante qui a reçu relativement peu d'attention jusqu'ici »[44]. L'estimation de la valeur de ce marché mondial, en expansion, s'avère difficile, des chiffres variables pouvant être avancés. Ce manque d'exactitude est dû à « la simple raison que ce commerce est illégal »[45]. Toutefois, il ressort de certaines

---

[36] UNODC, *World Wildlife Crime Report: Trafficking in protected species,* 2016, p. 13.

[37] UNODC, *World Wildlife Crime Report: Trafficking in protected species,* 2020, p.32.

[38] La diminution du nombre de saisies se justifie notamment par la pandémie de COVID-19, avec ses différentes perturbations.

[39] UNODC, *World Wildlife Crime Report: Trafficking in protected species,* 2024, p.19.

[40] Des données enregistrées dans ETIS, entre 2009 et 2014, et rapportées dans *World Wildlife Crime Report 2016,* font état de 159 tonnes métriques d'ivoire saisis, ce qui représente environ 15.900 éléphants. UNODC (2016), *World Wildlife Crime Report, op.cit.*, p. 44

[41] UNODC, *World Wildlife Crime Report: Trafficking in protected species,* 2024, p.63.

[42] UNODC (2016), *World Wildlife Crime Report, op.cit.*, p. 44.

[43] INTERPOL, *Global Wildlife Enforcement – Strengthening Law Enforcement Cooperation Against Wildlife Crime*, 2018, p. 10, cité par L. ESCOT, A. PONTAL et S. RINGUET, *Break the chain : comment le secteur français de la logistique et du transport peut lutter contre le commerce illégal d'espèces sauvages*, WWF, mars 2020, p. 57.

[44] Nations unies, *Le commerce illicite d'espèces de la faune et de la flore sauvages : conséquences environnementales, sociales et économiques pour le développement durable*, Note d'information du Secrétariat, UNEP/EA.1/INF/19, 2014, pp. 2-3.

[45] J. MYBURGH et J. HAKEN, *Transnational Crime in the Developing World, Global Financial Integrity*, Washington, DC, États-Unis, 2011, cité par WWF / Dalberg., *Lutte contre le trafic*

sources que « le trafic illégal d'espèces sauvages (sans compter la pêche et le bois) [*génère*] entre 7,8 milliards et 10 milliards de dollars par an »[46]. D'autres sources encore avancent des chiffres plus élevés, soit « entre 7 milliards et 23 milliards de dollars par an »[47]. Il se peut que le système de régulation actuel de ce commerce, tant du point de vue conventionnel que légal, souffre d'une déficience. En effet, le taux de dépérissement de la faune et celui du trafic des espèces protégées, à l'instar de l'éléphant d'Afrique, reste élevé.

Ces chiffres, en constante augmentation depuis 1973, témoignent du déclin mondialement constaté de la biodiversité[48]. Cela permet d'établir clairement la violation de la Convention et de ses dispositions nationales d'application, on parle alors de « trafic illicite d'espèces sauvages »[49] entendu comme pratiques commerciales en violation de la CITES. Ce qui signifie : « pour les espèces inscrites à l'Annexe I, l'exploitation à des fins commerciales de spécimens prélevés dans la nature, et pour les espèces inscrites aux Annexes I, II et III, l'absence des permis ou certificats exigibles en préalable à tout commerce »[50]. Ce trafic se définit également comme « tout crime environnemental qui implique le commerce, la contrebande, la capture, la collecte ou le braconnage illégaux d'espèces menacées, d'espèces sauvages protégées et de dérivés ou de produits de ces espèces »[51]. Ce commerce illégal fait partie de ce qu'on appelle plus globalement la « criminalité liée aux espèces sauvages ». Cette dernière, plus globalisante[52], désigne le

illégal d'espèces sauvages : Consultation avec les gouvernements, WWF International, Gland, Suisse, 2012, p. 9.

46 WWF / Dalberg., *Lutte contre le trafic illégal d'espèces sauvages : Consultation avec les gouvernements*, *op.cit.*, p. 9.

47 Nations unies, *UNEP/EA.1/INF/19, 2014, op.cit*, p. 2.

48 T. DELEUIL, « La CITES et la protection internationale de la biodiversité », *loc.cit.*, p. 2.

49 L'expression "espèces sauvages" fait référence à toute la faune et la flore sauvages. Cela comprend les animaux, les oiseaux et les poissons, ainsi que le bois et les produits non ligneux. Voy. UNODC, *Compilation d'outils pour l'analyse de la criminalité liée aux espèces sauvages et aux forêts*, Vienne, Nations unies, décembre 2012, p.4.

50 J. E. SCANLON, *La dimension internationale du commerce illégal des espèces sauvages, Présentation à l'occasion de la première session de l'Assemblée des Nations unies pour l'environnement (ANUE) du 24 juin 2016*, Nairobi, Kenya, accessible sur : https://cites.org/fra/node/15648, consulté le 19 février 2017 ; CITES, *Criminalité liée aux espèces sauvages*, cité par C. MASHINI MWATHA et N. SHABANI AZIZA, *La protection de la faune sauvage en droit international : contribution de la CITES à la protection de l'éléphant d'Afrique, op.cit.*, pp.118-119.

51 Voy. T. BERNARD, (2016), « La lutte contre le commerce illégal d'espèces sauvages », in *Criminologie*, 49 (2), 71–93, p.81, accessible sur : https://doi.org/10.7202/1038417ar, consulté le 27 octobre 2020 ; African Union, *African Strategy on Combating Illegal Exploitation and Illegal Trade in Wild Fauna and Flora in Africa*, mai 2015, p.5.

52 En effet, la criminalité liée aux espèces sauvages est même plus large que la criminalité transnationale environnementale qui désigne, selon Rob WHITE, les actes ou omissions non autorisés qui sont contraires à la loi et donc passibles de poursuites pénales et de sanctions pénales; les crimes qui impliquent une sorte de transfert transfrontalier et une dimension internationale ou mondiale; et les crimes liés à la pollution (de l'air, de l'eau et des terres) et les

prélèvement, le commerce (fourniture, vente ou trafic), l'importation, l'exportation, la transformation, la possession, l'obtention et la consommation de faune et de flore sauvages, y compris de bois et d'autres produits forestiers, en violation du droit national ou international[53].

En tenant compte des constats précédents, face à la perte persistante de la biodiversité et à la criminalité de plus en plus élevée à l'encontre ces espèces sauvages en général, sur l'éléphant d'Afrique en particulier, *la CITES permet-elle de lutter contre la criminalité liée aux espèces sauvages ?* Qu'en est-il, cinquante ans après l'établissement du système de régulation, de son effectivité, de son efficacité et de sa mise en œuvre au plan national, notamment en Belgique et en RDC ? Ces différentes questions sont analysées dans cet ouvrage, lequel vise à contribuer à la fois à l'évaluation du système actuel de régulation du commerce des espèces sauvages de faune et de flore menacées d'extinction ainsi qu'à l'identification des faiblesses éventuelles du système tant au niveau international qu'au niveau national et des pesanteurs auxquelles il se heurte. Il s'agira donc d'évaluer l'effectivité et l'efficacité de la CITES et son impact sur la conservation de la biodiversité et sur la lutte contre le trafic des espèces sauvages (Première partie) Une telle démarche vise à proposer des mécanismes additionnels et/ou des réformes éventuelles, voire la redéfinition des engagements des parties à la CITES. De telles propositions permettraient de rehausser le niveau d'effectivité et d'efficacité de la CITES et partant, sa capacité à lutter efficacement contre la criminalité liée aux espèces sauvages. Par ailleurs, face à la gravité et à l'impact de tels forfaits, l'étude contribue, d'une part, à la conceptualisation du crime d'écocide en essayant de clarifier son contenu, notamment en rapport avec les atteintes aux espèces sauvages, et d'autre part, à revisiter la notion de responsabilité internationale au regard des enjeux que représente l'environnement (Deuxième partie).

---

crimes contre la faune (y compris le commerce illégal de l'ivoire et des animaux vivants). R. WHITE, *Transnational Environmental Crime*, Taylor and Francis, Oxon, éd. du Kindle, 2011, p.3.

[52] CITES, *Criminalité liée aux espèces sauvages*, accessible sur : http://www.cites.org/fra/prog/iccwc.php/Wildlife-Crime, consulté le 20 juillet 2014.

[53] Voy. C. MASHINI MWATHA, « La criminalité environnementale, un phénomène en plein essor », in *Revue juridique sur la criminalité environnementale*, Vol.1, n°1/2023, pp. 11-29, p.11.

PREMIÈRE PARTIE : DE L'ÉVALUATION DE LA CITES FACE À L'AMPLEUR ET AUX TENDANCES DU TRAFIC DES ESPÈCES SAUVAGES

La CITES a posé un véritable système de régulation du commerce international des espèces de faune et de flore. Le système ainsi mis en place repose également sur les engagements et les actions des Parties[54]. À ce jour l'on pourrait notamment conclure que l'existence de ce système a évité l'extinction prévue de plusieurs espèces. Cependant, en dépit d'une telle architecture conventionnelle, le constat sur l'état de la biodiversité, en général, et de certaines espèces comme l'éléphant d'Afrique, en particulier, reste tout aussi préoccupant.

Il a été constaté également que « les chaînes d'approvisionnement du commerce illégal d'espèces sauvages n'ont pas les mêmes répercussions selon les pays et diffèrent grandement d'une espèce à l'autre. Néanmoins, de manière générale, les syndicats impliqués dans la criminalité liée aux espèces sauvages braconnent, prélèvent ou élèvent des espèces sauvages dans des pays dont la biodiversité est riche et/ou dans lesquels les services répressifs et la justice pénale sont plus laxistes (pays d'origine) »[55] et les commercialisent dans des pays où ils peuvent en tirer un maximum de profit (pays de destination). C'est ce qui justifie notamment l'explosion des transactions commerciales illégales des espèces de faune et de flore.

En effet, à ce jour, les tendances de la criminalité liée aux espèces sauvages restent inquiétantes, voire alarmantes. La communauté internationale « reconnaît désormais largement l'ampleur considérable prise par le commerce illégal d'espèces sauvages au niveau mondial »[56]. On constate une augmentation constante du taux de cette criminalité, ce que traduit le nombre impressionnant de saisies et des quantités des produits et sous-produits des spécimens inscrits aux annexes de la CITES concernés. Aussi, y a-t-il lieu de se questionner sur l'effectivité et l'efficacité d'un tel système en place depuis une cinquantaine d'années.

Dans la recherche de réponse, il faudrait, tout d'abord, relever l'ampleur de la criminalité liée aux espèces sauvages. Pour cela, il conviendrait de

---

[54] J. E. SCANLON, *La dimension internationale du commerce illégal des espèces sauvages, op.cit.*

[55] GAFI (2020), *Blanchiment d'argent et commerce illégal d'espèces sauvages*, Paris, GAFI, p.14.

. Voy. Aussi A. MANIRABONA (2014), « La criminalité environnementale transnationale : aux grands maux, les grands remèdes ? », in *Criminologie*, 47(2), pp.153–178, p.156, accessible sur : https://doi.org/10.7202/1026732ar, consulté le 20 janvier 2023.

[56] C. NELLEMANN, R. HENRIKSEN, P. RAXTER, N. ASH et E. MREMA (dir.), 2014, *La crise de la criminalité environnementale - le commerce et l'exploitation illégale de la faune et des ressources forestières menacent le développement durable.* Évaluation du PNUE pour une intervention rapide. Programme des Nations unies pour l'environnement et GRID-Arendal, Nairobi et Arendal, p.4.

dresser un état de lieux du commerce international des espèces de faune et de ses impacts sur la biodiversité, la sécurité internationale et la santé publique. Cette démarche permettra de répondre à la question « où en sommes-nous avec ce commerce ? » (chapitre 1). Ensuite, sur la base de certains indicateurs, il sera alors possible d'évaluer l'effectivité et l'efficacité de la CITES et de sa mise en œuvre sur le plan national, et de répondre à la question : « la CITES peut-elle aider à la prévention de ce commerce illégal, en général, et de celui des spécimens d'éléphants d'Afrique, en particulier, et à les endiguer ? » (chapitre 2). Un tel exercice permettra notamment d'inventorier les différentes questions que posent le trafic illicite des espèces sauvages perpétré en violation de la Convention.

CHAPITRE 1 : NIVEAUX ET TENDANCES DU COMMERCE ILLÉGAL DES ESPÈCES SAUVAGES ET LEURS IMPACTS AU NIVEAU MONDIAL, RÉGIONAL ET NATIONAL

Le commerce fait partie des vieilles professions du monde. Dès les origines de l'humanité, l'homme, a compris la nécessité de vendre et d'acheter pour satisfaire ses besoins, bien au-delà des limites de la souveraineté des États, d'où le début d'un commerce international. En effet, « aucune nation ne peut prétendre satisfaire la diversité de ses besoins de façon autonome, donc vivre en autarcie. L'échange entre les nations est une nécessité »[57].

Les échanges internationaux, notion moins restrictive que celle afférente au commerce international (importations et exportations de biens physiquement identifiables), englobent toutes les transactions portant sur les opérations d'achat et de vente de produits et de services à l'étranger[58]. Leur développement entraîne un mouvement d'internationalisation qu'on peut définir comme l'élargissement du champ d'activité d'une économie au-delà du territoire national par le biais des importations et des investissements à l'étranger principalement[59].

Si le commerce, selon les âges, visait alternativement ou concomitamment l'or, le fer, etc., il a rapidement inclus les espèces de faune et de flore. En effet, à la fois pour des besoins alimentaires, de construction et de luxe, plusieurs personnes se sont mises à vendre les espèces animales et végétales, notamment les épices dont le commerce, durant l'Antiquité, n'avait alors rien à envier au commerce de l'or et des pierres précieuses[60].

S'agissant de l'exportation des espèces animales, par exemple, on peut relever que c'est « au IIe siècle avant notre ère que s'ouvrit la série des rhinocéros acheminés jusqu'à Rome »[61]. Il est également rapporté que « l'édile Marcus Æmilius SCAURUS fit venir un hippopotame et cinq

---

[57] B. AFFILE et C. GENTIL, *Les grandes questions de l'économie contemporaine*. Paris, Editions l'Etudiant, 2007, p.132.

[58] A. DEPPE, *Marketing international*, cours, université de Picardie, p.2, accessible sur : file:///C:/Users/hp%20i7%20450%20Probook%20pc/Desktop/Thèse%202/Echanges%20internationaux%20-%20commerce.pdf, consulté le 17 janvier 2018.

[59] J. HERMET, *Le commerce international*, 2010, p.4, accessible sur : http://hermet.org/pages/textes/le_commerce_international_pdf.pdf, consulté le 23 janvier 2018.

[60] B. LIGEON, *L'histoire des épices*, accessible sur : https://ileauxepices.com/blog/2013/01/08/histoire-des-epices/wpid846/, consulté le 18 mars 2018.

[61] H. SCULLARD, *The Elephant in the Greek and Roman World, Cambridge, Thames et* Hudson, 1974, cité par L. BODSON, « Les animaux dans l'Antiquité : un gisement fécond pour l'histoire des connaissances naturalistes et des contextes culturels », in *Acta Orientalia Belgica*, 14, accessible sur : http://promethee.philo.ulg.ac.be/Zoologica/lbodson/bibl.ActaOrient.pdf, consulté le 26 janvier 2018.

crocodiles, en 56. Une girafe fut montrée aux Romains en 46, à l'occasion des jeux offerts par Jules CESAR, un tigre apprivoisé le fut sous Auguste, en 11 avant notre ère, et quatre sous le règne de Claude (41-54) »[62]. Les premiers éléphants à fouler le sol européen furent les spécimens indiens (*Elephas maximus*) que le roi PYRRHUS (319-272) utilisa, à des fins militaires, en Sicile, Italie et Grèce. Les éléphants de l'armée carthaginoise, qui débarquèrent ensuite sur la rive européenne de la Méditerranée, provenaient d'Afrique (sous-espèce de forêt *Loxodonta africana cyclotis*) et d'Inde[63].

Les échanges de biens et de services entre nations, quoique très anciens, se sont très fortement accentués depuis la fin de la Seconde Guerre mondiale[64]. Le commerce international des espèces de flore et de faune aussi a prospéré jusqu'à menacer la survie de certaines espèces justifiant ainsi la conclusion de la CITES en 1973. Celle-ci, en tant qu'instrument du droit international, « offre un cadre légal pour la prévention du commerce des espèces menacées et la réglementation effective du commerce d'autres espèces. Elle assigne aux pays producteurs et aux pays consommateurs leur part dans la responsabilité commune et leur fournit les moyens nécessaires à la mise en œuvre de la coopération internationale indispensable pour assumer cette responsabilité »[65]. En dépit de l'existence de cette Convention, le trafic international desdites espèces s'intensifie.

D'où la nécessite, dans ce chapitre, de présenter une photographie de la situation actuelle du commerce international illégal de la faune et de la flore sauvages. Son objectif est d'évaluer l'ampleur de la criminalité liée aux espèces sauvages, en particulier l'éléphant d'Afrique.

Certes, dresser un tableau sur le niveau et les tendances du commerce illégal des espèces de faune à partir des données recueillies n'est pas chose aisée. Car, « de simples résumés des données des saisies ne pourront jamais créer une image fiable du commerce, car ces données présentent des distorsions »[66]. En revanche, avec la bonne approche analytique, « les données des saisies peuvent être un révélateur unique de la dynamique du commerce [...], de ses tendances et de l'évolution du commerce illégal dans le temps lorsqu'il n'y a tout simplement pas d'autres sources d'information »[67].

Aussi, grâce aux différentes données récoltées, on peut établir le niveau et les tendances du commerce illégal de la faune sauvage sur le plan international

---

[62] P. L'ANCIEN, cité par L. BODSON, « Les animaux dans l'Antiquité : un gisement fécond pour l'histoire des connaissances naturalistes et des contextes culturels », *loc.cit.*, p. 11.

[63] H. SCULLARD, cité par L. BODSON, « Les animaux dans l'Antiquité : un gisement fécond pour l'histoire des connaissances naturalistes et des contextes culturels », *loc.cit.*, p. 10.

[64] B. AFFILE et C. GENTIL, *Les grandes questions de l'économie contemporaine*, *op.cit.*, p. 132.

[65] W. WIJNSTEKERS, *L'évolution de la CITES, op.cit.*, p. 29.

[66] TRAFFIC, *Comprendre ETIS : introduction et aperçu de l'analyse du système d'information sur le commerce des produits d'éléphants*, Août 2019, p.3.

[67] *Ibid.*

(section 1), puis national (section 2) avant d'en indiquer les impacts sur la biodiversité, la sécurité, l'économie et la santé publique (section 3).

SECTION 1. NIVEAUX ET TENDANCES DU COMMERCE ILLÉGAL DE LA FAUNE SAUVAGE SUR LE PLAN INTERNATIONAL ET RÉGIONAL

Le commerce international est en forte expansion depuis le début de la mondialisation. Celle-ci, favorisant « l'ouverture des frontières nationales aux capitaux étrangers ainsi que la rapidité et la facilité du transport international » [68], a eu pour conséquence « une progression rapide des activités économiques transnationales légales et illégales, y compris la criminalité environnementale »[69]. Elle a également « favorisé l'ouverture de nouvelles opportunités criminelles destinées à satisfaire l'augmentation exponentielle de nouvelles demandes en biens de consommation situés loin des frontières nationales »[70]. En plus de cela, ELLIOT relève également « les facilités de communication et de voyage à travers les États ainsi que la perméabilité des frontières, qui n'ont fait qu'accentuer le marché global des produits licites et illicites. Les systèmes d'intégration régionale visant à lever au maximum les formalités de voyages ont rendu faciles les déplacements des individus et des biens de services et de consommation » [71].

Par ailleurs, « l'accroissement du volume des importations et des exportations a rendu ardu le contrôle des cargaisons et plus facile la dissimulation des produits frauduleux. Pour sa part, le développement des nouvelles technologies d'information et de communication a permis aux trafiquants de dissimuler ou de brouiller les traces de leurs transactions alors que le transport dans des conteneurs permet de cacher les produits illégaux à l'intérieur de ceux légaux »[72]. Ce constat est confirmé par la CITES qui, lors de l'analyse des rapports des Parties sur le commerce illégal de 2016 à 2020, relève qu'« en ce qui concerne la probabilité de détection, l'un des plus grands défis auxquels sont confrontés les services répressifs et les douanes pour détecter le commerce illégal est le suivant le volume même du commerce international qu'ils doivent échantillonner à des fins d'inspection. Par exemple, au niveau mondial, seuls 2 % des 800 millions de conteneurs de 20 pieds expédiés par an sont inspectés efficacement, plus d'un milliard de touristes

---

[68] A. MANIRABONA, « La criminalité environnementale transnationale : aux grands maux, les grands remèdes ? », loc.cit., p.154.
[69] *Ibid.*
[70] L. ELLIOT (2012), « Fighting Transnational Environmental Crime », in *Journal of International Affairs*, 66 (1), 87-104, cité par A. MANIRABONA, « La criminalité environnementale transnationale : aux grands maux, les grands remèdes ? », *loc.cit.*, p.154.
[71] *Ibid.*
[72] United Nations Environment Programme, 2013, cité par A. MANIRABONA, « La criminalité environnementale transnationale : aux grands maux, les grands remèdes ? », *loc.cit.*, p.154.

voyagent dans le monde chaque année, et il y a plus de 100 000 vols par jour »[73].

On en déduit donc, que la mondialisation avec ses acquis, le développement du secteur de transport et des voies de communication ainsi que le développement des nouvelles techniques de l'information et de la communication est à la base de l'expansion des marchés légaux et illégaux. Depuis 2010 particulièrement, on constate que le taux de criminalité liée aux espèces sauvages croît toujours. Pour s'en rendre compte, il conviendrait de comparer les données des rapports et des statistiques émanant notamment de la CITES via le système ETIS, les données CITES des rapports annuels des Parties sur *Illegal Trade Report*, mais aussi en comparant les deux rapports mondiaux de l'UNODC sur la criminalité liée aux espèces sauvages (2016 et 2020).

Paragraphe 1. Données du commerce international illégal issu de la CITES/ETIS

La CITES a mis en place des mécanismes afin de lui permettre de documenter les différents cas de criminalité liée aux espèces sauvages qu'elle entend réguler et, partant, en assurer la protection.

1.1. Données générales du commerce international issues de la CITES

Il convient de préciser que la CITES récolte les données sur le commerce légal et illégal.

1.1.1. Données générales CITES sur le commerce international

La CITES compile toutes les données sur le commerce international des espèces aussi bien issues de la faune que de la flore. Elle le fait sur la base de son article VIII, paragraphe 7, qui impose aux Parties de transmettre dans leurs rapports annuels toutes informations touchant à leur commerce d'espèces inscrites aux annexes CITES. Le Secrétariat les publie ensuite sur son site internet dans la section concernant le commerce CITES[74].

---

[73] CITES-UNODC, *Analysis of CITES Annual Illegal Trade Reports : 2016 to 2020 seizure data*, 2022, p.15, accessible sur : https://cites.org/sites/default/files/EST/AITR/AITR_Analysis_2022.pdf, consulté le 10 janvier 2023.

[74] Base de données accessible sur : https://trade.cites.org/

À ce jour, ce fichier contient « plus de 21 millions de données de commerce international d'espèces inscrites aux annexes CITES »[75]. Il est clair qu'au titre des engagements issus de l'article VIII, paragraphe 7, de la Convention et du fait que les Parties fournissent les informations nécessaires, elles « reconnaissent l'importance de ces rapports comme outil pour surveiller la mise en œuvre de la Convention, évaluer l'efficacité de leur gestion des espèces sauvages et de leurs politiques en matière de commerce, et améliorer la détection des échanges potentiellement préjudiciables ou illégaux »[76].

À la 70e session du Comité permanent, les Parties ont convenu qu'une version entière non agrégée de la base de données sur le commerce CITES soit rendue disponible et mise à jour annuellement. Ces fichiers permettent une parution périodique des données en format envoi par envoi avec des identifiants uniques remplaçant les numéros de permis confidentiels[77].

Depuis 2010, on constate qu'environ « un million de données sont actuellement enregistrées chaque année dans la base de données sur le commerce CITES par le PNUE-WCMC, qui la gère pour le compte du Secrétariat CITES. Ces données sont le reflet des statistiques internationales sur le commerce que les Parties à la Convention ont communiquées à la CITES dans le cadre de leurs rapports annuels. Chaque « donnée » fournit le détail d'une cargaison autorisée (importation, exportation ou réexportation) d'animaux vivants ou morts ou de plantes et de leurs parties et produits dérivés »[78]. De 1975 à 2010, il y avait près de 9 millions de transactions commerciales CITES[79]. De 2010 à 2020, celles-ci ont explosé s'élevant à 12 millions. C'est ce qui donne un total global de 21 millions de transactions[80]. Ainsi, rien que sur une période de 10 années, les transactions commerciales des spécimens CITES se sont intensifiées pour atteindre la barre de 57 % contre 43 % de 1975 à 2010 (diagramme 1).

---

[75] CITES, *Guide d'utilisation de la base de données sur le commerce CITES*, accessible sur : https://trade.cites.org/cites_trade_guidelines/en-CITES_Trade_Database_Guide.pdf, consulté le 15 novembre 2020.

[76] CITES, *Guide d'utilisation de la base de données sur le commerce CITES*, *op.cit.*

[77] *Ibid.* Voy. aussi, pour plus de détails, les documents Sc70 Doc 26.2 et SC70 Inf.1.

[78] CITES, *La base de données sur le commerce CITES franchit le cap des 15 millions de données*, communiqué de presse de la CITES du 2 juin 2015, accessible sur : https://www.cites.org/fra/cites_trade_db_passes_15million_records#:, consulté le 15 novembre 2020.

[79] *Ibid.*

[80] UNEP-WCMC (Comps.) 2020, *Téléchargement complet de la Base de Données sur le Commerce CITES*. Version 2020.1. Secrétariat de la CITES, Genève, Suisse. Compilé par le UNEP-WCMC, Cambridge, Royaume-Uni, p.1.

Diagramme 1 : Comparaison/évolution des données des transactions commerciales CITES de 1975-2010 et 2010-2020

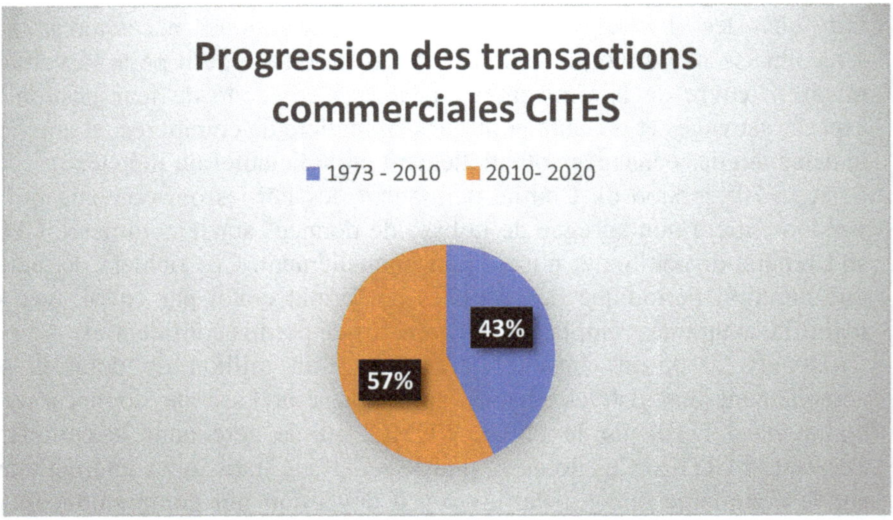

Outre ces données globales du commerce international de tous les spécimens CITES, on peut aussi extraire des données spécifiques sur le commerce illégal.

1.1.2. Données spécifiques CITES sur le commerce international illégal

Dans le prolongement de l'obligation de rapportage mentionné au paragraphe 7 de l'article VIII de la Convention, et sur base de la résolution Conf. 11.17 (Rev. CoP18) sur les rapports nationaux et des décisions 18.75 - 18.76 sur les rapports annuels sur le commerce illégal, « toutes les Parties sont tenues de soumettre un rapport annuel sur le commerce illégal[81] rendant compte de toutes les saisies d'espèces inscrites aux Annexes de la CITES, que la saisie ait été effectuée à une frontière internationale ou dans le pays, par

[81] Lors de l'évaluation réalisée par l'UNODC pour le compte de la CITES, pour la période de 2016 à 2020, il est constaté qu'un « total de 356 rapports annuels sur le commerce illégal (*Annual Illegal Trade Reports (AITR*) des Parties (39%) a été soumis au Secrétariat de la CITES » (au 14 novembre 2021). Le nombre d'AITR des Parties a été relativement constant chaque année, avec une moyenne de 71 AITR des Parties par an. La couverture des données AITR varie d'une région à l'autre, l'Europe présentant la couverture la plus élevée pour la période de cinq ans (70 % des parties européennes ont en moyenne soumis des AITR). De façon globale, de 2016 à 2022, 90 Parties n'ont soumis aucun rapport, 10 en ont soumis 1, 11 en ont soumis 2, 9 en ont soumis 3 (dont la RDC), 13 en ont soumis 4 et 49 (dont la Belgique) ont soumis les 5 rapports attendus pour la période. Voy. CITES-UNODC, *Analysis of CITES Annual Illegal Trade Reports: 2016 to 2020 seizure data, op.cit.*, pp.13-14.

exemple au cours d'une perquisition dans des locaux privés ou commerciaux, ou au cours d'une inspection des marchés locaux »[82].

Il appert que « le rapport annuel sur le commerce illégal est obligatoire, mais ne fait pas l'objet de procédures pour le respect de la Convention »[83]. Ce caractère obligatoire, mais non assorti de la possibilité, en cas de non-remise, de faire usage de la procédure pour le respect de la Convention laisse craindre, et c'est le cas, une certaine négligence de la part des Parties. Celle-ci pourrait s'avérer coupable étant donné les enjeux liés à ce commerce international et vu qu'il peut impliquer des personnalités politiques hautement placées des États, voire certaines autorités chargées d'établir lesdits rapports.

Les rapports IWT sont importants, car ils permettent à la CITES, via ICCWC, de faire des recherches et des analyses sur la criminalité liée aux espèces sauvages. Mais ici encore, il faudrait relever que la Partie déclarante peut demander que les informations qu'elle fournit ne soient pas communiquées aux membres ICCWC[84].

Ainsi, en cas de non-opposition de la Partie déclarante, et conformément aux dispositions du paragraphe 16 de la résolution Conf. 11.3 (Rev. CoP18), Application de la Convention et lutte contre la fraude, sous réserve des ressources disponibles, le Secrétariat devra :

- analyser les rapports annuels sur le commerce illégal des espèces sauvages en collaboration avec des partenaires ICCWC ;
- partager avec les Parties les informations relatives à l'analyse, afin de soutenir davantage les activités de lutte contre la fraude ;
- soumettre un rapport à chaque session du Comité permanent et de la Conférence des Parties sur la base de l'analyse et d'autres informations pertinentes disponibles par le biais des partenaires ICCWC[85].

Il importe également de souligner que les rapports annuels CITES sur le commerce illégal contribueront également directement à la mise en œuvre de la résolution de l'Assemblée générale des Nations unies, relative à la lutte contre le trafic des espèces sauvages, adoptée en 2019, qui encourage les États membres à renforcer leurs efforts de répression, notamment en consignant et en contrôlant les saisies et les poursuites abouties, de manière à combattre et à dissuader plus efficacement le commerce illégal d'espèces sauvages[86].

En ce qui concerne les chiffres sur le commerce illégal, la base de données CITES sur le commerce renseigne, pour 2010 à 2020, 21.997 entrées[87] des

[82] CITES, *Rapport annuel sur le commerce illégal, op.cit.*

[83] *Ibid.*

[84] *Ibid.*

[85] *Ibid.*

[86] *Ibid.*

[87] Voy. CITES, *Rapport de tabulation comparatif sur le commerce illégal de 2010 à 2020*, accessible sur : https://trade.cites.org/fr/cites_trade/download/view_results, consulté le 15 novembre 2020.

spécimens CITES de faune confisqués ou saisis[88]. En 2022, l'analyse des rapports des Parties sur ce commerce illégal de 2016 à 2020 laisse voir une progression sur la période de cinq ans. En effet, au total, 90 513 enregistrements de saisies liées à la CITES ont été analysés. Le nombre total d'enregistrements de saisies signalées au cours d'une même année varie d'environ 19 000 à 23 000, sauf pour l'année 2020 qui a rapporté moins de 9 000 enregistrements[89].

En ce qui concerne l'ivoire d'éléphant, les données sont récoltées et analysées par ETIS.

1.2. Données spécifiques du commerce illégal des spécimens d'éléphants

La base de données CITES sur le commerce donne quelques éléments chiffrés sur le commerce des produits en ivoire. En effet, à partir de la base de données CITES sur le commerce, nous avons pu extraire, avec un certain nombre de critères de recherche spécifiques[90], un tableau comparatif pour la période de 2010 à 2020 reprenant 690 entrées[91] sur des produits en ivoire d'éléphant d'Afrique confisqués ou saisis[92].

Comme déjà mentionné, afin de connaître la véritable ampleur de ce commerce illégal d'ivoire d'éléphant, il importe de pouvoir interroger les données ETIS qui sont bien détaillées et analysées. En effet, pour remplir le mandat lui confié par la CITES, ETIS a fait œuvre de pionnier en concevant des méthodes analytiques qui permettent, avec les données des saisies, de suivre les tendances mondiales du commerce illégal de l'ivoire[93].

---

[88] Il n'est pas possible de reprendre ici les quantités, car les unités de mesures utilisées varient (kg, cm, pièce, etc.).

[89] CITES-UNODC, *Analysis of CITES Annual Illegal Trade Reports : 2016 to 2020 seizure data, op.cit*, p.17.

[90] Critères sélectionnés utilisés dans la base de données CITES :
- Gamme des Années: De: 2010 à 2020
- Pays d'exportation: Tous les Pays
- Pays importateurs: Tous les Pays
- Source: I - Confisqués ou saisis
- But : L - Application de la loi / fins judiciaires / police scientifique, T - Transaction commerciale, P - Fins personnelles, S - Fins scientifiques, M - Fins médicales (y compris la recherche biomédicale), H - Trophée de chasse ;
- Termes du Commerce: IJW - Bijoux – ivoire, IVC - sculptures en ivoire, IVP - morceau – ivoire, IVS - restes d'ivoire, LIV – vivant ;
- Espèce: *Elephantidae (Elephants).*

[91] UNEP-WCMC, *Téléchargement complet de la Base de Données sur le Commerce CITES, op.cit.*

[92] Il n'est pas possible de reprendre ici les quantités vu que les unités de mesures utilisées sont variées (Kilo, pièce, etc.).

[93] TRAFFIC, *Comprendre ETIS, op.cit.*, p.3.

1.2.1. Données ETIS sur les dossiers enregistrés

Le commerce illicite de l'ivoire s'est intensifié, poussé par la croissance continue de la demande d'ivoire sur les marchés asiatiques. D'après le Système d'information sur le commerce des éléphants (ETIS), entre 2010 et 2015, environ 39 tonnes d'ivoire brut ont été interceptées chaque année, et les saisies d'ivoire travaillé ont connu une augmentation constante au fil des ans, pour une moyenne d'environ 5,6 tonnes par année[94]. Les flux de ces vastes cargaisons montrent que les réseaux transnationaux de criminalité organisée s'impliquent de plus en plus dans le commerce illégal d'ivoire[95].

Rappelons qu'ETIS[96] prépare un rapport à l'occasion de chaque CoP, donc tous les trois ans. Ainsi, pour la période allant de 2016 à 2020, deux rapports ont été produits : l'un pour la CoP17 et le second pour la CoP18.

Il ressort donc du dernier rapport ETIS que jusqu'au 6 juin 2018, « ETIS avait enregistré 28 490 dossiers, dont 25 822 concernaient des saisies d'ivoire, le reste, des produits d'éléphants hors ivoire » [97]. De 2011 à 2017, le rapport ETIS 2018 renseigne les saisies d'ivoire suivantes (tableau 1) :

Tableau 1: Poids estimé (arrondi au 100 kg le plus proche) d'ivoire en équivalent ivoire brut (EIB) représenté par données non corrigées de saisies ETIS, 2011 à 2017

Année	*Année civile correspondante*	*Nombre de cas de saisies*	*Poids d'ivoire brut (kg)*	*Poids d'ivoire travaillé (kg)*	*Total (kg)*
1re	2011	1 892	45 600	6 100	51 700
2e	2012	1 376	36 900	5 200	42 100
3e	2013	1 634	59 900	7 500	67 400
4e	2014	1 352	33 900	7 000	40 900
5e	2015	1 455	39 000	5 800	44 800
6e	2016	1 242	34 100	5 900	40 000
7e	2017	1 007	34 600	3 700	38 300
TOTAL		*10 558*	*284 000*	*41 200*	*32.200*

Sources : Données extraites du Rapport ETIS 2018[98]

[94] Pour la moitié des documents de l'ETIS, les parties à la CITES n'ont pas mentionné le poids de l'ivoire saisi.

[95] Commission européenne, *Régime de l'Union européenne réglementant le commerce intra-UE et la réexportation d'ivoire*, Document d'orientation 2017/C 154/06, *in Journal officiel de l'Union européenne 17 mai 2017*, p.2.

[96] Depuis le 15 octobre 2020, il y a eu lancement d'ETIS Online (https://etisonline.org). Avec cette avancée, et suivant la notification n°2020/065 du 22 octobre 2020, les Parties ont la possibilité de consulter et de télécharger les données qu'elles ont soumises.

[97] T. Milliken, F.-M. Underwood, R.-W. Burn et L. Sangalakula, *Le Système d'information du commerce des éléphants (ETIS) et le commerce illégal d'ivoire: Rapport à la 18e session de la Conférence des Parties CITES*, CoP18 Doc. 69.3 (Rev. 1), TRAFFIC, Décembre 2018, p.3.

[98] Données extraites du tableau sur les poids estimé (arrondi au 100 kg le plus proche) d'ivoire en équivalent ivoire brut (EIB) représenté par données non corrigées de saisies ETIS, du 2008-2017 (ETIS, 6 juin 2018). Voy. CoP18 Doc. 69.3 (Rev. 1), p.4.

Dans le tableau ci-dessus, ETIS fait une analyse des saisies d'ivoire et des poids correspondant sur 10 ans, soit de 2008 à 2017. Ceci révèle un total de 13 190 saisies représentants 393 100 kg. Pour la période de 2011 à 2020, ceci représenterait donc un total de 10 558 saisies représentants 325 200 kg[99]. Ainsi, le nombre total des cas de saisies d'ivoire signalés à ETIS pour 2017[100] : 1007, représente une baisse de 46,7 % par rapport à 2011, tandis que les quantités des saisies de 2017 : 38 300 kg, représente une baisse de 25,9 % par rapport à 2011.

Par ailleurs, certaines des saisies ci-dessus font l'objet d'un examen légiste conformément à la Résolution Conf. 10.10 (Rev. CoP17) et les résultats de celui-ci sont transmis à ETIS. Il s'agit des saisies d'ivoire dites importantes c'est-à-dire celles dont la quantité est supérieure à 500 kg (voir le tableau 2 ci-dessous).

Tableau 2: Nombre estimé de saisies importantes d'ivoire (>500 kg)

Année	*Nb. de saisies importantes d'ivoire déclarées à ETIS*	*Nb. de cas soumis à examen légiste avec résultats transmis à ETIS*
Dès juin 2011	13	0
2012	14	3
2013	19	6
2014	15	6
2015	20	2
2016	18	2
2017	8	2
Total	107	21

Source : ETIS[101]

Depuis l'accord des Parties sur la Décision 16.83 et l'ajout de recommandations d'analyse ADN à la Résolution Conf. 10.10 (Rev. CoP16) à la CoP16, ETIS a consulté les examens scientifiques de l'ivoire des saisies et utilisé les résultats pour étendre l'information sur la route du commerce afin d'inclure les pays mentionnés comme origine dans les circuits commerciaux connus[102].

Le tableau 2 ci-dessus présente le nombre de saisies susceptibles d'être soumises à une analyse scientifique par rapport au nombre réel de cas dont les résultats d'analyse ont été enregistrés dans la base ETIS. Au total, 21 saisies seulement sur les 107 enregistrées (19,6 %) concernant la saisie de 500 kg

---

[99] Les dernières données disponibles ne s'étendent que jusqu'en 2017.

[100] Les données de 2017 reprises dans le tableau ci-dessus sont incomplètes et sont celles arrêtés à la date de la fermeture par ETIS de la base de données pour l'analyse en vue du rapport sous examen soumis à la CoP 19. Voy. CoP18 Doc. 69.3 (Rev. 1), p.4.

[101] T. MILLIKEN, F.-M. UNDERWOOD, R.-W. BURN et L. SANGALAKULA, *Le Système d'information du commerce des éléphants (ETIS) et le commerce illégal d'ivoire, op.cit.*, p.5.

[102] *Ibid,*, p.4.

d'ivoire ou plus ont fait l'objet d'une analyse scientifique avec résultats communiqués à TRAFFIC pour inclusion à ETIS. De fait, pour 2015-2017, on constate que seulement six de ces saisies sur 46 (13 %) ont été analysées et leurs résultats enregistrés par ETIS. Manifestement, maintes Parties à la CITES ne font pas de l'analyse scientifique de saisies importantes d'ivoire une priorité[103].

1.2.2. Analyses des tendances

La Résolution Conf. 10.10 (Rev. CoP17) responsabilise ETIS pour mesurer les niveaux et les tendances du commerce illégal d'ivoire et leurs changements. L'analyse du rapport ETIS de la CoP 18 évoque un recul de l'activité du commerce illégal d'ivoire dans le monde depuis 2013, mais l'ampleur de la baisse en cours en 2017 reste incertaine en raison du problème de données incomplètes mentionné plus haut. En cas d'enregistrements de saisies supplémentaires après cette analyse, 2017 pourrait finalement dépasser l'estimation pour 2016. En conclusion, il semble bien que les transactions illégales d'ivoire aient quelque peu décliné. Toutefois, une interprétation prudente déduit que le commerce illégal d'ivoire est plus ou moins demeuré stable au cours des deux, voire trois, dernières années[104].

1.2.3. Analyse par grappes

À chaque itération de l'analyse ETIS remise aux CoP CITES, l'analyse par grappes agglomérantes hiérarchiques a été employée pour regrouper les pays de structures commerciales similaires. Les Parties peuvent alors identifier les pays les plus visiblement impliqués dans le commerce illégal de l'ivoire afin d'envisager les interventions appropriées en vertu de la Convention. Lors de la CoP17, la Résolution Conf. 10.10 a été amendée pour inclure l'annexe 3, lignes directrices du processus relatif aux plans d'action nationaux pour l'ivoire[105].

Les données utilisées pour l'analyse par grappes incluent les totaux sur trois années des onze variables[106] suivantes après correction de la distorsion. Ces variables visaient à faire ressortir les caractéristiques générales de l'implication d'un pays dans le commerce illégal d'ivoire (1 à 5), distinguer

---

[103] T. MILLIKEN, F.-M. UNDERWOOD, R.-W. BURN et L. SANGALAKULA, *Le Système d'information du commerce des éléphants (ETIS) et le commerce illégal d'ivoire, op.cit.*, p.5.

[104] *Ibid*, p.9.

[105] *Ibid*, p.11.

[106] Les variables de l'analyse par grappes sont fondées sur des résultats modélisés. Toutefois, ETIS mène également des analyses du degré de variation afin d'évaluer les interconnexions et l'unité des composantes de chaque grappe. Sauf exceptions signalées pour chaque cas, les analyses ont montré une forte cohésion, notamment pour les grappes envisagées comme prioritaires par rapport ETIS.

les résultats de la lutte contre la fraude (6, 7), et mesurer l'ensemble des flux commerciaux de l'ivoire, notamment ceux qui constituent les plus gros volumes échangés (8, 9, 10, 11)[107]. L'analyse d'ETIS établit 15 grappes dans lesquels sont regroupés les pays affichant des caractéristiques similaires.

Ce rapport classe la RDC dans le groupe 3 aux côtés du Bénin, de la République Congo, du Japon, de l'Afrique du Sud et de la Zambie. Cette grappe comprend ainsi cinq États de l'aire de répartition de l'éléphant d'Afrique et le Japon, pays de consommation d'ivoire en Asie. Ce groupe représente des variables médianes pour le nombre moyen de saisies et la valeur moyenne en poids. Dans ce groupe, environ 60 % des saisies sont effectuées par le groupe lui-même[108].

La Belgique se classe dans le groupe 11 avec la République centrafricaine, le Côte d'Ivoire, l'Allemagne, la Guinée, le Pays-Bas et le Soudan. Ce groupe est un mélange éclectique de quatre États de l'aire de répartition de l'éléphant d'Afrique (encore que le statut du Soudan soit à vérifier, le Sud Soudan, avec l'essentiel de l'aire de l'éléphant de l'ancien Soudan, étant devenu indépendant), et trois pays européens. Au total, le groupe est en position médiane pour le nombre moyen de saisies, mais en fait, les trois nations d'Europe comptabilisent plus de 90 % des saisies effectuées. Le Soudan n'a déclaré aucune saisie à ETIS et la République centrafricaine une seule[109].

Il se dégage de ces analyses par grappe, et en considérant la Résolution Conf. 10.10 (Rev. CoP17), que tous les pays faisant partir d'une grappe doivent entrer dans une des catégorisations des plans nationaux pour l'ivoire[110]. En effet, toutes les Parties ayant fait l'objet d'analyses par grappes sont d'une manière ou d'une autre touchées par le commerce illégal d'ivoire. Cependant, on notera que « parmi eux plusieurs présentent des caractéristiques particulières nécessitant un suivi rigoureux à l'avenir »[111]. C'est le cas notamment de la République Démocratique du Congo[112].

---

[107] T. MILLIKEN, F.-M. UNDERWOOD, R.-W. BURN et L. SANGALAKULA, *Le Système d'information du commerce des éléphants (ETIS) et le commerce illégal d'ivoire: Rapport à la 18e session de la Conférence des Parties CITES, op.cit.*, pp.12-13.

[108] *Ibid*, p.16.

[109] *Ibid.*, p.17.

[110] Lesquels classent les pays en trois catégories de préoccupation, à savoir : (i) Catégorie A, les Parties les plus touchées par le commerce illégal d'ivoire, (ii) Catégorie B, les Parties visiblement touchées par le commerce illégal d'ivoire ; et (iii) Catégorie C, les Parties touchées par le commerce illégal d'ivoire.

[111] T. MILLIKEN, F.-M. UNDERWOOD, R.-W. BURN et L. SANGALAKULA, *Le Système d'information du commerce des éléphants (ETIS) et le commerce illégal d'ivoire: Rapport à la 18e session de la Conférence des Parties CITES, op.cit.*, p.21.

[112] C'est aussi le cas de plusieurs autres pays en dépit du fait qu'ils appartiennent à des groupes différents à l'instar du Congo et de 'Afrique du Sud (du Groupe 3), du Cameroun, du Gabon et du Zimbabwe (du Groupe 6), de l'Angola, des Émirats Arabes Unis et de l'Éthiopie (du Groupe 7), du Cambodge et du Singapour (du Groupe 8), de la République démocratique populaire Lao et de la Turquie (du Groupe 14), et du Burundi (du Groupe 15). Voy. T. MILLIKEN, F.-M. UNDERWOOD, R.-W. BURN et L. SANGALAKULA, *Le Système d'information du commerce des*

Outre les données CITES, il existe d'autres sources fiables qui peuvent permettre de mesurer l'ampleur du commerce illégal des espèces de faune et d'en dégager les tendances. Il en est ainsi des rapports mondiaux de l'UNODC 2016 et 2020 sur la criminalité liée aux espèces sauvages.

Paragraphe 2. Les Rapports mondiaux de l'UNODC de 2016, 2020 et 2024 sur la criminalité liée aux espèces sauvages

Trois rapports mondiaux sur la criminalité liée aux espèces sauvages ont été produits par l'UNODC (2016, 2020 et 2024)[113]. Il conviendrait, dans un premier temps, de relever leur importance et, dans un second temps, de comparer des chiffres clés afin de mieux établir l'état de cette criminalité ainsi que les tendances du trafic illicite.

2.1. Dresser périodiquement la situation mondiale sur la criminalité liée aux espèces sauvages : un des objectifs de l'UNODC

Les rapports mondiaux sur la criminalité liée aux espèces sauvages (*World Wildlife Crime reports*) produits par l'ONUDC en coopération avec les partenaires de l'ICCWC font le point sur la situation de cette criminalité en mettant l'accent sur le trafic de certaines espèces animales et végétales. Ils fournissent une large évaluation de la nature et de l'étendue du problème au niveau mondial. Ils comprennent des estimations quantitatives du marché et une série d'études de cas approfondies sur le commerce illégal d'espèces. De plus en plus de saisies se produisent à mesure que les espèces gagnent en importance auprès des consommateurs[114].

Comme pour toutes les entreprises criminelles, la criminalité liée aux espèces sauvages se déroule dans l'ombre. Nous n'avons un aperçu de ce qui se passe que grâce à des indicateurs indirects tels que les prix du marché ou les données sur les saisies. En effet, la nature véritablement internationale du commerce

---

éléphants (ETIS) et le commerce illégal d'ivoire: Rapport à la 18e session de la Conférence des Parties CITES, *op.cit.*, p.21.

[113] Depuis 2016, la base de données a été améliorée et sa nouvelle version, World WISE 2.0, comprend maintenant des précisions sur plus de 200 000 saisies de contrebande d'espèces sauvages dans 132 pays. L'ONUDC recueille des données provenant principalement des rapports sur le commerce illicite que les États parties à la Convention sur le commerce international des espèces de faune et de flore sauvages menacées d'extinction sont tenus de communiquer chaque année au secrétariat de la Convention. À cela s'ajoutent les données sur les saisies émanant de l'OMD, du Système d'échange d'informations sur le commerce des espèces sauvages et de la base de données LEMIS (Law Enforcement Management Information System) des États-Unis d'Amérique. Bon nombre de ces saisies, mais pas toutes, ont été effectuées au motif que les espèces sauvages vendues étaient protégées en vertu de la Convention. Nations unies, A/73/947, *op.cit.*, p.3.

[114] CITES, *Les outils, services et ressources disponibles par l'ICCWC*, accessible sur : https://cites.org/fra/prog/iccwc/tools.php, consulté le 23 juin 2020.

illégal d'espèces sauvages est clairement démontrée par le rapport, avec des chiffres alarmants. Il y est souligné que seuls 78 des 183 pays ont soumis des Rapports annuels sur le commerce illégal (AITR) à la Convention sur le commerce international des espèces de faune et de flore sauvages menacées d'extinction (CITES) entre 2017 et 2020[115].

2.1.1. La définition de l'UNODC du crime contre les espèces sauvages

Fournir une évaluation mondiale de la criminalité liée aux espèces sauvages est un défi, car chaque pays gère et protège ses animaux terrestres sauvages, ses poissons, ses arbres et toute autre flore de différentes manières. En plus, les réglementations sur la faune, la pêche et la foresterie évoluent à mesure que de nouveaux risques et des priorités pour les pays émergent[116].

Il n'y a pas de traité universel définissant la criminalité liée aux espèces sauvages, il n'y a donc pas de définition universellement acceptée du terme. Aux fins du présent rapport, l'expression « crime contre les espèces sauvages » fait référence à la récolte et au commerce contraires à la législation nationale, mais pas exclusivement aux lois d'application de la CITES. Cela comprend les infractions qui pourraient ne pas entraîner de sanctions pénales dans certaines parties du monde[117].

La faune est protégée au niveau international par la Convention sur les Commerces des espèces de faune et de flore sauvages menacées d'extinction, connu sous le nom de CITES, qui fournit un cadre pour protéger certaines espèces contre la surexploitation par le commerce international. Elle ne définit pas la criminalité liée aux espèces sauvages en tant que telles, mais elle influence fortement la législation nationale sur la criminalité liée aux espèces sauvages et fournit un moyen de coopération internationale contre le trafic. Les Parties à la CITES sont tenues de « sanctionner » le commerce illicite, ce qui peut inclure la criminalisation des infractions graves. C'est un accord d'une puissance et d'une portée remarquables[118].

2.1.2. Le commerce illégal des espèces sauvages, un crime organisé

Selon le Rapport mondial 2020 de l'ONUDC sur la criminalité liée aux espèces sauvages, dans certains cas, le commerce illégal d'espèces sauvages peut être considéré comme une forme de crime organisé, et l'implication de

---

[115] M. MORLEY, *Le rapport de l'ONUDC révèle des chiffres alarmants et la nature véritablement internationale du commerce illégal d'espèces sauvages*, accessible sur : https://www.ifaw.org/fr/hommes/opinions/rapport-onudc-revele-chiffres-alarmants-et-nature-internationale-commerce-illegal-especes-sauvages, consulté le 20 juillet 2020.
[116] UNODC (2020), *World Wildlife Crime Report, op.cit.*, p.29.
[117] *Ibid.*
[118] *Ibid.*, p.31.

groupes criminels organisés dans le trafic transnational d'espèces sauvages est évidente[119].

En effet, au sens de la Convention des Nations unies contre la criminalité transnationale organisée, un « groupe criminel organisé » est « un groupe structuré de trois personnes ou plus existant depuis un certain temps et agissant de concert dans le but de commettre une ou plusieurs infractions graves ou infractions établies conformément à la présente Convention, pour en tirer, directement ou indirectement, un avantage financier ou un autre avantage matériel[120]».

La Convention poursuit en expliquant qu'un « crime grave » est un crime passible de quatre ans ou plus de prison et qu'un « groupe structuré » n'a pas besoin d'avoir « des rôles formellement définis pour ses membres, la continuité de ses membres ou une structure développée ». En d'autres termes, le crime organisé ne concerne pas seulement des groupes rigides de type mafieux. Tout type d'activité criminelle grave à but lucratif est considéré comme du crime organisé, et presque tout le trafic transnational d'espèces sauvages remplit ces critères, à condition que les sanctions dans les pays concernés soient suffisamment élevées (c'est-à-dire au moins quatre ans de prison)[121].

Contrairement aux marchés sur lesquels il existe une interdiction totale, le trafic d'espèces sauvages peut concerner des biens qui peuvent être légaux ou illégaux, selon le moment, le lieu et la manière dont ils ont été acquis. Comme les armes à feu, les produits pharmaceutiques ou les antiquités, la légalité de cette acquisition est démontrée par un système de licence. Étant donné qu'un document officiel peut transformer des millions de dollars de contrebande présumée en millions de dollars de marchandises légitimes, une partie du « trafic » de ces marchandises peut être blanchie et passer par la porte d'entrée, les documents étant fournis par fraude, contrefaçon ou corruption[122].

En plus d'échapper à l'interdiction, les produits de source illégale blanchis à l'aide de documents frauduleux peuvent être introduits dans des canaux commerciaux légitimes, se prévalant d'une demande légale. De cette manière, du bois, du poisson et d'autres produits de la faune provenant de sources illégales se retrouvent dans les points de vente traditionnels, et les consommateurs qui n'achèteraient jamais sciemment de la contrebande peuvent néanmoins le faire. Le commerce transnational s'est développé à un rythme supérieur à la capacité de la communauté internationale à le

---

[119] Voy. des cas de criminalité liée aux espèces sauvages combinés à la participation dans des groupes criminels organisés dans la base de données sur la jurisprudence de l'ONUDC SHERLOC sur : https://sherloc.unodc.org/cld/v3/sherloc/cldb/#/crime-type, consulté le 12 décembre 2020.

[120] Art. 1, a) de la Convention des Nations unies contre la criminalité transnationale organisée.

[121] UNODC (2020), *World Wildlife Crime Report, op.cit.*, p.31.

[122] L. SHELLEY, « Illicit Trade in Wildlife: Convergence with other Crimes », in *Défis*. Crime environnemental : enjeux de sécurité pour les organisations, n°6, 2016, pp.10-11, p.11.

réglementer, ce qui a permis de blanchir un large éventail de marchandises illicites par le biais d'une série de sociétés de portefeuille et de comptes offshore. Les produits de la faune ne sont pas différents, et la nécessité d'une réglementation stricte et de la sécurité de la chaîne d'approvisionnement est essentielle pour protéger les espèces menacées[123].

2.1.3. Une évaluation des tendances de la criminalité

Le *World Wildlife Crime Report* de 2016 représentait la première évaluation mondiale de l'état de la criminalité liée aux espèces sauvages, l'édition 2020 de ce rapport représente une première évaluation des tendances. La troisième édition, celle de 2024, examine les tendances récentes du trafic illicite d'espèces protégées de faune et de flore sauvages et fournit une évaluation générale des connaissances actuelles sur les causes et les implications de la criminalité associée au niveau mondial[124]. Cette dernière édition met également l'accent sur l'analyse systématique des dommages et des impacts de la criminalité liée aux espèces sauvages, des facteurs à l'origine des tendances de la criminalité et des preuves des interventions correctives les plus efficaces[125]. Dans plusieurs cas, ces tendances ont été dramatiques[126].

Il convient donc de comprendre que « le commerce des espèces sauvages protégées couvre toute une gamme d'espèces, dont les plus couramment vendues changent en fonction de la demande des consommateurs »[127]. C'est ainsi qu'on peut remarquer dans le rapport de l'UNODC de 2024 que « le trafic d'espèces sauvages persiste dans le monde entier malgré deux décennies d'action concertée aux niveaux international et national. Il y a des signes de progrès dans la réduction des impacts du trafic pour certaines espèces emblématiques, les éléphants et les rhinocéros, pour lesquels une combinaison d'efforts du côté de la demande et de l'offre a donné des résultats positifs. Cependant, l'évaluation par l'ONUDC des preuves disponibles ne donne aucune certitude quant à la réduction substantielle du trafic d'espèces sauvages dans son ensemble »[128].

Ainsi, les différents rapports sur la criminalité liée aux espèces sauvages dans le monde suivent et résument ces tendances.

---

[123] L. SHELLEY, « Illicit Trade in Wildlife: Convergence with other Crimes », in *Défis*. Crime environnemental : enjeux de sécurité pour les organisations, n°6, 2016, pp.10-11, p.11.
[124] UNODC, *The 2024 World Wildlife Crime Report*, accessible sur: https://www.unodc.org/unodc/en/data-and-analysis/wildlife.html, consulté le 17 mai 2024.
[125] *Ibid.*
[126] L. SHELLEY, « Illicit Trade in Wildlife: Convergence with other Crimes », *loc.cit.*, p.29.
[127] Nations unies, *A/73/947, op.cit.*, p.3.
[128] UNODC (2024), *World Wildlife Crime Report, op.cit.*, p.11.

2.2. Chiffres clés sur le commerce international illégal : analyse comparative des données des rapports 2016, 2020 et 2024

Quelques chiffres clés issus de trois rapports mondiaux sur la criminalité liée aux espèces sauvages vont être présentés et comparés. Il s'agira donc de pouvoir dégager la progression de la criminalité entre ces deux parutions.

2.2.1. Évolution de la quantité des données concernant les saisies des produits illicites de faune et de flore en 2016, 2020 et 2024

En 2016, la base de données *World Wildlife Seizures* (World WISE)[129] contenait plus de 164 000 saisies dans 120 pays[130]. Pour 2016-2018, l'UNODC a reçu plus de 42 600 enregistrements provenant des rapports annuels sur le commerce illégal, impliquant environ 1 500 espèces. Ainsi, la version de la base de données World WISE[131] - qui est à l'origine du rapport 2020 - comprend près de 180 000 saisies dans 149 pays avec près de 6 000 espèces représentées dans le commerce illégal, pour une période allant de 1999 à 2018[132]. Le rapport de 2024 fait état, pour la période allant de 2015 à 2021, de 140.000 saisies[133] dans 162 pays et territoires, affectant environ 4 000 espèces végétales et animales[134].

2.2.1.1. Sources des données des saisies des produits illicites de faune et de flore en 2016, 2020 et 2024 par région

Plusieurs sources permettent d'alimenter la Word WISE Parmi celles-ci, nous avons les rapports des Parties à la CITES. Cependant, ceux-ci ne fournissent que le tiers des données (34 % en 2016 et 32,9 % en 2020) au travers des différents rapports qu'elles soumettent. Les autres données sont fournies essentiellement par USFWS-LEMIS (Par exemple : 3 % en 2016 et 32,8 % en 2020) et EU-TWIX (17 % en 2016 et 22,1 % en 2020)[135].

---

129 Jusqu'en 2016, WISE était alimenté par les données soumises CITES issues des rapports annuels sur le commerce illégal (*Annual Illegal Trade Reports* - AITR) présentés par les Parties (données transmises à l'UNODC via ICCWC) ainsi que par les données provenant de l'OMD, données fournies par son réseau de contrôle des douanes (CEN).

130 UNODC (2016), *World Wildlife Crime Report, op.cit.*, p.13.

131 Pour l'édition de 2020, outre les AITR et l'OMD-CEN, un certain nombre de sources de données supplémentaires (y compris, entre autres, EU-TWIX et USFWS-LEMIS) ont été utilisées pour créer une collection unique de données sur le commerce illégal d'espèces sauvages.

132 UNODC (2020), *World Wildlife Crime Report, op.cit.*, p.32.

133 La diminution du nombre de saisies se justifie notamment par la pandémie de COVID-19, avec ses différentes perturbations.

134 UNODC, *World Wildlife Crime Report: Trafficking in protected species,* 2024, p.19.

135 *Ibid.*, p.29.

Par ailleurs, des rapports UNODC 2016, 2020 et 2024, on peut également établir une comparaison des sources de saisies par région et dégager ainsi le degré des efforts réalisés à ce niveau (diagramme 2).

Diagramme 2 : Comparaison des sources de données des saisies par région en 2016, 2020 et 2024

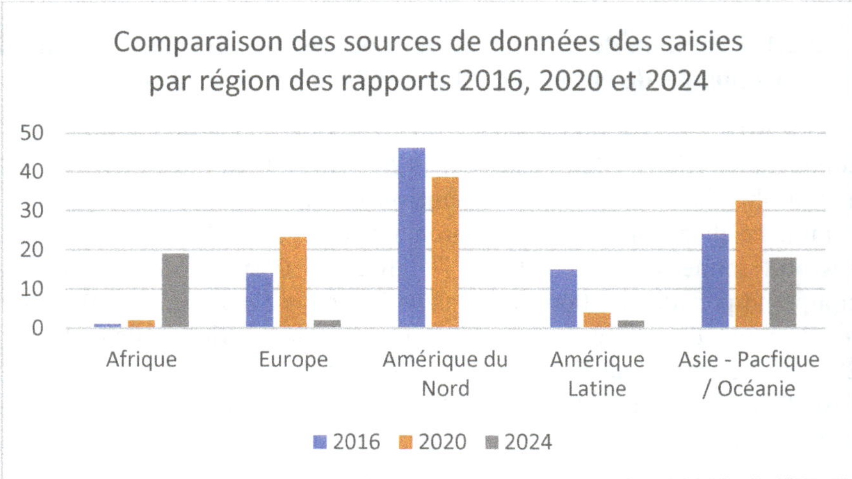

Il ressort clairement du diagramme 2 que la quantité des données fournies en 2016, 2020 et 2024 a soit augmenté, soit baissé selon les régions. Entre 2016 et 2020, des augmentations sont constatées en Afrique où les données ont quasiment doublé, passant de 1 % à 1,9 %, en Europe et en Asie Pacifique/Océanie où elles sont respectivement passées de 14 % à 23,2 % et de 24 % à 32,4 %. À l'opposé, on constate des baisses en Amérique du Nord de 46 % à 38,5 % et en Amérique Latine de 15 % à 3,9 %. En 2024, on relève 18% pour des saisies pour les différentes sous régions de l'Asie, 19 % la quasi-totalité des saisies signalées pour l'Afrique (effectuées dans la sous-région subsaharienne), 2% pour l'Amérique latine et les caraïbes, 2% pour l'Europe.

La question est de savoir si la hausse ou la baisse des quantités de données est révélatrice d'une diminution du trafic illicite dans la région concernée, ou de l'efficacité accrue des services à opérer les saisies. Malheureusement, ces seules données sur les sources par région ne permettent pas, à ce stade, de répondre à cette question. Car, une seule donnée peut impliquer une dizaine de tonnes de produits CITES et qu'à l'inverse une dizaine de données peuvent ne renseigner qu'une vingtaine de kilos de produits saisis. Il faudrait compiler les données et dégager les quantités des saisies qu'elles fournissent. Cette analyse a été faite dans les rapports, non pas par région, mais par année.

2.2.1.2. Quantité des données des saisies des produits illicites de faune et de flore par an

Au-delà de la quantité des données portant sur les saisies, les trois rapports de l'UNODC de 2016, 2020 et 2024 ont pu dégager le nombre des saisies de produits CITES par année.

Il ressort du nombre du Word WISE que de 2011 à 2015[136] le chiffre des saisies s'élève à 54 532 et de 2016 à 2020[137] à 39 163. Il faudrait compiler les données manquantes de 2018 et compléter celles de 2019 et de 2020 pour avoir une véritable image de l'évolution de ce commerce. Toutefois, considérant que de 2016 à 2020 les données ne couvrent que 2,5 ans, soit la moitié des 5 ans que couvre la période 2011-2015, le faible écart entre les deux périodes comparées s'avère inquiétant.

En effet, même si l'on considérait une augmentation de seulement 50 % pour la période de 2016 à 2020, le total estimé des saisies atteindrait 58 745. Il se dégagerait donc une hausse de 4 213 cas, soit une augmentation de 7,72 % par rapport à 2011 - 2016. Même si on calculait la moyenne des données complètes des dix dernières années, soit de 2008 à 2017, sur un total de 127 965 saisies, on obtiendrait 12 796,5 saisies. On aurait donc (39 163 saisies – 520 saisies de 2018) + (12 796,5 saisies en 2018 et 201) + (12 796,5 saisies (2020)[138] , soit 65 516 saisies estimées. De cette dernière hypothèse se dégagerait une augmentation de 10 984 saisies environ, soit une augmentation de 20,14 %. On peut donc observer sur la période 2016 - 2020 une augmentation d'environ 7 à 20 % des saisies par rapport à la période de 2011 à 2016.

En 2024, cette base de données comprend environ 336 000 enregistrements de saisies, données enregistrées sur 22 ans, soit de 1999 à 2021[139].

Il conviendrait également de mettre en évidence les différents types de spécimens CITES concernés par les saisies.

2.2.2. Évolution par pays de destination d'ivoire d'éléphant saisie de 2011 à 2020

Le rapport de l'UNODC de 2016 relève qu'entre 2006 et 2015 l'Asie est restée la principale destination de l'ivoire saisi avec environ 80 % de la

---

136 UNODC (2020), *World Wildlife Crime Report, op.cit,* p.9. Il convient de signaler qu'au moment où le traitement des données pour le rapport 2020 a été finalisé, la collecte de données pour les saisies effectuées en 2018 n'était pas encore terminée.

137 Sachant que pour cette période les données se limitent à 2018, mais aussi que les données de 2018 sont-elles même incomplètes.

138 Estimant qu'avec COVID-19, pour l'année 2020 on aurait eu que 10% des saisies par rapport à la moyenne des 10 dernières années, dont le nombre de saisies sont complètes.

139 UNODC, *World Wildlife Crime Report: Trafficking in protected species,* 2024, p.46.

quantité des saisies[140]. Sur ce continent, on voit bien que la Chine bat le record avec 42 % à elle seule, soit 42 % du marché mondial.

Suivant le rapport de 2020, considérant la période de 2015 à 2019, on constate que l'Asie demeure la principale destination de l'ivoire. La Chine est descendue à 27 %, soit une baisse de 15 % par rapport aux estimations de 2016, et le Vietnam se positionne en première place avec 34 %. Par ailleurs, le rapport de l'UNODC de 2020 renseigne que « certains des pays répertoriés comme destinations dans World WISE pour les envois illicites d'ivoire sont très probablement des pays de transit. Si des marchés de destination pour l'ivoire brut existent en dehors de l'Asie du Sud-Est et de la Chine, il semble que presque toutes les défenses illicites détectées soient destinées à cette région »[141]. En ce qui concerne le marché domestique, le rapport de 2020 indique que la RDC occupe 52 %, loin devant la Chine qui est à 32 % et le reste du monde se partage les 16 % restants.

Le rapport de 2024 ne donne pas de détails par pays de destination d'ivoire d'éléphant saisie.

2.2.3. Évolution par nationalité du nombre total des personnes arrêtées avec des produits en ivoire 2009 à 2018

Une comparaison de deux premiers[142] rapports mondiaux de l'UNODC sur la criminalité liée aux espèces sauvages, permet de constater, en dépit du fait que dans 64 % des cas, la nationalité des délinquants n'est pas renseignée, que les Chinois viennent en tête de la liste avec 8 %, suivis en deuxième des Zimbabwéens, Nigérians et Zambiens qui sont tous à 3 %, puis en troisième position les Vietnamiens, les Tanzaniens et les Français qui sont tous à 2 %, tandis que les autres nationalités se partagent les 24 % autres. En excluant la part des nationalités inconnues, le classement reste le même, les Chinois sont à 22 %, les Zimbabwéens et les Nigérians à 8 %, les Zambiens à 7 %, les Vietnamiens, les Tanzaniens et les Français à 6 % chacun, les Indiens à 5 %, les Kenyans et les Angolais à 4 % chacun, et le reste des nationalités est dans les 24 % autres[143].

Par ailleurs, il convient de signaler l'augmentation des saisies mixtes dans lesquelles on constate que plusieurs spécimens sont mélangés (cas des ivoires et des écailles de pangolin). Par exemple, « le 21 juillet 2019, le gouvernement de Singapour a saisi près de 12 tonnes d'écailles de pangolin aux côtés de près de 9 tonnes métriques d'ivoire - des quantités remarquablement importantes des deux produits - dans un conteneur en provenance de la RDC en route vers

[140] UNODC (2016), *World Wildlife Crime Report, op.cit,* p.45.
[141] *Ibid.*
[142] Le rapport de 2024 ne donne pas de détails des nationalités des personnes arrêtées avec des produits en ivoire.
[143] UNODC (2020), *World Wildlife Crime Report, op.cit,* p.54.

le Vietnam, a déclaré comme bois »[144]. Les saisies d'espèces sauvages contenant des produits de plusieurs espèces sont assez rares dans World WISE, cette tendance récente mérite donc toute l'attention. Il est possible que les trafiquants d'ivoire, confrontés à une demande décroissante, profitent de leurs réseaux établis pour transporter une marchandise dont la demande augmente : les écailles de pangolin[145].

De façon globale, on constate « qu'il existe une tendance à la baisse constante à la fois du braconnage des éléphants, mais aussi de la consommation et du prix des produits en ivoire »[146]. Une telle baisse est encourageante, mais pourrait également s'avérer inquiétante. En effet, elle peut rassurer dans la mesure où l'on pourrait se dire que l'activité criminelle a baissé. Ceci peut être dû aux efforts fournis par les Parties à la CITES pour lutter contre cette criminalité. Or, elle peut aussi être le fruit d'une baisse de performance dans ce combat s'il est établi que plusieurs envois de produits en ivoire ne sont pas détectés par les services compétents.

Par ailleurs, il ne faudrait pas non plus perdre de vue qu'à ce jour, le nombre d'éléphants dans le monde et en Afrique a fortement diminué. Ainsi, dans l'analyse, il faudrait notamment établir le rapport entre le nombre d'éléphants braconnés et/ ou les quantités d'ivoire sur les marchés et le nombre d'éléphants restants. Il se peut donc que la pression ait augmenté, en dépit de la baisse constatée, par rapport à la quantité d'éléphants disponibles, ceux-ci étant devenus tout aussi rares.

De même, il faudrait noter que « les données (malgré toutes leurs lacunes reconnues) pourraient suggérer une réduction du braconnage au niveau continental parmi les États africains de l'aire de répartition, mais cela masque le fait qu'il peut y avoir des variations régionales considérables, certains scientifiques affirmant qu'il y a peu de preuves de réduction en Afrique de l'Ouest, centrale ou australe. Comme le reconnaît le rapport lui-même, les données n'incluent pas les importantes saisies d'ivoire (et de pangolin) qui ont eu lieu en 2019 et qui ont augmenté de façon spectaculaire ces dernières années »[147]. Il ne faudrait donc pas, « relâcher la pression ou […] se reposer sur ses lauriers en ce qui concerne les efforts déployés pour protéger les éléphants sur le terrain ou pour réduire la demande de produits en ivoire »[148] en considérant notamment les données financières sur ce marché.

---

144 CITES, *Interpretation and implementation matters: General compliance and enforcement: Wildlife crime enforcement and support in West and Central Africa*, CoP 18, Doc. 34 (2019), cité par UNODC (2020), *World Wildlife Crime Report, op.cit*, p.53; GAFI (2020), *Blanchiment d'argent et commerce illégal d'espèces sauvages*, *op.cit.*, p.6.

145 Voy. UNODC (2020), *World Wildlife Crime Report, op.cit*, p.53.

146 M. Morley, *Le rapport de l'ONUDC révèle des chiffres alarmants et la nature véritablement internationale du commerce illégal d'espèces sauvages*, *op.cit.*

147 *Ibid.*

148 *Ibid.*

Paragraphe 3. Flux financiers de la criminalité liée aux espèces sauvages

Le commerce international des espèces sauvages, qu'il soit légal ou illégal, est « juteux ». Il s'agit d'une importante source de revenus pour plusieurs raisons. Ainsi, le marché des espèces CITES est-il devenu au fil des années un marché qui pèse lourd sur le plan mondial.

Or, l'estimation de la part du marché illégal des produits du commerce d'espèces sauvages n'est pas facile, car il est déjà difficile d'établir avec certitude les quantités réelles des produits d'un tel marché. Ceci, notamment, parce que les « saisies d'animaux sauvages ne représentent qu'une partie des produits générés »[149]. En outre, le manque de données précises sur les chiffres du commerce d'espèces sauvages et le fait que les criminels associent souvent à ce commerce d'importants flux de commerce licite compliquent la détection et la quantification des produits[150].

3.1. Butin de la criminalité liée aux espèces sauvages : des chiffres vertigineux

À lui seul, l'ivoire d'éléphant représente annuellement une part importante du marché mondial des produits illicites des espèces sauvages.

3.1.1. Évolution du poids financier annuel mondial du marché illicite des espèces sauvages

Plusieurs sources estiment à une vingtaine de milliards d'euros le commerce illégal des espèces sauvages de faune et de flore au fil des années (diagramme 3).

---

[149] Depuis 2017, une norme de déclaration commune est disponible dans le rapport annuel sur le commerce illégal de la CITES : https://www.cites.org/sites/default/files/notif/E-Notif-2019-072-A2.pdf, consulté le 31 juillet 2020.

[150] GAFI (2020), *Blanchiment d'argent et commerce illégal d'espèces sauvages*, *op.cit.*, p.13.

Diagramme 3: Évolution du poids financier annuel mondial du marché illicite des espèces sauvages de 2010 à 2020

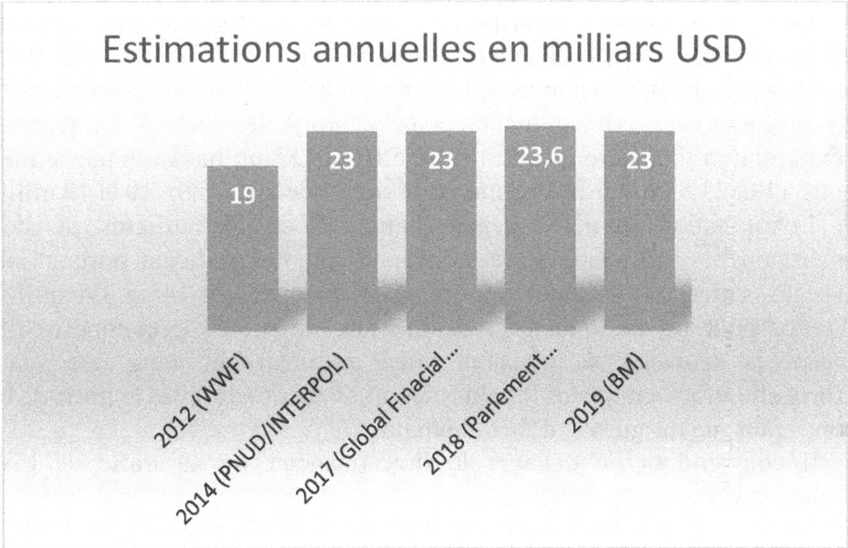

Dans le diagramme 3 ci-dessus, nous avons des estimations qui proviennent de sources diverses et établies à des années différentes. En 2012, le Fonds mondial pour la nature (WWF) a estimé le trafic illégal des espèces sauvages « à 19 milliards de dollars par an[151] ». En 2014, un rapport du PNUD et INTERPOL, et en 2019 un autre rapport de la Banque Mondiale ont tous évalué les produits du commerce illégal des espèces sauvages « entre 7 et 23 milliards de dollars par an »[152]. En 2017, Global Financial Integrity l'a confirmé à « 23 milliards USD par an »[153]. En 2018, le Parlement européen juge que le chiffre d'affaires de ce marché peut valoir 20 milliards d'euros[154] (soit 23,6 milliards de dollars américains)[155].

---

[151] T. BERNARD, « La lutte contre le commerce illégal d'espèces sauvages », *loc.cit.*, p.72.
[152] PNUE-Interpol (PNUE 2014); Banque mondiale, Illegal Logging, Fishing, and Wildlife Trade: the Costs and How to Combat it (2019), *in* GAFI (2020), *Blanchiment d'argent et commerce illégal d'espèces sauvages*, *op.cit.*, p.13.
[153] V. CROOK, E. VAN DER HENST et al., *Stop wildlife cybercrime in the EU: online trade in reptiles and birds in Belgium and the Netherlands*, Rapport de TRAFFIC, Bruxelles, 2020, p.10.
[154] Parlement européen, Résolution du 2 mars 2017 sur la politique commerciale commune de l'Union européenne dans le cadre des impératifs en matière de préservation des espèces sauvages (2016/2054(INI)), *in Journal officiel de l'Union européenne*, (2018/C 263/05), du 25.7.2018, p.2.
[155] 1 € = 1,18$, voy. le cours de change de référence de l'euro de 2018 de la Banque Nationale de Belgique, accessible sur : http://stat.nbb.be/Index.aspx?DataSetCode=EXR&lang=fr#, consulté le 21 novembre 2020.

Par ailleurs, notons que dans l'ensemble, selon un rapport du PNUE 2016, la criminalité environnementale globale (qui comprend les revenus illégaux provenant de la criminalité environnementale, la perte pour le commerce légal et la perte de recettes fiscales) a été estimée dans une fourchette comprise entre 91 et 259 milliards de dollars américains par an[156].

De cette enveloppe annuelle, le crime contre la faune est estimé entre 7 et 23 milliards, les crimes forestiers (y compris les crimes d'entreprise et l'exploitation forestière illégale) entre 50,7 et 152 milliards, la pêche illégale entre 11 et 23,5 milliards, la criminalité sur les déchets entre 10 et 12 milliards et l'exploitation minière illégale entre 12 et 48 milliards de dollars américains[157]. Selon une autre source, le commerce illégal portant sur les espèces sauvages représenterait un marché annuel de 60 à 190 milliards d'euros pour les trafiquants[158]. Selon ces estimations, le commerce illégal d'espèces sauvages se placerait ainsi au quatrième rang des activités criminelles transnationales les plus lucratives au monde après le trafic de biens contrefaits, de drogues et d'êtres humains[159].

Il conviendrait de dégager le flux financier lié au trafic de l'ivoire d'éléphant.

3.1.2. Évolution du poids financier annuel mondial du marché illicite de l'ivoire

Sur le marché illicite des produits de faune sauvage, l'ivoire à lui seul pèse lourd sur la balance avec plusieurs millions de dollars annuellement.

3.1.2.1. Le marché mondial de l'ivoire

Le marché illégal de l'ivoire d'éléphant représente près de 400 millions de dollars par an (tableau 3).

---

[156] PNUE, *The State of Knowledge of Crimes that have Serious Impacts on the Environment*, *op.cit.*, p.1.

[157] *Ibid.*

[158] Dans ce paragraphe, les valeurs sont issues du Rapport du GFI, *Transnational Crime and the Developing World*, 2017 et sont converties du dollar à l'euro à partir du taux de change moyen entre le dollar et l'euro pour l'année 2017, soit 0,887036. Voy. à ce sujet L. ESCOT, A. PONTAL et S. RINGUET, *Break the chain : comment le secteur français de la logistique et du transport peut lutter contre le commerce illégal d'espèces sauvages*, *op.cit.*, p.54.

[159] Respectivement estimés à 923 milliards à 1,13 billion de dollars (818 milliards à 1 billion d'euros), 426 à 652 milliards de dollars (378 à 578 milliards d'euros) et 150,2 milliards de dollars (133,2 milliards d'euros) selon le GFI. Voy. L. ESCOT, A. PONTAL et S. RINGUET, *Break the chain : comment le secteur français de la logistique et du transport peut lutter contre le commerce illégal d'espèces sauvages*, *op.cit.*, p.54.

Tableau 3 : Revenus annuels générés par le commerce illicite de l'ivoire (millions USD)[160]*, 2016-2018*

Sources d'ivoire d'éléphant	*Revenus*
Taille globale du marché Asie (Consommateur final), revenu brut	$ 400 (310 – 570) millions
Vente au détail	$ 260 – 490 millions
Trafic international	$ 38 – 60 millions
Intermédiaires	$ 7 – 11 millions
Braconniers	$ 8 – 13 millions

Source : UNODC[161]

Le tableau 3 ci-dessus indique la part de revenu par catégorie d'intervenant dans ce commerce. Si le marché lui-même est estimé à 400 millions de dollars américains, la vente au détail ne génère pas moins de 260 millions, le trafic international au moins 38 millions, les intermédiaires un minimum de 7 millions. Tandis que, les braconniers, ceux-là mêmes qui sur le terrain abattent les éléphants, n'obtiennent qu'environ 8 millions, ce qui ne représenterait que 2 % du commerce mondial illégal de l'ivoire d'éléphant.

3.1.2.2. Évolution du prix de l'ivoire au kilogramme

Le rapport de l'UNODC sur la criminalité mondiale liée aux espèces sauvages de 2020 révèle que, de 2014 à 2018[162], au kilo, le braconnier reçoit

[160] Le rapport UNODC de 2020 précise que le trafic international résume les intermédiaires, les exportateurs et les grossistes. Le revenu présenté comme une ventilation de la taille globale du marché est le revenu brut moins le revenu des acteurs plus tôt dans la chaîne d'approvisionnement. Les estimations doivent être comprises comme des ordres de grandeur, et non comme des statistiques robustes. Les chiffres sont basés sur le modèle d'une chaîne d'approvisionnement consécutive : braconnier - trafiquant Afrique - commerce international - trafiquant Asie - vente au détail en Asie. On pense que ce modèle est applicable à une majorité de cas. Une de ces exceptions serait la fabrication en Afrique et les expéditions directes aux consommateurs finaux en Asie. Les fourchettes reflètent les différents degrés d'incertitude. Voy. UNODC (2020), *World Wildlife Crime Report, op.cit.*, p.118.

[161] UNODC (2020), *World Wildlife Crime Report, op.cit.*, p.118.

[162] Les estimations de l'UNODCC sont basées sur les données recueillies lors de 52 entretiens sur le terrain et la littérature disponible (du braconnier à l'exportateur) et sur les données fournies par la *Wildlife Justice Commission and the Environmental Investigation Agency*, Royaume-Uni (du gros au détail). Les points médians sont une simple moyenne de toutes les observations (pondérées par le poids, le cas échéant). Pour augmenter la taille et la couverture des échantillons, les données de 2016 à 2018 ont été complétées par les années précédentes. Remarque : les plages reflètent divers degrés d'incertitude. Voy. UNODC (2020), *World Wildlife Crime Report, op.cit.*, p.119

93$, le broker 125$, le dealer 236$ et l'exportateur 387$. Sur le marché final en Asie, une défense en ivoire coûte 1 009$ et l'ivoire travaillé 6 346$[163].

Le trafic d'ivoire est une activité lucrative (400 millions de dollars par an selon ce rapport) et ancienne. Lorsqu'on l'associe à la perte d'habitat et à d'autres pressions anthropiques, l'avenir des éléphants d'Afrique reste profondément incertain[164]. Par ailleurs, l'argent généré par ce trafic passe par des réseaux pour être blanchi.

3.2. Blanchiment d'argent issu de la criminalité liée aux espèces sauvages

Le blanchiment d'argent est la porte pour jouir des gains de la criminalité liée aux espèces sauvages. Aussi, les malfrats emploient-ils plusieurs méthodes pour justifier l'origine desdits gains.

3.2.1. Problématique de blanchiment d'argent issu de la criminalité liée aux espèces sauvages

L'argent issu de la criminalité liée aux espèces sauvages est « sale », car il résulte d'une activité criminelle. Ses bénéficiaires ne peuvent donc pas en jouir paisiblement à cause de l'amplification de la lutte contre le blanchiment d'argent et ses multiples contraintes. Car, à ce jour, il faut pouvoir justifier l'origine des fonds issus d'un tel commerce comme de toute autre activité. Face à ce dilemme, ils ont développé des stratégies pour rendre « propres » leurs gains et tirer avantage de cette chaîne criminelle.

En effet, « les syndicats impliqués dans la criminalité liée aux espèces sauvages braconnent, prélèvent ou élèvent des espèces sauvages dans des pays dont la biodiversité est riche et/ou dans lesquels les services répressifs et la justice pénale sont plus laxistes (« pays d'origine ») »[165]. Une fois en possession de leurs gains financiers, les trafiquants s'emploient à leur blanchiment. Ainsi, « pour déplacer, cacher et blanchir leurs produits, les trafiquants d'espèces sauvages exploitent les faiblesses des secteurs financier et non financier pour commettre d'autres crimes contre les espèces sauvages, le tout nuisant à l'intégrité financière »[166].

Le blanchiment des gains issus de la criminalité liée aux espèces sauvages « implique [*donc*] généralement une activité visant à dissimuler ou à déguiser

---

[163] D'autres sources, comme GAFI, relèvent que le prix de l'ivoire peut osciller entre 1.500 et 2.500 dollars sur le marché final. GAFI (2020), *Blanchiment d'argent et commerce illégal d'espèces sauvages*, *op.cit.*, p.20.

[164] M. MORLEY, *Le rapport de l'ONUDC révèle des chiffres alarmants et la nature véritablement internationale du commerce illégal d'espèces sauvages*, *op.cit.*

[165] GAFI (2020), *Blanchiment d'argent et commerce illégal d'espèces sauvages*, *op.cit.*, p.14.

[166] *Ibid*, p.4.

la source, le mouvement et la propriété de ces fonds »[167], c'est ce qui justifie le développement de plusieurs méthodes pour arriver à cette fin.

3.2.2. Méthodes de blanchiment d'argent issu de la criminalité liée aux espèces sauvages

Toute activité illégale s'organise avec soin pour échapper à la répression. Ceci implique donc l'utilisation de méthodes et de moyens « conventionnels » et « non conventionnels ».

Le rapport de GAFI de 2020 montre clairement que les criminels utilisent plusieurs méthodes de blanchiment des gains, notamment le détournement du secteur financier formel, des sociétés-écrans et le mélange de produits licites et illicites, les achats de biens immobiliers et de luxe ainsi que les services de transfert de fonds ou de valeurs.

3.2.2.1. Détournement du secteur financier formel

Les criminels ont recours à des méthodes « établies » pour blanchir les produits du commerce illégal des espèces sauvages (CIES), notamment le placement et l'empilement des fonds dans le secteur financier formel[168], mais aussi par « le biais de dépôts en espèces (sous forme de prêts ou de paiements), de plateformes bancaires en ligne (par exemple, des services de paiement électronique liés à une carte de crédit ou à un compte bancaire), de services de transfert de fonds ou de valeurs (STFV)[169] et de virements bancaires effectués par des tiers »[170].

Dans ces opérations de blanchiment d'argent, les différents intervenants cherchent systématiquement à passer *incognito* en gardant leur anonymat. Il est évident qu'ils ont conscience de la nature frauduleuse de leurs activités et des répercussions éventuelles en cas de démantèlement de leurs réseaux. C'est ainsi notamment qu'« afin de dissimuler l'expéditeur et le destinataire des fonds, et d'éviter le seuil de déclaration propre à chaque pays et fixé par les

---

[167] GAFI (2020), *Blanchiment d'argent et commerce illégal d'espèces sauvages*, *op.cit.*, p.7.
[168] *Ibid.*
[169] Les services de transfert de fonds ou de valeurs (STFV) désignent les services financiers qui consistent à accepter les espèces, les chèques ou tout autre instrument de paiement ou dépôt de valeur et à payer une somme équivalente en espèces ou sous toute autre forme à un bénéficiaire au moyen d'une communication, d'un message, d'un transfert ou d'un système de compensation auquel appartient le service de transfert de fonds ou de valeurs. Les opérations effectuées par le biais de ces services peuvent impliquer un ou plusieurs intermédiaires et une tierce partie réceptrice du paiement final, et peuvent inclure tout nouveau moyen de paiement. Voy. GAFI (2020), *Blanchiment d'argent et commerce illégal d'espèces sauvages*, *op.cit.*, p.18.
[170] GAFI (2020), *Blanchiment d'argent et commerce illégal d'espèces sauvages*, *op.cit.*, pp.17-18.

institutions financières, les syndicats s'appuient sur des mules financières[171] et effectuent des paiements de faible montant »[172].

Il en résulte que les institutions financières peuvent jouer un rôle très important dans la détection des activités suspectes et conduire au démantèlement des réseaux criminels impliqués dans le commerce illicite des espèces sauvages. Ainsi, les Parties à la CITES devraient intensifier les enquêtes financières.

3.2.2.2. Sociétés-écrans et mélange de produits licites et illicites

Afin de blanchir leur argent, « les petits et grands criminels impliqués dans le commerce illégal des espèces de faune sauvage utilisent souvent des sociétés fictives et des sociétés-écrans pour dissimuler des paiements et blanchir les produits de leurs activités illicites »[173].

Le but vise par les criminels est de blanchir leur argent en démontrant qu'ils proviennent d'une source « viable », « traçable » et « honnête ». Ainsi, l'utilisation des sociétés fictives permettrait de « faciliter le transfert de valeurs entre les membres du syndicat, entre les acheteurs et les vendeurs, ou pour détenir des actifs » [174]. Par ailleurs, ils utilisent également des sociétés-écrans. Ces dernières « mènent généralement en parallèle des activités légales et illégales, à la fois pour faciliter le déplacement des animaux sauvages eux-mêmes et pour mélanger les produits licites et illicites, dissimulant ainsi le transfert de valeurs »[175]. Généralement, ces sociétés-écrans « ont des liens avec les industries d'import-export pour justifier le mouvement des marchandises et les paiements transfrontaliers (par exemple, les plastiques, le bois, les aliments surgelés ou les œuvres d'art) »[176]. Ils font également usage des sociétés « ayant des liens avec le commerce légal d'espèces sauvages, par exemple des taxidermistes, des fermes, des établissements d'élevage, des animaleries et des zoos »[177].

Pour illustrer l'utilisation des sociétés-écrans, le rapport GAFI 2020, cite un cas de 6,8 tonnes d'ivoire interceptées en Thaïlande et à Singapour exportées depuis le port de Mombasa entre avril et mai 2015. En analysant les informations d'importation et d'exportation des saisies, les enquêteurs ont pu identifier que le syndicat avait créé une société de

[171] Le terme « mules financières » est utilisé pour décrire les cas où des criminels dupent des victimes innocentes ou obligent des personnes complices à utiliser leur compte bancaire pour déplacer et/ou blanchir de l'argent illicite. Voy. GAFI (2020), *Blanchiment d'argent et commerce illégal d'espèces sauvages*, *op.cit.*, p.18.

[172] GAFI (2020), *Blanchiment d'argent et commerce illégal d'espèces sauvages*, *op.cit.*, p.18.

[173] *Ibid.*

[174] *Ibid.*

[175] *Ibid.*

[176] *Ibid.*

[177] *Ibid.*

commerce de thé légitime au Kenya pour dissimuler les expéditions d'ivoire et les flux financiers entre l'Afrique de l'Est et l'Asie de l'Est[178].

En substance, « le syndicat a créé une société-écran de commerce de thé (société A) pour acheter à une plus grande société de thé, sans qu'elle ne soit consciente de la situation, et un transitaire (société B) pour semer la confusion autour des véritables acheteurs de thé. Le syndicat a également créé une troisième société (société C) pour acheminer le thé jusqu'au port. Avant que le conteneur ne soit expédié, la société C a fait le nécessaire pour que les camions soient détournés et que les sachets de thé soient remplis d'ivoire avant de regagner le port[179]. En cours de route, les cargaisons de « thé » ont ensuite changé deux fois de lieu de destination et de nom de destinataire. Il s'agissait très probablement d'une tentative pour dérouter les agents portuaires »[180].

Les services et agents impliqués dans les enquêtes et les analyses financières doivent avoir le sens du détail. En effet, dans l'illustration ci-dessus, un détail a pu être déterminant pour l'approfondissement de l'enquête. C'est le fait que « les cargaisons aient pour destination finale l'Asie de l'Est, qui n'est pas un marché d'exportation important pour le thé africain, a constitué un indicateur de risque »[181].

3.2.2.3. Achat de biens immobiliers et de luxe

Selon les enquêtes réalisées par GAFI et dont les résultats sont publiés dans son rapport 2020, « les pays ont souligné que les criminels achètent également des biens de grande valeur, notamment des biens immobiliers et de luxe (par exemple, des véhicules, des bijoux et des œuvres d'art) pour blanchir les produits du CIES au stade de l'intégration » [182].

Il en résulte que certains signes de « grande opulence » peuvent être révélateurs ou pris comme indices de blanchiment d'argent. Avec l'achat de biens de valeur, l'argent issu du commerce illicite des produits de faune est « placé » et « lavé ». Cet argent peut être facilement réintroduit dans le circuit et/ou être affecté à d'autres activités par la vente desdits biens. Par exemple, un trafiquant peut acheter plusieurs biens de valeur « moyenne », puis les revendre dans la même période afin de pouvoir justifier un autre achat plus important avec des preuves solides d'origine légale de cet argent

Il en découle notamment que « certains secteurs non financiers (par exemple, les agents immobiliers, les avocats et les négociants en pierres et métaux précieux) peuvent jouer un rôle important dans la détection des fonds suspects liés au CIES »[183]. En effet, ceux-ci peuvent faire constater ces types

---

[178] GAFI (2020), *Blanchiment d'argent et commerce illégal d'espèces sauvages*, *op.cit.*, p.20.
[179] *Ibid*, p.19.
[180] *Ibid.*
[181] *Ibid.*
[182] *Ibid.*
[183] *Ibid.*

de transactions à l'autorité. D'où notamment l'importance d'associer le secteur privé, de même que les indépendants, dans cette lutte contre la criminalité liée aux espèces sauvages.

3.2.2.4. Services de transfert de fonds ou de valeurs

Les pays ont signalé que « les criminels utilisent également les réseaux informels de services de transfert de fonds ou de valeurs, ou Hawala et autres prestataires de services similaires (HOSSP)[184], par exemple « *fei chen'* », ou « *hundi* » pour dissimuler et blanchir les produits du CIES » [185].

Comme pour toutes les formes de services de transfert de fonds ou de valeurs informels, ces systèmes sont souvent basés sur la communauté et s'appuient sur un réseau de courtiers à travers les pays pour faciliter les transferts internationaux sans que l'argent ne traverse physiquement les frontières[186]. Certaines enquêtes ont clairement permis d'identifier le rôle des Services de transfert de fonds ou de valeurs informelles dans la facilitation de l'acquisition et du transport initial d'animaux sauvages d'Afrique vers l'Asie, ainsi que dans l'achat et la distribution ultérieurs du produit illicite au sein des syndicats et des clients, et entre eux[187].

Avec les avancées technologiques actuelles, impliquant notamment le développement de plusieurs applications servant de messageries financières et/ou reliées à des comptes bancaires ou d'autres plateformes financières[188] sur les appareils téléphoniques et autres, les actions de lutte contre la criminalité liée aux espèces sauvages devraient également s'adapter et être réajustées en conséquence.

---

[184] Les Hawalas et autres prestataires de services similaires (HOSSP) effectuent des transferts et reçoivent des fonds ou des valeurs équivalentes et effectuent des règlements via le commerce, la trésorerie et le règlement net sur une longue période. Ce qui les différencie des autres services de remises de fonds est leur utilisation de méthodes de règlement non bancaires. Ces services sont souvent liés à des zones géographiques particulières et sont désignés par des termes spécifiques, dont *hawala, hundi et fei-chen.* Voy. GAFI (2020), *Blanchiment d'argent et commerce illégal d'espèces sauvages*, *op.cit.*, p.22.

[185] GAFI (2020), *Blanchiment d'argent et commerce illégal d'espèces sauvages*, *op.cit.*, p.22.

[186] *Ibid.*

[187] *Ibid.*

[188] Cas de My Gold Rev, créé avec des transactions de dépôt instantanées intégrées et des retraits rapides, éliminant le processus de transaction lent (https://mygoldrev.com/company). Cette structure offre un pourcentage d'investissement journalier de 2% du capital, alors que pour certaines banques ce pourcentage est annuel (https://stephaneblog.vortexpromo.com/2020/09/08/my-gold-rev/). Ainsi, les taux d'intérêt et les courts délais de réception de ceux-ci semblent tout de même inquiéter. Ça pourrait être des canaux faciles à la proie des trafiquants pour justifier les flux financiers importants qu'ils draineraient. Il conviendrait donc de s'assurer d'un bon encadrement des telles initiatives par des structures financières afin de garantir à la fois la transparence, la traçabilité des fonds, ainsi que les mécanismes de « multiplication » ou connaître et comprendre comment ces fonds « poussent ».

Les agences impliquées dans la chaîne de la lutte contre la criminalité liée aux espèces sauvages devraient redoubler de vigilance et diligenter systématiquement des enquêtes financières afin de détecter le blanchiment d'argent lié à ce secteur d'activité. Pour ce faire, il ne faudrait pas perdre de vue que « le blanchiment des produits de la criminalité liée aux espèces sauvages illégales a lieu aussi bien dans les pays d'origine et de transit que dans les pays de destination. Si la majorité des produits finissent généralement dans le pays où les chefs du syndicat sont basés (généralement le pays de destination ou les pays voisins), des opérations de blanchiment ont également lieu à d'autres stades de la chaîne d'approvisionnement, notamment le blanchiment des produits du braconnage et du transport d'espèces sauvages dans les pays d'origine et de transit. Les syndicats réinvestissent également les produits dans les pays d'origine pour couvrir les frais courants de l'activité criminelle (par exemple, les frais d'expédition des chargements, des véhicules, etc.) » [189]. Il est également important de noter que, pour flouer les pistes et garantir le succès de leurs entreprises criminelles, les trafiquants peuvent « détourner et dissimuler les produits du CIES dans des pays autres que les pays d'origine, de transit et de destination des espèces sauvages illégales »[190].

Il en résulte que tant l'ampleur du commerce illicite des espèces de faune que les activités de blanchiment d'argent qui en sont issues ont des impacts certains notamment sur la biodiversité, la santé humaine, la sécurité et l'économie.

SECTION 2. IMPACTS DU COMMERCE INTERNATIONAL ILLÉGAL DES ESPÈCES SAUVAGES SUR LA BIODIVERSITÉ, L'ÉCONOMIE, LA SÉCURITÉ ET LA SANTÉ PUBLIQUE

Le commerce illégal des espèces sauvages, en général, est un problème grave et croissant à l'échelle mondiale, qui ne manque pas de répercussions négatives. En effet, « le commerce illicite d'ivoire et d'espèces sauvages, parties de leur corps ou produits dérivés représente une menace non seulement pour la protection des espèces, mais également pour la sécurité nationale et mondiale ainsi que pour le développement social et économique [ainsi que sur l'état de droit et la santé publique] des pays dans lesquels il se produit »[191].

---

[189] GAFI (2020), *Blanchiment d'argent et commerce illégal d'espèces sauvages*, *op.cit.*, p.15.
[190] *Ibid.*
[191] IFAW, *Recherché - mort ou vif : Le commerce d'espèces sauvages sur Internet dévoilé*, avril 2019, p.4.

Paragraphe 1. Impacts du commerce international illégal des espèces sauvages sur la biodiversité

La gestion durable et le commerce des espèces sauvages sont étroitement liés. Le commerce peut représenter une forte incitation à gérer durablement les espèces sauvages, mais il peut aussi constituer une menace pour ces dernières s'il est insuffisamment réglementé ou contrôlé, mal suivi ou mal géré, ou bien effectué à des niveaux non viables[192]. Parmi les impacts de ce commerce sur la biodiversité[193], nous pouvons notamment mentionner l'amenuisement et l'extinction des populations sauvages, d'une part, et la détérioration du fonctionnement et des services de l'écosystème, d'autre part.

1.1. Amenuisement et extinction des populations sauvages

De nos jours, il est clairement établi que des « nombreuses récoltes d'espèces destinées au commerce international sont effectuées de manière non durable (à des rythmes dépassant celui de la récupération biologique) »[194]. La surexploitation en résultant est ainsi un facteur principal de l'appauvrissement de la biodiversité, bien que la perte d'habitats et l'envahissement d'espèces étrangères engendrent généralement de plus importantes menaces[195]. En effet, il est constaté que « le commerce international d'espèces sauvages est également responsable de la disparition de nombreuses espèces. Approximativement 40 % des espèces de vertébrés menacés d'extinction le sont en raison de la chasse à destination de marchés internationaux : baleines, rhinocéros, [...], éléphant »[196].

Il en résulte que le commerce illégal d'espèces sauvages est « un facteur de perte de biodiversité à l'échelle mondiale »[197]. Il peut « compromettre [gravement] les effets positifs du commerce légal, avec des impacts [...] écologiques les plus évidents, [...] [dont] la réduction des populations sauvages due à la surexploitation ou aux abattages illégaux d'espèces cibles,

---

[192] J. STAHL et T. DE MEULENAER, « La CITES et le commerce international des espèces sauvages », in *UNASYLVA, Revue internationale des forêts et des industries forestières*, n°249, Vol. 68 2017/1, pp.17-26, FAO, 2017, p.17.

[193] Commission européenne, COM (2018) 711 final, *op.cit*, p.10.

[194] R. COONEY, A. KASTERINE, D. MACMILLAN, S. MILLEDGE, K. NOSSAL, D. ROE and M. SASROLFES, *Le commerce de la faune et la flore sauvages : un cadre pour améliorer l'exploitation durable de la biodiversité et les moyens de subsistance*, Centre du Commerce International, Genève, Suisse, 2015, p.4.

[195] R. COONEY, A. KASTERINE, D. MACMILLAN, S. MILLEDGE, K. NOSSAL, D. ROE and M. SASROLFES, *Le commerce de la faune et la flore sauvages : un cadre pour améliorer l'exploitation durable de la biodiversité et les moyens de subsistance*, *op.cit.*, p.4.

[196] J.-M. ARBOUR et S. LAVALLEE, *Droit international de l'environnement*, *op.cit.*, p.344.

[197] IPBES, *Résumé à l'intention des décideurs politiques, du rapport de la Plateforme intergouvernementale scientifique et politique sur la biodiversité et les services écosystémiques*, secrétariat de l'IPBES, Bonn, Allemagne, 2019, p.12.

effectués pour répondre à la demande des consommateurs et entraînant ainsi un commerce illicite »[198]. En effet, « l'exploitation illégale des espèces peut considérablement affaiblir les populations sauvages et, dans certains cas, les conduire à l'extinction »[199]. Par ailleurs, relevons que cette « exploitation incontrôlée et démesurée des espèces sauvages animales et végétales constitue la deuxième menace pour leur survie dans l'environnement, juste après la dégradation de leur habitat »[200].

En ce qui concerne l'éléphant d'Afrique (*Loxodonta africana*), ces impacts ont bien été documentés depuis 2014 [201]. Cette espèce enregistre à l'heure actuelle des déclins de population par suite du trafic illicite d'espèces sauvages[202]. En effet, il est connu que le continent africain est un grand pourvoyeur des produits d'éléphant sur le marché mondial. Pour s'en rendre compte, il faudrait notamment voir les estimations du nombre d'éléphants braconnés de 2010 à 2018. En effet, dans trois sous-régions de l'Afrique considérées (Afrique centrale, Afrique du Sud et Afrique de l'Est), les statistiques de braconnage des éléphants sont élevées. On constate qu'on a enregistré le plus grand nombre de braconnages en 2011 avec 13 374 cas en Afrique du Sud, 12 827 en Afrique de l'Est et 4 383 en Afrique centrale. En 2018, on constate des baisses des saisies par rapport à 2010. En effet, on passe de 11 140 cas de braconnage à 6 477 en Afrique du Sud, de 6 499 à 3 169 en Afrique de l'Est et de 3 247 à 1 567 en Afrique centrale[203].

En termes de quantités d'ivoire prélevées, entre 2009 et la mi-2014, il a été estimé à 170 tonnes la quantité d'ivoire exportée illégalement d'Afrique, représentant environ 230 000 éléphants africains ainsi braconnés[204]. Pour la période de 2016 à 2018, rien que pour trois sous-régions de l'Afrique (Afrique centrale, de l'Est et du Sud), elle est estimée à 102,1 tonnes (tableau 4).

---

198 J. STAHL et T. DE MEULENAER, « La CITES et le commerce international des espèces sauvages », *loc.cit.*, p.23, Parlement européen, Résolution 2016/2054(INI), *op.cit.*, p.2.

199 S. MAXWELL et al., « Biodiversity: the ravages of guns, nets and bulldozers (Biodiversité: les ravages causés par les armes à feu, les filets et les bulldozers) », in *Nature*, 536, 2016, pp. 143-145. Voy. UE, *COM (2022) 581 final*, *op. cit.*, p.1.

200 Parlement européen, Résolution 2016/2054(INI), *op.cit.*, p.2, C. MASHINI MWATHA et N. SHABANI AZIZA, *La protection de la faune sauvage en droit international : contribution de la CITES à la protection de l'éléphant d'Afrique*, *op.cit*, p. 24.

201 Voy. J. STAHL et T. DE MEULENAER, « La CITES et le commerce international des espèces sauvages », *loc.cit.*, p.23.

202 African Union, *African Strategy on Combating Illegal Exploitation and Illegal Trade in Wild Fauna and Flora in Africa*, *op.cit.*, p.10.

203 UNODC (2020), *World Wildlife Crime Report*, *op.cit*, p.50.

204 Voy. African Union, *African Strategy on Combating Illegal Exploitation and Illegal Trade in Wild Fauna and Flora in Africa*, *op.cit.*, p.10.

Tableau 4 : Estimation annuelle de l'ivoire récolté sur des éléphants tués illégalement, moyenne sur 3 ans 2016-2018

Sous-régions	*Tonnes d'ivoire récoltées par an*
Afrique centrale	19,2
Afrique de l'Est	25,8
Afrique du Sud	57,1
Total	102,1

Source : Estimations de l'ONUDC basées sur la modélisation de George Wittemyer[205]

Avec cette moyenne annuelle de 102,1 tonnes d'ivoire récoltées, si les tendances ne sont pas inversées, il y aurait lieu d'affirmer, pour ces régions, que l'extinction de l'éléphant est déjà programmée pour les décennies à venir.

Tableau 5: Comparaison entre la quantité d'éléphants disponibles et le niveau de braconnage

Sous-régions	*Nombre d'éléphants*[206]	*Niveau de braconnage annuel*[207]
Afrique centrale	87.171 à 103.336	3.093
Afrique du Sud	15.157 à 16.672	7.894
Afrique de l'Est	11.973 à 12.060	6.444
Totaux	114.301 à 132.068	17.431

Avec une moyenne annuelle de 17,431 éléphants braconnés chaque année dans les trois sous-régions de l'Afrique considérées (Afrique centrale, Afrique du Sud et Afrique de l'Est), et étant donné que l'éléphant d'Afrique n'acquiert sa maturité sexuelle que vers 12 ans et ne peut procréer qu'un seul éléphanteau[208] après une période de gestation de 20 mois environ[209], et au vu du nombre de spécimens estimé à ce jour, on constate nettement que l'espèce

[205] Données extraites d'un tableau des estimations de l'UNODC. Voy. UNODC (2020), *World Wildlife Crime Report, op.cit,* p.115.

[206] Elephant data base, *Totaux continentaux, Rapport de situation sur l'éléphant d'Afrique 2016*, accessible sur : http://africanelephantdatabase.org/report/2016/Africa, consulté le 13 août 2020.

[207] Moyenne annuelle sur base des données de 2010 à 2018. Voy. aussi C. NELLEMANN, R. HENRIKSEN, P. RAXTER, N. ASH et E. MREMA (dir.), *La crise de la criminalité environnementale - le commerce et l'exploitation illégale de la faune et des ressources forestières menacent le développement durable, op.cit.*, p.7, J.-F. MBAYE, *Ecologie, développement et mobilité durables* (tome v), Avis présenté au nom de la commission des affaires étrangères sur le projet de loi de finances pour 2019 (n° 1255), p.14, accessible sur : https://www.assemblee-nationale.fr/dyn/15/rapports/cion_afetr/l15b1304-tv_rapport-avis.pdf, 20 septembre 2020.

[208] Les naissances gémellaires, qui sont de l'ordre de 1 %, n'évoluent pas toutes aussi bien, le plus souvent un des jeunes meurt. Voy. à ce propos LAROUSSE, *Eléphant*, accessible sur : https://www.larousse.fr/encyclopedie/vie-sauvage/%C3%A9l%C3%A9phant/178155, consulté le 5 janvier 2021.

[209] Animauxorg, *Éléphant d'Afrique,* accessible sur : http://animaux.org/elephant-d-afrique.htm, consulté le 18 août 2020.

va vers une extinction certaine si les tendances ne sont pas inversées. En effet, rien qu'à considérer les estimations minimales, chaque année la population d'éléphants perd autour de 15 % de ses effectifs. Une telle situation a également un impact sur le fonctionnement et les services écosystémiques.

1.2. Détérioration du fonctionnement et des services de l'écosystème

Au-delà de la menace directe pour la survie des espèces, « l'exploitation et le commerce illicites peuvent avoir des effets en cascade, le déclin d'une espèce au sein d'un écosystème entraînant la détérioration du fonctionnement et des services de l'écosystème »[210].

En diminuant le nombre d'animaux de l'écosystème, ces pratiques réduisent aussi la dispersion des semences d'arbres, qui, dans la plupart des forêts tropicales, dépend des animaux[211]. La capacité de régénération de la forêt est ainsi entravée, ce qui peut entraîner des extinctions, appauvrir la diversité, affaiblir la résilience des écosystèmes, notamment face au changement climatique et contribuer *in fine* à la dégradation à long terme de cette ressource économique, environnementale et culturelle. Si la faune sauvage n'est pas mieux protégée, ce sont des composantes essentielles d'une économie forestière diversifiée et durable qui risquent d'être irrémédiablement perdues, au détriment des économies locales et nationales[212].

Ainsi, « la surexploitation peut avoir des effets indirects sur les procédés écologiques tels que la circulation des nutriments, la pollinisation ou la dissémination des graines. Par exemple, la capture de mammifères et d'oiseaux à titre de viande de brousse épuise des disséminateurs essentiels de graines dans les forêts d'Asie et d'Afrique, ayant ainsi des conséquences sur la composition future des forêts »[213].

En ce qui concerne particulièrement l'éléphant d'Afrique, il joue un rôle significatif dans la dissémination des semences[214]. En effet, « ils peuvent consommer plus de graines provenant d'un nombre plus important d'espèces que n'importe quel autre grand vertébré assurant la dissémination des graines »[215]. Ainsi, il va de soi qu'une baisse significative de cette espèce peut

---

210 J. STAHL et T. DE MEULENAER, « La CITES et le commerce international des espèces sauvages », *loc.cit.*, pp.23-24.

211 Voy. Banque mondiale. 2017, *Avant qu'il ne soit trop tard : Valoriser la faune de façon durable dans le bassin du Congo occidental*, Banque mondiale, p.19.

212 *Ibid.*

213 Voy. R. COONEY, A. KASTERINE, D. MACMILLAN, S. MILLEDGE, K. NOSSAL, D. ROE and M. SASROLFES, (2015), *Le commerce de la faune et la flore sauvages : un cadre pour améliorer l'exploitation durable de la biodiversité et les moyens de subsistance*, *op.cit.*, p.5.

214 J. STAHL et T. DE MEULENAER, « La CITES et le commerce international des espèces sauvages », *loc.cit.*, pp.23-24.

215 *Ibid*, p.24.

avoir une incidence considérable sur la diversité et la répartition des espèces d'arbres[216].

L'éléphant joue un rôle écologique essentiel dans la conservation des écosystèmes forestiers. Son comportement alimentaire et son abattage des arbres contribuent à la régénération de la forêt tout en contrôlant sa croissance dans les savanes voisines. C'est aussi l'un des plus grands disséminateurs de graines sous les tropiques. Avec sa disparition, certaines essences d'arbres non consommées par d'autres grands vertébrés (les primates, par exemple) risquent de décliner, réduisant leur diversité et leur relative abondance[217]. Cela pourrait également affaiblir la résilience des forêts face aux stress liés au changement climatique[218]. L'éléphant est par ailleurs une espèce vedette dont la protection facilite celle d'autres animaux avec lesquels il coexiste[219]. Les conséquences écologiques de sa disparition risquent donc d'aller bien au-delà de la perte de cette seule espèce charismatique[220].

Il convient de noter qu'en dépit du fait que « la CITES a mis en place des processus et des procédures de conformité pour appuyer la durabilité, la légalité et la traçabilité du commerce des espèces qu'elle réglemente et pour réduire le commerce non durable ou illégal »[221], dont notamment l'établissement d'avis de commerce non préjudiciable, les espèces sauvages continuent à diminuer, voire à s'éteindre. En ce qui concerne le commerce illégal, ceci n'est pas étonnant, car étant clandestin, aucun ACNP n'est donné par les scientifiques, ni aucun quota n'est déterminé pour leur exploitation.

Le commerce illégal des espèces sauvages affecte également le développement et l'économie tant à l'échelle mondiale, nationale que locale.

Paragraphe 2. Impacts du commerce international illégal de la faune sur le développement et l'économie

Le commerce illégal des espèces sauvages peut avoir des impacts sur le développement et l'économie à tous les niveaux : international, national et local. Par ailleurs, celui-ci victimise les êtres humains principalement par le biais de ses effets négatifs sur l'environnement et l'économie[222].

---

216 J. Stahl et T. De Meulenaer, « La CITES et le commerce international des espèces sauvages », *loc.cit.*, pp.23-24.

217 Voy. Banque mondiale (2017), *Avant qu'il ne soit trop tard : Valoriser la faune de façon durable dans le bassin du Congo occidental*, *op.cit.*, p.19.

218 *Ibid.*

219 *Ibid.*

220 *Ibid.*

221 J. Stahl et T. De Meulenaer, « La CITES et le commerce international des espèces sauvages », *loc.cit.*, p.24.

222 G. Ege and G. Howe, « Criminalisation of Wildlife Trafficking, pp.245-270 », in G. Ege, A. Schloenhardt et C. Schwarzenegger (eds.), *Wildlife Trafficking: the illicit trade in wildlife, animal parts, and derivatives, sui generis*, Edited by Daniel Hürlimann und Marc Thommen, Volume 9, Zürich, Switzerland, 2020, p.251.

2.1. Impacts du commerce international illégal des espèces sauvages sur le développement et l'économie au niveau international

Avec les 23 milliards de dollars[223] qu'enregistre annuellement le commerce illégal des espèces sauvages, dont 400 millions[224] de dollars par an uniquement pour l'ivoire d'éléphant, il est évident que ce commerce impacte fortement l'économie et le développement mondial. Les pertes annuelles s'avèrent énormes ; or, elles ne représentent qu'une infime partie de ce que ce marché génère réellement.

Par ailleurs, comme nous l'avons précédemment relevé, il existe un lien très fort entre le commerce international des espèces sauvages et le blanchiment d'argent, ce qui entraîne deux problèmes pour l'économie mondiale. D'une part, les avantages tirés de ce commerce poussent les trafiquants à commettre d'autres infractions, dont le blanchiment d'argent. D'autre part, les méthodes utilisées contournent et fragilisent certains systèmes mis en place à l'échelle mondiale et nationale pour assurer l'équilibre économique et financier.

Il convient également de relever que le commerce international illégal des espèces sauvages coûte de l'argent à l'économie mondiale. En effet, les Parties à la CITES se voient dans l'obligation de dépenser d'énormes sommes, et de choisir entre plusieurs secteurs d'activité, afin de pouvoir financer la lutte contre la criminalité liée aux espèces sauvages. Ces fonds ne sont pas seulement dévolus au fonctionnement des agences de lutte au niveau international et national, ils financent aussi des projets de terrain qui contribuent à la lutte.

En plus du niveau mondial, le commerce illégal de la faune impacte également l'économie à l'échelle nationale et locale.

2.2. Impacts du commerce international illégal des espèces sauvages sur le développement et l'économie au niveau national et local

La CITES reconnaît que « le commerce peut être bénéfique pour la conservation des espèces et des écosystèmes et/ou le développement des populations locales quand ses niveaux ne nuisent pas à la survie des espèces en question »[225]. Or, le commerce illégal ne répond à aucune règle et ne se conforme nullement aux exigences de la CITES. Il en résulte qu'il est nuisible

---

[223] V. CROOK, E. VAN DER HENST and al., *Stop wildlife cybercrime in the EU: online trade in reptiles and birds in Belgium and the Netherlands*, *op.cit.*, p.10.

[224] UNODC (2020), *World Wildlife Crime Report, op.cit.*, p.118.

[225] CITES, *Résolution Conf. 8.3 (Rev. CoP13) sur la reconnaissance des avantages du commerce de la faune et de la flore sauvages*, cité par J. STAHL ET T. DE MEULENAER, « La CITES et le commerce international des espèces sauvages », *loc.cit.*, p.21.

tant pour lesdites espèces que pour le développement et l'économie nationale et locale.

En effet, « dans de nombreux pays en développement, la faune et la flore sauvages sont essentielles au tourisme, à la création d'emploi et au développement durable. Elles apportent aussi des bienfaits écologiques et culturels importants dans plusieurs régions du monde »[226]. Ainsi, le commerce illégal des espèces sauvages « prive les communautés locales de leur capital naturel et de leurs moyens de subsistance »[227]. Ceci a donc un impact négatif sur la sécurité socio-économique en contribuant à l'amenuisement et à la disparition d'une ressource importante pour les communautés locales et/ou affecte les revenus potentiels des programmes de conservation communautaires[228].

La perte de revenus provenant du commerce illicite de plantes, de matériel végétal et de produits dérivés des espèces sauvages diminue les recettes des gouvernements et par là même leurs possibilités de mettre en place des programmes de développement et d'affirmer la primauté du droit[229].

Par ailleurs, « le commerce illégal de produits issus d'espèces sauvages peut avoir des conséquences positives ou négatives sur les moyens de subsistance. À court terme, les communautés ou les individus peuvent bénéficier des opportunités d'activités rémunératrices illégales associées à la récolte et au commerce. Une telle situation peut apporter une contribution non négligeable pour les moyens de subsistance locaux lorsque peu d'alternatives sont disponibles [...]. Cependant, il est probable que ces avantages ne soient qu'éphémères lorsqu'ils sont reliés à la surexploitation d'espèces vulnérables, ce qui est souvent le cas lorsque les récolteurs n'ont pas d'intérêt légal et à long terme pour la ressource »[230].

Le commerce illégal des espèces sauvages affecte également la sécurité au plan international, national et local.

---

[226] Programme mondial pour la vie sauvage, *Réduire le braconnage, réduire le trafic, réduire la demande*, Banque mondiale, 2018, p.5.

[227] Programme mondial pour la vie sauvage, *op.cit.*, p.5.

[228] Commission européenne, *Étude des interactions entre la sécurité et la conservation des espèces sauvages en Afrique subsaharienne*, synthèse, 2019, p.4.

[229] UNODC, *Compilation d'outils pour l'analyse de la criminalité liée aux espèces sauvages et aux forêts, op.cit.*, p.2.

[230] R. Cooney, A. Kasterine, D. MacMillan, S. Milledge, K. Nossal, D. Roe and M. SasRolfes, (2015), *Le commerce de la faune et la flore sauvages : un cadre pour améliorer l'exploitation durable de la biodiversité et les moyens de subsistance, op.cit.*, p.7

Paragraphe 3. Impacts du commerce international illégal des espèces sauvages sur la sécurité

Le commerce illégal des espèces sauvages « provoque ou accentue des conflits et exacerbe les conditions d'insécurité »[231]. Inversement, « les conflits armés contribuent ou renforcent le trafic des espèces sauvages ou entravent les efforts de la conservation de la nature »[232]. Par ailleurs, « dans certains cas, l'insécurité liée à la criminalité contre les espèces sauvages contribue aux flux migratoires »[233].

Le trafic illicite d'espèces sauvages repose de plus en plus sur la criminalité transnationale organisée, voire, dans certains, sur des milices rebelles ou des éléments insubordonnés des forces armées. Ce phénomène transforme la dynamique de la lutte contre cette activité criminelle fortement destructrice, concernant en particulier certaines espèces de mégafaune[234].

Ainsi, le commerce illégal des espèces sauvages, avec son poids financier et la circulation notamment d'armes pour l'approvisionnement, engendre inéluctablement des problèmes d'ordre sécuritaire tant au niveau international que national et local.

3.1. Impacts du commerce international illégal des espèces sauvages sur la sécurité au niveau international

Depuis 2004, des discussions au sein des structures de l'ONU établissaient déjà des rapports entre la dégradation de l'environnement et la paix et la sécurité internationales. Par ailleurs, le Groupe de personnalités de haut niveau sur les menaces, les défis et le changement[235], désigné par le Secrétaire général, reconnaît qu'au XXIe siècle la dégradation de l'environnement et la criminalité organisée constituent des menaces pour la paix et la sécurité autant que la guerre, les conflits internationaux, la violence civile, la criminalité organisée, le terrorisme et les armes de destruction massive[236]. En effet, selon ce groupe d'experts constitue une menace contre la sécurité internationale « tout événement ou phénomène meurtrier ou qui compromet la survie et sape les fondements de l'État en tant qu'élément de base du système international »

---

[231] Commission européenne, *Étude des interactions entre la sécurité et la conservation des espèces sauvages en Afrique subsaharienne*, *op.cit*, p.4.
[232] *Ibid.*
[233] *Ibid.*
[234] J. E. SCANLON, *La dimension internationale du commerce illégal des espèces sauvages*, *op.cit.*
[235] Le Groupe avait pour mission d'évaluer les menaces qui pèsent sur la paix et la sécurité internationales. Voy. Nations unies, *Note du Secrétaire général*, A/59/565, décembre 2004, p.1.
[236] Nations unies, *Dans une liberté plus grande : développement, sécurité et respect des droits de l'homme pour tous*, Rapport du Secrétaire général, A/59/2005, Par.78, p.29. accessible sur : https://www.un.org/french/largerfreedom/a592005f.pdf, consulté le 17 mai 2018.

[237]. C'est ainsi qu'il a retenu six catégories de menaces qui guettent l'humanité aujourd'hui et dans les décennies à venir[238], dont notamment la dégradation de l'environnement.

Par ailleurs, « les récentes tendances témoignent de l'implication croissante de réseaux criminels organisés de grande envergure, qui utilisent des moyens de plus en plus élaborés » [239]. Le trafic des espèces sauvages « contribue [ainsi] à alimenter les conflits et que les réseaux terroristes sont soupçonnés de se financer, entre autres, grâce au commerce illégal d'espèces sauvages, qui génère d'importants profits »[240]. Le lien entre le commerce illégal des espèces sauvages avec la paix et la sécurité internationales se réaffirme davantage sachant que « le terrorisme sous toutes ses formes et dans toutes ses manifestations constitue l'une des menaces les plus graves pour la paix et la sécurité internationales »[241].

La criminalité liée aux espèces sauvages, un des facteurs de la dégradation de l'environnement, « est un problème international croissant qui transcende les frontières physiques, politiques et idéologiques » [242]. Il peut avoir « des conséquences néfastes sur l'économie et la sécurité d'un pays » [243]. Par ailleurs, il est reconnu qu'« un nombre important d'activités criminelles est mené par des réseaux criminels organisés attirés par les faibles risques et les bénéfices importants associés à ce type d'activités » [244]. Les itinéraires empruntés pour le trafic transnational et transcontinental d'espèces sauvages sont souvent identiques à ceux utilisés pour le trafic d'armes, de stupéfiants et d'êtres humains[245].

Il faudrait également noter que « la taille et la valeur en plusieurs millions de dollars de certaines de ces livraisons indiquent l'implication des formes graves de criminalité organisée dans le commerce illégal d'espèces sauvages.

---

[237] Nations unies, *Note du Secrétaire général*, *op.cit.*, p.12.

[238] Les six catégories sont : (i) les menaces d'ordre économique et social (pauvreté, maladies infectieuses, dégradation de l'environnement, etc.), (ii) les conflits entre États, (iii) les conflits internes (guerres civiles, génocide et autres atrocités, etc.), (iv) les armes nucléaires, radiologiques, chimiques et biologiques, (v) le terrorisme et (vi) la criminalité transnationale organisée.

[239] Parlement européen, Résolution 2016/2054(INI), *op.cit.*, p.2.

[240] *Ibid.*

[241] Nations unies, *Résolution 2129 (2013) du Conseil de sécurité*, S/RES/2129 (2013), du 17 décembre 2013, p.1, accessible sur : https://undocs.org/fr/S/RES/2129(2013), consulté le 24 novembre 2020.

[242] C. HIMBERT, *La lutte contre les réseaux criminels impliqués dans la criminalité environnementale*, accessible sur : https://www.un.org/fr/chronicle/article/la-lutte-contre-les-reseaux-criminels-impliques-dans-la-criminalite-environnementale, consulté le 24 novembre 2020.

[243] *Ibid.*

[244] *Ibid.*

[245] Born Free USA (2018), *Guide d'identification des espèces de Côte d'Ivoire inscrites à la Convention sur le commerce international des espèces de faune et de flore sauvages menacées d'extinction (CITES)*, p.13.

Ces envois auraient nécessité des investissements financiers à grande échelle pour rassembler les cargaisons et un réseau bien établi de braconniers et d'intermédiaires pour fournir [...] les centaines[246] d'éléphants nécessaires pour amasser ces quantités »[247]. D'où l'usage, si nécessaire, de tous les moyens pour garantir le bon fonctionnement de leurs activités au détriment notamment de la paix et de la sécurité internationales.

3.2. Impacts du commerce international illégal des espèces sauvages sur la sécurité au niveau national et local

En 2013, le président américain Barack Obama a signé l'ordre exécutif 13648 qui décrit le trafic d'espèces sauvages comme élément « contribuant à l'économie illégale, alimentant l'instabilité et nuisant à la sécurité »[248].

Dans de nombreux pays africains, les moyens de subsistance et le développement socio-économique des communautés dans les zones rurales et urbaines dépendent fortement de l'utilisation de la faune et de la flore sauvages. Par conséquent, la perte de la faune et de la flore africaines affecte directement et/ou indirectement les moyens de subsistance des populations. En outre, le commerce illicite des ressources naturelles de l'Afrique prive ses États des revenus, entravant ainsi la croissance économique[249].

Le commerce illégal des espèces sauvages « creuse la pauvreté et les inégalités et menace la sécurité nationale en nourrissant l'instabilité et les conflits » [250]. En effet, le braconnage parfois lié à d'autres activités criminelles, voire terroristes, représente une grave menace pour la paix et la sécurité durables en Afrique centrale[251], mais aussi particulièrement pour les communautés vivant dans ou en périphérie des aires protégées[252].

---

[246] Selon ANON, il faut un éléphant pour avoir environ 12-16 kg d'ivoire. Donc, pour 27 tonnes d'ivoire, il a fallu tuer plus de 1.500 éléphants. Voy. https://www.forthegiants.info/english/information/tusk-weight/, consulté le 4 janvier 2021. Une défense pèse 3,667 kg ou 7,334 kg de défense par éléphant. C'est la moyenne du poids calculée à partir de l'ensemble des données portant sur les saisies impliquant des défenses brutes et des morceaux des défenses. Ces données sont obtenues du Système d'information sur le commerce des éléphants (ETIS), TRAFFIC.

[247] TRAFFIC, « Commerce illicite de la faune en Afrique », in *Bulletin semestriel d'application de la loi sur la faune*, Juillet 2020, p. 3.

[248] B. OBAMA, *Executive Order — Combating Wildlife Trafficking*, juillet 2013, cité par M. BOLTON, *Comment utiliser le Traité sur le commerce des armes pour cibler la Criminalité liée aux espèces sauvages,* Septembre 2016, p.4, accessible sur : https://controlarms.org/wp-content/uploads/2018/03/Wildlife-Crime-Paper-FRENCH.pdf, consulté le 17 mai 2018.

[249] African Union, *African Strategy on Combating Illegal Exploitation and Illegal Trade in Wild Fauna and Flora in Africa*, *op.cit*, p.5.

[250] Programme mondial pour la vie sauvage, *op.cit.*, p.5.

[251] Nations unies, *Rapport du Secrétaire général sur les activités du Bureau régional des Nations unies pour l'Afrique centrale et les zones où sévit l'Armée de résistance du Seigneur*, S/2013/297, mai 2013, p.17.

[252] Commission européenne, *Étude des interactions entre la sécurité et la conservation des espèces sauvages en Afrique subsaharienne : Synthèse*, *op.cit.*, p.4.

Les trafiquants se livrent à un tel commerce parce que les risques semblent minimes, et les profits très élevés. C'est ainsi notamment que « plusieurs organisations terroristes en ont fait un crime de choix »[253]. Par ailleurs, il est constaté que ces trafiquants « utilisent d'autres réseaux criminels pour transporter et vendre des produits d'espèces sauvages, et les groupes criminels transnationaux utilisent le trafic des espèces sauvages comme un business lucratif pour alimenter leurs activités. Les routes utilisées par les trafiquants de drogue sont utilisées pour transporter les espèces sauvages commercialisées illégalement »[254].

Aujourd'hui, il est clairement établi que « de nombreux groupes criminels utilisent les profits retirés du trafic pour financer des activités liées au terrorisme ou des conflits civils, comme c'est le cas en République Démocratique du Congo »[255], où le trafic d'armes est financé par le pillage des ressources. Les braconniers sont souvent des « militaires des Forces armées de la RDC (FARDC) incontrôlés et les commandants des milices »[256]. Ils bénéficient donc souvent de moyens largement supérieurs à ceux du gouvernement légitime[257] qui se trouve alors impuissant[258].

Le cas de la RDC montre bien que le commerce illégal d'espèces sauvages a des retombées au-delà de la dégradation de la biodiversité. Il fait partie de tout un système qui permet aux conflits armés de s'autoalimenter. Les populations en subissent les conséquences et c'est donc tout le fonctionnement de la société qui s'en trouve affecté[259].

La criminalité liée aux espèces sauvages implique souvent d'autres formes d'activités illicites graves telles que la fraude, le blanchiment d'argent et la corruption. En règle générale, « les groupes criminels transnationaux réalisent des bénéfices si importants sur les expéditions réussies de produits illégaux qu'ils sont en mesure d'absorber les pertes tout en réalisant des bénéfices »[260].

Le commerce illégal des espèces sauvages, en causant des problèmes de gouvernance, impacte également sur l'état de droit ainsi que sur ses institutions et encourage la corruption.

---

[253] Born Free USA (2018), *Guide d'identification des espèces de Côte d'Ivoire inscrites à CITES, op.cit.*, p.13.

[254] *Ibid.*

[255] Voy. T. BERNARD, « La lutte contre le commerce illégal d'espèces sauvages », *loc.cit.*, p.75.

[256] *Ibid.*

[257] *Ibid.*

[258] *Ibid.*.

[259] *Ibid.*

[260] TRAFFIC, *Commerce illicite de la faune en Afrique, loc. cit.*, p. 3.

Paragraphe 4. Impacts du commerce international illégal des espèces sauvages sur l'état de droit

Le commerce illégal des espèces sauvages porte préjudice à l'État de droit[261]. Celui-ci est décrit comme « un principe de gouvernance en vertu duquel l'ensemble des individus, des institutions et des entités publiques et privées, y compris l'État lui-même, ont à répondre de l'observation de lois promulguées publiquement, appliquées de façon identique pour tous et administrées de manière indépendante, et compatible avec les règles et normes internationales en matière de droits de l'homme. Il implique, d'autre part, des mesures propres à assurer le respect des principes de la primauté du droit, de l'égalité devant la loi, de la responsabilité au regard de la loi, de l'équité dans l'application de la loi, de la séparation des pouvoirs, de la participation à la prise de décisions, de la sécurité juridique, du refus de l'arbitraire et de la transparence des procédures et des processus législatifs »[262].

Dans cette description, l'État de droit nous renvoie au respect des droits de l'homme, et à celui des lois comme l'un des fondements de l'État. Cependant, on constate que le commerce illégal des espèces sauvages peut déstabiliser un État de droit, notamment en occasionnant des violations massives des droits de l'homme, mais aussi en déstabilisant des institutions, notamment par la corruption.

4.1. Trafic international des espèces sauvages et droits de l'homme

Le Conseil des droits de l'homme affirme dans sa résolution 28/11 du 26 mars 2015 que « les atteintes à l'environnement peuvent avoir des effets négatifs, directs et indirects, sur l'exercice effectif de tous les droits de l'homme »[263].

Ces atteintes peuvent notamment modifier le cadre de vie au point qu'il ne soit plus « vivable » et que l'exercice des droits y soit limité, voire devienne impossible. Ces droits peuvent aussi être violés dans le processus de dégradation de l'environnement, notamment lorsque se produit le prélèvement des espèces pour le commerce. En effet, en proie à des intérêts financiers énormes, les criminels impliqués dans le commerce illégal des espèces

---

[261] Commission européenne, COM (2018) 711 final, *op.cit*, p.10, African Union, *African Strategy on Combating Illegal Exploitation and Illegal Trade in Wild Fauna and Flora in Africa*, *op.cit.*, p.15.

[262] Nations unies, *Rétablissement de l'état de droit et administration de la justice pendant la période de transition dans les sociétés en proie à un conflit ou sortant d'un conflit*, Rapport du Secrétaire général au Conseil de sécurité du 23 août 2004, S/2004/616, Par.6, p.6.

[263] Nations unies, *Résolution 28/11 du Conseil des droits de l'homme sur les droits de l'homme et l'environnement*, A/HRC/RES/28/11, du 26 mars 2015, p.2, accessible sur : https://undocs.org/fr/A/HRC/RES/28/11, consulté le 6 juillet 2019.

sauvages s'adonnent à des violations massives et répétitives des droits de l'homme.

Ainsi, les braconniers et leurs commanditaires utilisent des armes à feu, se sentant en guerre à la fois contre la faune, mais aussi contre ceux qui sont censés les protéger et contre toute personne qui s'interposerait[264] ou se trouverait sur les lieux. On peut notamment évoquer ici l'attaque par un groupe rebelle en date du 23 février 2021, en plein parc national de Virunga, d'un convoi du Programme alimentaire mondial (PAM) ayant occasionné notamment la mort de l'ambassadeur italien qui s'y trouvait[265], ou plusieurs cas de tueries des gardes parcs. En date du 24 avril 2020, par exemple, on a enregistré « 17 morts lors d'une embuscade dans le [même] parc de Virunga »[266] dont 12 gardes-parcs, ramenant ainsi l'effectif total des gardes tués à 176 en 20 ans. Ces actes de barbarie seraient l'œuvre du groupe rebelle dénommé « Front démocratique de libération du Rwanda (FDLR) », un des groupes qui déstabilisent la région du Kivu depuis un quart de siècle[267].

On constate donc plusieurs cas d'atteintes à la vie, au droit de propriété, à la liberté de mouvement, etc. Dans d'autres contextes, les communautés locales sont contraintes de « s'adonner au braconnage par les syndicats du crime et, dans certains cas, sont victimes d'interventions armées brutales menées contre le braconnage »[268]. Les criminels auraient donc recours notamment à l'imposition d'une sorte de travail forcé pour les aider à prélever des espèces sauvages.

L'insécurité occasionnée par le braconnage et le trafic illégal des espèces de faunes sauvages compromet sérieusement les droits de l'homme. Les violations, seraient encouragées et/ou facilitées par la corruption.

---

264 Voy. le cas de 16 morts dans une attaque contre les gardes du parc des Virunga à l'Est de la RDC (dont 12 écogardes et 4 civils).

265 J. DUBOIS et L. CARAMEL, « Le mystère demeure sur la mort en RDC de l'ambassadeur d'Italie », in *Le Monde Afrique,* publié le 23 février 2021, accessible sur : https://www.lemonde.fr/afrique/article/2021/02/23/l-ambassadeur-d-italie-meurt-dans-une-embuscade-dans-l-est-de-la-rdc_6070914_3212.html, consulté le 25 février 2021.

266 Ouest-France, *République démocratique Du Congo. Au moins 17 morts lors d'une embuscade dans le parc des Virunga*, accessible sur : https://www.ouest-france.fr/monde/republique-democratique-du-congo/republique-democratique-du-congo-plusieurs-gardes-tues-lors-d-une-attaque-dans-le-parc-des-virunga-6816958, consulté le 24 novembre 2020.

267 *Ibid.*

268 Commission européenne, *Étude des interactions entre la sécurité et la conservation des espèces sauvages en Afrique subsaharienne, op.cit.*, p.4.

4.2. Trafic international des espèces sauvages et corruption

Le trafic des espèces sauvages encourage la corruption[269] et s'en nourrit, profitant des faiblesses des structures de gouvernance et des vulnérabilités existantes dans le commerce d'espèces sauvages[270].

Dans bon nombre de pays, les systèmes de gouvernance des forêts et des espèces sauvages ont favorisé le développement de la corruption. À cet égard, des agents forestiers corrompus, des hommes politiques et des hommes d'affaires ont obtenu des profits considérables, sous la forme de pots-de-vin et de commissions. Les sociétés d'exploitation forestière et de chasse illégales ont ainsi eu le feu vert pour s'engager dans des pratiques illicites sans crainte d'être poursuivies[271].

La corruption, sous forme de pots-de-vin, « s'est avérée être un catalyseur essentiel du commerce illicite d'espèces sauvages, se produisant aux stades de l'approvisionnement, du transit et de l'exportation, et impliquant un abus de pouvoir et de confiance des secteurs public et privé[272]. Elle peut être ponctuelle, impliquant des sommes plus petites et des fonctionnaires de niveau inférieur, ou systémiques, impliquant des sommes plus importantes, des officiers de niveau supérieur et généralement planifiée »[273]. Ainsi, chaque étape de la chaîne du commerce illicite est affectée, du braconnage au blanchiment du produit[274].

L'UA a reconnu que « les profits dégagés [du trafic des espèces sauvages] alimentent également la corruption et affaiblissent les institutions publiques comme le service forestier, la police, les douanes et l'armée. Dans de nombreux cas, le commerce illicite de la faune et flore sauvages d'Afrique favorise la corruption, sape le professionnalisme des services publics et peut également faciliter ou être facilité par d'autres activités illégales. La corruption joue souvent un rôle essentiel dans l'obtention de permis frauduleux ou falsifiés de transport d'espèces sauvages et de produits dérivés du bois illégalement acquis ou dans le « blanchiment » de ces produits dans les chaînes d'approvisionnement légales »[275].

---

[269] Commission européenne, *Étude des interactions entre la sécurité et la conservation des espèces sauvages en Afrique subsaharienne, op.cit.*, p.4.
[270] Parlement européen, *Résolution 2016/2054 (INI), op.cit.*, p.2.
[271] UNODC, *Compilation d'outils pour l'analyse de la criminalité liée aux espèces sauvages et aux forêts, op.cit.*, p.4.
[272] OECD, *Strengthening Governance and Reducing Corruption Risks to Tackle Illegal Wildlife Trade: Lessons from East and Southern Africa, Illicit Trade*, 2018, cité par UNODC (2020), *World Wildlife Crime Report, op.cit*, p.17.
[273] *Ibid.*
[274] S. Zain, « Corrupting trade: An overview of corruption issues in illicit wildlife trade », in *TargetingNatural Resource Corruption*, Juillet 2020, p.1.
[275] African Union, *African Strategy on Combating Illegal Exploitation and Illegal Trade in Wild Fauna and Flora in Africa, op.cit.*, p.15.

Par ailleurs, la corruption liée au commerce des espèces sauvages implique également la complicité d'acteurs du secteur privé. Le secteur des transports est particulièrement vulnérable, les ports maritimes et les aéroports peuvent faciliter le commerce illégal d'espèces sauvages, les entreprises de transport jouant un rôle clé[276].

La corruption facilite le commerce international des espèces sauvages. En effet, il n'est pas surprenant de constater que plusieurs cas de trafic ne sont pas détectés aux frontières et aux principaux points de transit le long des itinéraires de transport. Il est tout de même surprenant de constater qu'une tonne ou une dizaine de tonnes d'ivoire en provenance par exemple de la RDC soient saisies dans un pays asiatique. De telles quantités ne peuvent tout de même pas passer inaperçues et sont rarement le résultat d'un manque de vigilance des agents commis aux points de contrôles.

À cause de la corruption, le principe d'égalité devant la loi souffrirait également étant donné que les criminels mettent en jeu beaucoup de moyens et soudoient l'appareil judiciaire non seulement pour bénéficier des faveurs, mais carrément pour échapper à la justice. Il s'installerait donc une sorte d'impunité et d'« intouchabilité » de certaines personnes. En outre, ces fameux criminels sont notamment des personnes hautement placées dans la sphère du pouvoir étatique ou ont des connexions avec lui, au point que le trafic d'influence s'exerce régulièrement afin que les criminels et leurs réseaux échappent à des poursuites judiciaires.

On aura ainsi constaté que « la corruption des fonctionnaires (notamment des gardes forestiers, des douaniers, des procureurs et des juges) est monnaie courante lorsque les trafiquants d'espèces sauvages commettent leurs crimes, tout comme la fraude complexe et l'évasion fiscale »[277].

Selon un rapport de 2018 de l'Organisation de coopération et de développement économiques (OCDE), la corruption peut donc se produire à n'importe quel niveau de la chaîne d'approvisionnement et impliquer de nombreux acteurs différents[278]. Dans le même rapport, il est fait état de données collectées sur quatre pays (Kenya, Ouganda, République Unie de Tanzanie et Zambie) afin d'identifier les rôles des acteurs dans les différents cas de corruption signalés[279]. On constate que la catégorie la plus touchée est celle des officiers de police qui représente 32 %, puis viennent les responsables de l'administration avec 19 %, l'armée avec 17 %, les gardes parcs avec 7 %, les élus avec 7 %, les fonctionnaires et diplomates étrangers avec 7 %, les douaniers et autres agents basés aux frontières avec 6 %, et enfin

[276] African Union, *African Strategy on Combating Illegal Exploitation and Illegal Trade in Wild Fauna and Flora in Africa*, *op.cit.*, p.4.
[277] GAFI (2020), *Blanchiment d'argent et commerce illégal d'espèces sauvages*, *op.cit.*, p.6.
[278] UNODC (2020), *World Wildlife Crime Report, op.cit,* p.17.
[279] *Ibid*

tous les autres intervenants avec 5 %. Cette répartition peut différer selon les pays et dépend du poids de chaque catégorie dans la chaîne de contrôle.

Quant à la valeur des pots-de-vin dans ce marché, elle peut représenter 4 à 10 % de la valeur des ventes finales (en gros) d'ivoire en Asie[280]. À titre illustratif, on peut citer le cas de l'affaire de la *connexion Shuidongc*, documenté par l'Agence d'enquête environnementale, qui a montré que les pots-de-vin versés dans cette seule affaire s'élevaient entre 90 000 et 210 000 dollars. Un deuxième cas documenté, pour l'année 2012, celui de la circulation de l'ivoire le long de la frontière entre le Vietnam et la Chine, nous apprend qu'entre 18 000 et 30 000 dollars ont été distribués chaque jour sous forme de bakchich à des agents commis aux frontières[281].

La corruption est donc un puissant vecteur du commerce illégal des espèces sauvages, lequel ne manque pas non plus d'impacts sur la santé publique.

Paragraphe 5. Impacts du commerce international illégal des espèces sauvages sur la santé publique : cas de la COVID-19

La COVID-19[282] aura été une des fortes pandémies qui, à l'échelle mondiale, aura entraîné la modification de notre style de vie et aura impacté quasiment tous les secteurs de la vie y compris le commerce international des espèces sauvages.

Les Nations unies notent avec inquiétude que la pandémie de la maladie à coronavirus (COVID-19)[283], qui s'est propagée partout, est une menace pour la santé, la sécurité et le bien-être des êtres humains. Elle a des effets sans précédent et multiformes, elle entraîne notamment de profonds bouleversements pour les sociétés, les économies, le commerce mondial et les

---

280 UNODC (2020), *World Wildlife Crime Report, op.cit,* p.17.

281 *Ibid.*

282 Les statistiques de cette maladie sont sombres. En effet, au 18 novembre 2020, le nombre de personnes infectées par le coronavirus COVID-19 dans le monde est de 55,8 millions, dont 91 885 étaient localisées en Chine, qui était initialement le foyer mondial de l'épidémie. Le nombre de personnes guéries est de 35,9 millions, tandis que le nombre des décès est de 1,3 million. Le taux de mortalité lié à la COVID-19 est inférieur à 3%. Voy. Statista, *Le coronavirus (COVID-19) - Faits et chiffres*, accessible sur : https://fr.statista.com/themes/6050/le-coronavirus-covid-19/#dossierSummary__chapter1, consulté le 25 novembre 2020.

283 Les Nations unies ont adopté plusieurs résolutions sur la COVID-19 dont ses résolutions 74/270 du 2 avril 2020, intitulée « Solidarité mondiale dans la lutte contre la maladie à coronavirus 2019 (COVID-19) », 74/274 du 20 avril 2020, intitulée « Coopération internationale visant à assurer l'accès mondial aux médicaments, aux vaccins et au matériel médical pour faire face à la COVID-19 », 74/306 du 11 septembre 2020, intitulée « Action globale et coordonnée face à la pandémie de maladie à coronavirus (COVID-19) », et 74/307 du 11 septembre 2020, intitulée « Une riposte unie face aux menaces sanitaires mondiales : lutter contre la COVID-19 ».

déplacements internationaux, et elle a des répercussions dévastatrices sur les moyens de subsistance des populations[284].

Il conviendrait de dégager, quoique de façon anticipée, quelques impacts actuels et/ou potentiels de cette pandémie sur le commerce illégal des espèces sauvages et sur leur conservation.

5.1. COVID-19, une nième zoonose

Selon l'Organisation mondiale de la santé, environ un milliard de cas de maladie et des millions de décès surviennent chaque année à cause des zoonoses[285]. Par ailleurs, elle estime qu'environ 60 % des maladies infectieuses nouvelles ou émergentes signalées dans le monde sont des zoonoses[286].

En effet, il existe un nombre important de preuves sur les risques et les répercussions des « zoonoses », c'est-à-dire les maladies infectieuses causées par des bactéries, des virus, des champignons ou des parasites qui se propagent des animaux (généralement des vertébrés) aux humains[287].

L'OMS énumère plus de 30 maladies zoonotiques principales (et groupes de maladies) préoccupantes, et les Centres pour le contrôle et la prévention des maladies ont signalé que trois maladies infectieuses nouvelles ou émergentes chez les humains sur quatre sont d'origine animale. Ces maladies sont liées à divers animaux domestiques et sauvages identifiés comme sources, réservoirs et/ou vecteurs de transmission[288]. Elles comprennent un spectre très large, y compris le SRAS, l'Ebola, le H1N1 et le MERS, le SRAS-CoV-2 ainsi que le coronavirus à l'origine du COVID-19[289].

La maladie à coronavirus 2019 (COVID-19) a été signalée pour la première fois à Wuhan, en Chine, le 31 décembre 2019[290]. Bien que l'on ne sache

---

284 Nations unies, *Résolution adoptée par l'Assemblée générale le 5 novembre 2020*, accessible sur : https://undocs.org/fr/A/RES/75/4, consulté le 25 novembre 2020.

285 Le terme « zoonose » est imputé au médecin allemand Rudolf Virchow (1821-1902) à partir de deux racines grecques, « *zoo* » l'animal et « *nosos* » la maladie, ou « maladie due aux animaux ». Voy. V. RICOULEAU, « Quelques aspects juridiques relatifs aux zoonoses de la faune sauvage », in *Village justice*, avril 2020, p.1.

286 OMS, *Maladie zoonotique : nouvelles menaces pour la santé publique dans la Région*, accessible sur : http://www.emro.who.int/about-who/rc61/zoonotic-diseases.html, consulté le 7 novembre 2020..

287 S. BROAD, *Commerce d'espèces sauvages, COVID-1, et risques de maladies zoonotiques*, TRAFFIC, Avril 2020, p.4.

288 *Ibid.*

289 EIA, *Pendant que vous étiez en lock-out, les criminels de la faune sauvage l'ont fait aussi - et beaucoup d'entre eux " travaillaient à domicile "*, Novembre 2020, accessible sur : https://eia-international.org/news/while-youve-been-in-lockdown-so-have-wildlife-criminals-and-many-of-them-have-been-working-from-home/, consulté le 15 novembre 2020.

290 OMS, *Flambée de maladie à coronavirus 2019 (COVID-19)*, accessible sur : https://www.who.int/fr/emergencies/diseases/novel-coronavirus-2019, consulté le 30 juin 2020.

toujours pas comment, où et quand exactement elle a franchi les barrières des espèces pour infecter les humains[291], les spécialistes se doutent en effet que le Covid-19 provient d'animaux vivants sauvages entreposés sur des marchés. Cela concernerait notamment les pangolins[292], qui, dépecés, saignant, ont contaminé les humains, par inhalation ou portage manuel aux muqueuses. Les pangolins ont préalablement été mis en contact avec les chauves-souris porteuses du virus, jouant ainsi le rôle d'hôtes du virus[293]. Néanmoins, il est tout à fait clair que nos niveaux actuels d'exploitation du monde naturel exposent la santé humaine à un risque accru de retombées zoonotiques, ouvrant la société mondiale à un risque renforcé de pandémies[294].

Par ailleurs, il conviendrait de signaler que depuis 2015, la résolution A/RES/69/314 de l'ONU du 30 juillet 2015 portant sur la surveillance du trafic des espèces sauvages attire l'attention sur les risques sanitaires liés au braconnage et au commerce illégal des espèces de faune sauvage. Celle-ci énonce que « le trafic constitue un risque pour la santé. En effet, le caractère clandestin du braconnage augmente le risque de propagation des maladies. De nombreuses espèces traversent les frontières et échappent ainsi au contrôle des services de santé. Selon des études du Fonds mondial pour la nature, ce trafic représente au moins un quart du nombre total des animaux commercialisés dans le monde. L'Organisation mondiale de la Santé estime, quant à elle, que près de 75 % des maladies émergentes sont transmises à l'homme par les animaux sauvages »[295] . Ceci « aurait dû alerter la communauté internationale et la contraindre à mobiliser des moyens »[296] pour lutter contre les zoonoses, dont la COVID-19, lesquelles ont un impact certain sur le commerce tant légal et qu'illégal des espèces sauvages.

5.2. Commerce international des espèces de faune, vecteur possible de la COVID-19

Les zoonoses se propagent facilement à travers le monde par le commerce international, qu'il soit légal ou illégal, des espèces de faune sauvage. En ce qui concerne le commerce légal, il peut être admis que certains virus ne sont pas forcément détectés lors des contrôles sanitaires et phytosanitaires, encore

[291] EIA, *Pendant que vous étiez en lock-out, les criminels de la faune sauvage l'ont fait aussi - et beaucoup d'entre eux " travaillaient à domicile "*, *op.cit.*

[292] Le pangolin est victime de trafic pour sa peau et ses organes pour la médecine traditionnelle ainsi que pour sa viande.

[293] V. RICOULEAU, « Quelques aspects juridiques relatifs aux zoonoses de la faune sauvage », *loc.cit.*, p.5.

[294] EIA, *Pendant que vous étiez en lock-out, les criminels de la faune sauvage l'ont fait aussi - et beaucoup d'entre eux " travaillaient à domicile "*, *op.cit.*

[295] V. RICOULEAU, « Quelques aspects juridiques relatifs aux zoonoses de la faune sauvage », *loc.cit.*, p.5.

[296] *Ibid*, p.4.

que les services concernés disposent des moyens nécessaires pour le faire systématiquement.

En ce qui concerne le commerce illégal des espèces sauvages, le risque de propagation des zoonoses est plus important. En effet, étant commercialisées illégalement, les espèces sauvages ne passent pas par des contrôles sanitaires et phytosanitaires appropriés. D'où, elles peuvent potentiellement conduire à la propagation de zoonoses comme le SRAS-CoV-2 qui a causé la pandémie de COVID-19[297]. Un rapport de TRAFFIC affirme également que le commerce illégal des espèces sauvages est l'une des activités criminelles transnationales présentant des risques de propagation de maladies zoonotiques humains[298].

Ainsi, « faire face à la crise de la biodiversité et à ses effets en cascade ne peut se faire sans reconnaître l'impact négatif causé par la criminalité transnationale organisée et la corruption, à travers toute la chaîne du trafic d'espèces sauvages. Étant donné que chaque pays peut être un pays d'origine, de transit et/ou de destination, chacun a un rôle à jouer en agissant pour prévenir et combattre ces crimes par la perturbation et la dissuasion »[299].

Bien que les origines de la maladie COVID-19 ne soient actuellement pas prouvées, il existe de fortes indications d'une source animale sauvage et un lien direct avec le commerce des espèces sauvages en Chine. Plus précisément, une proportion importante des premiers cas en Chine impliquait des personnes qui avaient travaillé ou visité un marché à Wuhan où des animaux sauvages étaient en vente. Les premiers résultats des recherches indiquent une voie de transmission possible des chauves-souris aux humains par l'intermédiaire des pangolins. Même si les indications de ce lien se révèlent à l'avenir erronées, la pandémie de COVID-19 a attiré l'attention sur un nombre croissant d'exemples de maladies d'origines animales qui sont devenues des préoccupations importantes pour la santé humaine au cours des dernières décennies. Pour bon nombre de ces exemples, il existe de fortes indications de transmissions de maladies liées au commerce et à la consommation des espèces animales sauvages[300].

On retiendra ainsi que la pandémie de COVID-19 et les immenses dommages qui en résultent pour le bien-être humain et économique ont clairement illustré l'impact mondial potentiel des maladies zoonotiques. Le commerce des espèces sauvages - à la fois légal et illégal – en est un vecteur potentiel[301], en dépit du fait qu'il subsisterait encore quelques incertitudes[302].

---

[297] UNODC (2020), *World Wildlife Crime Report, op.cit*, p.19.

[298] V. Crook, E. Van der Henst and al., *Stop wildlife cybercrime in the EU: online trade in reptiles and birds in Belgium and the Netherlands*, *op.cit.*, p.4.

[299] UNODC (2020), *World Wildlife Crime Report, op.cit* p.19.

[300] S. Broad, *Commerce d'espèces sauvages, COVID-19 et risques de maladies zoonotiques*, *op.cit.*, p.3.

[301] UNODC (2020), *World Wildlife Crime Report, op.cit*, p.34.

[302] *Ibid.*

Au travers de ce chapitre, nous avons pu photographier la situation actuelle du commerce international illégal des espèces sauvages et constater l'ampleur de la criminalité qui y est liée. En particulier, la situation de l'éléphant d'Afrique est gravement catastrophique.

Globalement, de 1975 à 2010, la CITES aura enregistré près de 9 millions de transactions commerciales. De 2010 à 2020, celles-ci ont explosé et ont atteint de 12 millions. Il en résulte un total global de 21 millions de transactions.

On constate depuis 2011 que le taux de criminalité liée aux espèces sauvages est toujours croissant. Le commerce illicite de l'ivoire s'est intensifié, poussé par la croissance continue de la demande sur les marchés asiatiques. On estime qu'environ 5,6 tonnes d'ivoire sont saisies chaque année.

Sur le plan financier, le commerce illégal des espèces de faune est estimé à « 23 milliards USD par an »[303], tandis que l'ivoire, à lui seul, génère 400 millions de dollars américains par an. Avec de tels sommes et enjeux, on constate l'implication de groupes criminels organisés, la pratique du blanchiment des gains issus de ce commerce frauduleux, et l'utilisation fréquente de la corruption pour le faciliter.

Par son ampleur, le commerce illégal des espèces de faune impacte fortement sur la biodiversité, qui se voit entamée, perturbant le fonctionnement des écosystèmes. Ce commerce percute aussi la sécurité internationale, nationale et locale avec notamment l'implication des réseaux criminels, en lien avec le terrorisme et l'usage d'armes à feu. Ceci affecte également les économies, le développement et l'État de droit avec plusieurs cas de violations des droits de l'homme et la fragilisation de l'appareil étatique par la corruption.

Enfin, le commerce illégal des espèces sauvages serait un important vecteur de zoonoses comme la COVID-19. C'est ainsi que lors de sa 19e session (Panama City, 2022), la COP a adopté la décision 19.15 sur le Rôle de la CITES dans la réduction des risques d'émergence de futures zoonoses associées au commerce international d'espèces animales sauvages. Le paragraphe a) de cette décision charge le Secrétariat de : « [publier] une notification aux Parties leur demandant de rendre compte de toutes les mesures qu'elles ont prises pour prévenir et atténuer le risque de propagation et de transmission d'agents pathogènes par le commerce d'espèces sauvages et les chaînes d'approvisionnement associées, y compris les marchés, et [de

303 V. Crook, E. Van der Henst and al., *Stop wildlife cybercrime in the EU: online trade in reptiles and birds in Belgium and the Netherlands*, *op.cit.*, p.10.

rendre] les résultats disponibles sur le site Web de la CITES sous la forme d'une compilation des réponses pouvant être utiles aux autres Parties »[304].

Au sens de cette décision, les mesures qui doivent faire l'objet d'un compte rendu pourraient inclure, entre autres, les approches multisectorielles adoptées en vue de la mise en œuvre de la Convention, les synergies avec les autorités nationales et internationales compétentes en matière de santé animale et de santé publique, qui ont été développées et renforcées ainsi que les stratégies visant à identifier et à réduire le risque de transmission et de propagation de zoonoses et d'émergence d'agents pathogènes issus d'espèces sauvages commercialisées[305].

Après avoir eu un aperçu de l'ampleur du commerce illégal des espèces sauvages et ses impacts, il conviendrait d'analyser les efforts de lutte contre le trafic de la faune sauvage tant à l'échelle mondiale que nationale et locale afin d'évaluer l'effectivité et l'efficacité de la CITES.

---

304 CITES, Notification aux Parties n° 2023/028: Les risques d'émergence de futures zoonoses associées au commerce international d'espèces animales sauvages, Genève, le 16 mars 2023, accessible sur : http://cites.org/fra/node/136013, consulté le 16 mars 2023.
305 *Ibid.*

CHAPITRE 2 :
ÉVALUATION DE L'EFFECTIVITÉ ET DE L'EFFICACITÉ DE LA CITES DANS LA LUTTE CONTRE LE TRAFIC DES ESPÈCES SAUVAGES

Dans ce chapitre nous analyserons les efforts entrepris notamment pour adresser la question du trafic des espèces sauvages. Sur la base de ceux-ci, des moyens mis en œuvre et des résultats obtenus, nous pourrons évaluer l'effectivité et l'efficacité de la CITES et des lois nationales d'application. De ces analyses, nous dégagerons quelques forces, mais surtout des faiblesses et des contraintes qui pourraient ralentir et effriter les efforts engagés, parfois au prix de beaucoup de sacrifices, pour la conservation de la biodiversité et la lutte contre la criminalité liée aux espèces sauvages.

Évaluer l'effectivité et l'efficacité de la CITES ne peut se faire qu'au regard de l'objet de cette Convention qui est, rappelons-le, de « veiller à ce que le commerce international des spécimens d'animaux et de plantes sauvages ne menace pas la survie des espèces auxquelles ils appartiennent »[306]. Pour rappel, la CITES se fonde essentiellement sur des mesures commerciales, car son rôle a été défini essentiellement par rapport au commerce, ce dont il convient de tenir pleinement compte si l'on veut évaluer son effectivité et son efficacité[307]. Toutefois, à voir la formulation de son objet, on comprend que la finalité de son action est de contribuer à la survie des espèces, donc à leur conservation[308], lorsque ceux-ci entrent dans le commerce. En outre, une lecture attentive des dispositions de l'article VIII.1 nous amène également à constater que la CITES voudrait lutter, ce qui est logique, contre toute forme de commerce qui se ferait en violation de ses dispositions. Cette question l'intéresse nécessairement. C'est notamment pour cela que la même disposition recommande aux Parties de prendre des mesures prévoyant des sanctions pénales frappant soit le commerce, soit la détention de tels spécimens, ou les deux, ainsi que leur confiscation ou leur renvoi à l'État d'exportation.

La lutte contre la criminalité liée aux espèces sauvages est devenue, comme nous l'avons mentionné plusieurs fois, une préoccupation mondiale et nationale. Cette prise de conscience influence-t-elle la mise en œuvre de la CITES ? Constitue-t-elle une motivation supplémentaire pour y consacrer beaucoup d'énergie et de ressources ? Les cadres conventionnels, légaux et institutionnels ainsi que les différents mécanismes mis en place au sein de la

306 CITES, *La CITES en Bref*, *op.cit.*

307 OCDE, *Expérience d'utilisation de mesures commerciales dans la convention sur le commerce international des espèces de faune et de flore sauvages menacées d'extinction* (CITES), Paris, 1997, p.65.

308 En lisant le préambule de la CITES on se rend à l'évidence que la conservation des espèces est bien mise en évidence comme étant le centre des préoccupations.

CITES sont-ils performants ? Quelles sont les contraintes rencontrées dans leur mise en œuvre ? Autant de questions que ce chapitre essaie de couvrir.

L'évaluation vise notamment à savoir si les moyens (effectivité) et les résultats (efficacité) permettent d'atteindre l'objet de la CITES, d'une part, et de contribuer à la conservation de la biodiversité et à la lutte contre la criminalité liée aux espèces sauvages, d'autre part. L'évaluation ici a « pour objet d'apprécier, de manière aussi systématique et impartiale que possible »[309] l'efficacité du système de régulation mis en place par la CITES. Or, évaluer l'efficacité d'une norme, donc des résultats atteints, conduit inéluctablement à évaluer également les moyens mis en œuvre pour atteindre lesdits résultats, et donc son effectivité. Aussi, nous paraît-il judicieux, sur base de quelques indicateurs, d'évaluer à la fois l'effectivité et l'efficacité de la CITES.

Pour mener de telles analyses, nous nous sommes notamment référés aux indicateurs de mesure des progrès d'application de la Vision de la stratégie CITES pour 2008 à 2020. Cette vision devrait concourir à l'atteinte de l'objectif de la Convention, aux règles d'évaluation applicables au sein du système des Nations unies, à la compilation d'outils pour l'analyse de la criminalité liée aux espèces sauvages et aux forêts de l'UNODC[310], aux indicateurs tirés de la doctrine. Sur ces bases, nous avons pu dégager des indicateurs d'évaluation. Nous avons, d'une part, compilé des rapports CITES, des rapports nationaux, des rapports mondiaux sur la criminalité liée aux espèces sauvages, des rapports des organisations spécialisés des Nations unies[311], des rapports des organisations internationales autres[312], des rapports des organisations non gouvernementales[313], la jurisprudence des cours et tribunaux belges et congolais ainsi que la littérature. D'autre part, par le biais d'un questionnaire et d'échanges directs, nous avons contacté certains membres du secrétariat de la CITES, des autorités CITES nationales et des agences de lutte contre la fraude belge et congolaise. Par ailleurs, dans cette gymnastique, nous avons été confrontés à divers obstacles, dont l'absence de bases de données nationales fiables, l'absence de rapports pour quelques pays, la réticence et le retard à fournir des informations de la part de plusieurs agences ainsi qu'une accessibilité limitée ou impossible à certaines informations.

---

309 Groupe des Nations unies pour l'évaluation, *Normes d'évaluation applicables dans le système des Nations unies*, *op.cit.*, p.4.

310 Celle-ci a pour but de fournir un aperçu général pour comprendre les principales questions liées aux infractions de l'environnement et pour analyser les réponses à donner, en matière de prévention et de justice pénale, aux infractions contre les espèces sauvages dans un pays donné. Voy. UNODC, *Compilation d'outils pour l'analyse de la criminalité liée aux espèces sauvages et aux forêts*, *op.cit.*, p. xi.

311 Notamment UNODC et PNUE.

312 Notamment UICN, OMC, OCDE et GAFI.

313 Notamment TRAFFIC, WWF et JURISTRALE.

Dans les analyses, il nous est paru logique d'évaluer en même temps l'effectivité et l'efficacité des moyens mis en œuvre les plus pertinents. Pour l'effectivité, on insistera sur le moyen mis en œuvre alors que pour l'efficacité il sera question de mesurer les résultats obtenus par lesdits moyens. Ces exercices se feront aussi bien pour la CITES elle-même (section 2) que pour son application au niveau national (section 3). Mais avant, il nous semble opportun de préciser les notions d'effectivité et d'efficacité (section 1).

SECTION 1. NOTIONS D'EFFECTIVITÉ ET D'EFFICACITÉ

Les notions d'effectivité et d'efficacité peuvent être si intimement liées, que des confusions seraient possibles. Véronique CHAMPEIL-DESPLATS est de cet avis en soutenant notamment que « les relations de la notion d'efficacité avec celle d'effectivité sont loin d'être nettes, les deux notions étant parfois utilisées de façon indifférenciée »[314]. En effet, on peut être porté à croire qu'effectivité et efficacité seraient équipollentes notamment quand on s'inscrit dans une logique telle que « ce qui est effectif est efficace et/ou que ce qui est efficace serait effectif ». Or, on sait que « l'efficacité d'un instrument international ne préjuge pas de son effectivité »[315], tout comme son effectivité ne peut préjuger de son efficacité.

On constatera également que les deux notions comportent une idée de « graduation », de « niveau » ou de « degré » dans leur appréciation. Cette compréhension est notamment soutenue par la sociologie juridique et partagée par une bonne partie de la doctrine. Par exemple, selon Jean CARBONIER, l'effectivité a une « vocation pratique dans la mesure où elle vise à évaluer les degrés d'application du droit, à préciser les mécanismes de pénétration du droit dans la société »[316]. Elle serait donc « l'instrument conceptuel d'évaluation (du) degré de réception (de la norme), le moyen de mesurer des "écarts" entre pratique et droit »[317]. Julien BETAILLE partage cet avis en

---

314 V. CHAMPEIL-DESPLATS, « Penser l'efficacité de la norme », in *Keio Hôgaku*, 2014, pp.368-378. ⟨hal-01648932⟩, p.368, accessible sur : https://hal-univ-paris10.archives-ouvertes.fr/hal-01648932/document, consulté le 30 décembre 2020.

315 S. MALJEAN-DUBOIS, « La mise en œuvre du droit international de l'environnement », in *Analyses*, n° 03/2003, Gouvernance mondiale (ex-Les notes de l'Iddri n°4), p.22.

316 F. RANGEON, « Réflexions sur l'effectivité du droit », in *Les usages sociaux du droit*, Centre universitaire de recherches administratives et politiques de Picardie (CURAPP), PUF, 1989, p.128, cité par J. BETAILLE, *Les conditions juridiques de l'effectivité de la norme en droit public interne : illustrations en droit de l'urbanisme et en droit de l'environnement*, Thèse de doctorat, Université de Limoges, Limoges, 2012, p.1.

316 J. CARBONNIER, *Droit et passion du droit sous la Ve République*, Paris, Flammarion, 1996, p.15.

317 P. LASCOUMES et E. SERVERIN, « Théories et pratiques de l'effectivité du droit », in *Droit et Société*, n° 2, 1986, p. 127, cité par J. BETAILLE, *Les conditions juridiques de l'effectivité de la norme en droit public interne : illustrations en droit de l'urbanisme et en droit de l'environnement*, *op.cit.*, p.15.

suggérant que « pour rendre compte de la richesse de la notion, une définition juridique de l'effectivité nous semble devoir conserver l'apport principal de la sociologie juridique, c'est-à-dire l'idée que l'effectivité est susceptible de degrés »[318]. En ce qui concerne l'efficacité, KELSEN relève qu'« un minimum d'« efficacité» est [...] une condition de la validité des normes juridiques »[319] . Un « minimum » d'efficacité, laquelle peut aller jusqu'à un maximum, renvoie également à cette « graduation » évoquée pour l'effectivité.

Aussi, conviendrait-il de fixer le contenu des deux termes afin notamment de dégager quelques indicateurs d'appréciation. Ensuite, ceux-ci nous serviront à évaluer les degrés de réalisation de la CITES comme convention et lors de sa transposition sur le plan national.

Paragraphe 1. L'effectivité d'une norme juridique

Pour mieux cerner l'effectivité d'une norme juridique, il conviendrait d'abord de définir ce que l'on entend par « effectivité », puis d'en recenser les moyens qui peuvent l'assurer avant de pouvoir en indiquer les critères d'appréciation.

1.1. Définition de l'effectivité

Le concept d'effectivité de la norme a été largement analysé dans la doctrine juridique. Aussi, conviendrait-il de relever quelques-unes des définitions avant de pouvoir en dégager les indicateurs essentiels qui permettraient de procéder à une évaluation de la CITES et de sa transposition sur le plan national.

Pour Michel PRIEUR, l'effectivité « désigne le caractère de ce qui est « effectif », c'est-à-dire ce qui est fait, ce qui a un effet réel et concret, ce qui existe dans les faits »[320]. Selon lui, pour qu'un droit soit « effectif », « on peut considérer qu'il doit se traduire dans les faits, donc dans la réalité. Autrement dit, l'effectivité du droit serait sa concrétisation dans les faits. Toutefois il ne s'agit pas de la primauté du fait sur le droit, mais de la traduction du droit en fait »[321]. Il renchérit en comparant l'effectivité à « un droit vivant, celui qui [...] s'applique, contrairement à la désuétude qui caractérise un droit devenu

---

[318] J. BETAILLE, *Les conditions juridiques de l'effectivité de la norme en droit public interne : illustrations en droit de l'urbanisme et en droit de l'environnement*, *op.cit.*, p.17.

[319] Voy. A. FLÜCKIGER, « L'évaluation législative ou comment mesurer l'efficacité des lois », in *Revue européenne des sciences sociales [En ligne]*, XLV-138 | 2007, mis en ligne le 1er juillet 2010, p.86, accessible sur : http://journals.openedition.org/ress/195, DOI : 10.4000/ress.195, consulté le 10 novembre 2020.

[320] M. PRIEUR, *Les indicateurs juridiques. Outils d'évaluation de l'effectivité du droit de l'environnement*, Québec, IFDD, 2018, p.7.

[321] *Ibid.*

mort. Le droit vivant est celui qui est non seulement toujours en vigueur, mais aussi doté des moyens juridiques permettant son application, son contrôle et son éventuelle sanction » [322]. Enfin, il tire, une sorte de conclusion en relevant qu'en fait, « l'effectivité du droit est finalement une exigence évidente et banale : le droit est fait pour être appliqué »[323].

Pour sa part, Julien BETAILLE, relève que « la question de l'effectivité de la norme juridique est au cœur d'un paradoxe qui conduit nécessairement les juristes à s'interroger sur la fonction même du droit »[324]. D'une part, il note avec Jean CARBONNIER que « le droit serait fait pour être appliqué »[325]. D'autre part, il cite Denys DE BECHILLON pour qui le « destin du droit serait de demeurer partiellement ineffectif »[326] . Il en conclut, et nous partageons cet avis, que « ces deux visions ne sont pas opposées. Elles traduisent simplement des difficultés réelles à orienter le monde des faits vers celui de la norme »[327]. Pour Jean RIVERO, qu'il mentionne en dernier, il faudrait même « se résigner à ce qu'une marge plus ou moins large sépare le *sollen* et le *sein*, la norme et le réel »[328] . Ainsi, la simple exigence d'une loi ne peut présager de son effectivité. Celle-ci serait donc élaborée pour s'appliquer, mais, dans l'application, les écarts sont inévitables. En effet, d'une part, parce que la loi est sujette à interprétation, laquelle peut être variée. D'autre part, plusieurs autres conditions externes peuvent influencer la mise en œuvre d'une loi ou d'une norme dont les ressources financières et/ou technologiques.

Pour François RANGEON, « dans une première acception, l'effectivité traduit une application correcte du droit, conforme à sa lettre ou du moins à son esprit, c'est-à-dire à l'intention de son auteur. Dans une seconde acception, l'effectivité résulte essentiellement de l'acceptation de la règle de droit par ses destinataires. Dans les deux hypothèses, l'effectivité s'analyse par contraste avec l'ineffectivité »[329].

---

322 M. PRIEUR, *Les indicateurs juridiques, op.cit.*, p.7.

323 *Ibid.*

324 J. BETAILLE, *Les conditions juridiques de l'effectivité de la norme en droit public interne : illustrations en droit de l'urbanisme et en droit de l'environnement, op.cit.*, p.1.

325 J. CARBONNIER, *Droit et passion du droit sous la Ve République*, Paris, Flammarion, 1996, p. 20.

326 D. DE BECHILLON, *Qu'est-ce qu'une règle de droit ?*, Paris, Odile Jacob, 1997, p. 61. L'auteur ajoute que « vouloir qu'il n'y ait de Droit authentique que parfaitement respecté, c'est se tromper de monde » (p. 62), cité par J. BETAILLE, *Les conditions juridiques de l'effectivité de la norme en droit public interne : illustrations en droit de l'urbanisme et en droit de l'environnement, op.cit.*, p.1.

327 J. BETAILLE, *Les conditions juridiques de l'effectivité de la norme en droit public interne : illustrations en droit de l'urbanisme et en droit de l'environnement, op.cit.*, p.1.

328 J. RIVERO, « Sur l'effet dissuasif de la sanction juridique », in *Mélanges offerts à Pierre Raynaud*, Paris, Dalloz, 1985, p. 685, cité par J. BETAILLE, *Les conditions juridiques de l'effectivité de la norme en droit public interne : illustrations en droit de l'urbanisme et en droit de l'environnement, op.cit.*, p.1.

329 F. RANGEON, « Réflexions sur l'effectivité du droit », *loc.cit*, p.126.

Charles DE VISSCHER relève, pour sa part, que les dispositions d'un traité seraient qualifiées d'effectives « selon qu'elles se seront révélées capables ou non de déterminer chez les intéressés les comportements recherchés »[330]. Or, renchérit-il, « trop (de traités) dotés d'une efficacité certaine et pourvus d'adhésions nominales nombreuses restent démunis d'effectivité »[331]. Sandrine MALJEAN-DUBOIS partage cet avis en indiquant que pareille situation « s'applique bien au droit international de l'environnement. Si les progrès de la coopération internationale sont notables (encore faut-il que les instruments entrent en vigueur rapidement et reçoivent une participation large et adaptée à leur objet), l'application nationale, notamment par la transcription des normes internationales dans les droits internes, demeure insuffisante »[332]. Par ailleurs, elle note avec Helm CARSTEN et Detlef F. SPRINZ que le concept d'effectivité « suscite des analyses variées, des plus empiriques aux plus théoriques, les auteurs cherchant à qualifier, voire à quantifier »[333], le degré d'effectivité des instruments et à expliquer les disparités rencontrées[334].

1.2. Moyens pour assurer l'effectivité d'une norme

L'inexécution des conventions internationales peut être imputable, selon Paul DE VISSCHER, au pouvoir législatif, exécutif, mais aussi aux organes étatiques investis de la fonction juridictionnelle[335].

Le législatif doit assurer la transposition sur le plan national de la Convention. Or, si le législateur n'arrive pas ou ne veut pas légiférer en la matière, la Convention ne sera pas appliquée. Ce qui est fréquent en matière environnementale, « la plupart des obligations [n'étant] pas auto-exécutoires »[336].

Le pouvoir exécutif joue un rôle très important dans la mise en œuvre d'une convention. Outre l'impulsion qu'il peut donner pour que le législateur puisse légiférer afin d'assurer sa transposition sur le plan national, il est chargé d'appliquer par la suite les lois en vigueur, et d'y allouer les moyens nécessaires. En effet, le pouvoir exécutif doit désigner l'administration et les différents services et/ou agences qui doivent intervenir pour accomplir les lois.

---

330 C. DE VISSCHER, *Les effectivités du droit international public*, Paris, éd. Pedone, 1967, p. 18, cité par S. MALJEAN-DUBOIS, « La mise en œuvre du droit international de l'environnement », *loc.cit.*, p.23.

331 *Ibid.*

332 S. MALJEAN-DUBOIS, « La mise en œuvre du droit international de l'environnement », *loc.cit.*, p.23.

333 *Ibid*, p.15.

334 *Ibid,* p.8.

335 P. DE VISSCHER, « Droit et jurisprudence belges en matière d'inexécution des conventions internationales », in *Revue belge de droit international*, 1965.1, pp.125-140, p.126.

336 A. KISS (1991), « Un nouveau défi pour le droit international », cité par S. MALJEAN-DUBOIS, « La mise en œuvre du droit international de l'environnement », *loc.cit.*, p.23.

Il doit mettre à disposition des moyens humains, financiers, matériels et sécuritaires essentiels à la réalisation des objectifs de la Convention ainsi transposée.

Pour sa part, enfin, le pouvoir judiciaire a également sa place et devrait aussi garantir l'effectivité des conventions. En effet, « la part personnelle que les juridictions internes peuvent assumer dans l'inexécution des conventions internationales est fonction de la liberté dont elles disposent, selon la Constitution ou la loi, dans l'interprétation de ces conventions »[337]. En ce qui concerne la Belgique, « malgré la soumission du juge belge à la loi interne, soumission qui ne lui permet pas de refuser l'application des lois adoptées en violation certaine d'un traité antérieur, la liberté du juge belge en matière d'interprétation et d'application des conventions internationales reste considérable »[338]. Pour sa part, le juge congolais est chargé d'appliquer les conventions internationales, car celles-ci font partie de son ordonnancement juridique interne[339].

1.3. Indicateurs d'appréciation de l'effectivité

Un certain nombre de critères ont été identifiés afin de pouvoir évaluer l'effectivité d'une norme juridique. À ce propos, Michel PRIEUR relève que « l'effectivité du droit implique d'abord que la règle existe, qu'elle est juridiquement applicable, qu'elle est respectée, appliquée et contrôlée, et qu'elle est éventuellement sanctionnée par l'administration et par le juge »[340].

Julien BETAILLE, ici cité par Michel PRIEUR, a identifié en théorie 127 indicateurs juridiques de l'effectivité se rattachant aux constats suivants : « l'existence de la règle, sa validité, son entrée en vigueur, son invocabilité, sa conscience, sa substance, son progrès ou sa régression, sa précision, son contrôle administratif et juridictionnel, sa sanction et son application »[341].

Paragraphe 2. L'efficacité d'une norme juridique

Pour mieux cerner l'efficacité d'une norme juridique, il conviendrait d'abord de définir ce que l'on entend par « efficacité », puis d'en recenser les moyens qui peuvent l'assurer avant de pouvoir en indiquer le critère d'appréciation.

---

[337] P. DE VISSCHER, « Droit et jurisprudence belges en matière d'inexécution des conventions internationales », *loc.cit.*, p.137.

[338] *Ibid*, pp.137-138.

[339] Voy. l'art. 215 de la Constitution de la RDC de 2006, lequel dispose : « Les traités et accords internationaux régulièrement conclus ont dès leur publication, une autorité supérieure à celle des lois, sous réserve pour chaque traité ou accord, de son application par l'autre partie ».

[340] M. PRIEUR, *Les indicateurs juridiques, op.cit.*, p.7.

[341] *Ibid.*

2.1. Définition de l'efficacité

L'efficacité est un thème classique dans le discours contemporain à propos des normes juridiques[342]. C'est ainsi notamment qu'Alexandre FLÜCKIGER relève que « tant en sciences administratives que juridiques règne un certain flou terminologique. La notion est généralement décomposée en termes spécifiques, dans le but de révéler et de mettre en évidence des aspects particuliers du concept dans la perspective de l'analyse des législations et des politiques publiques » [343]. Ainsi, on peut en retrouver plusieurs définitions.

Selon *Le Petit Robert*, « l'efficacité désigne usuellement le caractère de ce qui produit l'effet attendu. Il équivaut également dans le langage courant à la capacité de produire le maximum de résultats avec le minimum d'efforts ou de dépenses »[344].

Alexandre FLÜCKIGER[345], s'appuyant sur plusieurs auteurs, relève avec eux que « l'efficacité – au sens étroit donc – est la capacité d'une mesure d'atteindre les objectifs visés par la loi ou la politique publique ». Elle se mesure par rapport aux résultats, c'est-à-dire à l'ensemble des effets qui sont causalement imputables à une politique publique déterminée.

Pour Michel PRIEUR « l'efficacité d'une règle de droit est en général ce qui est le plus communément recherché. Une règle de droit est considérée comme pertinente si elle est efficace, c'est-à-dire si elle est utile socialement en atteignant l'objectif qu'elle s'est fixée. Il s'agit de l'impact d'une règle sur la société. Cela signifie qu'elle doit contribuer à atteindre un résultat qui se situe à l'extérieur du système juridique [...]. On évalue donc l'efficacité au regard du but et de l'objectif poursuivi par la norme juridique. L'objectif pourra être atteint partiellement ou totalement »[346].

Sandrine MALJEAN-DUBOIS relève, avec Charles DE VISSCHER, qu'on peut tenir « pour efficaces les dispositions d'un acte international (...) quand, considérées en elles-mêmes, elles sont en adéquation aux fins proposées »[347]. Pour Sandrine MALJEAN-DUBOIS, « cette première condition n'est pas aisément remplie dans le domaine de l'environnement. Par

---

342 A.L. SIBONY, « Du bon usage des notions d'efficacité et d'efficience en droit », in M. FATIN-ROUGE, M. STEFANINI, L. GAY et A. VIDAL-NAQUET, *L'efficacité de la norme juridique Nouveau vecteur de légitimité*, Bruxelles, Bruyant, 2012, pp. 61-84, p.62, accessible sur : http://hdl.handle.net/2268/121509, consulté le 30 décembre 2020.

343 A. FLÜCKIGER, « L'évaluation législative ou comment mesurer l'efficacité des lois », *loc.cit.*, p.85.

344 Le Petit Robert (édition 1986), cité par A. FLÜCKIGER, « L'évaluation législative ou comment mesurer l'efficacité des lois », *loc.cit.*, p.85.

345 A. FLÜCKIGER, « L'évaluation législative ou comment mesurer l'efficacité des lois », *loc.cit.*, p.85.

346 M. PRIEUR, *Les indicateurs juridiques, op.cit.*, p.11.

347 C. DE VISSCHER, *Les effectivités du droit international public*, *op.cit.*, p. 18, cité par S. MALJEAN-DUBOIS, « La mise en œuvre du droit international de l'environnement », *loc.cit.*, p.22.

manque de connaissance ou par défaut de consensus, les objectifs environnementaux à atteindre ou les méthodes à suivre sont souvent peu clairement formulés. Ce niveau de réflexion mène hors des frontières du droit, dès lors qu'il s'agit de répondre, à partir d'une analyse substantielle, à la question : la qualité de l'environnement ou l'état de la ressource peuvent-ils être améliorés grâce au régime ou au traité ? Encore faut-il connaître les « besoins » de l'environnement ou de la ressource et être en mesure de les combler, ce qui s'avère plus ou moins facile selon les cas »[348].

Pour sa part, Frédéric ROUVILLOIS[349], citant notamment G. CORNU, P. LASCOUMES, F. RANGEON et D. DE BECHILLON, relève qu'« une norme efficace est d'abord – et cette condition est nécessaire – une norme effective, autrement dit, devant « être appliquée réellement »[350], et faire l'objet d'une « réalisation dans les pratiques sociales »[351]. Toutefois, l'efficacité, en tant qu'on peut la définir comme « le caractère d'un acte ou d'une décision qui produit l'effet recherché par son auteur »[352] – ou encore comme la propriété qu'a la norme de produire, non pas seulement des effets, mais bien « les effets que l'on attendait d'elle »[353] – va au-delà de l'effectivité. L'efficacité relève certes, comme l'effectivité, de « l'appréciation a posteriori des résultats réels d'une norme, de ses effets concrets »[354]. Ainsi, on peut noter que l'efficacité mesure « un résultat en fonction d'un objectif et dans des conditions données »[355].

Pour sa part, Amos MAURICE, tout en en relevant le fait que l'efficacité soit complètement distincte de l'effectivité et de l'efficience, estime que l'efficacité « s'apprécie à partir de la qualité et la quantité des ressources (humaines, matériels, non matériels, financières, administratives, stratégiques, techniques, ...) mobilisées pour atteindre un résultat souhaité ou souhaitable[356]. Il s'agit de s'assurer de l'optimalité ou de la rationalité des ressources mobilisées pour le résultat recherché ou visé ; de s'assurer qu'on ne va pas « utiliser un canon pour tuer une mouche », ni un bulldozer pour

---

348 S. MALJEAN-DUBOIS, « La mise en œuvre du droit international de l'environnement », *loc.cit.*, p.22.

349 F. ROUVILLOIS, « L'efficacité des normes : Réflexions sur l'émergence d'un nouvel impératif juridique », in *Fondation pour l'innovation politique*, novembre 2006, p.3.

350 G. CORNU et al., *Vocabulaire juridique*, Paris, PUF, 1987, voy. « Effectivité ».

351 L. LASCOUMES, « Effectivité », in A. J. ARNAUD (dir.), *Dictionnaire encyclopédique de théorie et de sociologie du droit*, Paris, LGDJ et Storyscientia, 1988.

352 F. RANGEON, « Réflexions sur l'effectivité du droit », *loc.cit.*, p. 130.

353 D. DE BECHILLON, *Qu'est-ce qu'une règle de droit?, op.cit.*, p. 10.

354 F. RANGEON, « Réflexions sur l'effectivité du droit », *loc.cit.*, p. 130.

355 *Ibid*, p. 131.

356 Voy. A. MAURICE (2018), « Critères d'évaluation critique d'une loi ou d'un instrument équivalent », in *Juste droit*, p.5, accessible sur : https://justedroit.hypotheses.org/608, consulté le 22 mai 2020.

remuer une broutille, ou une vache pour obtenir ce qui peut être moyennant une chèvre »[357].

Dans sa définition de l'efficacité, et à voir même les exemples pour l'illustrer, Amos MAURICE, semble y inclure l'efficience. Or, « une norme [...] est efficiente si les ressources pour y parvenir sont économiques »[358]. Comme le relève Anne-Lise SIBONY « l'efficacité, comme l'efficience, s'apprécie toujours par rapport à un but. [...] l'efficacité est la propriété de ce qui atteint son but, tandis que l'efficience est la propriété de ce qui atteint son but au moindre coût[359]. Ainsi, pour elle, tant l'efficacité que l'efficience sont des propriétés souhaitables des normes juridiques, mais n'en sont pas les buts[360]. Car, « rendre les normes juridiques efficaces et efficientes est naturellement un objectif louable de l'action publique – en temps de crise budgétaire et en tout temps – mais pour légitime qu'il soit, cet objectif ne permet jamais de faire l'économie d'une réflexion sur les buts assignés à aux normes »[361].

Pour notre part, l'efficacité serait l'adéquation entre les moyens mis en œuvre pour atteindre l'objectif d'une convention ou d'une norme et les résultats obtenus. Par ailleurs, il faudrait garder à l'esprit que tous les moyens n'ont pas forcément été sollicités afin d'atteindre ce but. Il va donc se dégager logiquement un écart entre les moyens employés et ceux qui ne l'ont pas été, qui contribuera également à rabaisser le niveau d'effectivité et, donc, de d'efficacité. Ainsi, dans l'évaluation de l'efficacité d'une norme, il ne faudrait pas ne se limiter qu'à évaluer les résultats obtenus au regard des moyens mis en œuvre. Il faudrait lister d'autres moyens pertinents qui pourraient également être appliqués afin de produire d'autres résultats. Il serait également rationnel de lister les résultats attendus, et de voir si les moyens utilisés ont permis de les atteindre tous. À défaut, de compléter la liste des moyens avec ceux qui auraient dû en plus être mis en œuvre. Ainsi, l'équation de l'« efficacité » serait :

Efficacité = (moyens mis en œuvre + résultats obtenus) + (moyens non mis en œuvre + résultats non obtenus).

Cette mise en balance permettra donc d'évaluer convenablement l'efficacité d'une convention ou d'une norme. Cependant, pourquoi revenir sur les moyens mis en œuvre, alors que cela répond de l'effectivité ? La réponse est simple, le résultat obtenu doit l'avoir été à la suite des moyens employés. Si celui-ci est obtenu à la suite des éléments extérieurs à la

[357] A. MAURICE (2018), « Critères d'évaluation critique d'une loi ou d'un instrument équivalent », *op.cit.*, p.5.
[358] A.L. SIBONY, « Du bon usage des notions d'efficacité et d'efficience en droit », *op.cit.*, p.65.
[359] *Ibid*, p.64.
[360] *Ibid*, p.65.
[361] *Ibid.*

convention ou à la norme, on ne peut prétendre que celle-ci soit efficace, car même sans elle ledit résultat aurait été obtenu. C'est ainsi que Michel PRIEUR, reprenant notamment Maurice KAMTO, peut affirmer « qu'une législation non effective ne peut donc pas être efficace. C'est incontestable, puisque l'on serait bien en peine de démontrer qu'une loi qui ne serait pas appliquée et qui ne provoquerait aucune modification d'un comportement humain puisse être la cause adéquate des effets observés sur l'environnement social et naturel »[362].

Par ailleurs, il faudrait d'abord noter qu'il y a des normes qui, en elles-mêmes, sont dépourvues de la capacité de pouvoir produire des résultats. Ceci constituerait donc un handicap congénital à la norme, celle-ci ne pouvant être ni appliquée - ou du moins pas correctement -, ni non plus produire un résultat quelconque. Ensuite, il faudrait avouer que certains moyens sollicités en vue d'atteindre des objectifs d'une convention ou d'une norme peuvent s'avérer ne pas être appropriés par rapport au but recherché.

2.2. Moyens pour assurer l'efficacité d'une norme

Avec Véronique CHAMPEIL-DESPLATS, on peut relever que les moyens envisagés pour assurer l'efficacité du droit sont multiples, variés et évolutifs[363].

Primo, « l'efficacité du droit peut en premier lieu être recherchée, *en amont, à partir des modalités de production ou d'élaboration de l'énoncé juridique* : procédures de négociation, de consultation, d'enquête préalable, d'étude d'impact préalable, de participation » [364]. L'idée ici est celle d'une appropriation de la norme. Car, « plus les destinataires de la norme sont réputés avoir participé à la rédaction en amont de son énoncé, plus celui-ci a des chances de produire les effets escomptés, car la norme est supposée mieux connue, acceptée ou intégrée par ses destinataires »[365]. Il faudrait donc, en ce qui concerne les conventions, s'assurer de bien négocier et d'amener les différentes parties à s'en approprier. Celles-ci doivent y voir l'intérêt commun qu'elles mettent en balance avec leurs propres intérêts, car « les États peuvent avoir des intérêts commerciaux légitimes [...] et [ainsi vouloir] protéger leurs intérêts économiques »[366]. Si ceux-ci sont manquants, il faudrait envisager des moyens de l'inciter à adhérer. En ce qui concerne une norme sur le plan

---

[362] A. FLÜCKIGER, « L'évaluation législative ou comment mesurer l'efficacité des lois », *loc.cit.*, p.86, C. GAVINI, *L'efficacité des normes Réflexions sur l'émergence d'un nouvel impératif juridique*, Fondation pour l'innovation politique, novembre 2016, p.3.

[363] V. CHAMPEIL-DESPLATS, « Penser l'efficacité de la norme », *loc.cit.*, p.370.

[364] *Ibid.*

[365] *Ibid.*

[366] G.G. STEWART, « Enforcement problems in the endangered species convention, cité par UNODC, *Compilation d'outils pour l'analyse de la criminalité liée aux espèces sauvages et aux forêts*, *op.cit.*, p.19.

national, il faudrait se rassurer également de l'adhésion des destinataires, d'où notamment la recherche de la participation publique prônée depuis quelques décennies.

Secundo, l'efficacité peut être envisagée « *à partir de la formulation du seul énoncé juridique* »[367]. Ceci peut se baser notamment, d'abord, sur les *qualités rédactionnelles des énoncés juridiques,* notamment celles de la clarté et de la précision. Ainsi, les dispositions qui seraient dépourvues de ces qualités ne sauraient utilement produire des résultats étant donné que l'on ne sait pas capter le but qu'elles recherchent[368]. Ensuite, sur « la *structure modale* des énoncés. À ce titre, l'efficacité de l'énoncé juridique est classiquement liée à la formulation d'un impératif. Il serait ainsi d'autant plus efficace qu'il se rapproche des formes déontiques basiques que sont l'interdiction, la permission et l'obligation »[369]. Toutefois, « que ce soit en droit international à partir du développement de la *soft law* ou, plus généralement, en théorie du droit, à partir d'une analyse de la diversification des expressions du langage juridique contemporain, beaucoup d'auteurs ont montré que, dans certains contextes, l'efficacité pouvait également être assurée par ce que N. Bobbio nomme la forme promotionnelle des énoncés[370]. L'obligation ou l'interdiction s'effacent alors au profit de l'incitation, de l'encouragement ou de la programmation »[371]. Ainsi, on peut également relever avec Christine GAVINI que « la seule menace d'une sanction ne conditionne pas les comportements, y compris lorsque cette sanction est crédible et les contrôles des transgressions fréquents. La régulation sociale passe en effet par des mécanismes plus complexes que la seule dynamique « sanction-adaptation » proposée par le système juridique [classique] »[372].

Comme mentionné également plus haut, les incitations et encouragements peuvent contribuer largement à l'implication des parties « défavorisées »[373] et, donc, à garantir sa mise en œuvre ; et, partant, son efficacité. Enfin, cela peut se baser sur « la *théorie des actes performatifs.* Elle repose sur l'idée que les conditions particulières de la formulation de certains énoncés sont propres à leur faire produire instantanément des effets dans le monde réel[374] [...]. Il n'y

---

[367] V. CHAMPEIL-DESPLATS, « Penser l'efficacité de la norme », *loc.cit.*, p.370.
[368] *Ibid.*
[369] *Ibid.*
[370] Voy. N. BOBBIO, « La fonction promotionnelle du droit », in *Essais de théorie du droit*, Paris, LGDJ, 1998, pp. 65 et s., cité par V. CHAMPEIL-DESPLATS, « Penser l'efficacité de la norme », *loc.cit.*, p.370.
[371] V. CHAMPEIL-DESPLATS, « Penser l'efficacité de la norme », *loc.cit.*, p.370.
[372] C. GAVINI, « L'efficacité des normes : Enquête en contrepoint », *loc.cit.*, p.40.
[373] Il s'agit ici des parties qui ne trouveraient pas un intérêt immédiat à adhérer à une convention ou pour qui la mise en œuvre de celle-ci pourrait nécessiter des moyens colossaux.
[374] Selon Véronique CHAMPEIL-DESPLATS, en comptant sur un double effet illocutoire (c'est-à-dire relatif au contexte, comme par exemple la déclaration du mariage par l'autorité habilitée qu'est le maire), et perlocutoire (qui se rapporte à l'effet psychologique de l'énoncé sur son destinataire). V. CHAMPEIL-DESPLATS, « Penser l'efficacité de la norme », *loc.cit.*, p.370.

a alors pas dans ce cas de distance ni d'écart problématique entre l'énoncé et l'effet produit, mais une efficacité dans l'immédiateté »[375].

Tertio, « l'efficacité d'un énoncé juridique peut être pensée par « sa *mise en rapport avec d'autres énoncés juridiques* » [376]. Véronique CHAMPEIL-DESPLATS relève, d'une part, que « l'efficacité d'un énoncé principal peut alors tout d'abord provenir d'un renvoi à d'autres énoncés qui en assurent la concrétisation : médiation d'un acte dit d'application, sanction ou énoncés créant ou habilitant des institutions pour sa mise en œuvre (service administratif, service public...) »[377]. Ainsi, une norme serait efficace notamment lorsqu'elle renverrait à d'autres textes, par exemple, en précisant un régime répressif, ou en attribuant la compétence à un service spécifique pour l'exécuter, etc. Ensuite, « l'efficacité d'un énoncé principal peut également être pensée au regard de la structure globale du texte source dans lequel il est formulé. Cette idée est au cœur des réflexions de la légistique formelle qui prête attention au découpage interne des textes juridiques : style de rédaction du préambule, des motifs ou des dispositions finales, renvoi à des annexes, calibrage des articles, titres et chapitres… »[378].

Enfin, « l'efficacité d'un énoncé principal peut être reliée à la structure globale du système juridique dans lequel il s'insère »[379]. Dans ce dernier cas, la norme s'interpréterait notamment en tenant compte de l'ensemble du système juridique dans lequel elle est prise[380].

2.3. Critère d'appréciation de l'efficacité

Le critère d'appréciation de l'efficacité d'une convention ou d'une norme juridique est le (s) résultat (s) qu'elle produit. Faudrait-il encore que ceux-ci « correspondent à leurs objectifs » [381]. Ainsi, une norme serait en revanche inefficace, « même si elle offre de nombreuses prestations, même si elle provoque de nombreux impacts, lorsqu'elle se traduit, contre toute attente, par

---

[375] V. CHAMPEIL-DESPLATS, « Penser l'efficacité de la norme », *loc.cit.*, p.370.

[376] *Ibid*, p.371.

[377] *Ibid.*

[378] *Ibid.*

[379] *Ibid.*

[380] Lire à ce propos Véronique CHAMPEIL-DESPLATS qui estime qu'elle peut alors s'appréhender de façon synchronique ou diachronique. Synchroniquement, l'efficacité est liée à la présence dans le système juridique d'exceptions, d'énoncés contradictoires ou susceptibles d'entrer en conflit avec l'énoncé de départ. Autrement dit, l'efficacité d'un énoncé se heurte à la présence d'une pluralité des visées normatives exprimées dans un système juridique donné. Diachroniquement, l'efficacité d'un énoncé normatif se mesure à ses effets dans le temps, aussi bien présent, futur que passé. À ce titre, les conditions d'application du droit dans le temps peuvent être primordiales que ce soit au regard de la rétroactivité, de la modulation de l'entrée en vigueur de la norme dans le futur, voire de la durée de son application. Voy. V. CHAMPEIL-DESPLATS, « Penser l'efficacité de la norme », *loc.cit.*, p.371.

[381] Voy. A. FLÜCKIGER, « L'évaluation législative ou comment mesurer l'efficacité des lois », *loc.cit.*, p.86.

de piètres résultats »[382]. Il en résulte, « contrairement à l'opinion commune [que] l'efficacité ne se mesure donc pas aux prestations fournies ou utilisées, ni au changement en soi du comportement effectif des groupes cible. Une loi peut ainsi être effective, *i.e.* appliquée et suivie tant en étant parfaitement inefficace »[383].

Dans cette perspective, note Jacques COMMAILLES, « le droit et l'action publique (comme nouvelle forme de politique publique) ne se justifient plus que par leurs résultats »[384].

Une évaluation objective de l'efficacité d'une norme partirait donc de l'identification du but de la norme, puis des résultats que ce but rechercherait, avant de pouvoir vérifier si ceux-ci sont atteints, et si les moyens mis en œuvre pour les obtenir ont été suffisants. Il en découle qu'il est nécessaire de bien distinguer l'efficacité de l'effectivité.

Paragraphe 3. Différence entre l'effectivité et l'efficacité d'une norme juridique

Comme nous avons pu le constater, l'efficacité est prise à certains moments pour l'effectivité et vice-versa.

Pour Michel PRIEUR, « l'efficacité d'une règle de droit est en général ce qui est le plus communément recherché […]. Cela signifie qu'elle doit contribuer à atteindre un résultat qui se situe à l'extérieur du système juridique. L'examen de l'effectivité du droit, lui, se situe à l'intérieur du système juridique[385].

Pour François RANGEON, « l'effectivité, qui mesure les écarts entre le droit et son application, tend alors à se confondre avec l'efficacité, qui permet d'évaluer les résultats et les effets sociaux du droit, et avec l'efficience, qui consiste à vérifier que les objectifs assignés à la règle de droit ont été atteints au meilleur coût » [386]. Dans ces conditions, l'approche sociologique de l'effectivité, centrée sur les rapports droit/société, risque d'être dépassée au profit d'une approche plus utilitariste et gestionnaire du droit, axée sur la recherche d'un meilleur rendement du droit[387].

Véronique CHAMPEIL-DESPLATS relève que « le concept d'effectivité renvoie à la *mise en action* de l'énoncé par les autorités d'application,

---

[382] Voy. A. FLÜCKIGER, « L'évaluation législative ou comment mesurer l'efficacité des lois », *loc.cit.*, p.86.

[383] *Ibid.*

[384] J. COMMAILLES, « Effectivité », in D. ALLAND et S. RIALS, *Dictionnaire de culture juridique*, Paris, PUF, 2003, p. 584.

[385] M. PRIEUR, *Les indicateurs juridiques, op.cit.*, p.11.

[386] F. RANGEON, « Réflexions sur l'effectivité du droit », *loc.cit.*, p.127.

[387] LASCOUMES et SENERIN insistent à juste titre sur cette distinction entre l'effectivité et l'efficacité : dans le cadre d'un « nouvel ordre juridique gestionnaire... l'apparition d'une interrogation fondée sur l'efficacité marque la clôture de celle de l'ineffectivité », *op.cit.*, p. 122, cité par F. RANGEON, « Réflexions sur l'effectivité du droit », *loc.cit.*, p.127.

l'efficacité désigne la *relation* entre l'intention ou l'objectif supposé recherché par les auteurs de l'énoncé initial et le résultat obtenu » [388]. Ainsi, « les concepts d'efficacité et d'effectivité renvoient tous deux à la question du passage du *sollen* au *sein*, du devoir être à l'être, autant qu'on veuille les distinguer, il faut convenir qu'ils désignent deux modalités d'évaluation différentes de ce passage »[389].

Pour Michel PRIEUR « l'efficacité, comme l'effectivité, peut donc être relative »[390]. Aussi, faudrait-il dégager des indicateurs objectifs afin de pouvoir mettre plus de monde possible d'accord sur les résultats d'une évaluation. En ce dépit, l'appréciation peut toujours différer selon que l'on s'appuie essentiellement sur certains indicateurs ou sur certains objectifs, si les textes à évaluer en disposent plusieurs.

Des avis de ces auteurs, on en déduit que l'effectivité renvoie à l'application d'un texte, alors que l'efficacité aux résultats qui en sont obtenus.

SECTION 2. ANALYSE DE L'EFFECTIVITÉ ET DE L'EFFICACITÉ DE LA CITES

La question de l'efficacité de la Convention, tout comme celle de son effectivité, tient particulièrement à cœur la CITES. On aura constaté que dans plusieurs de ses résolutions et décisions ainsi que dans des discussions lors de sessions, ces deux questions sont souvent d'actualité. À sa neuvième session (Fort Lauderdale, 1994), « la Conférence des Parties a commandé un examen[391] de l'efficacité de la Convention dont les principaux objets étaient d'évaluer dans quelle mesure la Convention atteignait ses objectifs, de mesurer les progrès accomplis depuis l'avènement de la CITES et, plus important encore, de déceler les points faibles et les conditions requises pour renforcer la Convention et contribuer à en planifier l'avenir »[392]. Est-ce à dire que les Parties à la CITES douteraient de l'effectivité ou de l'efficacité de

---

[388] V. CHAMPEIL-DESPLATS, « Penser l'efficacité de la norme », *loc.cit.*, p.369.

[389] *Ibid.*

[390] M. PRIEUR, *Les indicateurs juridiques, op.cit.*, p.11.

[391] Cette étude, intitulée « *Study on how to Improve the Effectiveness of the Convention on International Trade in Endangered Species of Wild Fauna and Flora* », qui se fonde sur un questionnaire élaboré sous le contrôle d'un groupe de surveillance du Comité permanent de la CITES, a été traitée, analysée et rédigée par *Environmental Resources Management* (ERM), puis soumise au Comité permanent pour examen lors de sa réunion de décembre 1996. Exception faite de quelques suggestions particulières qui ont pu être répercutées immédiatement par le Secrétariat de la CITES, le Comité permanent a décidé de soumettre les autres recommandations, et notamment celles portant sur les grandes orientations, à la dixième session de la Conférence des Parties (CP), programmée à Harare, au Zimbabwe, en juin 1997. Voy. à ce sujet : OCDE, *Expérience d'utilisation de mesures commerciales dans la convention sur le commerce international des espèces de faune et de flore sauvages menacées d'extinction* (CITES), *op.cit.*, p.9.

[392] CITES, *Résolution Conf. 16.3 (Rev. CoP17)*, p.1.

celle-ci ? Ou, plutôt, considéreraient-elles, comme déjà mentionné, que ces deux notions peuvent être améliorées ? Cette dernière acception nous semble la plus plausible.

Pour évaluer l'effectivité et l'efficacité de la CITES, nous avons dégagé un certain nombre d'indicateurs dont les plus pertinents sont examinés. Il s'agira d'évaluer « l'évolution vers la réalisation de l'objectif principal, mais également une évaluation du caractère adéquat des conditions institutionnelles ou formelles prévues pour rendre efficaces les différentes mesures »[393]. Toutefois, l'évaluation de certains indicateurs spécifiques, ne pouvant l'être pour l'ensemble des Parties, a été reportée dans l'étude de l'application de la CITES au plan national, donc dans le cadre de l'évaluation de la mise en œuvre de la CITES en Belgique et en RDC.

Nous avons retenu 16 indicateurs regroupés autour des 6 grands groupes suivants (tableau 6) :

Tableau 6 : Indicateurs d'évaluation de l'effectivité et de l'efficacité de la CITES

Groupes/ Thématiques	*Indicateurs*
1. Généraux	1. Adhésion à la CITES 2. Conscience de la norme/enjeux/intérêts 3. Application nationale/ Transposition
2. Structures et capacités	4. Existence des structures 5. Moyens financiers et logistiques de la CITES
3. Suivi et mise en œuvre	6. Rapports 7. Prise des résolutions / décisions 8. Mise à jour des annexes 9. Évolution de la situation des espèces dont le commerce est réglementé
4. Coopération internationale, contrôle, détection de la fraude et saisies	10. Mécanisme CITES : contrôle des documents et saisies 11. Lutte contre la criminalité liée aux espèces sauvages au travers l'ICCWC
5. Répression et arbitrage	12. Existence d'une procédure de non-respect 13. Application des sanctions 14. Règlement de différends
6. Collaborations avec d'autres organisations	15. Collaborations avec des organisations de conservation 16. Collaboration de la CITES avec les autres organisations (commerce et lutte contre la criminalité)

393 OCDE, *Expérience d'utilisation de mesures commerciales dans la convention sur le commerce international des espèces de faune et de flore sauvages menacées d'extinction* (CITES), *op.cit.*, p.48.

Paragraphe 1. Indicateurs généraux d'évaluation de l'effectivité et de l'efficacité de la CITES

Ce groupe contient 3 indicateurs dont l'adhésion à la CITES, la conscience de la norme et des enjeux et l'application nationale.

1.1. Adhésion à la CITES

Le 3 mars 1973, 21 États sur les 80 représentés à une réunion tenue à Washington ont adopté un accord destiné à encadrer le commerce international de spécimens issus d'espèces sauvages[394].

Aujourd'hui, la CITES compte 184 Parties contractantes[395]. Elle comprend plus de membres que l'OMC qui n'en a que 164, que la Convention de Ramsar qui en a 169, que la CMS avec ses 124 États parties. Cependant, elle ne réunit pas autant de membres que la CDB qui en compte 196 ou que la Convention sur la protection du patrimoine mondial, culturel et naturel avec ses 193 Parties.

Il est intéressant de constater le rythme des ratifications et adhésions à la CITES depuis son entrée en vigueur (diagramme 4).

Diagramme 4 : Adhésions à la CITES

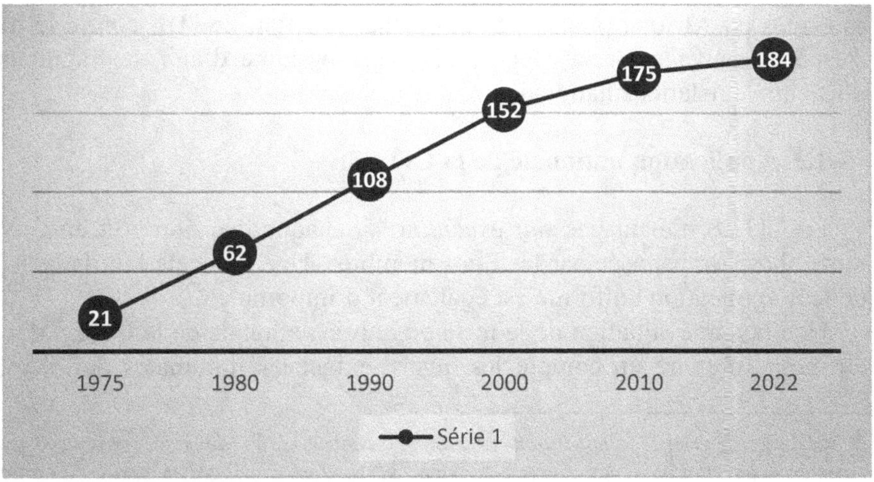

Le diagramme ci-dessus montre que le nombre des adhésions est en constante augmentation. On est passé, sur une période de 10 ans, de 2010 à

---

[394] L. Escot, A. Pontal et S. Ringuet, *Break the chain : comment le secteur français de la logistique et du transport peut lutter contre le commerce illégal d'espèces sauvages*, *op.cit.*, p.48.
[395] CITES, *Liste des Parties*, *op.cit.*

2022, de 175 à 184 Parties, soit 9 nouvelles adhésions. Cette évolution est en soi un important facteur positif pour juger de l'effectivité et de l'efficacité[396]. Toutefois, il reste à « encourager les pays non-Parties à rejoindre la Convention, ou au moins à coopérer étroitement à sa réalisation »[397].

1.2. Conscience de la norme et enjeux

La prise de conscience de la norme et des enjeux est un facteur important qui contribue à son effectivité et à son efficacité.

En ce qui concerne la CITES, la prise de conscience a commencé à se ressentir dès les années 1960 lors de la septième Assemblée générale de l'Union internationale pour la conservation de la nature et de ses ressources[398] avant que la recommandation 99.3 de la Conférence des Nations unies sur l'environnement humain à Stockholm en 1972 ne lui fasse écho. À voir l'évolution des adhésions à la CITES avec ses 184 Parties, cette prise de conscience est toujours croissante.

Par ailleurs, en particulier depuis 2010, comme déjà mentionnées au chapitre 2 du titre premier, on aura constaté notamment pour la lutte contre la criminalité liée aux espèces sauvages, une dizaine de résolutions prises dans le cadre des Nations unies[399]. Le développement de stratégies et de plans d'actions au niveau régional a été mené à l'instar de la Stratégie africaine de lutte contre l'exploitation et le commerce illicites de la faune et de la flore sauvages en Afrique (mai 2015) et du Plan d'action de l'UE contre le trafic d'espèces sauvages (révisé en 2022). Cette volonté d'agir se traduit dans plusieurs législations nationales.

1.3. Application nationale de la CITES

La CITES n'étant pas *self executing*[400], chaque décision doit être, avant toute chose, transposée par les États membres. Une fois cela fait, la question de leur application uniforme est également d'importance[401].

Une bonne évaluation de la mise en œuvre nationale de la CITES devrait au moins prendre en compte les quatre exigences minimales définies aux

---

[396] OCDE, *Expérience d'utilisation de mesures commerciales dans la convention sur le commerce international des espèces de faune et de flore sauvages menacées d'extinction* (CITES), *op.cit.*, p.49.

[397] *Ibid*, p.33.

[398] Rebaptisée depuis 1990 Union Internationale pour la Conservation de la Nature (UICN).

[399] Notamment les résolutions 69/314 du 30 juillet 2015, 70/301 du 9 septembre 2016 et 71/326 du 11 septembre 2017 de l'Assemblée générale de l'ONU portant sur la lutte contre le trafic des espèces sauvages.

[400] P.H. SAND, « Whither CITES ? The Evolution of a Treaty Regime in the Borderland of Trade and Environment », in *EJIL*, vol. 8, n° 1, 1997 p. 46, cité par T. DELEUIL, « La CITES et la protection internationale de la biodiversité », *loc.cit.*, p.48.

[401] T. DELEUIL, « La CITES et la protection internationale de la biodiversité », *loc.cit.*, p.48.

articles VIII et IX de la Convention, à savoir : (i) désigner au moins un organe de gestion et au moins une autorité scientifique ; (ii) interdire le commerce de spécimens en violation des dispositions de la Convention ; (iii) appliquer des sanctions pénales ; et (iv) confisquer les spécimens illégalement détenus ou commercialisés. En effet, c'est sur la base de ces quatre exigences minimales que le Secrétariat de la CITES analyse et classe les législations nationales dans une des trois catégories suivantes (diagramme 5) :

- Catégorie 1 : législation remplissant généralement les conditions nécessaires à l'application de la CITES ;
- Catégorie 2 : législation ne remplissant généralement pas toutes les conditions nécessaires à l'application de la CITES ;
- Catégorie 3 : législation ne remplissant généralement pas les conditions nécessaires à l'application de la CITES[402].

Diagramme 5 : Catégorisation CITES des lois nationales

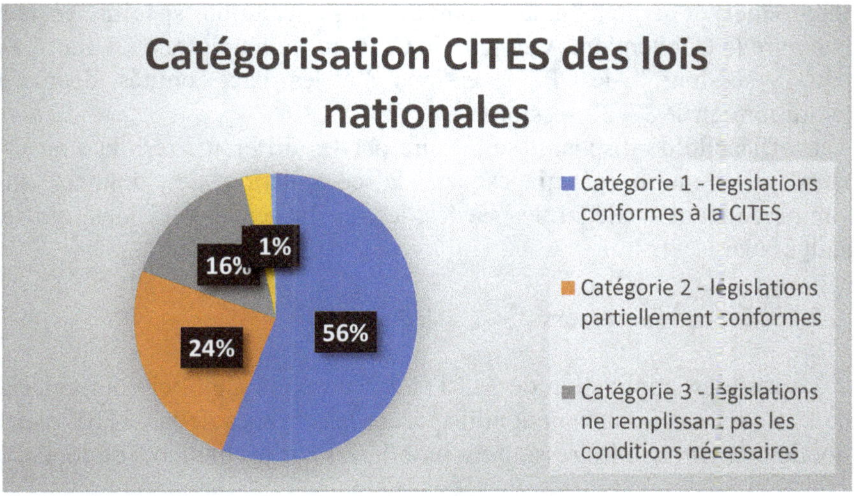

À voir les statistiques de la CITES sur cette catégorisation, l'on comprend qu'il y a encore du chemin à faire. En effet, seules 103[403] Parties sur les 184 que compte la CITES, soit 56,2 %, ont des législations nationales qui ont été jugées satisfaisantes pour la mise en œuvre de la CITES. Dans la catégorie 2, on retrouve 44 Parties et 29 Parties pour la catégorie 3. Par ailleurs, 6 nouveaux membres n'ont pas encore été évalués, car n'ayant pas encore

---

[402] CITES, *National laws for implementing the Convention, op.cit.*

[403] CITES, *Status of legislative progress for implementing CITES* (updated november 2019), *op.cit.* Pas de mise à jour récente. Par ailleurs, il convient de signaler que les pourcentages se sont faits sur base de 183 Parties, situation de novembre 2019. La dernière Partie à avoir adhéré à la CITES est Andorre depuis le 6 oct. 2021 avec une entrée en vigueur le 4 janvier 2022.

soumis leurs législations, et l'Union européenne comme organisation régionale n'est pas soumise à cet exercice.

Paragraphe 2. Structures et capacités financières

La CITES dispose-t-elle des structures et des ressources financières nécessaires pour garantir son effectivité et son efficacité ?

2.1. Existence des structures

Comme mentionné dès notre premier chapitre de la première partie, la CITES dispose de 4 organes, à savoir une Conférence des Parties (CoP), le Comité permanent (CP) ainsi que deux Comités, l'un pour les animaux et l'autre pour les plantes. Ceux-ci s'appuient sur un Secrétariat qui semble être le pivot de cette architecture.

L'effectivité de ce dispositif est certaine, car ces organes sont bien fonctionnels et permettent, au regard de leurs attributions spécifiques, la mise en œuvre la Convention. À ce jour, la CoP, qui se réunit tous les 3 ans, a déjà tenu 19 sessions[404], le CP 77 sessions[405] et les deux comités, depuis leurs institutions en 1987, 32 sessions[406].

L'efficacité de dispositif se mesure par les différents résultats qu'ils ont permis d'atteindre, parmi lesquels la compilation des données sur le commerce légal et illégal, les saisies, les résolutions et décisions, qui seront analysés ici.

2.2. Moyens financiers

La mise en application de la CITES a un coût. Celui-ci comprend aussi bien les moyens financiers dont disposent les organes de la CITES pour leur fonctionnement que les ressources mobilisées par les bailleurs de fonds.

2.2.1. Financement de la CITES

Le financement de la CITES s'effectue principalement au travers du fonds d'affectation spéciale et par des contributions dites « externes » données par les Parties, les organisations intergouvernementales, les organisations non gouvernementales ainsi que par les sociétés privées.

2.2.1.1. Fonds d'affectation spéciale de la CITES

---

[404] Dont la dernière du 14 au 25 novembre 2022 (Panama).
[405] Dont la dernière du 06 - 10 novembre 2023 (Geneva, Suisse).
[406] Dont la dernière du 19 - 23 juin 2023 (Geneva, Suisse).

Les coûts de base administratifs du Secrétariat, de la Conférence des Parties et de ses organes subsidiaires – le Comité permanent et les autres comités CITES – sont financés par le fonds d'affectation spéciale CITES. Ce dernier est approvisionné par les contributions des Parties sur la base du barème des contributions de l'ONU[407] ajusté pour tenir compte du fait que tous les membres des Nations unies ne sont pas Parties à la CITES[408] (tableau 7).

Tableau 7 : Budget CITES de 2010 à 2020

Année	*Budget*
2010	5 070 000 $[409]
2011	5 280 000 $[410]
2012	5 990 000 $[411]
2013	5 860 000 $[412]
2014	5 836 735 $[413]
2015	6 018 089 $[414]
2016	6 655 307 $[415]
2017	5 900 000 $[416]
2018	5 990 000 $[417]
2019	6 643 674 $[418]

---

[407]Le barème de l'ONU est basé sur la résolution A/Res/67/238, Barème des quotes-parts pour la répartition des dépenses, adoptée par l'Assemblée générale le 24 décembre 2012.
[408] CITES, *Comment la CITES est-elle financée?*, accessible sur : https://cites.org/fra/disc/fund.php, consulté le 5 décembre 2020.
[409] CITES, *Questions financières*, SC61 Doc. 10.1, p. 1, accessible sur : https://cites.org/sites/default/files/fra/com/sc/61/F61-10-01.pdf, consulté le 5 décembre 2020.
[410] CITES, *Questions administratives* , CoP16 Doc. 8.1 – p. 2, accessible sur : https://cites.org/sites/default/files/fra/cop/16/doc/F-CoP16-08-01.pdf, consulté le 5 déc 2020.
[411] CITES, *Rapport annuel 2012 du secrétariat CITES*, p. 3, accessible sur : https://cites.org/sites/default/files/document/F-Annual%20Report%202012.pdf, consulté le 5 décembre 2020.
[412] CITES, *Rapport annuel 2013 du Secrétariat CITES*, p. 3, accessible sur : https://cites.org/sites/default/files/document/F-Annual%20Report%202013.pdf, consulté le 5 décembre 2020.
[413] CITES, *Fonds d'affectation spéciale cites, barème des contributions pour 2014-2016 (en dollars US)*, accessible sur : https://cites.org/sites/default/files/fra/res/16/F-Res-16-02-A4.pdf, consulté le 5 décembre 2020.
[414]*Ibid.*
[415] *Ibid.*
[416] CITES, *Rapport annuel 2017 du Secrétariat CITES*, p. 3, accessible sur : https://cites.org/sites/default/files/document/F-Annual%20Report%202017.pdf consulté le 5 décembre 2020.
[417] CITES, *Rapport annuel 2018 du Secrétariat CITES*, p. 3, accessible sur : https://cites.org/sites/default/files/document/F-Annual%20Report%202018.pdf, consulté le 5 décembre 2020.
[418] CITES, *Résolution Conf. 17.X*, Annex 1, p. 4, accessible sur : https://cites.org/sites/default/files/eng/cop/17/Com_II/Addendum%20Annex%201%20Budget.pdf, consulté le 5 décembre 2020.

2020	6 228 506 $[419]

Le budget global pour l'année 2020, comme pour les autres années, est très faible. En effet, il gravite autour de 6 000 000 $ (six millions de dollars américains). Plus précisément, pour 2020, les contributions dues sont de l'ordre de 6 228 506 $ dont seulement 4 703 176 $ ont été honorés. Par ailleurs, les contributions impayées de 1992 à 2019 s'élèvent à 2 985 319 $[420].

Rien que pour les années 2019 et 2020, en termes d'engagement des Parties, on constate que plusieurs ne se sont pas encore acquittés de leurs obligations. Pour 2019, 62 Parties sur les 183 (soit près de 40 %) n'ont pas encore payé leurs cotisations. Pour 2020, jusqu'au 31 décembre 2020, 100 Parties sont restées insolvables (soit près de 55 %)[421].

La Belgique, par exemple, pour l'année 2020, devrait et a effectivement contribué à la hauteur de 49 535$. Tandis que, la RDC, pour sa part, devrait 603 $, somme demeurée impayée avec, pour son compte, d'autres contributions impayées de l'ordre de 1 437 $[422].

À l'instar de la Belgique, d'autres Parties ont honoré pleinement leurs engagements comme les USA avec 1 370 274 $, la Chine avec 724 325 $, le Japon : 516 711 $, l'Allemagne avec 367 442 $, le Royaume-Uni avec 275 551$, la France avec 267 104 $, l'UE avec 155 713 $, la Russie avec 145 106 $, la Corée avec 136 780 $ et l'Espagne avec 129 480 $[423].

Dans le même lot que la RDC, plusieurs autres Parties n'ont pas encore réussi à payer leurs contributions. On peut notamment citer le Portugal avec 21 117 $, la Finlande avec 20 $, le Gabon avec 905 $, Cameroun avec 784 $, la République du Congo avec 362 $, et le Burundi et République centrafricaine avec chacun 60 $[424].

2.2.1.2. Financement externe de la CITES

Toute activité qui n'est pas financée par le fonds d'affectation spéciale requiert un financement externe. Ces projets ou activités financés par des sources externes font habituellement suite à des résolutions et à des décisions adoptées aux sessions de la Conférence des Parties[425]. Ces ressources peuvent même concurrencer le Fonds d'affectation spéciale. En effet, en 2009, par exemple, les fonds externes reçus étaient de 5 198 042 $[426] dont 4 402 432 $

---

[419] CITES, *Fonds d'affectation spéciale CITES, état des contributions au 31 décembre 2020 (en dollar US)*, p.3, accessible sur https://cites.org/sites/default/files/fra/disc/funds/ct12_fr.pdf, consulté le 8 janvier 2021.

[420] CITES, *Fonds d'affectation spéciale CITES, état des contributions au 31 décembre 2020 (en dollar US)*, *op.cit.*, p.3.

[421] *Ibid.*

[422] *Ibid.*

[423] *Ibid*, pp.1-3.

[424] *Ibid.*

[425] CITES, *Comment la CITES est-elle financée?*, *op.cit.*

[426] CITES, *Fonds externes (jusqu'en 31 décembre 2009)*, accessible sur :

de la Commission européenne, soit 84,69 %. Ils peuvent également être largement supérieurs : 14 964 698 (2017), 12 661 630 (2018) et 12 612 776 (2019)[427].

Outre les gouvernements, les organisations intergouvernementales et les organisations non gouvernementales, les sociétés sont elles aussi des sources de financement externe pour les projets CITES[428].

Avec de tels financements, la CITES fait régulièrement des appels de fonds auprès des Parties et des partenaires afin d'appuyer des activités spécifiques. De telles sollicitations sont récurrentes dans plusieurs décisions et résolutions. Il en est ainsi de la décision 18.13[429] sur le Consortium international de lutte contre la criminalité liée aux espèces sauvages (ICCWC). Les Parties y sont encouragées à continuer de fournir un soutien financier au Consortium international de lutte contre la criminalité liée aux espèces sauvages (ICCWC) pour la mise en œuvre de son Programme stratégique pour 2016-2020 et ceux à venir. L'enjeu est que le Consortium conserve son rôle moteur en fournissant un appui mondial coordonné aux services de lutte contre la fraude.

Dans la résolution Conf. 18.1 sur le financement et programme de travail chiffré pour le Secrétariat pour la période triennale 2020-2022, la CoP se félicite des efforts engagés par ce dernier. En effet, le Secrétariat facilite le financement de projets pertinents pour la CITES, y compris des projets axés sur les espèces, par le Fonds pour l'environnement Mondial (FEM). Elle invite le Secrétariat à poursuivre sa collaboration étroite avec le secrétariat du FEM, le secrétariat de la Convention sur la diversité biologique (CDB) et le Groupe de liaison des conventions relatives à la biodiversité sur la question de l'accès aux financements des projets pertinents pour la CITES susceptibles d'être acceptés par le FEM[430].

Il en ressort que les moyens financiers mis à disposition par les Parties et leurs partenaires demeurent faibles. Aussi, plusieurs résolutions et décisions de la CITES demeurent inappliquées faute de moyens financiers. Elles restent donc un chapelet de bonnes intentions en face des trafiquants et criminels organisés qui parlent en termes de millions et milliards.

En outre, la CITES se place dans une position de « demandeur » de fonds auprès de plusieurs autres structures. Demandes qui peuvent ne pas aboutir ou n'aboutir que partiellement alors que l'ampleur du commerce illégal des espèces de faune choque la conscience collective et que ses impacts affectent plusieurs secteurs dont la sécurité nationale et internationale, la santé, la biodiversité et les écosystèmes, l'économie et les communautés locales.

---

https://cites.org/sites/default/files/fra/disc/funds/EF2009.pdf, consulté le 5 décembre 2020.

[427] CITES, *Résolution Conf. 17.X, op.cit.*, p. 4.

[428] CITES, *Comment la CITES est-elle financée?*, *op.cit.*

[429] CITES, *Décisions de la Conférence des Parties à la CITES en vigueur après la 18e session, op.cit.*, p.13.

[430] CITES, *Résolution Conf. 18.1 sur le financement et programme de travail chiffré pour le Secrétariat pour la période triennale 2020-2022*, p.5.

2.2.2. Appuis mobilisés par les bailleurs pour la lutte contre la criminalité liée aux espèces sauvages

Le braconnage et le commerce illicite de la faune de l'Afrique ont reçu un niveau record d'attention. Entre 2010 et 2018, les bailleurs de fonds ont alloué 1,48 milliard de dollars américains pour lutter contre le commerce illégal d'espèces sauvages en Afrique[431] . Cet argent a été investi pour renforcer l'application de la loi et moderniser la lutte contre la criminalité liée aux espèces sauvages en utilisant des techniques de police scientifique, des chiens renifleurs et des technologies. Une collaboration accrue entre les pays a conduit à un certain nombre de saisies et de poursuites de haute visibilité[432].

Par ailleurs, les Parties mettent également des moyens financiers à disposition de leurs services et de leurs agences afin de lutter contre cette criminalité.

La CITES n'a pas été créée pour lutter contre le commerce illicite. Au fil des ans, le phénomène du commerce illégal a bien entendu fait l'objet d'une attention croissante et la CITES tente également de formuler une réponse à ce problème[433].

Paragraphe 3. Suivi et mise en œuvre

Existe-t-il des outils de suivi de la mise en œuvre de la Convention ? Pour répondre à cette question, il nous a semblé important de mesurer le niveau de rapportage, celui de prise de résolutions et décisions, celui de mise à jour de ses annexes ainsi que l'évolution de la situation des espèces dont le commerce est réglementé.

3.1. Rapports

Dans le cas de la CITES, les rapports annuels sont particulièrement importants. L'article VIII.7 dispose en effet que les Parties doivent établir un état annuel indiquant, pour chaque espèce inscrite aux Annexes de la CITES, les quantités ayant fait l'objet d'un commerce. Ces états permettent de suivre la mise en œuvre de la Convention et d'identifier les activités pouvant relever

---

[431] Banque mondiale, *Analyse des financements internationaux consacrés à la lutte contre le commerce illicite d'espèces sauvages*, 2019, accessible sur : http://appsolutelydigital.com/WildLife/cover.html, consulté le 20 décembre 2020.

[432] TRAFFIC, *Commerce illicite de la faune en Afrique*, *loc.cit.*, p. 1.

[433] Sénat de Belgique, *Convention CITES - Commerce d'espèces animales et végétales protégées - Évaluation approfondie - Croisement de banques de données - Financement - Moratoire sur tout nouveau commerce*, Question écrite n° 7-87, Session 2019-2020, 14 octobre 2019, accessible sur : https://www.senate.be/www/?MIval=/Vragen/SVPrint&LEG=7&NR=87&LANG=fr, consulté le 7 novembre 2020.

du commerce illicite[434]. Pour rappel, quatre types de rapports sont ci-visés (rapports annuels, rapports sur l'application (bisannuels), rapports sur le commerce illégal ainsi que des rapports *ad hoc*).

S'agissant des rapports annuels, ceux-ci sont évidemment attendus chaque année. Sans justification satisfaisante, le défaut de soumission du rapport annuel sur trois années consécutives pourrait amener le Comité permanent à formuler une recommandation à l'intention de toutes les Parties en vue d'une suspension du commerce avec la Partie concernée. De 2012 à 2021, la CITES en a reçu 1 510 sur 1 990 attendus (tableau 8) [435].

Tableau 8 : Nombre des rapports annuels enregistrés par la CITES de 2012 à 2021

Années	***2012***	***2013***	***2014***	***2015***	***2016***	***2017***	***2018***	***2019***	***2020***	***2021***	***Total***
Nombre de rapports	161	165	171	170	160	166	163	160	141	53	1 510
Partie exemptée	0	0	0	1[436]	1	1	1	1	1	1	7
Nombre de Parties	176	179	180	181	183	183	183	183	183	183	1 997

Source : Données extraites du tableau CITES[437]

Ce tableau montre que de 2012 à 2021, la CITES a reçu 1510 rapports annuels des Parties. Il convient de relever qu'en 2012, près de 15 Parties n'ont pas soumis leurs rapports. En 2015, 10 Parties n'ont pas présenté de rapports, une Partie étant exemptée (UE). En 2018, 19 rapports manquaient contre 127 en 2021.

S'agissant des rapports sur l'application[438] sur les mesures législatives, réglementaires et administratives, la CITES en a reçu 576[439] depuis 2003.

---

[434] OCDE, *Expérience d'utilisation de mesures commerciales dans la convention sur le commerce international des espèces de faune et de flore sauvages menacées d'extinction* (CITES), *op.cit.*, p.51. Voy. aussi CITES, *Procédures CITES pour le respect de la Convention*, https://cites.org/fra/prog/compliance, consulté le 2 août 2020.

[435] CITES, *Annual Reports of CITES Parties,* dernière mise à jour au 15 septembre 2022, accessible sur : https://cites.org/sites/default/files/reports/annual-reports/annual-reports.pdf, consulté le 16 janvier 2023. Aussi CITES, *Liste des Parties à la CITES, op.cit.*

[436] Il s'agit de l'UE, 181e membre.

[437] CITES, *Annual Reports of CITES Parties, op.cit.*

[438] Anciennement appelés rapports bisannuels.

[439] CITES, *Biennial reports and Implementation Reports*, accessible sur : https://cites.org/fra/resources/reports/biennial.php, consulté le 16 janvier 2023.

S'agissant des rapports annuels sur le commerce illégal, la CITES a reçu 429 rapports des Parties[440] (tableau 9) de 2016 à 2021.

Tableau 9: Nombre des rapports annuels sur le commerce illégal enregistrés par la CITES de 2016 à 2021

Années	***2016***	***2017***	***2018***	***2019***	***2020***	***2021***[441]	***Total***
Nombre de rapports	86	73	74	70	72	54	429

Source : Données extraites du tableau CITES[442]

Grâce notamment à ces différents rapports, plus de 21 millions de données ont été partagées. De 1975 à 2010, il y avait près de 9 millions de transactions commerciales CITES. De 2010 à 2020, celles-ci ont explosé et sont passées à 12 millions. On obtient un résultat global de 21 millions de transactions[443]. Ainsi, rien que ces 10 dernières années, les transactions commerciales des spécimens CITES se sont intensifiées pour atteindre la barre de 57 % contre 43 % de 1975 à 2010.

S'agissant, en fin, des rapports *ad hoc*, ceux-ci sont circonstanciels.

Les Parties reconnaissent l'importance de ces rapports comme outils pour surveiller la mise en œuvre de la Convention, évaluer l'efficacité de leur gestion des espèces sauvages et de leurs politiques en matière de commerce, et pour améliorer la détection des échanges potentiellement préjudiciables ou illégaux[444].

3.2. Prise de résolutions et décisions

En amont de la prise de décision, le système CITES repose en effet en grande partie sur des avis et des informations scientifiques. Les autorisations ou les refus d'exporter ou d'importer des spécimens doivent être fondés sur des avis scientifiques (articles III, IV et V CITES). […] la pratique démontre que chaque proposition est soutenue par de solides rapports scientifiques fournis par les Parties[445].

---

440 CITES, *Parties_Territories_that_submitted_their_annual_illegal_trade report*, mis à jour le 1er novembre 2022, accessible sur : https://view.officeapps.live.com/op/view.aspx?src=https%3A%2F%2Fcites.org%2Fsites%2Fdefault%2Ffiles%2FEST%2FAITR%2FCITES_AITR_List_of_Parties_Territories_submitted_01.11.2022.xlsx.xlsx&wdOrigin=BROWSELINK, consulté le 15 janvier 2023.

441 Le rapport 2019 devrait être soumis au plus tard au 31 octobre 2020 alors que ces données ont été arrêtées par la CITES au 9 juillet 2020 et n'ont pas encore été actualisées à la date d'extraction, soit au 5 janvier 2021.

442 CITES, *Parties_Territories_that_submitted_their_annual_illegal_trade report, op.cit.*

443 UNEP-WCMC, *Téléchargement complet de la Base de Données sur le Commerce CITES, op.cit.*, p.1.

444 *Ibid.*

445 T. DELEUIL, « La CITES et la protection internationale de la biodiversité », *loc.cit.*, p.47.

À chacune de ses réunions, la Conférence des Parties à la CITES examine les problèmes de mise en œuvre de la Convention et son efficacité. Les résultats de ses délibérations se présentent sous la forme de recommandations (article XI, paragraphe 3) qui sont consignées soit dans des résolutions, soit dans des décisions de la Conférence des Parties. Les résolutions visent généralement à fournir des orientations à long terme sur des périodes de plusieurs années. Les résolutions comprennent les orientations fournies par la Conférence des Parties sur la manière d'interpréter les dispositions de la Convention. Elles comptent également : les documents établissant les comités permanents ; le budget et le programme de travail du Secrétariat ; les règles de contrôle du commerce (telles que la délivrance de permis et le marquage des spécimens dans le commerce) ; et les textes établissant des processus de conformité à long terme[446].

À ce jour, 100 résolutions prises et en vigueur de la CoP 1 à 19[447] ainsi que 123 décisions sont restées valables après la CoP 19[448].

3.3. Mise à jour des annexes

Le régime juridique de la CITES, comme déjà mentionné, repose sur l'inscription des espèces dans trois annexes, et cela « selon la gravité des menaces posées par le commerce international, et précise le caractère plus ou moins strict de la réglementation du commerce »[449]. Willem WIJNSTEKERS relève que « cette question revêt une grande importance pour l'efficacité et le fonctionnement concret de la Convention. Les espèces devraient être inscrites à l'annexe qui contribue le mieux à leur conservation ; il est donc nécessaire non seulement d'examiner régulièrement les espèces inscrites et celles non inscrites mais candidates, mais aussi de veiller à ce que les critères d'inscription suivent les plus hautes normes scientifiques ».[450]

Aujourd'hui, quelque 6 610 espèces animales et 34 310 espèces végétales sont protégées par la CITES de la surexploitation visant à alimenter le commerce international. Elles figurent dans les trois annexes de la Convention

---

[446] CITES, *Résolutions de la Conférence des Parties en vigueur après la 19e session,* accessible sur : https://cites.org/eng/res/index.php, consulté le 17 janvier 2024.

[447] *Ibid.* Soit 5 résolutions de la CoP 19 ; 7 de la CoP 18 ; 11 de la CoP 17 ; 7 de la CoP 16 ; 1 de la CoP 15 ; 6 de la CoP 14 ; 9 de la CoP 13 ; 8 de la CoP 12 ; 14 de la CoP 11 ; 12 de la CoP 10 ; 9 de la CoP 9 ; 4 de la CoP 8 ; 1 de la CoP 7 ; 1 de la CoP 6 ; 2 de la CoP 5 ; 4 de la CoP 4 ; 1 de la CoP 3 ; 1 de la CoP 2 et aucune de la CoP 1. Au moment de la finalisation de cet ouvrage, la mise à jour après la CoP 19 de 2022 n'est pas encore disponible.

[448] CITES, *Décisions de la Conférence des Parties à la CITES en vigueur après sa 19e session,* accessible sur: https://cites.org/fra/dec/index.php, consulté le 17 janvier 2024.

[449] A. ROSSER, M. HAYWOOD et D. HARRIS, *CITES: instrument pour la conservation - Guide de l'amendement des annexes à la Convention sur le commerce international des espèces de faune et de flore sauvages menacées d'extinction,* Commission UICN de la sauvegarde des espèces, Cambridge, Septembre 2001, p. 1.

[450] W. WIJNSTEKERS, *L'évolution de la CITES, op.cit.*, p. 61.

où elles sont regroupées en fonction de la gravité du risque d'extinction que leur fait courir ce commerce. Les annexes peuvent couvrir des groupes entiers - primates, cétacés (baleines, dauphins et marsouins), tortues de mer, perroquets, coraux, cactus et orchidées - mais parfois, seule une sous-espèce ou une population géographiquement isolée est inscrite (la population d'un seul pays, par exemple)[451].

Ces annexes sont revues régulièrement par les Parties à l'occasion de différentes CoP. Lors de la CoP (18) tenue en 2019, par exemple, plusieurs espèces de faune (mammifères, oiseaux, reptiles, amphibiens, poissons et invertébrés) ont été soit nouvellement inscrites dans une annexe CITES, soit elles ont connu un déclassement d'une annexe supérieure à une annexe inférieure ou l'inverse[452]. Par exemple, 13 espèces ont été inscrites à l'annexe I dont 8 provenaient de l'Annexe 2 (augmentation du niveau de protection)[453] et 5 nouvelles inscriptions (espèces non-CITES à une inscription directement à l'Annexe I)[454]. L'annexe II également a été revue avec 28 espèces dont 11 ont subi un déclassement (de l'annexe I vers l'Annexe II)[455] et 17 ont été nouvellement inscrites (de non-CITES à l'Annexe II)[456]. Ceci dénote un suivi régulier des espèces inscrites auxdites annexes.

En revanche, une critique est portée sur ce système de listes ou annexes. Selon Robin CHURCHILL, le problème de cette technique réside dans le fait qu'il ne se focalise que sur les espèces les plus visibles, alors que celles-ci ne représentent que moins de 5 % des espèces mondiales[457]. Seules les espèces listées seront donc objet de protection sans prendre en compte le contexte écosystémique et les liens qu'elles entretiennent avec leur habitat et les autres espèces. Cette technique ne prend pas forcément en compte le fait qu'une espèce végétale ou animale non listée dont cette espèce dépend pour sa survie

---

[451] CITES, *Les espèces CITES*, accessible sur : https://cites.org/fra/disc/species.php, consulté le 16 janvier 2024.

[452] CITES, *Tableau changements des Annexes I et II adoptés lors de la 18e Conférence des Parties à la CITES (*CoP *18) (Genève, Suisse du 17 au 28 août 2019)*, accessible sur : https://www.health.belgium.be/sites/default/files/uploads/fields/fpshealth_theme_file/tableaux_especes_cop18_fr.pdf, consulté le 15 décembre 2020.

[453] Dont le Loutre à pelage lisse ou loutre d'Asie, Loutre cendrée ou Loutre naine asiatique, grue couronnée, Tortue-boîte à front jaune (*Cuora bourreti*), Tortue-boîte à front jaune (*Cuora picturata*), Emyde d'Annam, Tortue étoilée de l'Inde et Tortue crêpe.

[454] Dont les Lézards à cornes, Lézards pygmées, gecko à griffes des Grenadines, *Achillides chikae hermeli et Parides burchellanus.*

[455] Dont le Crocodile américain, le Rat architecte, Souris d'Alice Springs (Souris d'Australie de Field, Souris de Field), la Vigogne, et la Fauvette rousse de l'Ouest.

[456] Dont le Requins Mako, Requins guitare (*Glaucostegus spp.*), Requins guitare (*Rhinidae spp.),* Concombres de mer et les Araignées ornementales.

[457] R. CHURCHILL, « The Contribution of Existing Agreements for the Conservation of Terrestrial Species and Habitats to the Maintenance of Biodiversity », *in* M. BOWMAN et C. REDGWELL, *Law and the Conservation of Biological Diversity*, Londres, Kluwer Law International, 1996, pp.71-90, p. 79.

peut être elle-même menacée par le commerce ou par une autre cause et ainsi affecter indirectement l'état de conservation de l'espèce listée[458].

3.4. Évolution de la situation des espèces dont le commerce est réglementé

Pour rappel, et comme on peut s'en apercevoir dans le tableau ci-haut sur les annexes CITES, seuls « 3 % sont à l'Annexe I, il s'agit d'espèces menacées d'extinction, comme la plupart des éléphants et des rhinocéros, ainsi que des tigres et des grands singes, et leur commerce est généralement interdit »[459]. Les 97 % restants ne sont pas nécessairement menacés d'extinction, mais pourraient le devenir si leur commerce international n'était pas réglementé. Le commerce international de ces espèces est par conséquent autorisé, mais strictement réglementé afin d'en garantir la légalité, la durabilité et la traçabilité[460].

Ainsi, une des évaluations objectives de la CITES consisterait à suivre l'évolution de la situation des espèces dont le commerce est réglementé. Parmi les outils d'appréciation, nous avons tout d'abord les annexes CITES. En effet, le déclassement d'une espèce d'une annexe supérieure à une annexe inférieure (par exemple de l'Annexe I vers l'Annexe II) dénote une évolution de la conservation de ladite espèce. Ce qui justifie la baisse de son niveau de protection. L'index de la Liste rouge de l'UICN peut également servir d'outil d'appréciation.

L'OCDE relève dans son rapport que « de l'avis tant des spécialistes des espèces consultés par l'ERM que de la plupart des Parties ayant répondu au questionnaire, la CITES a efficacement favorisé la sauvegarde de certaines espèces, mais cela n'a pas été le cas pour d'autres. Cette évaluation relève toutefois de l'affirmation et n'est pas appuyée par des preuves »[461].

Pour certains, le fait qu'"aucune espèce inscrite à la CITES n'a disparu du fait de son commerce depuis l'entrée en vigueur de l'accord en 1975" illustre l'efficacité des contrôles commerciaux de la Convention[462]. Pour l'OCDE, « cette situation ne prouve pas qu'il existe un lien de cause à effet entre l'emploi d'un instrument (les mesures commerciales) et le changement observé au niveau d'un effet externe environnemental (la disparition d'espèces), et elle permet encore moins d'établir la nature et l'importance d'un tel lien.

---

458 Y. PRISNER-LEVYNE, *La protection de la faune sauvage terrestre en droit international public,* Thèse de doctorat en droit, Université Panthéon-Sorbonne - Paris I, 2017, p.127.
459 CITES, *La base de données sur le commerce CITES franchit le cap des 15 millions de données*, communiqué de presse de la CITES du 2 juin 2015, *op.cit.*
460 *Ibid.*
461 OCDE, *Expérience d'utilisation de mesures commerciales dans la convention sur le commerce international des espèces de faune et de flore sauvages menacées d'extinction* (CITES), *op.cit.*, p.52.
462 *Ibid.*, p.53.

Néanmoins, elle attire l'attention sur les faits, et il ne serait pas plausible de prétendre qu'il s'agit d'une coïncidence sans relation avec la CITES. Au contraire, il est plus raisonnable de supposer que, globalement, la situation des espèces est meilleure qu'elle ne l'aurait été si la CITES n'avait pas existé[463].

Il reste également difficile pour certaines espèces de vérifier leur évolution même dans des outils comme l'index de la liste rouge de l'UICN. En ce qui concerne l'éléphant d'Afrique, par exemple, la dernière évaluation n'a été faite qu'en 2008. À l'époque, l'UICN avait affirmé qu'il y avait une augmentation de la population de cette espèce[464]. À ce jour, au regard notamment de saisies d'ivoire de plus en plus importantes, on ne sait pas réellement apprécier cette évolution. D'où la nécessité, et cela peut buter contre des contraintes financières, d'effectuer des évaluations régulières, en moyenne après une période de 10 ans.

En ce qui concerne d'autres espèces, on notera, par exemple pour le rhinocéros noir d'Afrique, que celui-ci en dépit du fait qu'il reste en danger critique d'extinction, sa population augmente lentement. En effet, il a été constaté dans toute l'Afrique qu'entre 2012 et 2018, la population de rhinocéros noirs (*Diceros bicornis*) a augmenté au rythme annuel modeste de 2,5 %, passant d'environ 4 845 à 5 630 animaux à l'état sauvage[465].

Paragraphe 4. Coopération internationale, contrôle, détection de la fraude et saisies

Un certain nombre des résultats a été obtenu dans le cadre de la mise en œuvre de la CITES, notamment dans la lutte contre la criminalité liée aux espèces sauvages par les Parties, mais aussi dans le cadre spécifique de l'accomplissement de la mission d'ICCWC.

4.1. Mécanisme CITES : contrôle des documents et saisies

La CITES elle-même est le pivot central du commerce international des espèces de faune et de flore menacées d'extinction. Elle permet de relier les différentes Parties en vue d'atteindre ses objectifs. Grâce à ce mécanisme, plusieurs résultats ont été obtenus dont d'importantes saisies d'ivoire et/ou d'autres produits CITES.

---

[463] OCDE, *Expérience d'utilisation de mesures commerciales dans la convention sur le commerce international des espèces de faune et de flore sauvages menacées d'extinction* (CITES), *op.cit.*, p.52.

[464] J. Blanc (2008), *Loxodonta africana. The IUCN Red List of Threatened Species 2008*, e.T12392A3339343, accessible sur: https://dx.doi.org/10.2305/IUCN.UK.2008.RLTS.T12392A3339343.en, consulté le 5 janvier 2021.

[465] UICN, *Red List*, accessible sur : https://www.iucn.org/fr/tags/work-area/red-list, consulté le 5 janvier 2021.

Comme déjà mentionné, la version de la base de données World WISE[466] - qui est à la base du rapport UNODC de 2020 - comprend près de 180 000 saisies dans 149 pays avec près de 6 000 espèces représentées dans le commerce illégal, pour des saisies allant de 1999 à 2018[467]. Le rapport de 2024 fait état de 140.000 saisies[468] dans 162 pays et territoires, affectant environ 4 000 espèces végétales et animales[469].

En ce qui concerne les saisies d'ivoires en provenance de la RDC, on peut notamment en relever, à titre illustratif, un certain nombre dont l'interception en Thaïlande de 4 tonnes d'ivoire, d'une valeur approximative de 5,7 millions d'euros en date du 20 avril 2015 ; de 136 kg en France le 27 mai 2015 ; la saisie en Malaisie de 846,2 kg d'ivoire le 4 janvier 2017[470] ainsi que la confiscation au Vietnam de neuf tonnes[471] d'ivoire dissimulées dans une cargaison de bois en mars 2019[472].

D'autres saisies également d'ivoire mélangé à d'autres produits CITES peuvent être signalées dont celle de 12,9 tonnes d'écailles de pangolin[473] et de 177 kg d'ivoire d'éléphant trouvés dans un conteneur en avril 2019. Déclarée comme contenant de la viande bovine congelée en provenance du Nigeria, la cargaison a été interceptée à Singapour. La destination était le Vietnam. Les écailles de pangolin et l'ivoire étaient emballés dans 230 sacs et cachés derrière des paquets de viande de bœuf congelé dans le conteneur[474].

Pour l'année 2013, on peut mentionner, par exemple, « les douanes de Hong Kong (Chine), du Kenya, du Malawi, de Singapour, de l'Ouganda et du Vietnam ont rapporté des cas de contrebande d'ivoire avec plus de 500 kg saisis »[475]. En avril, les douanes de Hong Kong (Chine) ont saisi 113 pièces (300 kg) d'ivoire dans un envoi par fret aérien. Grâce à l'évaluation des risques, les fonctionnaires des douanes ont sélectionné pour examen une cargaison déclarée comme contenant des « pièces détachées » transportée du

---

466 Pour l'édition de 2020, outre les AITR et l'OMD-CEN, un certain nombre de sources de données supplémentaires (y compris, entre autres, EU-TWIX et USFWS-LEMIS) ont été utilisées pour créer une collection unique de données sur le commerce illégal d'espèces sauvages.

467 UNODC (2020), *World Wildlife Crime Report, op.cit.*, p.32.

468 La diminution du nombre de saisies se justifie notamment par la pandémie de COVID-19, avec ses différentes perturbations.

469 UNODC, *World Wildlife Crime Report: Trafficking in protected species,* 2024, p.19.

470 C. MASHINI MWATHA, C. MABITA MAFUTA et N. SHABANI AZIZA, *Le marché de l'ivoire d'éléphant à Kinshasa, RD Congo : 2015-2016, op.cit.*, p.25.

471 Cette quantité d'ivoire (9 tonnes) représente environ 1000 éléphants braconnés. Voy. TRAFFIC, Commerce illicite de la faune en Afrique, in *Bulletin semestriel d'application de la loi sur la faune*, juillet 2020, p.12.

472 TRAFFIC, *Commerce illicite de la faune en Afrique, loc.cit.*, p.12.

473 Cette quantité de 12,9 tonnes d'écailles de pangolin représente environ 17.000 pangolins braconnés. Ce qui indique également l'implication de groupes criminels organisés. Voy. TRAFFIC, *Commerce illicite de la faune en Afrique, loc.cit*, p.11.

474 *Ibid.*

475 OMD, *Rapport sur les trafics illicites 2013, op.cit.*, p.49.

Burundi à Singapour. Les radiographies ont confirmé leurs soupçons. Au lieu de pièces détachées, le colis contenait de l'ivoire. En juillet, les douanes de l'aéroport de Dubaï, Émirats arabes unis, ont intercepté 447 kg d'ivoire envoyés par fret aérien depuis le Zimbabwe. L'ivoire était dissimulé sous une sculpture en bois[476].

Mais de façon spécifique, depuis 2010, les Parties ont mis en place le Consortium international de lutte contre la criminalité liée aux espèces sauvages. Il conviendrait de voir les résultats obtenus grâce à ce mécanisme.

4.2. Lutte contre la criminalité liée aux espèces sauvages à travers l'ICCWC

Le Consortium international de lutte contre la criminalité liée aux espèces sauvages (ICCWC), mis en place en 2010 par un protocole d'accord, « est une action menée en collaboration par cinq organisations intergouvernementales qui œuvrent à fournir un appui coordonné aux agences nationales de lutte contre la fraude en matière d'espèces sauvages et aux réseaux régionaux et subrégionaux qui, jour après jour, agissent pour défendre les ressources naturelles. Les partenaires de l'ICCWC sont le Secrétariat de la CITES, Interpol[477], l'Office des Nations unies contre la drogue et le crime[478], la Banque mondiale[479] et l'Organisation mondiale des douanes [480]»[481].

S'agissant de la mission de l'ICCWC, celle-ci « œuvre principalement pour, et avec, les milieux de la lutte contre la fraude, puisque ce sont les agents travaillant en première ligne qui finissent par traîner en justice les délinquants engagés dans cette criminalité. L'ICCWC cherche à soutenir un

---

[476] OMD, *Rapport sur les trafics illicites 2013*, *op.cit.*, p.49 OMD, *Rapport sur les trafics illicites 2013*, *op.cit.*, p.50.

[477] INTERPOL est la plus importante organisation de police internationale qui compte190 pays membres. Créée en 1923, elle facilite la coopération policière transfrontalière et appuie et assiste toutes les organisations, autorités et services dont la mission est de prévenir ou combattre la criminalité internationale. Le Secrétariat général d'Interpol est doté d'un sous-secrétariat chargé de la sécurité en matière d'environnement (voy. http://www.cites.org/fra/prog/iccwc.php/Partners).

[478] L'Office des Nations unies contre la drogue et le crime (UNODC) est la principale organisation de lutte contre les produits illicites et le crime organisé transnational. Créé en 1997, l'UNODC opère dans toutes les régions du monde grâce à son vaste réseau de bureaux locaux (voy. : http://www.cites.org/fra/prog/iccwc.php/Partners).

[479] La Banque mondiale appuie un programme mondial d'assistance technique en matière de lutte contre le blanchiment d'argent et a joué un rôle moteur dans les efforts déployés au niveau international pour renforcer la lutte contre la fraude en matière de patrimoine forestier et en faveur de sa gestion (voy.: http://www.cites.org/fra/prog/iccwc.php/Partners).

[480] L'Organisation mondiale des douanes (OMD) est la seule organisation intergouvernementale exclusivement axée sur les questions douanières. (voy. http://www.cites.org/fra/prog/iccwc.php/Partners).

[481] CITES, *Le Consortium international de lutte contre la criminalité liée aux espèces sauvages*, accessible sur : http://www.cites.org/fra/prog/iccwc.php, consulté le 01 juin 2023.

développement de la lutte contre la fraude qui s'appuie sur des politiques axées sur des ressources naturelles durables, sur le plan social et environnemental, en tenant compte de la nécessité de fournir un appui aux communautés rurales pauvres et marginalisées pour qu'elles gardent leurs moyens d'existence »[482].

Lors de la CoP 19 de la CITES, qui s'est tenue du 14 au 25 novembre 2022 à Panama, le Secrétariat de la CITES a présenté la nouvelle vision de l'ICCWC à l'horizon 2030, dont le message peut globalement se résumer par l'appel : « Ensemble nous pouvons œuvrer pour un monde sans commerce des espèces sauvages »[483]. Cette vision 2030 décrit comment l'ICCWC travaillera à l'avènement d'un monde sans criminalité liée aux espèces sauvages d'ici 2030, en suivant une théorie du changement conçue pour soutenir et renforcer les autorités chargées de la protection de la vie sauvage, la police, les douanes et les systèmes de justice pénale afin de garantir qu'ils répondent efficacement à la menace[484].

L'OMD souligne qu'« il s'agit d'un jalon important étant donné que la vision stratégique de l'ICCWC à l'horizon 2030, élaborée dans la lignée des objectifs de développement durable (ODD) de l'ONU, sera un principe directeur des travaux des partenaires de l'ICCWC au cours de la prochaine décennie, à travers deux plans d'action stratégiques (pour la période 2023-2026 et pour 2027-2030) »[485].

Il appert que l'ICCWC a mené un certain nombre d'actions depuis sa création en 2010. Les partenaires ont participé à une série de manifestations et l'ICCWC a coordonné des événements au niveau international et régional sur des questions essentielles liées à la lutte contre la criminalité organisée en matière d'espèces sauvages et de patrimoine forestier[486]. Ce consortium organise également des manifestations[487] visant à la sensibilisation, au renforcement des collaborations et à l'amélioration de la visibilité politique de la criminalité en matière d'espèces sauvages. En outre, l'ICCWC et les

---

[482] C. MASHINI MWATHA et N. SHABANI AZIZA, *La protection de la faune sauvage en droit international : contribution de la CITES à la protection de l'éléphant d'Afrique op.cit.*, p.120.
[483] OMD, *Participation de l'OMD au lancement de la vision d'ICCWC à l'horizon 2030*, communication du 22 novembre 2022, accessible sur : https://www.wcoomd.org/fr/media/newsroom/2022/november/wco-participates-in-the-launch-of-the-iccwc-vision-2030.aspx, consulté le 14 février 2023.
[484] ICCWC, *ICCWC Vision 2030. Towards a world free of wildlife crime*, novembre 2022, pp.3-4.
[485] OMD, *Participation de l'OMD au lancement de la vision d'ICCWC à l'horizon 2030*, *op.cit.*
[486] CITES, *Les actions de l'ICCWC*, *op.cit.*
[487] En 2013, l'ICCWC a organisé une table ronde ministérielle et la première réunion mondiale des réseaux de lutte contre la criminalité en matière d'espèces sauvages lors de la 16econférence des Parties de la CITES (CoP16) à Bangkok, Thaïlande, ainsi qu'une réunion en marge de la 22e Commission des Nations unies pour la prévention du crime et la justice pénale qui se tenait à Vienne, Autriche.

membres qui le composent mènent des actions de grande envergure sur le terrain qui aboutissent à des saisies d'ivoire en provenance notamment d'Afrique et au démantèlement des réseaux criminels[488].

L'ICCWC a coordonné et appuyé un certain nombre d'opérations régionales et mondiales[489] telles que THUNDER 2020[490], THUNDERBALL (2019) [491], PRAESIDIO (2019) [492], THUNDERSTORM (2018) [493], THUNDERBIRD (2017) [494], COBRA III (2015) [495], COBRA II (2014) [496], INFRA TERRA (2014) [497] et PAWS (2014) [498] (tableau 10).

---

[488] C. MASHINI MWATHA et N. SHABANI AZIZA, *La protection de la faune sauvage en droit international : contribution de la CITES à la protection de l'éléphant d'Afrique, op.cit.*, p.124.

[489] Classées en ordre chronologique décroissant.

[490] OMD, *Criminalité forestière et liée aux espèces sauvages : une opération mondiale OMD - INTERPOL permet des saisies aux quatre coins du monde*, 09 novembre 2020, accessible sur : http://www.wcoomd.org/fr/media/newsroom/2020/november/wildlife-and-forestry-crime-worldwide-seizures-in-global-wco-interpol-operation.aspx?p=1, consulté le 5 janvier 2021.

[491] INTERPOL, *Trafic d'espèces sauvages : l'opération conjointe mondiale INTERPOL-OMD porte un coup dur à la criminalité organisée, juillet 2019*, accessible sur : https://www.interpol.int/fr/Actualites-et-evenements/Actualites/2019/Trafic-d-especes-sauvages-l-operation-conjointe-mondiale-INTERPOL-OMD-porte-un-coup-dur-a-la-criminalite-organisee, consulté le 5 décembre 2020.

[492] OMD, *L'Opération PRAESIDIO donne de l'élan aux efforts internationaux de lutte contre le commerce illicite des espèces sauvages*, mars 2019, accessible sur : http://www.wcoomd.org/fr/media/newsroom/2019/march/operation-praesidio-boosts-global-efforts-to-combat-the-illegal-wildlife-trade.aspx?p=1, consulté le 5 décembre 2020.

[493] CITES, *Une opération transcontinentale d'une durée d'un mois a frappé durement la criminalité liée aux espèces sauvages*, accessible sur : https://cites.org/fra/news/month-long-trans-continental-operation-hit-wildlife-criminals-hard_20062018, consulté le 5 décembre 2020.

[494] INTERPOL, *L'opération de lutte contre le trafic d'espèces sauvages entraîne des arrestations et des saisies dans le monde*, mars 2017, accessible sur : https://www.interpol.int/News-and-Events/News/2017/Anti-wildlife-trafficking-operation-results-in-global-arrests-and-seizures, consulté le 5 décembre 2020.

[495] OMD, *Une opération réussie met en évidence une coopération croissante pour lutter contre la criminalité liée aux espèces sauvages*, mai 2015, accessible sur : http://www.wcoomd.org/ru-ru/media/newsroom/2015/june/successful-operation-highlights-growing-cooperation-to-combat-wildlife-crime.aspx?p=1, consulté le 5 décembre 2020.

[496] OMD, *Opération COBRA II: Les services de répression d'Afrique, d'Asie et d'Amérique du Nord s'allient contre les trafiquants d'espèces sauvages*, accessible sur : http://www.wcoomd.org/fr/media/newsroom/2014/february/operation-cobra-ii.aspx, consulté le 5 juillet 2014.

[497] INTERPOL, *Opération Infra (International Fugitive Round-Up and Arrest),* juillet 2018, accessible sur : https://www.downtoearth.org.in/tag/operation-infra-terra, consulté le 5 décembre 2020.

[498] CITES, *Des centaines d'animaux saisis dans le cadre d'une opération ciblant le trafic d'espèces sauvages en Asie*, décembre 2014, accessible sur : https://cites.org/eng/node/16926, consulté le 5 décembre 2020.

Tableau 10 : Informations sur les opérations menées par ICCWC depuis 2010

Opérations	***Nbre de pays ayant participé***	***Nbre de personnes arrêtées***	***Quantité d'ivoire d'éléphant saisi***	***Autres produits CITES saisis***	***Commentaires***
THUNDER 2020	103	699	1.300 kg	Notamment plus de 1 tonne d'écailles de pangolin (soit près de 1 700 pangolins braconnés), 56,2 tonnes de produits de la mer, l'équivalent de 87 camions transportant du bois (950 tonnes), 15,9 tonnes de plantes et plus de 45 500 animaux et plantes vivants ont été découverts pendant l'opération.	Thunder 2020 est la quatrième opération de la série « Thunder », menée chaque année depuis 2017. En 2000, en se concentrant sur des itinéraires et des zones à risques pré-identifiés, l'opération Thunder a abouti à plus de 2 000 saisies d'animaux sauvages et de produits forestiers. La Belgique et la RDC ont pris part à cette opération.
THUNDER-BALL (2019)	109	21	440 défenses et 545 kg d'ivoire	Notamment 5 cornes de rhinocéros, 23 primates vivants, 30 félins, 4 300 oiseaux, 1 500 reptiles, 10 000 tortues, 7 700 parties d'espèces sauvages, 2 550m^3 de bois, plus de 2 600 plantes et près de 10 000 spécimens d'espèces sauvages marines.	Cette opération, en cours, a déjà permis d'identifier près de 600 suspects et de procéder à des arrestations dans toutes les régions du monde dont 21 seulement en Espagne.
PRAESIDIO (2019)	27	125	4 000 kg	Notamment 43 kg de cornes de rhinocéros, 783 pangolins (866 kg d'écailles et d'organes), 4 819 tortues, 1 521 serpents ratiers, 145 kg d'ailerons de requin, 113 perroquets, 29 tonnes de bois de santal rouge, 5	Cette opération, avec ses 267 saisies, a été lancée dans le cadre du Projet INAMA, avec le parrainage des USA (INL) et l'aide opérationnelle du Programme de contrôle des conteneurs (PCC) OMD-ONUDC et du Projet AIRCOP.

				318,4 m^3 de 311 bûches d'essences diverses.	
THUNDERSTORM (2018)	92	-	1 300 kg	Notamment 8 000 kg d'écailles de pangolins, 4 000 oiseaux, 27 000 reptiles, 43 tonnes de viande sauvage (dont de la viande d'ours, d'éléphant, de crocodile, de baleine et de zèbre).	L'opération mondiale la plus importante de tous les temps a donné lieu à l'identification de 1 400 suspects et à 1974 saisies.
THUNDERBIRD (2017)	49	888	50 kg	Notamment 3 900 kg d'écailles de pangolin, 25 tonnes de diverses parties d'animaux, 22 000 produits dérivés et produits transformés, 14,3 tonnes de faune marine et plus de 300 tonnes de bois et de bois.	Plus de 900 suspects et 1 300 saisies de produits illicites d'une valeur estimée à 5,1 millions USD.
COBRA III (2015)	62	139	340 défenses	Notamment 65 cornes de rhinocéros et plus de 50 000 articles illégaux d'espèces sauvages.	Cette opération, avec ses 247 saisies, était concentrée sur la lutte contre la criminalité liée aux espèces sauvages et la poursuite des criminels en justice.
COBRA II (2014)	28	400	3 000 kg	Notamment 2 700 carettochelys d'Australie.	Opération menée en synergie entre les différents membres de l'ICCWC et leurs répondants nationaux.
INFRA TERRA (2014)	40	-	-	-	Opération ciblant les individus recherchés pour des atteintes graves à l'environnement, incluant la criminalité liée aux espèces sauvages. Une liste de 139 fugitifs a été dressée dont 9 principaux.
PAWS (2014)	13	160	3 500 kg	Notamment 280 kg d'écailles de pangolin, des cornes de rhinocéros, plusieurs animaux vivants ainsi que 4 000 kg de bois de santal rouge.	Opération de 5 mois coordonnée par INTERPOL et ciblant le trafic d'espèces sauvages de tigres et autres grands félins à travers l'Asie.

Il ressort de ce tableau que les opérations de l'ICCWC ont permis notamment de réaliser plus de 1 632 arrestations ainsi que de saisir plus de 13 695 kg (13,695 tonnes) d'ivoire d'éléphant et 780 défenses entières, 70 cornes entières et 43 kg de cornes découpées de rhinocéros, plus de 783 pangolins vivants et 14 046 kg (14,046 tonnes) d'écailles et organes de pangolins.

Paragraphe 5. Répression et arbitrage

Trois indicateurs sont ici évalués, à savoir l'existence d'une procédure de non-respect, l'application des sanctions et l'existence d'un mécanisme de règlement des différends.

5.1. Existence d'une procédure de non-respect

Le non-respect d'une norme se doit d'être sanctionné. Comme le dit si bien Michel PRIEUR, « il n'est pas de droit sans contrainte »[499]. La sanction apparaît donc comme une des conditions de l'effectivité de la règle de droit. Cependant, le constat est que « le droit international public préfère une approche coopérative à une approche punitive. Le droit international de l'environnement ne déroge pas à ce constat : rares sont les conventions internationales environnementales qui prévoient de véritables mécanismes de sanctions. Le contrôle de leur application passe alors souvent par des procédures dites de non-respect[500] »[501], mécanisme non juridictionnel[502]. Il s'agit là d'un contrôle systématique différent du contrôle contentieux[503]. En effet, « les mécanismes le plus souvent saisis de litiges relatifs à ces atteintes à l'environnement ne sont pas des juridictions pénales. Chacun d'entre eux dispose néanmoins du pouvoir de sanctionner la violation de certaines règles

---

[499] M. PRIEUR, « L'environnement entre dans la Constitution », in *LPA*, n° 134, 7 juillet 2005, p. 66, cité par Club des juristes, *Renforcer l'efficacité du droit international de l'environnement : devoirs des États, droits des individus,* Rapport de la commission environnement, novembre 2015, p.29.

[500] De l'anglais « *non-compliance procedure* », celle-ci a vu le jour avec le Protocole de Montréal relatif à des substances qui appauvrissent la couche d'ozone.

[501] Club des juristes, *Renforcer l'efficacité du droit international de l'environnement, op.cit.*, p.29.

[502] Des mécanismes juridictionnels existent aussi notamment en matière de droits de l'homme avec la Cour européenne des droits de l'homme (CEDH) chargée de veiller au respect de la Convention européenne de sauvegarde des droits de l'homme et des libertés fondamentales (art. 19) ou la Cour Africaine des droits de l'homme et des peuples (Art. 1 du Protocole relatif à la Charte africaine des droits de l'homme et des peuples portant création de la Cour africaine des droits de l'homme et des peuples).

[503] S. GAMBARDELLA, « La procédure de non-respect des conventions environnementales : une procédure de contrôle sui generis ? », in *L'Observateur des Nations unies, Association française pour les Nations unies*, 2009, 24, pp.363-384, ffhalshs-00519147f, p.363.

de droit »[504]. Ceux-ci jouent également « un rôle non négligeable en matière de dissuasion et de prévention »[505].

Le recours à ces procédures de non-respect ou de conformité permet notamment de faire face à « l'inadaptabilité des mécanismes classiques de règlement des différends au droit de l'environnement et à la nécessité de réagir aux violations des normes environnementales »[506]. Dans le cadre de ces procédures, il peut être « décidé de la mise en place d'un plan d'action, assorti d'un calendrier d'application et de l'obligation de rendre compte de sa mise en œuvre, dans le cadre duquel la partie défaillante va travailler de conserve avec les organes de la convention concernée pour revenir à une situation de conformité à ses obligations »[507].

Le concept de non-conformité ne se confond pas entièrement avec le concept de violation. Même s'il existe une zone d'intersection entre les deux concepts, le premier est plus large, dans la mesure où il recouvre des manquements potentiels ainsi que d'autres situations de non-conformité, y compris avec des normes purement procédurales, avec le système d'un AME. Par ailleurs, le terme même qu'on emploie pour saisir cette zone du processus de conformité se veut modéré, car il s'agit avant tout d'aider l'État en question à revenir vers une situation de conformité avec le traité[508].

Les procédures de non-respect sont des procédures de contrôle systématique et, à ce titre, elles ont pour objectif, d'une part, de prévenir les cas de violation d'obligations[509]. En effet, en matière environnementale « il est essentiel que le contrôle soit non seulement continu, mais surtout qu'il intervienne avant la survenance d'un dommage qui pourrait s'avérer irréversible »[510]. D'autre part, le but de cette procédure est d'inciter au respect des obligations[511]. Car, « contrairement au contrôle contentieux dans lequel les États se voient jugés par des tiers, la procédure de non-respect « fait appel [...] avant tout à la discussion, la négociation entre Parties au traité ; il s'agit d'une « procédure entre pairs » (*Peer review*) »[512]. Puis, elles « s'adaptent aux

---

504 H. SOLVEIG, « Le pouvoir de sanction des mécanismes internationaux de règlement des différends dans le domaine de l'environnement », in *Revue juridique de l'environnement*, HS01/2014, 39, 211-227, p.211-2012.

505 *Ibid,* p.213.

506 S. GAMBARDELLA, « La procédure de non-respect des conventions environnementales : une procédure de contrôle sui generis ? », *loc.cit*, p.363.

507 H. SOLVEIG, « Le pouvoir de sanction des mécanismes internationaux de règlement des différends dans le domaine de l'environnement », *loc.cit*, p.216.

508 P.-M. DUPUY et J.-E. VINUALES, *Introduction au droit international de l'environnement*, Bruxelles, Bruylant, 2015, pp.59-60.

509 S. GAMBARDELLA, « La procédure de non-respect des conventions environnementales : une procédure de contrôle sui generis ? », *loc.cit*, pp.368.

510 *Ibid*, pp.368.

511 *Ibid*, pp.374.

512 C. IMPERIALI, *Introduction générale : Le contrôle de la mise en œuvre des conventions internationales*, cité par S. GAMBARDELLA, « La procédure de non-respect des conventions environnementales : une procédure de contrôle sui generis ? », *loc.cit*, p.369.

capacités des Parties concernées, ce qui les rend plus enclines à recourir à ces procédures »[513].

Dans le cadre de la CITES, il convient de noter qu'au moment de sa ratification, en 1975, ses signataires n'avaient pas intégré de clauses concernant les éventuelles sanctions en cas de non-conformité[514]. Celles-ci ont vu le jour en 2007 avec l'adoption de la résolution Conf. 14.3 (Rev. CoP18)[515] sur les procédures CITES pour le respect de la Convention[516], laquelle a en son annexe un guide qui détaille un certain nombre de points sur lesdites procédures.

La politique de la CITES en matière de respect de la Convention est axée sur le soutien, et non sur l'antagonisme, afin de garantir son observance sur le long terme. Le Secrétariat de la CITES joue un rôle capital étant donné que l'évaluation du respect des obligations dans le cadre de la Convention est basée sur ses rapports soumis à la CoP et aux organes subsidiaires de la CITES (par exemple, les rapports annuels, l'Étude du commerce important, les législations nationales, les infractions alléguées et les autres problèmes de mise en œuvre [dont le plan d'action pour les espèces]) [517].

5.2. Application des sanctions

La CITES est dans tous les cas l'une des rares conventions environnementales internationales dotées d'une procédure de « conformité » permettant d'infliger des sanctions aux Parties qui ne respectent pas les règles, par exemple l'interdiction du commerce d'une ou de plusieurs espèces CITES[518].

Comme l'application de la CITES recourt à des mesures commerciales, l'une des recommandations faites pour améliorer l'efficacité de la Convention

---

[513] C. IMPERIALI, *Introduction générale : Le contrôle de la mise en œuvre des conventions internationales*, cité par S. GAMBARDELLA, « La procédure de non-respect des conventions environnementales : une procédure de contrôle sui generis ? », *loc.cit*, p.370.

[514] D. MARON, *La Convention sur le commerce des espèces sauvages est mise à l'épreuve au Japon et dans d'autres pays*, août 2019, accessible sur: https://www.nationalgeographic.fr/animaux/2019/08/comme-dautres-pays-avant-lui-le-japon-sincline-face-aux-menaces-de-la-cites, consulté le 6 décembre 2020.

[515] Celle-ci comprend en annexe un Guide sur les procédures CITES pour le respect de la Convention.

[516] Les questions de respect de la Convention, conformément à la résolution Conf. 14.3 (Rev. CoP18), se gèrent en quatre étapes, à savoir : (i) identification des questions de respect de la Convention susceptibles de se poser, (ii) considération des questions de respect de la Convention, (iii) mesures à prendre pour faire respecter la Convention ; et (iv) suivi et application des mesures pour faire respecter la Convention et comptes rendus.

[517] OMC, *Matrice des mesures liées au commerce prises au titre de divers accords environnementaux multilatéraux*, Note du secrétariat, accessible sur : https://docs.wto.org/dol2fe/Pages/FE_Search/FE_S_S009-Html, consulté le 9 août 2020.

[518] Sénat de Belgique, *Convention CITES - Commerce d'espèces animales et végétales protégées - Évaluation approfondie, op.cit.*

est la suspension temporaire du commerce[519]. Cette sanction ou disposition est prévue au paragraphe 30 de l'annexe de la résolution Conf. 14.3 (Rev. CoP18)[520]. Elle vient s'ajouter à la gamme des mesures prises pour faire respecter la Convention et qui sont énumérées au paragraphe 29 de la même annexe. Celles-ci visent notamment à encourager et à aider les Parties à respecter la Convention grâce à des consultations, à des conseils ou à une assistance.

Les recommandations de suspendre le commerce des spécimens d'espèces CITES sont faites par la Conférence des Parties et le Comité permanent. Elles reposent toujours spécifiquement et explicitement sur la Convention et sur toute résolution ou décision applicable de la Conférence des Parties. Celles-ci sont généralement utilisées en dernier recours[521]. Elles peuvent être considérées comme « une mesure de précaution visant à empêcher une infraction continue à la Convention qui pourrait être préjudiciable à la survie d'une ou plusieurs espèces mentionnées dans la CITES »[522]. Elles sont également considérées, par d'autres, comme « des griffes de la CITES [car en dépit du fait] qu'aucun processus n'est parfait [mais] sans cette capacité à infliger des sanctions, la CITES ne serait rien d'autre qu'un tigre de papier »[523].

Ces recommandations prévoient « une période durant laquelle le pays concerné peut passer du non-respect au respect de la Convention en, notamment, progressant dans l'adoption d'une législation adéquate, luttant contre le commerce illicite et le réduisant, soumettant ses rapports annuels manquants ou réagissant aux recommandations du Comité permanent sur l'application de l'article IV de la Convention dans le contexte de l'étude du commerce important »[524].

Par ailleurs, il convient de préciser que les recommandations de suspendre le commerce des spécimens d'espèces CITES sont levées dès que le pays respecte la Convention. Aussi, y va-t-il de l'intérêt de la Partie concernée d'y donner une suite dans les meilleurs délais. Cependant, on constate que certaines Parties manquent de diligence.

Plusieurs raisons peuvent conduire à une proposition de suspension du commerce. Il peut s'agir notamment de :

- l'application de l'article XIII : le déclenchement de cet article est considéré comme l'indice de problèmes systémiques ou structurels en matière de mise en œuvre et de respect de la Convention. Une procédure

---

[519] CITES, *Pays faisant l'objet d'une recommandation de suspension de commerce*, accessible sur : https://cites.org/fra/resources/ref/suspend.php, consulté le 6 décembre 2020.

[520] CITES, *Résolution Conf. 14.3 (Rev. CoP18), op.cit.*, p.4.

[521] OMC, *Matrice des mesures liées au commerce prises au titre de divers accords environnementaux multilatéraux*, *op.cit*, consulté le 9 août 2020.

[522] *Ibid.*

[523] Voy. D. MARON, *La Convention sur le commerce des espèces sauvages est mise à l'épreuve au Japon et dans d'autres pays*, *loc.cit.*

[524] CITES, *Pays faisant l'objet d'une recommandation de suspension de commerce*, *op.cit.*

dans le cadre de l'article XIII comprendra souvent une enquête réalisée par le Secrétariat dans le pays concerné, à l'invitation de la Partie, pour aboutir à une série de recommandations circonstanciées. Ces dernières vont couvrir toutes les difficultés rencontrées dans l'application effective de la Convention[525] ;

- la non-soumission des rapports périodiques : conformément à l'article VIII, paragraphes 7 et 8 de la CITES, et conformément à la résolution Conf. 11.17 (Rev. CoP 18) sur les rapports nationaux, la CoP reconnaît leur importance comme un outil destiné à surveiller l'application de la Convention et le niveau du commerce légal et illégal des spécimens des espèces inscrites aux annexes CITES. Elle décide notamment que le fait de ne pas soumettre un rapport annuel au 31 octobre de l'année suivant l'année pour laquelle le rapport est dû constitue un problème majeur d'application de la Convention que le Secrétariat soumettra au Comité permanent pour qu'il trouve une solution conforme à la Résolution Conf. 11.3 (Rev. CoP 18). La soumission des rapports périodiques est très importante, car ceux-ci permettent « outre d'informer l'organe de contrôle, d'exercer un contrôle continu sur l'exécution par les États de leurs obligations conventionnelles »[526].

La recommandation de la suspension du commerce exclut donc du marché la Partie visée, soit totalement (tout le commerce), soit partiellement (une espèce particulière), Ainsi, est-elle perçue comme une forte sanction sur le plan économique. En effet, celle-ci peut « [consister] principalement au retrait des avantages que trouvent les États à participer aux conventions environnementales »[527]. Dans le cas de la CITES, un des avantages est de participer au commerce. Le fait d'en être suspendu - surtout en totalité- la Partie visée enregistre des pertes énormes[528]. Toutefois, notons qu'il est reconnu à cette dernière, en cas de désapprobation, la possibilité de formuler une réserve[529] dans les 90 jours suivant le vote. Ces réserves leur permettent

---

[525] CITES, *Procédures CITES pour le respect de la Convention*, accessible sur : https://cites.org/fra/prog/compliance, consulté le 2 août 2020.

[526] S. GAMBARDELLA, « La procédure de non-respect des conventions environnementales : une procédure de contrôle sui generis ? », *loc.cit*, p.367.

[527] S. MALJEAN-DUBOIS, « La mise en œuvre du droit international de l'environnement », *loc.cit.*, p.42, S. MALJEAN-DUBOIS (dir.), *Droit de l'Organisation Mondiale du Commerce et protection de l'environnement*, Bruxelles, Bruylant, 2003, p.115.

[528] *Ibid*, p.44.

[529] En date du 26 novembre 2019, les parties avaient déjà totalisé 366 réserves dont 7 pour la Belgique et 5 pour la RDC. Les 7 réserves de la Belgique ont été formulées toutes en date du 19 janvier 2001, celles-ci portent sur les espèces ci-après : *(i) Vulpes vulpes griffithi, (ii) Vulpes vulpes montana, (iii) Vulpes vulpes pusilla, (iv) Mustela altaica, (v) Mustela erminea ferghanae, (vi) Mustela kathiah et (vii) Mustela sibirica.* Sur les 5 réserves de la RDC, 4 ont été

« de continuer leur commerce spécifique tout en restant conformes au traité. Elles peuvent, par exemple, être utilisées lorsque des pays pratiquant la vente et l'achat d'ivoire souhaitent poursuivre ce commerce malgré une interdiction »[530] privilégiant ainsi des intérêts économiques[531].

Rappelons, de façon globale, que la faculté pour les États de formuler une réserve à une convention est ancienne. La CIJ a eu l'occasion, dans son avis consultatif du 28 mai 1951[532], « de se prononcer sur des questions de principe [au sujet des réserves] »[533]. Pour la Cour, « ladite réserve [doit être] compatible avec l'objet et le but de la Convention »[534] relève Alain PELLET. D'après lui, la Cour en conclut notamment, que « la thèse selon laquelle la faculté de faire des réserves est illimitée est condamnée d'emblée »[535], car « il ne peut appartenir à aucun des contractants de détruire ou de compromettre, par des décisions unilatérales ou des accords particuliers, ce qui est le but et la raison d'être de la convention »[536].

Les procédures de non-respect de la Convention ci-haut analysées ne s'appliquent qu'aux Parties dans les conditions bien précisées. Cependant, au-delà de ces problèmes d'application, ou dans le prolongement de ceux-ci, des personnes ou des groupes de personnes faisant partie de la chaîne criminelle, exploitent les spécimens CITES en violation de la Convention. Dans pareilles

---

formulées le 26 novembre 2019 et portent sur les espèces ci-après : *(i) Isurus paucus, (ii) Giraffa camelopardalis, (iii) Isurus oxyrinchus, (iv) Isurus paucus* ; et une en date du 2 janvier 2017, portant sur *(v) Psittacus erithacus.* Voy. CITES, *Réserves formulées par les Parties*, accessible sur : https://cites.org/fra/app/reserve.php, consulté le 6 décembre 2020.

530 D. MARON, *La Convention sur le commerce des espèces sauvages est mise à l'épreuve au Japon et dans d'autres pays*, *loc.cit.*

531 Voy. UNODC, *Compilation d'outils pour l'analyse de la criminalité liée aux espèces sauvages et aux forêts*, *op.cit.*, p.19.

532 Alain PELLET relève que « l'étude des positions de la Cour internationale de Justice sur les règles applicables aux réserves aux traités est particulièrement éclairante non seulement sur le rôle que peut jouer la Haute Juridiction dans l'évolution du droit international, mais aussi, plus généralement, sur les mécanismes grâce auxquels cette évolution peut avoir lieu. Elle montre à quel point l'influence de la Cour peut être décisive dans le processus d'adaptation du droit aux circonstances changeantes des relations internationales. Face à un système traditionnel inadapté, la majorité de la Cour n'a pas hésité à délaisser l'approche purement positiviste qui aurait conduit à un blocage stérile pour lui substituer des règles entièrement nouvelles qu'une partie des États composant la société internationale appelait de ses vœux ruais qui ne se justifiaient que parce qu'elles étaient socialement nécessaires ». Voy. A. PELLET, « La CIJ et les réserves aux traités : Remarques cursives sur une révolution jurisprudentielle », *in* N. ANDO et al. (eds.), Liber Amicorum Judge Shigeru Oda, *in Kluwer law International*, Vol.1., Netherlands, 481-514, p.513.

533 A. PELLET, « La CIJ et les réserves aux traités : Remarques cursives sur une révolution jurisprudentielle », *loc.cit.*, p.481.

534 Avis du 28 mai 1951, CIJ Recueil 1951, 29, cité par A. PELLET, « La CIJ et les réserves aux traités : Remarques cursives sur une révolution jurisprudentielle », *loc.cit.*, p.484.

535 A. PELLET, « La CIJ et les réserves aux traités : Remarques cursives sur une révolution jurisprudentielle », *loc.cit.*, p.485.

536 CIJ, *Recueil 1951, op.cit.*, p.27, cité par A. PELLET, « La CIJ et les réserves aux traités : Remarques cursives sur une révolution jurisprudentielle », *loc.cit.*, p.485.

circonstances, conformément à l'article VIII, en son paragraphe 1 b), le texte prévoit uniquement la saisie et le renvoi à l'État d'exportation des espèces transportées illégalement[537]. En ce qui concerne les autres types de sanctions, dont celles d'ordre criminel, elles « sont entièrement laissées à la discrétion des États parties »[538]. En effet, la Convention prévoit en son article VIII, paragraphe 1 a), que les Parties prennent les mesures appropriées en vue de la mise en application des dispositions de la Convention ainsi que pour interdire le commerce de spécimens en violation de ses dispositions. Cette disposition de la Convention « renvoie donc aux législations nationales, mais celles-ci [...] manquent de fermeté concernant la lutte contre le commerce illégal des espèces sauvages »[539]. Il s'ensuit qu'il peut se poser [un] problème [d]inadéquation des sanctions pour les crimes environnementaux [..] puisque la CITES n'a pas la compétence pour agir à ce niveau »[540]. Ainsi, « imposer des restrictions est vain si des sanctions efficaces ne sont pas prévues »[541].

Une telle approche, renvoyant exclusivement aux législations nationales, en ce qui concerne les sanctions pénales, peut conduire à une soustraction de toute sanction ou au choix par le trafiquant de la moindre sanction dans la mesure où celui-ci connaît ces législations et peut avoir la possibilité d'accomplir tel ou tel autre acte de son activité dans un pays donné. Car l'on sait qu'à ce jour, en ce qui concerne lesdites législations qu'elles sont « [soit] inexistantes, [soit] rarement mises en application ou trop peu dissuasives pour réellement espérer réduire le trafic. Cette inadéquation législative ne fait que contribuer au développement du commerce illégal d'espèces sauvages alors que son rôle devrait être de le contenir »[542]. Mis en balance, les risques de sanctions apparaissent donc minimes alors que les profits semblent trop élevés. Ceci justifierait notamment, en dépit des sanctions énoncées et des actions de répression réalisées, que le taux de criminalité lié aux espèces sauvages soit toujours galopant. Il serait dès lors intéressant d'envisager une meilleure répression de ce type de criminalité tant au niveau national qu'au niveau international.

5.3. Règlement de différends

Comme pour tout traité, l'article XVIII de la CITES prévoit le cas de survenance d'un différend entre 2 ou plusieurs Parties à la Convention. Le

[537] Voy. la résolution Conf. 17.8 sur l'élimination des spécimens commercialisés illégalement et confisqués d'espèces CITES, accessible sur : https://cites.org/sites/default/files/document/F-Res-17-08.pdf, consulté le 3 décembre 2020. Voy. aussi T. BERNARD, « La lutte contre le commerce illégal d'espèces sauvages », *loc.cit.,* p.81.
[538] Voy. T. BERNARD, « La lutte contre le commerce illégal d'espèces sauvages », *loc.cit.,* p.81.
[539] *Ibid.*
[540] *Ibid,* pp.81-82.
[541] *Ibid*, p.81.
[542] T. BERNARD, « La lutte contre le commerce illégal d'espèces sauvages », *loc.cit.,* p.76.

paragraphe 1 de cet article XVIII mentionne deux cas pouvant être à l'origine d'un différend, à savoir l'interprétation et/ou l'application des dispositions de Convention.

Parmi les modalités de règlement desdits différends, la Convention prévoit, d'une part, les négociations entre les Parties concernées (article XVIII, paragraphe1). D'autre part, si ce différend ne peut être réglé de la façon prévue au paragraphe précédent, les Parties peuvent, d'un commun accord, soumettre le différend à l'arbitrage, notamment à celui de la Cour permanente d'arbitrage de La Haye, et les Parties ayant soumis le différend seront liées par la décision arbitrale" (article XVIII, paragraphe 2).

En ce qui concerne les négociations entre Parties, l'article XVIII n'en donne aucune modalité. Les Parties restent donc maîtresses de la procédure suivant la pratique et les us et coutumes du droit international.

Le recours à l'arbitrage prévu par la CITES reste bien dans la philosophie de ce qui se fait déjà sur le plan international en ce qui concerne les litiges relatifs à l'environnement. Ceux-ci sont « principalement portés devant des juridictions non répressives. Nombre d'entre eux sont soumis aux mécanismes que l'on peut qualifier de « classiques ». Il s'agit [...] des tribunaux arbitraux, de la Cour internationale de justice (CIJ) et du Tribunal international du droit de la mer (TIDM) »[543]. Quant à l'OMC, son Comité du commerce et de l'environnement avait notamment recommandé que « si les membres de l'OMC sont fondés à porter leurs différends devant l'organe de règlement des différends de l'OMC, en cas de différend entre des membres de l'OMC Parties à un AME sur le recours aux mesures commerciales qu'ils s'appliquent mutuellement en vertu de l'AME, ceux-ci doivent envisager de le régler par l'intermédiaire du mécanisme de règlement des différends prévu par l'AME »[544]. Toutefois, l'OMC, dans le champ de ses compétences, dans un domaine autre que la CITES, a déjà eu à connaître beaucoup d'affaires qui touchent à l'environnement et au commerce de la faune[545].

Précisons, enfin, que l'article XVIII reste parmi les articles les moins invoqués de la Convention. Celui-ci n'a été invoqué pour la première fois qu'à la CoP 18 en date du 27 août 2019 à l'occasion d'une plénière. En effet, le Zimbabwe a soulevé un différend avec l'UE en rapport avec l'interprétation et l'application de la Convention. Pour le Zimbabwe, une résolution ne devrait pas être utilisée pour amender une annotation à une espèce inscrite aux

---

543 H. SOLVEIG, « Le pouvoir de sanction des mécanismes internationaux de règlement des différends dans le domaine de l'environnement », *loc.cit*, pp.211-212.

544 OCDE, *Expérience d'utilisation de mesures commerciales dans la convention sur le commerce international des espèces de faune et de flore sauvages menacées d'extinction* (CITES), *op.cit.*, p.60.

545 Voy. notamment Mexique, etc./États-Unis : l'affaire "thons-dauphins I" (1991), affaire "thons-dauphins II" (1994) sur les restrictions à l'importation de thon ; Inde, etc./États-Unis : l'affaire "crevettes-tortues" (1998) sur la prohibition à l'importation de certaines crevettes et de certains produits à base de crevettes ; etc.

annexes. L'Union européenne, pour sa part, réaffirme qu'elle estime que les amendements qu'elle a proposés à la résolution Conf. 11.20 (Rev. CoP17), sur la définition de l'expression « destinataires appropriés et acceptables »[546], offrent une perspective transparente jusqu'à ce que le processus décrit dans le document CoP18 Doc. 44.1 soit conclu et que la question soit réexaminée à la prochaine session de la Conférence des Parties[547]. Le Secrétariat a suggéré que le différend[548] soit traité après un vote sur les amendements proposés par l'UE[549]. Car, le mécanisme de déclaration d'un différend a pour objet de régler les questions entre deux ou plusieurs Parties concernant l'interprétation ou l'application des dispositions de la Convention, et que les Parties concernées ne pourront régler le différend qu'après la fin des discussions sur [le] point de l'ordre du jour[550].

Telles sont les mesures et mécanismes de lutte contre le trafic illégal de la faune sauvage mis en œuvre sur le plan international. Au niveau national, chaque État, ici en l'occurrence la Belgique et la RDC, organise cette lutte au regard de ses engagements à la CITES et suivant sa législation.

Paragraphe 6. Collaborations avec d'autres organisations

Il est nécessaire, en plus des mesures commerciales, de s'assurer d'une bonne collaboration avec les autres organisations et conventions afin de s'assurer de l'atteinte de l'objectif de la CITES et de sa vision. Ces collaborations constituent à la fois « un garde-fou contre les contradictions, voire les conflits, entre les dispositions de droit primaire ou dérivé de la CITES et d'autres conventions internationales, [d'une part], [et] un facteur important de dynamisme et de rayonnement, tant pour la Convention que pour ses partenaires, [d'autre part][551].

Nous retrouvons, d'une part, cette collaboration avec des organisations et conventions de conservation et, d'autre part, avec celles qui portent sur de commerce.

6.1. Collaboration de la CITES avec les organisations de conservation

La CITES développe des fortes relations avec notamment les conventions sur la diversité biologique (Rio de Janeiro, 5 juin 1992), les espèces migratrices appartenant à la faune sauvage (Bonn, 23 juin 1979), le patrimoine

546 Voy. les détails dans le compte rendu résumé CoP18 Plen. Rec. 2.

547 CITES, *CoP18 Plen. Rec. 3 (Rev. 1)*, p. 1.

548 C'était la première fois dans l'histoire de la Convention que ce mécanisme était invoqué.

549 IISDRS, *18th Meeting of the Conference of the Parties of the Convention on International Trade in Endangered Species of Wild Fauna and Flora (CITES CoP18)*, accessible sur: https://enb.iisd.org/cites/cop18/, consulté le 9 décembre 2020.

550 CITES, *CoP18 Plen. Rec. 3 (Rev. 1)*, *op.cit.*, p. 2.

551 T. DELEUIL, « La CITES et la protection internationale de la biodiversité », *loc.cit.*, p.48.

mondial culturel et naturel (Paris, 23 novembre 1972) et celle relative aux zones humides d'importance internationale particulièrement comme habitats des oiseaux d'eau (Ramsar, 1971).

Notons qu'à l'instar de la CITES, « ces conventions jouent également un rôle à l'égard du commerce des espèces sauvages et des produits forestiers »[552]. Les chefs des secrétariats de ces cinq conventions relatives à la diversité biologique sont membres du Groupe de liaison sur les conventions concernant la diversité biologique[553].

Alors que le rôle du Secrétariat de la CITES en matière de commerce licite et/ou illicite est évident, celui des secrétariats des autres conventions découle des sources diverses. Pour la CDB, son rôle est indirectement issu de travaux portant sur des questions telles que l'utilisation durable de la biodiversité, les espèces exotiques envahissantes et la viande de brousse, ainsi que de la mise en œuvre du Plan stratégique pour la diversité biologique 2011-2020 et les Objectifs d'Aichi. Pour la CMS, son rôle vient notamment de ses travaux sur des espèces migratrices spécifiques touchées par le commerce licite et/ou illicite. Pour la Convention du patrimoine mondial, son rôle tient à ses efforts pour lutter contre la criminalité liée aux espèces sauvages dans les sites du patrimoine mondial désignés. Enfin, le rôle du Secrétariat de la Convention de Ramsar a pour objectif notamment de maintenir les efforts destinés à prévenir et à combattre la chasse et le commerce illégaux d'oiseaux aquatiques (y compris les oiseaux migrateurs) dans les zones humides désignées par la Convention de Ramsar, qui servent d'habitat à ces espèces[554].

6.2. Collaboration de la CITES avec les autres organisations

En matière commerciale, l'Organisation mondiale des douanes et l'Organisation mondiale du commerce sont des intervenants importants dans le domaine plus vaste du commerce des produits de base, de la sécurité commerciale et de la facilitation du commerce[555]. Les liens entre la CITES et ces deux organisations ont déjà été largement développés. Toutefois, il convient de relever ici deux textes, respectivement une convention et un accord, pris sous leur égide.

En 2015, à l'occasion de ses 20 ans, il a été conclu sous l'égide de l'OMC l'Accord sur la facilitation des échanges (AFE). Celui-ci établit une série de mesures pour la circulation rapide des marchandises à travers les frontières, inspirée des meilleures pratiques dans le monde. Il est inédit du fait que, pour la première fois dans l'histoire de l'OMC, les engagements des Pays en

---

552 PNUE, *Renforcement des cadres juridiques liés au commerce licite et illicite des espèces sauvages et des produits forestiers, op.cit.*, p.36.
553 *Ibid.*
554 *Ibid*, pp.36-37.
555 *Ibid*, p.9.

développement et des Pays les moins avancés (PMA) sont liés à leur capacité de mettre en œuvre l'accord. Il dispose en outre qu'une assistance et un soutien devront être fournis aux États pour les aider à acquérir la capacité nécessaire. Il permet de réduire le coût total du commerce de plus de 14 % pour les pays à faible revenu et de plus de 13 % pour les pays à revenu intermédiaire de la tranche supérieure en simplifiant la circulation des marchandises à travers les frontières[556].

Pour sa part, l'apport de l'OMD a également été documenté notamment avec son vaste réseau des douanes nationales qui sont très actives dans les contrôles aux frontières. Elles détectent notamment plusieurs cas de fraudes documentaires, mais aussi plusieurs produits commercialisés illégalement. En outre, sous son égide, il a été signé le 14 juin 1983 la Convention internationale sur le Système harmonisé de désignation et de codification des marchandises (Convention sur le SH). Celle-ci, entrée en vigueur le 1er janvier 1988 et amendée par le Protocole du 24 juin 1986, poursuit deux objectifs. Ceux-ci sont, d'une part, de faciliter le commerce international et le recueil, la comparaison et l'analyse des statistiques en harmonisant la désignation, le classement et la codification des marchandises dans le commerce international et, d'autre part, de réduire les coûts du commerce et faciliter la normalisation de la documentation commerciale et la transmission des données[557].

En outre, il convient de relever que « la Conférence des Nations unies sur le commerce et le développement (CNUCED) et le Centre du commerce international (CCI) mènent [également] des activités liées au commerce licite et illicite des espèces sauvages et des produits forestiers[558].

En matière de lutte contre tout type de criminalité, plusieurs autres apparaissent indispensables afin de contribuer à la lutte contre la criminalité liée aux espèces sauvages. En effet, cette criminalité, facilitée par la corruption, devient de plus en plus une criminalité organisée dont les gains sont blanchis puis financent notamment le terrorisme. Ainsi perçue, la lutte contre le trafic illégal des espèces CITES bénéficierait très utilement de l'apport des conventions comme la Convention des Nations unies du 15 novembre 2000 contre la criminalité transnationale, la Convention des Nations unies de 2003 contre la corruption ainsi que la Convention internationale pour la répression du financement du terrorisme (1999).

---

[556] Voy. l'Accord sur la facilitation des échanges, disponible sur : https://www.wto.org/french/thewto_f/20y_f/wto_tradefacilitation_f.pdf, consulté le 12 décembre 2020.

[557] OMD, *Convention du Système harmonisé*, accessible sur : http://www.wcoomd.org/fr/topics/nomenclature/instrument-and-tools/hs_convention.aspx, consulté le 12 décembre 2020.

[558] PNUE, *Renforcement des cadres juridiques liés au commerce licite et illicite des espèces sauvages et des produits forestiers, op.cit.*, p.9.

La collaboration de la CITES avec ces organismes se manifeste notamment au travers de la participation de certaines d'entre elles au consortium ICCWC. Il en est ainsi notamment de l'UNODC et de l'OMD.

Paragraphe 7. Synthèse de l'évaluation de l'effectivité et de l'efficacité de la CITES au niveau international

Après avoir réalisé l'évaluation de l'effectivité et de l'efficacité de la CITES au niveau international, il conviendrait, de façon schématique, d'en relever les principaux éléments avant d'en dégager une appréciation globale.

7.1. Tableau synthèse de l'évaluation de l'effectivité et de l'efficacité de la CITES au niveau international

Au regard des indicateurs choisis, les éléments d'évaluation de la CITES peuvent être résumés dans le tableau suivant (tableau 11).

Tableau 11 : Évaluation de la CITES (avec scores)

Indicateurs/critères d'évaluation	***Cibles évaluées***	***Degré (niveau)***				
		A	**B**	**C**	D	E
Généraux						
1. Adhésion à la CITES	Effectivité	x				
	Efficacité	x				
2. Conscience de la norme/enjeux	Effectivité		X			
	Efficacité			x		
3. Application nationale/ Transposition	Effectivité		X			
	Efficacité			x		
Structures et capacités						
4. Existence des structures	Effectivité	x				
	Efficacité		X			
5. Moyens financiers et logistiques de la CITES	Effectivité		X			
	Efficacité				x	
Suivi et mise en œuvre						
6. Rapports	Effectivité		X			
	Efficacité			x		
7. Prise des résolutions / décisions	Effectivité		X			
	Efficacité			x		
8. Mise à jour des annexes	Effectivité	x				
	Efficacité		X			
9. Évolution de la situation des espèces dont le commerce est réglementé	Effectivité					x
	Efficacité					x
Coopération internationale, contrôle, détection de la fraude et saisies						
10. Mécanisme CITES : contrôle des documents et saisies	Effectivité		X			
	Efficacité			x		

11. Lutte contre la criminalité liée aux espèces sauvages au travers de l'ICCWC	Effectivité	x				
	Efficacité			x		
Répression et arbitrage						
Procédure de non-respect	Effectivité		X			
	Efficacité			x		
13. Application des sanctions	Effectivité		x			
	Efficacité			x		
14. Règlement de différends	Effectivité				x	
	Efficacité					x
Collaborations avec d'autres organisations						
15. Collaborations avec des organisations de conservation	Effectivité		X			
	Efficacité			x		
16. Collaborations avec les autres organisations (commerce et lutte contre la criminalité)	Effectivité		X			
	Efficacité			x		

Légende du niveau de réalisation
A : Très bon B : Bon C : Moyen D : Faible E : Difficilement mesurable/ n'a pas pu être mesuré.

7.2. Appréciation globale de la mise en œuvre de la CITES

Il est largement reconnu que l'atteinte de l'objet d'une norme est tributaire de son effectivité et de son efficacité. Ainsi, « *a priori*, si ces deux conditions – efficacité et effectivité – sont remplies, *in fine* la qualité de l'environnement ou l'état de la ressource sera amélioré grâce au régime ou traité »[559]. Ainsi, évaluer la CITES reviendrait à évaluer son effectivité et son efficacité. Ces deux conditions sont susceptibles de degrés[560]. Aussi, nous sommes-nous évertués à évaluer les niveaux ou degrés d'effectivité et d'efficacité de la CITES.

7.2.1. Appréciation globale de l'effectivité de la CITES

Comme beaucoup de conventions environnementales, la CITES n'échappe pas à un faible degré d'effectivité. En effet, on observe que « trop (de traités) dotés d'une efficacité certaine et pourvus d'adhésions nominales nombreuses restent démunis d'effectivité »[561]. Car, « la mise en œuvre des règles est

[559] R.-O. KEHOANE et al. (1993), « The effectiveness of International Environmental Institutions », in *Institutions for the Earth-Sources of effective international environmental protection*, Peter M. Haas et al. Eds., Cambridge, MIT Press, p. 7, cité par S. MALJEAN-DUBOIS, « La mise en œuvre du droit international de l'environnement », « La mise en œuvre du droit international de l'environnement », *loc.cit.*, p.23.

[560] J. CARBONNIER, « Effectivité et ineffectivité de la règle de droit », *L'année sociologique*, 1957-1958, p.14, cité par J. BETAILLE, *Les conditions juridiques de l'effectivité de la norme en droit public interne, op.cit.*, p.15.

[561] C. DE VISSCHER, *Les effectivités du droit international public*, cité par S. MALJEAN-DUBOIS, « La mise en œuvre du droit international de l'environnement », *loc.cit.*, p.23.

rendue difficile [notamment par] la mollesse des normes (abondance de la *soft law*, caractère souvent très général des obligations, faiblement contraignantes, non quantifiées, atténuées) »[562]. Par ailleurs, « les insuffisances de la mise en œuvre trouvent aussi leur source dans l'incapacité matérielle à se conformer à des obligations internationales dont l'application a souvent un coût économique et social très important. Pour rendre compte de la réalité dans son ensemble, l'analyse juridique doit être au moins complétée par des analyses sociologiques et économiques. De ce point de vue, la théorie des régimes[563] contribue à expliquer les différences de résultats et d'effectivité d'un régime à l'autre. [Ainsi,] dans une réflexion plus prospective, elle permet d'ébaucher les formes que doivent prendre les dispositifs internationaux pour être les plus efficaces et effectifs »[564].

La CITES dans son ensemble, le texte de la Convention ainsi que les résolutions et décisions prises en son sein, « est largement mise en œuvre, même si son application n'est parfois pas totale »[565]. En effet, sur les 16 indicateurs choisis (tableau 12), l'analyse des résultats donne la CITES pour effective dans une fourchette de 51 à 75 %.

Tableau 12 : Appréciation globale de l'effectivité de la CITES au regard des 16 indicateurs (64 points).

Degré d'effectivité	*Équivalences*	*Nombre d'indicateurs*	*Scores totaux*	*Pourcentages correspondants*
A : Très bon	4	4	16	25 %
B : Bon	3	10	30	46,87 %
C : Moyen	2	0	0	0 %
D : Faible	1	1	1	1,56 %
E : Difficilement mesurable/ n'a pas pu être mesuré (score moyen).	2	1	2	3,12 %
Totaux			*49*	*76,56 %*

Il conviendrait également d'apprécier globalement son efficacité.

562 A. KISS (1991), « Un nouveau défi pour le droit international », in *Projet*, vol. 226, p. 53, cité par S. MALJEAN-DUBOIS, « La mise en œuvre du droit international de l'environnement », *loc.cit.*, p.26.

563 Définition de Stephan KRASNER : « Un ensemble de principes, de normes, de règles et de procédures de décision implicites ou explicites, autour desquels les attentes des acteurs convergent dans un domaine spécifique », S. KRASNER et al. (1983), *International Regimes*, Ithaca, Cornell University Press, 372 p., cité par S. MALJEAN-DUBOIS, « La mise en œuvre du droit international de l'environnement », *loc.cit.*, p.26.

564 S. MALJEAN-DUBOIS, « La mise en œuvre du droit international de l'environnement », *loc.cit.*, p.26.

565 D. BRACK, K. GRAY and G. HAYMAN, *Controlling the international trade*, p. 36, cité par UNODC, *Compilation d'outils pour l'analyse de la criminalité liée aux espèces sauvages et aux forêts*, *op.cit.*, p.18.

7.2.2. Appréciation globale de l'efficacité de la CITES

In fine, l'efficacité de la CITES devrait se mesurer par rapport à son objet. Celui-ci étant, de veiller à ce que le commerce international des spécimens d'animaux et de plantes sauvages ne menace pas la survie des espèces auxquelles ils appartiennent, il faudrait donc arriver à établir une comparaison entre les populations ou les quantités des espèces dès leur entrée aux annexes de la CITES et leur situation actuelle. Tout en gardant à l'esprit que la régulation du commerce international n'est pas l'unique moyen de conservation, on devrait trouver une amélioration ou une stabilisation du nombre des espèces CITES. Une telle gymnastique semble n'avoir pas encore été réalisée.

Par ailleurs, on ne perdra pas à l'esprit que le lien direct entre les normes commerciales de la CITES et la situation/quantité des espèces qu elle entend protéger reste bien difficile à établir. En effet, d'une part, on devrait se souvenir que la nature s'autorégule (en dépit du fait que la part humaine est non moins négligeable) ; d'autre part, en dehors de la composante commerce, plusieurs autres facteurs contribuent tout aussi substantiellement à la diminution ou à l'extinction des espèces. Il s'agit notamment des changements climatiques et de la destruction des habitats. Toutefois, suivant la liste rouge UICN, on notera que la population des éléphants d'Afrique augmente[566] (données se rapportant à 2008 et non mises à jour) et que la population de rhinocéros noirs (*Diceros bicornis)* a progressé dans toute l'Afrique à un taux annuel modeste de 2,5 %, passant d'environ 4 845 à 5 630 animaux à l'état sauvage[567]. Par ailleurs, le fait de constater un déclassement de quelques espèces de l'Annexe I vers l'Annexe II montre un niveau de protection acceptable atteint et la baisse du risque d'extinction de l'espèce, donc son abondance en milieu sauvage. Du reste, un constat indéniable est que depuis l'entrée en vigueur de la CITES, aucune espèce inscrite dans ses annexes n'a été déclarée éteinte[568]. À la CoP 18, par exemple, 11 espèces ont subi un déclassement de l'Annexe I vers l'Annexe II[569]. À la CoP 19, tenue à Panama (Panama) du 14 au 25 novembre 2022, 7 espèces ont subi un déclassement de

---

566 J. BLANC (2008), *Loxodonta africana. The IUCN Red List of Threatened Species 2008, op.cit.*

567 UICN, *Red List, op.cit.*

568 Institut International du Développement Durable (IIDD), Compte rendu final de la treizième conférence des parties de la convention sur le commerce international des espèces de faune et de flore menacées d'extinction : 2-14 octobre 2004, *in Bulletin des Négociations de la Terre*, Vol. 21, n° 45, 18 octobre 2004, pp.1-16, p.2.

569 Tableau changements des Annexes I et II adoptés lors de la 18e Conférence des Parties à la CITES (CoP 18) (Genève, Suisse du 17 au 28 août 2019), accessible sur : https://www.health.belgium.be/sites/default/files/uploads/fields/fpshealth_theme_file/tableaux_especes_cop18_fr.pdf, consulté le 15 décembre 2020.

l'Annexe I vers l'Annexe II[570]. Ce doute ne peut que profiter à la CITES puisqu'à sa signature, le constat déplorait des extinctions de certaines espèces, avec un risque de croissance si aucune mesure n'était prise. On peut donc supposer que la situation s'est stabilisée du fait de son existence et grâce à ses actions menées tant à l'international qu'au niveau national.

Il ressort de l'évaluation de la CITES à partir de certains indicateurs que globalement son efficacité reste encore assez mitigée puisque son degré d'efficacité reste faible. L'analyse de 16 indicateurs prédéterminés suggère que celui-ci se situe entre 26 et 50 % (tableau 13). Ce niveau est également dépendant de son degré d'effectivité qui se situe entre 51 et 75 %.

Tableau 13 : Appréciation globale de l'efficacité de la CITES au regard de 16 indicateurs (64 points).

Degré d'efficacité	*Équiva-lences*	*Nombre d'indicateurs*	*Scores totaux*	*Pourcentages correspondants*
À : Très bon	4	1	4	6,25 %
B : Bon	3	2	6	9,37 %
C : Moyen	2	10	20	31,25 %
D : Faible	1	1	1	1,56 %
E : Difficilement mesurable/ n'a pas pu être mesuré (score moyen)	2	2	4	6,5 %
Totaux			*35*	*54,68 %*

Afin de mieux appréhender cette question, et de façon imagée, si une personne malade (planète, espèces de faune et de flore) consulte un médecin (convention IUCN/ NU), lequel pose un diagnostic (danger d'extinction des espèces suite notamment à l'ampleur des transactions commerciales au niveau international) et propose des remèdes (dont la CITES), la guérison de celle-ci ne peut que dépendre de la prise desdits remèdes et du respect des conseils de son médecin. Si cette personne ne prend pas ses remèdes ou ne les prend pas correctement, pourrait-on affirmer que ceux-ci ne sont pas efficaces ? Qu'ils n'auraient pas été en mesure de lutter contre la maladie (ampleur du commerce/extinction des espèces) ? Évidemment que non ! Ainsi, il conviendrait de s'assurer de la bonne mise en œuvre de la CITES afin de pouvoir mesurer correctement son efficacité. Toutefois, des analyses menées au regard de certains indicateurs, il se dégage quelques faiblesses et lacunes qui pourraient être comblées afin de renforcer à la fois l'applicabilité de la CITES et son efficacité.

---

570 CITES, *Notification aux Parties n° 2023/005 : Amendements aux Annexes I et II de la Convention adoptés par la Conférence des Parties à sa 19e session (Panama, 14-25 novembre 2022)*, 12 janvier 2023, accessible sur : http://cites.org/sites/default/files/notifications/F-Notif-2023-005.pdf, consulté le 12 janvier 2023.

En substance, le degré d'effectivité et d'efficacité de la CITES est tout aussi largement dépendant des moyens mis à disposition pour des actions allant dans le sens de son objet. Ainsi, il se dégage clairement que le niveau de développement économique d'une Partie influe sur sa capacité à appliquer la CITES et à obtenir des résultats. Par ailleurs, ne perdons pas de vue que la mise en œuvre de la CITES repose sur des constatations scientifiques. Aussi, le degré d'évolution des recherches scientifiques (aussi tributaire des moyens financiers, dans une certaine mesure), influe-t-il également sur la capacité des Parties à mettre en œuvre la CITES.

Les quelques faiblesses relevées sont notamment :

- Le fait que la CITES permet à un État de faire des réserves au sujet d'une espèce figurant à l'une des trois annexes, de sorte que cet État n'est pas considéré comme partie en ce qui a trait au commerce de l'espèce visée. Partant, tout État qui a formulé une réserve, par exemple à l'égard du transfert d'une espèce de l'Annexe II à l'Annexe I, a le droit de continuer de considérer cette espèce comme appartenant à l'Annexe II et d'en autoriser le commerce international[571]. Les réserves ainsi faites peuvent n'avoir d'autres fondements que des enjeux économiques alors que l'objet de la Convention est juste de veiller à ce que ce commerce ne nuise aux populations des espèces CITES.
- Les moyens financiers mis à la disposition de la CITES demeurent très faibles, comparativement aux missions de ses organes et aux soutiens qu'ils sont censés apporter aux Parties. En effet, le Secrétariat CITES dispose d'un budget annuel d'environ 6 millions de dollars US provenant des contributions annuelles des Parties. Des fonds externes sont également récoltés et peuvent équivaloir, voire dépasser quasiment jusqu'au double, le montant des contributions annuelles. Toutefois, ce budget permet difficilement « de suivre et de réguler le commerce des espèces de faune et de flore menacées »[572].
- La forte dépendance du Secrétariat de la CITES aux Parties pour la publication de données et pour l'application des règles, et plusieurs parties de la CITES ne surveillent pas de manière systématique le commerce de la faune

[571] J.-M. ARBOUR et S. LAVALLEE, *Droit international de l'environnement*, *op.cit.*, p.394. Par ailleurs, conformément à la résolution Conf. 4.25 (Rev. CoP18), *Réserves*, par sa notification N° 2023/015 du 10 février 2023, la CITES rappelle aux Parties que, lorsqu'une espèce est supprimée d'une annexe de la Convention et incluse dans une autre, toute réserve formulée à son sujet cesse d'être valable. Conformément à l'art. XV, paragraphe 3, cette réserve doit se faire avant l'entrée en vigueur de la modification, soit dans les 90 jours. Voy. CITES, *Notification aux Parties n° 2023/015: Résultats de la 19e session de la Conférence des Parties (CoP19)*, du 10 février 2023, p.2, accessible sur : http://cites.org/fra/node/134778, consulté le 13 février 2023.

[572] Sénat de Belgique, Convention CITES - Commerce d'espèces animales et végétales protégées, *op.cit.*

et de la flore[573]. En effet, la CITES « dépend exclusivement des inventaires des États, bien que les incitations soient grandes pour donner des chiffres biaisés, et la plupart des espèces recensées par la CITES sont localisées dans les zones tropicales où la gouvernance est souvent faible et la corruption élevée » conclut une étude qui relève aussi une application laxiste des lois par les États[574]. Le Secrétariat devrait disposer de moyens conséquents afin de vérifier, ne serait-ce que de façon échantillonnée, un certain nombre de données.

- La lenteur administrative et les considérations politiques lors de l'actualisation des annexes CITES lors des CoP. En effet, « des chercheurs ont ainsi mis en évidence qu'il s'écoulait en moyenne dix ans entre le classement d'une espèce par l'Union internationale pour la conservation de la nature (UICN) sur la liste des espèces menacées et son inscription en Annexe I ou II de la CITES »[575].

En dépit du fait qu'on constate un sursaut de la CITES à traiter des questions de fraude, celles-ci devraient mieux être intégrées dans le texte de la Convention et/ou dans un protocole de la Convention des Nations unies contre la criminalité transnationale organisée spécifiquement dédié.

Il conviendrait d'évaluer également l'effectivité et l'efficacité de la mise en œuvre de la CITES au niveau national.

SECTION 3. ANALYSE DE L'EFFECTIVITÉ ET DE L'EFFICACITÉ DE LA MISE EN ŒUVRE DE LA CITES SUR LE PLAN NATIONAL

La CITES est une convention internationale à laquelle sont parties la Belgique et la RDC. Etant liés par elle, la Convention devrait s'appliquer sur leurs territoires. En effet, comme l'écrit Fernand DEHOUSSE, « le but des traités contemporains n'est pas d'engager la responsabilité internationale de l'État qui violerait ses obligations. Le but est de donner aux traités application sur le territoire des parties contractantes »[576]. À ce propos, Claude IMPERIALI renchérit, à juste titre, que « la responsabilité fondamentale de la

---

[573] J. PHELPS, E. WEBB, D. BICKFORD, V. NIJMAN et N. SODHI, « Boosting CITES », in *Science*, 24 décembre 2010, pp. 1752-1753, accessible sur : DOI:10.1126/science.1195558, consulté le 18 juin 2020.

[574] *Ibid.*

[575] L. SANTACROCE, « Pourquoi des centaines d'espèces menacées ne sont pas protégées », in *Geo.fr*, 27 février 2019, accessible sur : https://www.geo.fr/environnement/pourquoi-des-centaines-despeces-menacees-ne-sont-pas-protegees-194701, consulté le 12 mai 2020.

[576] F. DEHOUSSE, « Rapport fait au nom de la Commission juridique du Parlement européen concernant la primauté du droit communautaire sur le droit des États membres », Parlement européen, *Documents de séance*, 1965-1966, n°43, p.13, cité par W.J. GANSHOF VAN DER MEERSCH, « Vues comparatives sur l'ordre juridique communautaire et l'ordre juridique national dans les droits belge, néerlandais et luxembourgeois », in *Revue internationale de droit comparé*, volume 18-4, 1966, pp. 797-829, p.817.

mise en œuvre repose, aux deux bouts de la chaîne, sur l'action de l'État qui demeure le bras séculier seul capable de donner à la norme environnementale une traduction concrète. Ses obligations sont de trois ordres, à savoir : (i) donner effet dans son ordre interne aux normes de fond posées par la convention, (ii) se prêter au contrôle international avec ses effets dérivés et (iii) donner suite au contrôle international, c'est-à-dire modifier l'état des choses (voire réparer) si les organes de contrôle ont constaté que l'État ne s'acquitte pas convenablement de ses obligations »[577].

Par ailleurs, Patrick DAILLIER et Alain PELLET relèvent qu'« une fois entré en vigueur, le traité valide doit être appliqué par les États parties ; conséquence de son caractère obligatoire, ils doivent l'exécuter »[578]. Ils soulignent également que, « selon l'article 26 de la Convention de Vienne : Tout traité en vigueur lie les parties et doit être exécuté par elles de bonne foi. En proposant ce texte, la Commission du droit international (CDI) a souligné qu'il énonçait le principe fondamental du droit des traités. L'exécution de bonne foi et le respect de la règle *pacta sunt servanda* sont ainsi intimement liés pour constituer les deux aspects complémentaires d'un même principe »[579]. Ce qui n'exclut pas que, « les États parties à une convention peuvent [également] se voir imposer des règles véritablement "contraignantes" dont le type est l'interdiction ou à l'opposé, l'obligation de faire, assortie d'un résultat à atteindre »[580].

Ainsi, l'évaluation de la CITES ne peut être complète qu'en évaluant également son effectivité et son efficacité au niveau national. C'est le but que nous allons poursuivre en appréciant la mise en œuvre de la CITES en Belgique et en RDC.

Nous avons retenu 25 indicateurs regroupés autour de 10 grandes thématiques suivantes (tableau 14) :

Tableau 14 : Indicateurs d'évaluation de l'effectivité et de l'efficacité de la mise en œuvre de la CITES au niveau national

Groupes/ Thématiques	*Indicateurs*
1. Général	1. Existence des normes
2. Structures et capacités	2. Existence des autorités CITES 3. Existence des agences de contrôle et de lutte contre la criminalité 4. Moyens humains 5. Moyens financiers et logistiques 6. Capacités techniques et formations

577 C. IMPERIALI, « Le contrôle de la mise en œuvre des conventions internationales », in BOURRINET, J. (dir.), *L'effectivité du droit international de l'environnement. Contrôle de la mise en œuvre des conventions internationales*, Paris, Economica, 1998, pp.7-24, p.8.
578 P. DAILLIER et A. PELLET, *Droit international public*, Paris, L.G.D.J., 7e éd , 2002, p. 217.
579 P. DAILLIER et A. PELLET, *Droit international public*, *op.cit.*, p.218.
580 J. BEER-GABEL et B. LABAT, *La protection internationale de la faune et de la flore sauvages*, Bruxelles, Bruylant, 1999, p.159.

3. Suivi et mise en œuvre	7. Rapports 8. Délivrance des permis et certificats CITES
4. Contrôle et détection de la fraude	9. Gestion stratégique des risques 10. Approche d'enquêtes fondées sur le renseignement 11. Utilisation de techniques d'enquête spécialisées 12. Enquêtes financières
5. Saisies et confiscations	13. Saisies de l'ivoire d'éléphant 14. Utilisation des spécimens d'espèces sauvages confisqués : focus sur l'ivoire d'éléphant
6. Répression et condamnations	15. Existence des sanctions 16. Poursuites judiciaires et nombre de condamnations 17. Prise de conscience au sein du système judiciaire
7. Coopération inter-agences et régionale	18. Coopération inter-agences 19. Coopération régionale
8. Lien avec d'autres législations	20. Législation relative à la conservation de la biodiversité 21. Autres législations (pénale, criminalité organisée, corruption et blanchiment d'argent)
9. Existence des stratégies et politiques	22. Existence d'une stratégie nationale de lutte contre la criminalité liée aux espèces sauvages 23. Existence des stratégies nationale biodiversité en phase avec la CITES
10. Déploiement d'une approche globale pour lutter contre la criminalité liée aux espèces sauvages	24. Engagement des communautés locales 25. Sensibilisation du public

Paragraphe 1. Indicateur général de mise en œuvre de la CITES au niveau national

Un seul indicateur entre dans cette catégorie, à savoir l'existence des normes d'application de la CITES.

1.1. Existence des normes d'application de la CITES

Comme déjà mentionné, une convention internationale doit être appliquée par les parties. À ce propos, Marc PALLEMAERTS relève, à juste titre, que « le défaut d'effectivité est généralement attribué à la phase de transposition en droit interne et de mise en œuvre incombant aux États »[581]. La transposition

[581] M. PALLEMAERTS, « Le droit comme instrument des politiques internationales de l'environnement : effectivité et symbolisme des normes », in M. PÂQUES ET M. FAURE (dir.), *La protection de l'environnement au cœur du système juridique international et du droit interne. Acteurs, valeurs et efficacité*, Bruxelles, Bruylant, 2003, pp.57-70, p.59.

consiste en « l'intégration de la norme internationale au droit national »[582]. Elle est ainsi un « mécanisme juridique de consolidation de la force contraignante des traités. [Par elle,] la norme internationale atteint directement dans sa force réelle ses derniers et véritables destinataires, les personnes privées. Et c'est seulement lorsque les États se dotent de moyens juridiques leur permettant de sanctionner les comportements de ses citoyens contrevenant aux prescriptions de la législation nationale inspirée ou empreinte des normes internationales contractées que la force contraignante du traité achève sa course. À ce stade, et à celui-là seulement, peut être jugée l'efficacité de la règle »[583].

Afin de garantir une bonne transposition, les articles VIII et IX de la CITES énumèrent quatre conditions minimales que doivent remplir les législations nationales, à savoir : la désignation des autorités CITES, l'interdiction du commerce de spécimens en violation des dispositions de la Convention, l'application des sanctions pénales et la confiscation des spécimens illégalement détenus ou commercialisés.

C'est sur base de ces critères que le projet CITES sur les législations nationales classe les Parties dans les 3 catégories évoquées. Comme mentionné précédemment, la Belgique et la RDC figurent parmi les pays de la catégorie 1 c'est-à-dire ceux dont la législation remplit les conditions nécessaires à l'application de la CITES[584]. Il convient de préciser que cette catégorisation ne se réfère ni à l'applicabilité, ni à la mise en œuvre des textes, mais simplement à leur existence.

Il s'agit ici de l'exhaustivité des dispositions législatives nationales sur le commerce international des espèces sauvages protégées et des textes connexes. Il a été relevé, dans le titre II, que les cadres législatifs belge et congolais sont assez riches, car couvrant plusieurs domaines relatifs à la CITES, à la conservation et à la lutte contre la criminalité liée aux espèces sauvages. Il importe à présent de pouvoir relever un certain nombre de problèmes inhérents à leur mise en œuvre, mais aussi certaines lacunes, carences et faiblesses.

---

582 V. YAOVI AMEGANKPOE, et A. KODJO, « La force contraignante et le degré d'efficacité variable du droit international matériel et de ses principes naissants. Intensité de la règle selon les secteurs. Les sanctions non juridictionnelles. Cas de l'Afrique », in M. PÂQUES ET M. FAURE (dir.), *La protection de l'environnement au cœur du système juridique international et du droit interne. Acteurs, valeurs et efficacité*, *op.cit.*, pp.327-372, p.336.

583 *Ibid.*

584 CITES, *Status of legislative progress for implementing CITES (updated november 2019), op.cit.*

1.1.1. Analyse critique du cadre légal belge de mise en œuvre de la CITES

Il se pose un certain nombre de problèmes généraux liés à la mise en œuvre des cadres communautaire et légal d'application de la CITES en Belgique. À ceux-ci s'ajoutent des difficultés spécifiques relatives à la légalité du commerce de l'ivoire pré-convention. Observons certains de ces cas.

Primo, des échanges avec les autorités chargées notamment de la lutte, il ressort clairement des difficultés liées à la complexité de la législation. Elles ont notamment mentionné le fait d'assurer concomitamment « la mise en œuvre de la législation belge et européenne et le suivi des changements de législation »[585]. En effet, il faudrait beaucoup plus d'attention à la mise en œuvre des deux législations encore que celles-ci évoluent assez rapidement.

Secundo, bien que la réglementation de l'UE sur le commerce des espèces sauvages soit directement applicable dans tous ses États membres, les dispositions nécessaires aux contrôles doivent être transposées dans les législations nationales et complétées par les lois nationales dans les domaines qui relèvent de la souveraineté de chaque pays membre, tel que le régime des sanctions. Ceci a pour conséquence des révisions fréquentes de la législation nationale au gré des évolutions des règlements européens. Pareille situation peut justifier des retards de transposition, voire « la non-application »[586] de cette réglementation.

Tertio, il existe des problèmes spécifiques liés à la légalité du commerce de l'ivoire pré-convention. En effet, l'article 2 de l'arrêté royal 9 avril 2003 relatif à la protection des espèces de faune et de flore sauvages par le contrôle de leur commerce autorise, à titre dérogatoire[587], la détention et/ou la commercialisation de certains spécimens CITES inscrits à l'annexe A pourvu qu'il soit prouvé notamment que ceux-ci sont des spécimens pré-convention[588]. Ainsi, en Belgique, tout comme au sein de l'UE, « le commerce

---

[585] I. GREGOIRE (CITES officer), *Réponses au questionnaire de thèse partagé avec l'Organe de gestion CITES belge*, 8 juin 2020, Voy. question 1 « Quelles sont, selon vous, les principales difficultés de mise en œuvre de la CITES et des mécanismes régionaux de régulation du commerce ? », p.1.

[586] R. ROMI, *L'Europe et la protection juridique de l'environnement,* Paris, éd., Victoires, 2004, p.17.

[587] Voy. également l'art. 4 de la loi du 28 juillet 1981 portant approbation de la Convention sur le commerce international des espèces de faune et de flore sauvages menacées d'extinction, et des annexes, faites à Washington le 3 mars 1973, ainsi que l'Amendement à la Convention, adopté à Bonn le 22 juin 1979.

[588] C'est-à-dire qu'il doit s'agir des spécimens acquis avant le 1er janvier 1984 ou avant que l'espèce ne soit inscrite à l'Annexe I et ont été repris sur un inventaire introduit conformément à l'art. 2, § 1er ou 4 § 2 de l'arrêté royal du 20 décembre 1983 relatif à l'application de la Convention sur le commerce international des espèces de faune et de flore sauvages menacées d'extinction ou conformément à l'arrêté ministériel du 18 avril 1990 relatif à l'inventaire des stocks d'ivoire d'éléphant d'Afrique et à condition qu'une mise à jour de l'inventaire susvisé soit introduite conformément à l'art. 5 et dans les 60 jours de l'entrée en vigueur du présent arrêté.

intracommunautaire est toujours autorisé. L'ivoire travaillé peut être commercialisé légalement sans restriction s'il date d'avant 1947 (appelé « ivoire ancien ») »[589]. Il faudrait, cependant, que cet ivoire soit accompagné d'un certificat intracommunautaire délivré par les autorités nationales compétentes[590]. Il en est de même que pour les instruments de musique antérieurs à 1975 munis d'un certificat délivré par le service CITES[591]. Toutefois, depuis l'adoption le 30 décembre 2021 du document d'orientation révisé portant sur le régime de l'Union européenne réglementant le commerce de l'ivoire (2021/C 528/03)[592], on sent un durcissement de la réglementation européenne en vue de lutter contre le braconnage et le trafic de l'ivoire.

Relevons que, jusqu'à la révision du 30 décembre 2021, l'ivoire brut pouvait être commercialisé dans le marché intérieur de l'UE, mais la Commission avait demandé [en 2017][593] aux États membres d'arrêter d'exporter des défenses d'éléphant et, d'après elle, les États membres respectaient cette consigne[594]. Cependant, en dépit de celle-ci, on pouvait encore constater plusieurs cas de commerce illégal des produits en ivoire et, ce, en violation de la réglementation européenne. Une étude réalisée par AVAAZ pouvait l'attester. En effet, cette ONG, dans le cadre de son étude, avait décidé d'« acheter 109 pièces d'ivoire travaillé dans 10 pays européens différents, chez des marchands d'antiquités et des vendeurs privés, sur Internet et dans des magasins. Toutes les pièces achetées étaient vendues soit comme des produits en ivoire ancien, soit l'âge de l'ivoire n'était pas mentionné du tout. Une fois achetées, les pièces en ivoire travaillé ont été envoyées au laboratoire de datation au radiocarbone de l'université d'Oxford afin de déterminer l'âge de l'ivoire »[595].

Les résultats de cette étude étaient sans appel. En effet, « sur les 109 pièces achetées, seules 28 pièces (26 %) sont faites d'ivoire ancien, qui peut être commercialisé sans restriction. Pour le reste, 55 % proviennent d'ivoire daté entre 1947 et 1990, qui était donc vendu illégalement puisque sans certificat, et 19 % proviennent d'ivoire daté après 1990, et qui n'aurait donc pas dû être

---

[589] N. BACHELARD, « Un rapport dénonce la législation européenne », in *Droit Animal, Éthique et Sciences*, n° 99, octobre 2018, pp.6-7, p.6.
[590] N. BACHELARD, « Un rapport dénonce la législation européenne », *loc.cit.*, p.6.
[591] SPF Santé publique, Sécurité de la Chaîne alimentaire et Environnement, *Renforcement des règles de l'UE pour limiter le commerce de l'ivoire*, 14 janvier 2022, accessible sur : https://www.health.belgium.be/fr/news/renforcement-des-regles-de-lue-pour-limiter-le-commerce-de-livoire, consulté le 10 mars 2022.
[592] JO du 30 décembre 2021.
[593] L'UE a imposé une interdiction pour la réexportation hors de l'union d'ivoire brut (défense d'éléphant) depuis le 1er juillet 2017. Cela concerne l'ivoire acquis avant que la CITES ne soit applicable qui pouvait être vendu légalement, documents CITES à l'appui.
[594] N. BACHELARD, « Un rapport dénonce la législation européenne », *loc.cit*, p.5.
[595] *Ibid.*

vendu, car son commerce est illégal »[596]. En Belgique, sur les 21 produits achetés[597], 12 pièces ont été vendues illégalement, car datant d'avant 1947. Ainsi, en Belgique, seuls 42,9 % des produits vendus sont antiques et 57,1 % sont des produits commercialisés illégalement[598]. Par ailleurs, il conviendrait également de relever que « la plupart des échantillons post-1947 datent probablement des années 1970 »[599]. La situation n'est pas meilleure dans les autres États de l'UE, avec des taux des produits illégaux alarmants. En effet, il y a même certains pays qui battent le record avec 100 % des produits illégaux achetés dans le cadre de l'étude AVAAZ. Il s'agit de la Bulgarie[600], de l'Espagne[601] et de l'Italie[602]. Puis viennent la France avec 84,6 %[603], le Portugal avec 83,3 %[604], la Hollande avec 68,4 %[605], l'Allemagne avec 55,6 %[606], et très bas dans la chaîne, la Grande-Bretagne avec 20 %[607] et l'Irlande avec 0 %[608].

De la conclusion de cette étude, la législation européenne sur l'ivoire n'était pas correctement appliquée[609]. Par ailleurs, de nombreux scientifiques et ONG alertaient les autorités depuis des années sur la faille de la législation européenne : « étant donné qu'il est compliqué de dater précisément l'âge de l'ivoire »[610].

Fort heureusement, on constate une évolution de la réglementation au niveau de l'Union avec l'adoption du document d'orientation révisé portant sur le commerce de l'ivoire (2021/C 528/03). Celui-ci recommande aux États membres de l'Union de (i) suspendre les (ré)exportations et importations d'objets en ivoire brut, de (ii) suspendre le commerce intra-UE d'ivoire brut, à l'exception de la réparation d'instruments de musique antérieurs à 1975 et d'antiquités antérieures à 1947 d'une grande importance culturelle, artistique

---

596 Oxford University Report, *Radiocarbon dating of worked ivory specimens for Avaaz*, p.7, accessible sur : https://s3.amazonaws.com/avaazimages.avaaz.org/AVAAZ_EUROPES_DEADLY_IVORY_TRADE.pdf, consulté le 25 juin 2020.

597 Avaaz, *Europe's deadly ivory trade, juillet 2018*, pp. 14-17, accessible sur : https://s3.amazonaws.com/avaazimages.avaaz.org/AVAAZ_EUROPES_DEADLY_IVORY_TRADE.pdf, consulté le 25 juin 2020.

598 Avaaz, *Europe's deadly ivory trade, op.cit.*, p.13.

599 Oxford University Report, *op.cit.*, p.7.

600 Avaaz, *Europe's deadly ivory trade, op.cit.*, p.18.

601 *Ibid*, p.38.

602 *Ibid*, p.28.

603 *Ibid*, p.21.

604 *Ibid*, p.35.

605 *Ibid*, p.30.

606 *Ibid*, p.24.

607 *Ibid*, p.42.

608 *Ibid*, p.27.

609 *Ibid*, p.4.

610 N. Bachelard, « Un rapport dénonce la législation européenne », *loc.cit.*, pp.6-7. Voy. aussi, Avaaz, *Europe's deadly ivory trade, op.cit.*, p.4.

ou historique, de (iii) suspendre le commerce intra-UE de spécimens travaillés postérieurs à 1947, à l'exception des instruments de musique antérieurs à 1975 et de (iv) limiter l'autorisation d'importation et de (ré)exportation d'ivoire travaillé aux instruments de musique antérieurs à 1975 et à la vente d'antiquités antérieures à 1947 d'une grande importance culturelle, artistique ou historique à des musées[611].

Par ailleurs, signalons qu'en date du 24 mars 2022, la Chambre des représentants de Belgique a adopté la résolution visant à interdire l'importation de trophées de chasse de certaines espèces animales. Aux termes de celle-ci, elle demande au gouvernement fédéral: « de charger le membre du gouvernement compétent de décider immédiatement de ne plus octroyer d'autorisation pour l'importation de trophées de chasse de toutes les espèces animales mentionnées à l'annexe A du règlement européen n° 338/97, ainsi que des six espèces animales suivantes mentionnées à l'annexe B de ce règlement: rhinocéros blanc du Sud (*Ceratotherium simum simum*), hippopotame commun (*Hippopotamus amphibius*), éléphant de savane d'Afrique (*Loxodonta africana*), argali (*Ovis ammon*), lion (*Panthera leo*) et ours blanc ou polaire (*Ursus maritimus*). Cette règle ne vaut pas pour les importations à finalités éducatives ou scientifiques ni pour les antiquités à haute valeur culturelle »[612].

Tel se présente, à ce jour, le cadre légal belge d'application de la CITES, lequel diffère du cadre congolais.

1.1.2. Analyse critique du cadre légal congolais de mise en œuvre de la CITES

Le cadre légal congolais de mise en œuvre de la CITES présente quelques faiblesses et carences.

Primo, il n'existe pas de loi spécifique pour la mise en œuvre de la CITES. Plusieurs dispositions éparses sont contenues dans la loi 14/003 du 11 février 2014 relative à la conservation de la nature. Cette loi traite de la conservation de la nature, avec un fort accent sur les aires protégées, laissant de côté plusieurs autres aspects liés à la conservation de la nature. À ce jour, celle-ci semble être le socle du cadre légal congolais en matière de CITES. En effet, son article 63 dispose clairement que « le commerce des spécimens des espèces de faune et de flore sauvages intégralement ou partiellement protégées est soumis aux mesures restrictives prévues par la présente loi et ses mesures d'exécution ». Par ailleurs, plusieurs autres normes sont contenues dans certains arrêtés ministériels dont principalement l'arrêté n°056 CAB/MIN/AFF-ECNT/F/01/00 du 28 mars 2000 portant réglementation du

---

611 JO, 30 décembre 2021, p.20.

612 Chambre des représentants de Belgique, *Résolution visant à interdire l'importation de trophées de chasse de certaines espèces animales*, DOC 55 2486/006, 24 mars 2022, pp.3-4.

commerce international des espèces de la faune et de la flore menacées d'extinction, l'arrêté ministériel n°020/CAB/MIN/ECN-EF/2006 du 20 mai 2006 portant agrément de la liste des espèces animales protégées RDC ainsi que l'arrêté ministériel n° 021/CAB/MIN/EDD/AAN/WF/05/2017 du 31 août 2017 portant transfert de l'organe de gestion CITES à l'Institut Congolais pour le Conservation de la Nature.

Secundo, la loi n°14/003, comme la plupart des textes environnementaux congolais, manque de mesures d'application. Or, celles-ci devraient notamment permettre de couvrir certaines lacunes du cadre légal actuel en matière de commerce international des espèces de faune et de flore menacées d'extinction au sens de la CITES. Il en est ainsi, par exemple, du :

- décret qui déterminera la liste des espèces intégralement et partiellement protégées (articles 13, al.2 et 16, al.2). Celui-ci devrait remplacer l'arrêté ministériel n°020/CAB/MIN/ECN-EF/2006 du 20 mai 2006 portant agrément de la liste des espèces animales protégées RDC. L'actualisation de ces espèces est vivement attendue au vu des évolutions dans les annexes CITES depuis 2006 ;
- décret qui fixera la liste des espèces envahissantes[613] et les modalités d'application des articles 45 à 48 du présent chapitre (article 49) ;
- décret qui fixera, en application des dispositions de la Convention visée à l'article 64, les conditions auxquelles doivent satisfaire les permis et certificats prévus aux articles 64 à 66. Ce même décret devrait fixer également les missions, l'organisation et le fonctionnement de l'organe de gestion et de l'autorité scientifique ainsi que les mécanismes de leur collaboration avec le Secrétariat de la Convention et les autres organes de gestion et autorités scientifiques (article 67).

Tertio, la dévaluation ou la dépréciation du franc congolais occasionnant celle du taux des amendes. Ainsi, le taux des amendes fixées par la loi 14/003 ne représente aujourd'hui que quasiment la moitié des montants initiaux fixés par le législateur. Cela pourrait correspondre à une sorte de réduction de la peine, de dévaluation de celle-ci, simplement à la suite des fluctuations de la monnaie nationale. À titre illustratif, le maximum d'amende fixé pour l'infraction de commerce illégal des espèces de faune intégralement protégées

[613] Il est important de relever que ces espèces, introduites hors de leurs aires de répartition naturelle, peuvent entrainer de perturbations, car elles peuvent devenir des prédateurs ou être porteuses des parasites. Notons avec Dominique GUIHAL que « le milieu biologique est un équilibre fragile ». D. GUIHAL, *Droit répressif de l'environnement,* Paris, Economia, 1997, p.304.

est de 100 000 000 FC. Ce montant correspondait approximativement à 79 134,14 € en 2014[614] alors qu'aujourd'hui il ne représente que 33 139,75 €[615].

Quarto, l'instabilité des organes CITES peut également être épinglée comme l'une des faiblesses du cadre légal congolais. En effet, depuis 2000, on aura assisté à plusieurs changements des organes de gestion et des autorités CITES en RDC. Il y a 20 ans, lorsque de l'organe de gestion CITES de la RDC était la Direction de la Gestion Forestière et de la Chasse alors que les autorités scientifiques étaient constituées de l'ICCN et des personnes scientifiques désignées par le ministère ayant dans ses attributions l'environnement en fonction de leur expertise en matière de conservation de la nature[616]. En 2009, l'organe de gestion CITES est transféré à la Direction de la Conservation de la Nature[617], alors que l'ICCN demeure l'autorité scientifique CITES. Et, en 2017, l'organe de gestion CITES est transféré à l'ICCN et huit autorités scientifiques[618]sont instituées. Par ailleurs, ces créations suscitent quelques inquiétudes du fait que deux d'entre elles sont des composantes de l'ICCN, organe de gestion, à savoir : le Jardin zoologique de Kinshasa, pour les grands singes et d'autres espèces de faune, d'une part, et le Jardin botanique de Kinshasa pour des espèces de flore, d'autre part. Une telle concentration de responsabilité n'est pas de nature à garantir la transparence voulue dans la régulation du commerce international des espèces CITES. Par ailleurs, une telle construction viole l'esprit de la Convention de Washington de 1973.

Quinto, le cadre légal complémentaire d'application de la CITES en RDC accuse certaines lacunes. On notera, par exemple, l'absence de dispositions légales sur les techniques spéciales d'enquête ainsi que sur la lutte contre la criminalité organisée.

Il découle de l'analyse des cadres légaux belge et congolais que ceux-ci sont conformes à la CITES. En effet, ces deux cadres légaux désignent au moins un organe de gestion et une autorité scientifique, interdisent et pénalisent le commerce de spécimens en violation de la Convention, et permettent de confisquer les spécimens illégalement commercialisés ou

---

614 Taux de change : 1 € = 1.263,67 FC (11 février 2014, date de la promulgation de la loi 14/003), voy. : https://fxtop.com/fr/conversion-devises-date-passee.php?A=100000000&C1=CDF&C2=EUR&DD=14&MM=02&YYYY=2014&B=1&P=&I=1&btnOK=Chercher, consulté le 7 juillet 2020.

615 Taux de change : 1 €= 3 020,49 FC (taux de change du mois d'avril 2024), voy. : https://www.xe.com/fr/currencyconverter/convert/?Amount=100000000&From=CDF&To=EUR, consulté le 1e avril 2024.

616 Voy. les art. 6 (pour l'organe de gestion) et 8 (pour l'autorité scientifique) de l'arrêté n°056 CAB/MIN/AFF-ECNT/F/01/00 du 28 mars 2000 portant réglementation du commerce international des espèces de la faune et de la flore menacées d'extinction (CITES).

617 Arrêté n° CAB.MIN/MBB/SGA/GPFP/JSKI 035 /2009 du 20 mars 2009 portant agrément provisoire du cadre et structures organiques du ministère de l'environnement et son annexe.

618 Art. 1er (pour l'organe de gestion) et 12 (pour les autorités scientifiques) de l'arrêté ministériel n° 021/CAB/MIN/EDD/AAN/WF/05/2017 du 31 août 2017 portant transfert de l'organe de gestion CITES à l'Institut Congolais pour le Conservation de la Nature.

possédés. Par ailleurs, dans les deux pays, les codes pénaux viennent en appui en prévoyant notamment des incriminations comme la corruption. Cette dernière infraction est connue dans son rôle de facilitateur du commerce illégal des espèces de faune et de flore CITES. Les deux pays s'attaquent aussi à la question de blanchiment des capitaux. Enfin, chacun affiche des spécificités, des lacunes, des faiblesses et, parfois, des carences en matière de CITES.

Les problèmes liés à la mise en œuvre des cadres législatifs ci-haut énumérés, associés à plusieurs autres contraintes, peuvent avoir des impacts considérables sur la lutte contre la criminalité liée aux espèces sauvages.

Paragraphe 2. Structures et capacités

Ce groupe contient 4 indicateurs dont l'existence des autorités CITES, l'existence des agences de contrôle et de lutte contre la criminalité, les moyens humains d'une part, financiers et logistiques de l'autre.

2.1. Existence des autorités nationales CITES

L'article IX.1 précise que chaque Partie désigne un ou plusieurs organes de gestion compétents pour délivrer les permis et les certificats en son nom ainsi qu'une ou plusieurs autorités scientifiques.

En ce qui concerne la Belgique et la RDC, celles-ci disposent bel et bien des autorités CITES. Pour rappel, l'organe de gestion CITES de la Belgique est la cellule C.I.T.E.S, et son autorité scientifique est le comité scientifique CITES. S'agissant de la RDC, son organe de gestion est l'Institut congolais pour la Conservation de la Nature et elle dispose de huit autorités scientifiques distinctes.

2.2. Existence des agences de contrôle et de lutte contre la criminalité

Comme pour la désignation des autorités CITES, le titre II sus-évoqué a également permis d'identifier plusieurs agences de contrôle et de lutte contre la criminalité qui facilitent l'application de la CITES au niveau national. Elles comprennent notamment les douanes, les services de la police ainsi que la justice. Pour la Belgique, il s'agit notamment des douanes (surtout aux points d'introduction : ports et aéroports), la police, les inspecteurs de l'AFSCA et le service d'inspection du SPF Environnement. Pour la RDC, il s'agit notamment des douanes (DGDA), de l'OCC et de la police.

En effet, la mise en œuvre de la CITES exige, outre l'existence des lois, une implication active des services et des agences impliqués dans la chaîne d'application de la loi. Ces autorités doivent effectivement accomplir des tâches relevant de leurs missions en rapport avec cette lutte et établir des stratégies claires pour plus d'efficacité. Bien évidemment, ce travail devrait être suivi par les autorités CITES au niveau national, lesquelles ne manquent pas d'affirmer que réaliser un tel suivi et s'assurer de la formation des différents services sur la CITES constituent une des difficultés auxquelles elles sont confrontées[619].

2.3. Moyens humains

Les ressources humaines[620] des agences nationales de lutte contre la fraude, dont essentiellement des organes CITES et des douanes belges et congolaises, permettent-elles de combattre efficacement la criminalité liée aux espèces sauvages ?

Pour répondre à cette question, il conviendrait de passer en revue la situation dans chacun de ces deux pays, à savoir : la Belgique et la RDC.

2.3.1. Des effectifs insuffisants des agences belges

Les capacités administratives du pays sont restreintes depuis la crise financière de 2008 en raison du gel des recrutements. Ce constat s'est manifesté dans la gestion insuffisante du système de réglementation du bois, bien qu'il y ait eu des améliorations au cours des deux dernières années[621].

Comme déjà mentionné, l'organe de gestion CITES est composé au total de 20 personnes. Cette équipe comprend 1 vétérinaire, 3 biologistes, 1 juriste, 6 assistants administratifs et 9 inspecteurs de la Cellule d'inspection espèces[622].

Son activité est assez « dense » au vu des nombreuses tâches qu'elle doit assumer. En effet, elle doit notamment contrôler et suivre le travail réalisé par les autres services en matière de CITES. Elle affiche un volume de travail important, elle traite autour de 7 000 demandes de documents CITES par an.

À ces effectifs déjà insuffisants se rajoute une difficulté spécifique à la Belgique : l'usage de trois langues. En effet, la cellule CITES est obligée de travailler et de traduire tous ces rapports en français, en néerlandais et en anglais[623].

---

619 I. GREGOIRE, *Réponses au questionnaire de thèse partagé avec l'Organe de gestion CITES belge, op.cit.*, p.1.

620 Les questions relatives au personnel comprennent des facteurs tels que l'existence d'une combinaison appropriée de personnel à temps plein, à temps partiel et occasionnel ; de personnel expérimenté et moins expérimenté ; et de personnel professionnel, technique, d'enquête et administratif nécessaire pour mener les activités requises.

621 Commission européenne, Examen de la mise en œuvre de la politique environnementale de l'UE 2019, *op.cit.*, p.48.

622 B. CACHAPA, *Réponses au questionnaire de thèse partagé avec l'organe de gestion CITES belge,* 24 juin 2020, voy. additif à la question 3 : « Combien d'agents avez-vous à l'OG CITES ? Cet effectif est-il suffisant pour lutter contre la criminalité liée aux espèces sauvages ?», p.7.

623 I. GREGOIRE, *Réponses au questionnaire de thèse partagé avec l'organe de gestion CITES belge, op.cit.*, p.1.

En ce qui concerne les douanes, l'aéroport de Zaventem compte environ 170 douaniers. Son unité d'enquêtes et de recherches, le Groupe antidrogue, ne comprend que 3 personnes qui travaillent sur plusieurs thématiques, la CITES ne représentant qu'environ 3 % de leur travail quotidien[624]. Un membre de cette équipe « rêve » de la mise en place d'une équipe spécialisée dédiée à la CITES[625].

Pour sa part, la région d'Anvers dispose d'environ 750 fonctionnaires, dont 350 effectuent des contrôles de première ligne dans le port d'Anvers, basés sur les risques et sur les espèces menacées[626]. Ce dernier contrôle ne représentant qu'une infime partie de leur travail, lequel est tributaire, notamment, des moyens logistiques disponibles et des connaissances du personnel sur les espèces CITES.

2.3.2. Des effectifs insuffisants des agences congolaises

Comme mentionné précédemment, aux termes des articles 2 à 3 de l'arrêté ministériel n° 021/CAB/MIN/EDD/AAN/WF/05/2017 du 31 août 2017 portant transfert de l'organe de gestion CITES à l'Institut Congolais pour la Conservation de la Nature, l'organe de gestion congolais comprend 8 personnes, à savoir 1 organe de gestion titulaire[627], 1 directeur- coordonnateur, 4 assistants et 1 secrétaire.

En ce qui concerne les douanes, la DGDA comprendrait une quinzaine d'agents à l'aéroport international de N'Djili et une quarantaine dans les ports de Matadi et de Boma[628].

Par ailleurs, pour le cas de la RDC, il conviendrait de relever que la difficulté liée aux effectifs du personnel chargé de la lutte est également ressentie au niveau des aires protégées, ce qui facilite le braconnage des spécimens commercialisés illégalement. En effet, « la capacité de gestion de nombreuses aires protégées en RDC est limitée par un nombre insuffisant de

---

624 P.K.M. MEULENEIRE (Customs Investigation officer), *Réponses au questionnaire de thèse partagé avec les douanes belges de l'aéroport de Zaventem,* 12 juin 2020, voy. partie 3. Ressources humaines, question a. « Combien d'agents des douanes sont-ils affectés à l'aéroport ? Cet effectif est-il suffisant pour lutter contre la criminalité liée aux espèces sauvages (en tenant notamment compte du volume de fréquentation de l'aéroport) ? », p.7, Pour les précisions sur les effectifs, voy. le mail du 21 janvier 2021.

625 *Ibid.*

626 I. EELEN (Adviseur), *Réponses au questionnaire de thèse partagé avec l'Administration Générale des Douanes et Accises – Service du Directeur Régional d'Anvers,* 17 juin 2020, voy. question 16. « Combien d'agents des douanes sont-ils affectés au port ? Cet effectif est-il suffisant pour lutter contre la criminalité liée aux espèces sauvages (en tenant notamment compte du volume de fréquentation du port) ?», p.5.

627 Celui-ci est le directeur général de l'ICCN.

628 Nous n'avons pas pu avoir des données exactes auprès des autorités de la DGDA. Les demandes formulées sont restées sans suite. Il s'agit là des effectifs approximatifs recueillis en informel auprès de certains agents et d'autres services travaillant sur les mêmes sites.

gardes sur le terrain par rapport à la taille de l'aire protégée. La capacité opérationnelle courante est souvent faible, en raison d'un manque de formation appropriée et d'un équipement inadéquat »[629].

Le réseau d'aires protégées de la RDC couvre actuellement 11 %[630] du territoire national, et devrait s'étendre à 17 %[631]. Plusieurs de ces aires protégées sont situées aux frontières[632] avec le risque immédiat que les spécimens braconnés puissent traverser directement les frontières et se retrouver sur le marché du pays voisin[633].

Malgré un soutien international considérable[634], l'ICCN a été incapable, dans de nombreux sites, de faire face aux menaces du trafic des espèces

---

[629] USAID/WCS (2019), *Central Africa Forest Ecosystems Conservation (CAFEC): Maiko-Tayna-Kahuzi-Biega Landscape*, Annual Report. Reporting Period – 01 October 2013 to 30 June 2019.

[630] UICN/PACO, *Parcs et réserves de la République démocratique du Congo : évaluation de l'efficacité de gestion des aires protégées*, BF: UICN/PACO, Ouagadougou, 2010, p.9.

[631] ICCN, *Stratégie nationale de conservation de la biodiversité dans les aires protégées de la République démocratique du Congo*, septembre 2012, p.26.

[632] Notamment le Parc National de Garamba, PNG (sa limite nord se superpose à la frontière avec le Soudan où il est contigu à la Lantoto Game Reserve) et le Domaine de Chasse de Bili-Uéré, DCBU (situé aux frontières de la RDC, du Soudan et de la République Centrafricaine).

[633] Ces aires protégées sont dramatiquement convoitées et, cela se manifeste sur le terrain, par une multitude de pressions, dont les plus fréquentes sont le braconnage, la conversion de l'utilisation des terres (exploitation agricole, utilisation illégale de pâturage de l'AP, exploitation minière artisanale de zones protégées, implantation de populations dans l'AP, etc.), l'exploitation illégale des ressources végétales (pour le bois d'œuvre et bois de chauffe) et la pollution (provenant des exploitations minières environnantes). Voy. UICN/PACO, *Parcs et réserves de la République démocratique du Congo : évaluation de l'efficacité de gestion des aires protégées, op.cit.*, p.9.

[634] Des fonds provenant de mécanismes de financements internationaux et autres institutions apparentées pour réaliser des activités comportant des éléments de conservation et de développement durable touchant à la CITES ont été utilisés notamment pour soutenir la lutte contre le braconnage et le trafic des espèces sauvages en RDC. Il s'agit notamment des fonds/programmes suivants : Programme de Conservation de la Biodiversité et de gestion des Forêts III financé par la Banque allemande KfW avec un budget de 36 000 000 euros (février 2019) et 10 000 000 euros (mai 2019) ; Programme de Conservation de la Biodiversité et de gestion des Forêts IV financé par la Banque allemande KfW à concurrence de 20 000 000 euros (échéance 2019-2021) ; le Fonds Européen de Développement avec un budget de 150 000 000 euros (échéance 2016-2021) ; GEF/World Bank avec un budget de 21 640 000 $ (décembre 2019) ; Trust Fund (Okapi) avec un budget de 7 400 000 $ ainsi que 14 000 000 d'euros de capitalisation ; Projet "*Ensuring more effective protection of DRC's largest remaining forest elephant population: enhancing law enforcement and management of the Okapi Faunal Reserve* financé par US Fish and Wildlife Service (USFWS) à hauteur de 320 000 $; Projet "*Combatting poaching and wildlife trafficking in and around the Okapi Faunal Reserve in north-eastern Democratic Republic of Congo*" financé par International Narcotics and Law Enforcement Affairs (INL) ; Projet « Réduire l'abattage illégal des éléphants et autres espèces sauvages dans la Réserve de Faune à Okapis, République démocratique du Congo » ; Projet PNUE n° XT 6020-14-03 de 345 000 euros. Voy. RDC, *Rapport bisannuel 2017-2018*, p.22, accessible sur : https://cites.org/sites/default/files/reports/17-18DemocraticRepulicoftheCongo.pdf, consulté le 10 décembre 2020.

sauvages, lesquelles sont exacerbées par l'insécurité politique, la corruption, et la pauvreté des communautés locales vivant autour des aires protégées.

Il ressort de ces analyses que les différentes structures, que ce soit en Belgique ou en RDC, manquent cruellement d'effectifs pour mener à bien la lutte contre la criminalité liée aux espèces sauvages. Ce déficit en personnel a pour conséquence que certains postes de contrôle sont privilégiés au profit d'autres, jugés moins importants ; ce qui, malheureusement, est aussi pris en compte par les trafiquants dans leurs stratégies de commerce, lesquels exploitent ces faiblesses.

2.4. Moyens financiers et logistiques

Les moyens financiers et logistiques affectés à la mise en œuvre de la CITES influencent grandement l'effectivité et l'efficacité de la CITES.

2.4.1. Budget des organes nationaux CITES

Globalement, à voir notamment la logistique des agences et leurs effectifs, face à l'ampleur du trafic des espèces CITES, on ne peut que conclure à l'insuffisance de fonds alloués à la mise en œuvre de la CITES.

Par ailleurs, à la question de savoir si les autorités ont assez de moyens pour fonctionner efficacement, l'organe de gestion CITES a répondu « non » sur toute la ligne. Pour lui, tant les autorités scientifiques, les autres agences de lutte contre la fraude que lui-même ne dispose ni du financement, ni du personnel ni des capacités pour appliquer la CITES de façon performante[635]. À la même question, l'organe de gestion belge déclare disposer de suffisamment de moyens financiers, du personnel et des capacités pour mettre en œuvre la CITES. L'autorité scientifique manque de capacités pour ce faire. Pour leur part, les agences de lutte contre la fraude bénéficieraient des moyens financiers et des capacités, mais elles se réservent d'apprécier si elles possèdent des effectifs nécessaires[636].

Pour l'ICCN, organe de gestion CITES de la RDC, on a pu voir que ses budgets 2016 et 2017 étaient très faibles. En 2016[637], « le montant total sollicité par l'ICCN au gouvernement en termes de charges d'exploitation combinant les frais de fonctionnement et des rémunérations (y compris le

---

[635] RDC, *Rapport bisannuel 2017-2018*, *op.cit.*, p.17.

[636] Belgique, *Rapport bisannuel 2015-2017*, *op.cit.*, p.32.

[637] En 2016, l'ICCN n'était pas encore l'organe de gestion CITES de la RDC. L'intérêt de considérer cette année permettrait, d'une part, de voir dans les analyses des rapports financiers des années suivantes, une fois devenue organe de gestion, s'il y a eu une augmentation des ressources. D'autre part, il conviendrait de relever qu'à cette période, l'ICCN était l'autorité scientifique CITES de la RDC.

payement des retraites) s'est élevé à 30 988 029.907 CDF[638] » [639]. Sur ce montant, l'État congolais n'a libéré que 2 592 957 394 CDF[640] (soit 8,36 % du budget sollicité). En fin d'exercice, le budget exécuté s'élevait à 39 126 792 935 CDF[641] dont

1 115 516 140 CDF[642] provenaient des ressources propres et 35 418 319 401 CDF des bailleurs de fonds[643]. Ainsi, 90,52 % du budget annuel provenaient de la contribution desdits bailleurs de fonds. Précisons que ces ressources ne sont pas directement allouées à l'ICCN pour la gestion, mais bien mises en œuvre par les partenaires techniques et financiers[644]. En 2017[645], le budget global de l'ICCN aura été de 33 641 810 600,37CDF[646] dont 2 594 670 730 CDF[647] (7,71 %) représentaient les subsides de l'État, 3 046 478 901 CDF[648] (9 %) les recettes propres et 28 000 660 969,37 CDF[649] à titre de subsides des Partenaires[650]. Comme pour l'année 2016, les activités de l'ICCN étaient également tributaires des fonds extérieurs à concurrence de 83,23 %. En comparant les deux exercices, au moment où l'ICCN devient un organe de gestion CITES, les financements exécutés ont baissé de 14,01 %.

2.4.2. Équipements de contrôle aux frontières

Il s'agit ici de la mesure dans laquelle les agents de lutte contre la fraude aux points d'entrée et de sortie du territoire ont accès aux équipements, outils et matériels nécessaires pour détecter la criminalité liée aux espèces sauvages et y répondre. Ces équipements varient d'un pays à l'autre et sont également fonction du niveau de développement de chacun.

---

638 Ceci correspond à 25.623.707 €, 1€ = 1209,35 CDF. Voy. « L'historique de taux de change EUR/CDF (Euro/Franc congolais) pour décembre 2016 (12.2016) », accessible sur : https://freecurrencyrates.com/fr/exchange-rate-history/EUR-CDF/2016, consulté le 5 janvier 2021. Il convient de préciser que c'est le budget global de toute l'institution y compris les frais alloués aux 63 aires protégées couvrant tant les rémunérations, le fonctionnement que les activités de terrain (patrouilles, etc.).

639 ICCN, *Rapport annuel 2016, op.cit.*, p.60.

640 *Ibid*, p.64. Ce montant représente 2.144.092 €.

641 Soit 29.287.071,07 €.

642 Soit 922.409,67 €.

643 ICCN, Rapport annuel 2016, *op.cit.*, p.64.

644 À l'instar de TRAFFIC, WWF, AWF, WCS, WRI et JURISTRALE.

645 L'ICCN est devenue l'organe de gestion CITES le 31 août 2017.

646 Soit au total 17.424.309,12€, 1€ = 1930,74 CDF. Voy. « L'historique de taux de change Euro (EUR) et Franc congolais (CDF) » pour 2017, accessible sur : https://freecurrencyrates.com/fr/exchange-rate-history/EUR-CDF/2017, consulté le 5 janvier 2021.

647 Soit 1.343.873,71 €.

648 Soit 1.577.881,48 €.

649 Soit 14.502.553,92 €.

650 ICCN, *Rapport annuel 2017, op.cit.*, p.38.

Nous allons évoquer ici le cas des scanners, des unités canines et de l'accès à Internet.

S'agissant de la Belgique, les douanes du port d'Anvers disposent au total de 6 scanners dont 2 scanners tunnel fixes, 1 scanner à double tunnel, 1 *backscatter*[651] et 2 scanners mobiles[652]. L'aéroport de Zaventem, quant à lui, dispose de 4 scanners, dont 3 scanners mobiles ou scanvans[653] qui peuvent se déplacer partout dans l'aéroport et un scanner fixe dans le hall d'arrivée[654]. Les grands scanners mobiles sont déployés aux fins notamment de contrôles aux terminaux à conteneurs, mais aussi en tant que *back-up* aux scanners fixes en cas d'entretien ou de pannes techniques. Les scanvans de Zaventem sont employés lors de contrôles en collaboration avec le Groupe antidrogue (GAD) – service de recherche à l'aéroport de Zaventem et des missions d'appui à la demande de la Police fédérale, de l'AFSCA et du SPF Mobilité en dehors du domaine de l'aéroport de Zaventem. Par ailleurs, les douanes ont également une unité canine, spécialisée uniquement dans la recherche de la drogue[655].

Quant à la RDC, les agents des douanes[656] basés à l'aéroport de N'Djili ont accès à 2 scanners, l'un situé dans le hall des départs, et l'autre dans celui des arrivées. Cependant, ils sont la propriété de la RVA. La RDC ne dispose pas d'unité canine.

Une difficulté s'ajoute pour les services basés aux frontières de la RDC : « beaucoup d'agents de douane et de lutte contre la fraude n'ont pas l'accès facile à l'Internet. En outre, le plus grand nombre de postes douaniers au pays ne sont pas couverts par l'Internet[657]. Si le rapport de la RDC mentionne « la lutte contre la fraude est rendue facile grâce à l'échange des permis par voie électronique avec la douane et les services de contrôle (Office congolais de Contrôle) »[658], cette affirmation reste à nuancer. En effet, l'accès à Internet est non seulement difficile, mais aussi de qualité plus que moyenne. D'où, la persistance de cette difficulté.

Enfin, notons que le fait que ni la Belgique ni la RDC ne disposent d'unités canines reste également une des faiblesses du système, alors que la CoP reconnaît que « l'utilisation de chiens en combinaison avec d'autres moyens augmentera les chances de détection et de saisies ; que les chiens détecteurs

---

651 Un « backscatter » est un système d'inspection mobile monté sur une camionnette ou un camion léger permettant de scanner le contenu d'un container ou tout autre moyen de transport en roulant le long de celui-ci, sans déploiement de matériel volumineux.

652 I. EELEN, *Réponses au questionnaire de thèse partagé avec l'Administration Générale des Douanes et Accises – Service du Directeur Régional d'Anvers, op.cit.*, p.5.

653 Un « scanvan » est un système d'inspection mobile destiné à identifier de façon rapide et efficace le contenu du courrier, de bagages et de petits colis.

654 P.K.M. MEULENEIRE, *Réponses au questionnaire de thèse partagé avec les douanes belges de l'aéroport de Zaventem, op.cit.* p.7.

655 *Ibid.*

656 En ce qui concerne les ports de Matadi et de Boma, aucune information n'est disponible.

657 RDC, *Rapport bisannuel 2017-2018, op.cit.*, p.3.

658 *Ibid.*

peuvent trouver de nombreux objets qui ne peuvent pas être détectés par d'autres moyens ; et qu'une équipe de maîtres-chiens est très efficace pour fouiller rapidement des personnes, des chargements ou des bagages »[659].

On retiendra notamment que le niveau de technologie influence la qualité du contrôle ainsi que la bonne mise en œuvre de la CITES.

2.5. Capacités techniques et formations

Les personnes qui contribuent à la mise en œuvre de la législation environnementale, dont celle sur la CITES, doivent disposer des connaissances et des capacités nécessaires pour veiller à ce que les lois et leur exécution produisent les effets positifs escomptés[660].

Ainsi, le suivi de l'application de la législation sur terrain peut s'avérer très complexe. Les principaux problèmes qui subsistent sont d'une part les difficultés pour identifier aux frontières les spécimens relevant des annexes de la Convention et, surtout, en particulier dans les pays du Sud où vivent la plupart des espèces menacées d'extinction ou vulnérables [...][661]. Le constat est quasi le même en Belgique et en RDC, où les agences ont besoin de diverses formations notamment pour reconnaître les espèces CITES, soit plus de 38 000 catégories. Le problème est similaire pour l'ivoire d'éléphant au sujet duquel la CITES a produit un guide d'identification des substituts de l'ivoire et de l'ivoire[662]. Grâce à ce livret, les agents peuvent parvenir à distinguer l'ivoire d'éléphant des autres matériaux qui l'imitent ou lui ressemblent[663].

La Belgique[664] et la RDC[665] ont déclaré avoir dispensé un certain nombre de formations, y compris sur la CITES et sur l'identification des espèces. Or,

---

659 CITES, *Résolution Conf. 11.3 (Rev. CoP18), op.cit.*, p.3.

660 Commission européenne, *Examen de la mise en œuvre de la politique environnementale de l'UE 2019, op.cit.*, p.48.

661 A. KISS et J.-P. BEURIER, *Droit international de l'environnement*, Paris, éd. Pedone, 3e éd., 2004, p.298.

662 Il répond à la décision 17 162 adoptée à la dix-septième session de la Conférence des Parties à la CITES (Johannesburg, 2016).

663 B. BAKER, R. JACOBS, M. MANN, E. ESPINOZA and G. GREIN (2020), *CITES Identification Guide for Ivory and Ivory Substitutes*, World Wildlife Fund Inc., Washington DC. Commissioned by CITES Secretariat, Geneva, Switzerland, p.vi.

664 Parmi les formations renseignées par la Belgique, il y a lieu de citer : (i) By CITES Belgian MA: CITES in general (2015); Theoretical and practical training sessions on CITES legislation and enforcement (Brussels, July, August and September 2017); and use of TCM database and practical exercises (Brussels, December 2017); (ii) By CITES experts : Ivory identification (Brussels, 2017); (iii) CITES training sessions were given by the CITES MA in 2015 (Liège Bierset Airport): presentation of CITES, use of documents, type of CITES specimens which can be found in this airport , routing, risk analysis. Voy. Belgique, *Rapport 1 January 2015 to 31 December 2017, op.cit.*, p.13

665 Parmi les formations renseignées par la RDC, on retrouve : (i) Renforcement des capacités des autorités aéroportuaires de l'aéroport international de N'Djili sur l'utilisation de la boîte à

cette démarche devrait être menée régulièrement afin de s'assurer de la bonne maîtrise des connaissances par les agences. Par ailleurs, une autre option, de plus en plus utilisée et encouragée, est la prise de photos qui peuvent être partagées dans un réseau d'experts[666] afin d'aider à l'identification.

Paragraphe 3. Suivi et mise en œuvre

Ce groupe a comme indicateurs le nombre de rapports produits par la Belgique et la RDC au titre de la CITES ainsi que les documents CITES délivrés.

3.1. Rapports produits au titre de la CITES

Pour rappel, trois types de rapports sont ci-visés (rapports annuels, sur l'application et sur le commerce illégal).

S'agissant des rapports annuels, de 2012 à 2018, la CITES en a reçu 1 037 dont, sur les 7 attendus de chaque Partie, la Belgique[667] et la RDC[668]. S'agissant des rapports sur l'application[669] des mesures législatives, réglementaires et administratives, depuis 2003, la CITES en a reçu 6[670] de la Belgique et 2[671] de la RDC[672]. Enfin, s'agissant des rapports annuels sur le commerce illégal, de 2016 à 2019, sur les 4 rapports attendus des Parties, la CITES en a reçu 3[673] de la Belgique et 2[674] de la RDC[675].

---

outils ETIS ; (ii) Formation des agents chargés de l'application de la loi, Kinshasa, du 30-31 octobre 2017, financement COMIFAC; (iii) Atelier national de formation et d'échange d'expériences sur les techniques d'identification des produits de faune et de conduite des enquêtes criminelles en matière de faune, Kinshasa, du 30-31 octobre 2017, Financement USAID. Voy. RDC, *Rapport Bisannuel 2017-2018*, *op.cit.*, p.9.

[666] Notamment par mail, via des applications ou via les réseaux sociaux (WhatsApp, Skype, Messenger, etc.).

[667] Pour la Belgique : Rapport 2012 (01/06/13), Rapport 2013 (18/06/14), Rapport 2014 (29/06/15), Rapport 2015 (07/16), Rapport 2016 (07/07/16), Rapport 2017 (07/18) et Rapport 2018 (14/06/19).

[668] Pour la RDC : Rapport 2012 (17/11/13), Rapport 2013 (17/06/14), Rapport 2014 (06/02/15), Rapport 2015 (11/04/16), Rapport 2016 (18/07/17), Rapport 2017 (30/01/18) et Rapport 2018 (03/11/18).

[669] Anciennement appelés rapports bisannuels.

[670] La Belgique a présenté à ce jour 6 rapports sur l'application de la Convention (rapports bisannuels) correspondant aux périodes suivantes : 2003 – 2004 (en date du 06/03/06) ; 2005 – 2006 (25/10/07) ; 2007 – 2008 (28/10/09) ; 2011 – 2012 (14/06/13) ; 2013 – 2014 (30/06/15) ; 2015 – 2017 (29/10/18).

[671] La RDC a présenté à ce jour 2 rapports sur l'application de la Convention (rapports bisannuels) correspondant aux périodes suivantes : 2003 – 2004 (26/06/06) et 2017 – 2018 (31/01/19).

[672] CITES, *Biennial reports and Implementation Reports*, *op.cit.*

[673] Les rapports IWT de la Belgique ont été transmis pour les années 2016, 2017 et 2018.

[674] Les rapports IWT de la RDC ont été transmis pour les années 2018 et 2019.

[675] CITES, *Parties_Territories_that_submitted_their_annual_illegal_trade report*, *op.cit.*

3.2. Délivrance des permis et certificats CITES

Suivant l'article II.4 de la CITES, les Parties ne permettent le commerce des spécimens des espèces inscrites aux Annexes I, II et III qu'en conformité avec les dispositions de la Convention (voir notamment les articles III à VI)[676]. Celle-ci spécifie la forme de différents documents CITES à délivrer.

En ce qui concerne la Belgique, son organe de gestion CITES a délivré, conformément à la CITES et en application de la réglementation européenne en la matière ainsi qu'à la législation et à la réglementation belge, plusieurs permis et certificats. À voir le volume de ces documents (tableau 15), on sait apprécier l'ampleur du travail réalisé dans la mise en œuvre de la CITES au plan national.

Tableau 15 : Documents CITES délivrés par la Belgique de 2010 à 2020[677]

Années	*Nombre de documents*
2010	-
2011	5 794[678]
2012	6 725[679]
2013	6 262[680]
2014	7 242[681]
2015	6 977[682]
2016	7 410[683]
2017	10 060[684]
2018	-
2019	-
2020	-

676 Voy. aussi les résolutions Conf. 12.3 (Rev. CoP13) sur l'utilisation des procédures simplifiées et Conf. 16.7 (Rev. CoP17) sur les procédures standard pour formuler les avis de commerce non préjudiciable.

677 Pour l'essentiel, ces données ont été puisées dans les rapports bisannuels de la Belgique. Aucune donnée n'a été retrouvée pour l'année 2010, tandis que le rapport bisannuel de 2017-2018 n'est pas disponible et le rapport 2019-2020 n'a pas encore été soumis.

678 Belgique, *Rapport bisannuel 2011-2012, op.cit.*, p.20.

679 *Ibid.*

680 Belgique, *Rapport bisannuel 2013-2014*, 1 January 2013 to 31 December 2014, p.18, accessible sur : https://cites.org/sites/default/files/reports/13-14Belgium.pdf, consulté le 10 décembre 2020.

681 *Ibid.*

682 M.-C. MARGHEM, *CITES : la lutte contre le commerce illégal des espèces menacées s'intensifie*, 03 mars 2016, accessible sur : https://www.marghem.be/fr/actualites/cites-la-lutte-contre-le-commerce-illegal-des-especes-menacees-sintensifie/, consulté le 11 décembre 2020.

683 SPF Santé publique, Sécurité de la chaine Alimentaire et Environnement, *Dossier d'information sur le commerce des animaux, des plantes et du bois*, p.6, accessible sur : https://www.health.belgium.be/sites/default/files/uploads/fields/fpshealth_theme_file/dossier_de_presse_fr.docx, consulté le 11 décembre 2020.

684 *Ibid.*

Le tableau ci-dessus montre une moyenne annuelle de 7 236 documents CITES délivrés avec une forte augmentation en 2017 atteignant 10 060 documents, ce qui représente une augmentation de 35,76 % par rapport à l'année précédente (2016) et de 39,02 % par rapport à la moyenne annuelle.

En ce qui concerne la RDC, depuis 2010, elle n'a présenté qu'un seul rapport bisannuel[685], celui de 2017-2018, lequel ne renseigne malheureusement pas sur le nombre de documents délivrés durant la période qu'il couvre. Toutefois, des données sont renseignées dans les rapports 2018 et 2019 concernant les exportations (tableau 16).

Tableau 16 : Documents CITES délivrés par la RDC de 2018 à 2019[686]

Années	*Nombre de documents*
2018	280[687]
2019	248[688]

Il ressort du tableau ci-dessus que durant les deux années, 2018 et 2019, l'organe de gestion CITES RDC a délivré approximativement 528 documents CITES. Il se dégage une moyenne annuelle de 264 documents CITES délivrés par la RDC. Rappelons que la moyenne annuelle pour la Belgique est de 7 236 documents CITES. Ce grand écart semble tout de même éveiller la curiosité quand on compare la disponibilité des ressources sur les territoires des deux pays, d'une part, et quand on connaît le volume des produits déclarés par les autorités des autres pays sur les exportations de la RDC, d'autre part.

Par ailleurs, il conviendrait de relever que la RDC a rencontré de nombreux problèmes dans la gestion de ses documents CITES. En 2013, elle a même fait l'objet de l'application de l'article XIII de la Convention. Parmi les difficultés d'application de la Convention recensées, sur la base des articles IV et VIII, figure notamment « (a) la gestion des quotas et la délivrance des permis d'exportation ; […] (c) commerce illégal »[689].

En 2014, le Secrétariat de la CITES a appris l'existence d'un grand nombre de faux permis ou de permis falsifiés apparemment délivrés par la RDC[690]. Durant la période, un grand nombre d'originaux en blanc de permis avaient

---

[685] Ces rapports étants la principale source d'extraction desdites données.

[686] Il s'agit des documents suivants : permis d'exportation, certificat de réexportation et permis d'importation.

[687] ICCN, *Rapport annuel CITES-RDC sur les exportations et importations 2018* (compilé sur base des permis délivrés).

[688] ICCN, *Rapport annuel CITES-RDC sur les exportations et importations 2019.*

[689] CITES, *Application de l'art. XIII*, SC66 Doc. 28, p. 1.

[690] Les Parties qui avaient adressé des demandes à l'organe de gestion de la RDC, après plusieurs constats des irrégularités, pour vérifier la validité de permis ont parfois reçu des réponses irrégulières ou contradictoires, dans certains cas de la part d'individus non autorisés (qui prétendaient agir au nom des autorités CITES de la RDC). Voy. SC66 Doc. 28, p. 2.

disparu[691]. Par ailleurs, l'organe de gestion s'était engagé à fournir au Secrétariat des copies de tous les permis CITES qu'il délivrait[692]. Cette situation a même donné lieu à une mission du Secrétariat en RDC du 17 au 21 novembre 2015. Actuellement, il est possible de vérifier sur le site de l'organe de gestion RDC les permis délivrés[693]. En dépit de cette possibilité, les informations sur les permis et certificats CITES demeurent inaccessibles.

Pour mieux illustrer ce problème de permis et de certificats, de quota, et donc de la gestion de la CITES, on compare les exportations annuelles déclarées par la RDC et les importations déclarées par les Parties d'importation en ce qui concerne le *Psittacus erithacus* (perroquet gris à queue rouge) (tableau 17).

Tableau 17 : Exportations de Psittacus erithacus vivants par la République Démocratique du Congo de 2007 à 2013. Comparaisons entre les exportations annuelles déclarées par la RDC et les importations déclarées par les Parties d'importation

	2007	*2008*	*2009*	*2010*	*2011*	*2012*	*2013*	*Total*
Quota	5 000	5 000	5 000	5 000	5 000	5 000	5 000	35 000
Déclaré par la RDC	751	4 608	4 998	4 354	5 000	5 000	5 000	29 711
D'après les importateurs	4 725	6 323	7 260	7 702	3 662	12 891	6 869	49 432

Source : base de données sur le commerce CITES[694]

Alors qu'il s'agit d'une espèce qui était dans le commerce, on constate des disparités énormes entre les « déclarations » de la RDC sur ces exportations, lesquelles rentrent bien dans ses quotas annuels, et les importations déclarées par les autres Parties à la CITES. Pour l'année 2007, par exemple, la RDC déclare n'avoir exporté que 751 spécimens sur un quota de 5 000 alors que les pays importateurs ont renseigné avoir importé 4 725 spécimens, soit un écart de 3 974 spécimens, représentant 529,16 %. Pour l'année 2010, la RDC déclare n'avoir exporté que 4 354 spécimens sur un quota de 5 000 alors que les pays importateurs ont renseigné avoir importé 7 702 spécimens, soit un écart de 3 348 spécimens, représentant 76,89 %. Pour l'année 2012, la RDC déclare avoir exporté 5 000 spécimens sur un quota de 5 000 alors que les pays importateurs ont renseigné avoir importé 12 891 spécimens, soit un écart de 7 891 spécimens, représentant 157,82 %. En 2011, c'est l'inverse qui se produit, la RDC déclare une exportation de 5 000 spécimens, ce qui correspond à son

---

691 CITES, *Application de l'art. XIII, op.cit.*, p. 2.

692 *Ibid.*

693 CITES RDC, *"Permit verify : CITES DRC SECURE"*, accessible sur : https://www.citesrdc.org/news.php#, consulté le 14 novembre 2020.

694 Voy. *SC66 Doc. 28,* p. 7.

quota, alors que les pays importateurs n'en ont déclaré que 3 662. De quel côté serait l'erreur ? La RDC aurait-elle juste, faute de données, décidé délibérément de faire correspondre ses exportations à son quota ? Dans les deux cas de figure, on se rend à l'évidence qu'un problème d'application de la Convention existe.

Paragraphe 4. Contrôle et détection de la fraude

Ce groupe comprend 4 indicateurs dont la gestion stratégique des risques dans le cadre d'une lutte proactive contre la fraude, l'approche d'enquêtes fondées sur le renseignement, l'utilisation de techniques d'enquête spécialisées et les enquêtes financières.

4.1. Gestion stratégique des risques dans le cadre d'une lutte proactive contre la fraude

Les pratiques de gestion des risques sont des activités coordonnées des autorités pour identifier et contrôler les risques. La gestion des risques permet de déterminer où se trouvent les plus fortes zones d'exposition aux risques et comment les ressources devraient être allouées pour gérer efficacement ces risques. Entre autres choses, la gestion des risques permet d'identifier les activités qui nécessitent un niveau de contrôle supérieur[695]. Les résultats d'une telle évaluation jettent les bases à partir desquelles les ressources et les opérations spécifiques peuvent être ciblées afin de maximiser l'efficacité des contrôles. Celle-ci s'exécute différemment en Belgique et en RDC.

4.1.1. Gestion stratégique des risques en Belgique

À l'instar des autres États membres de l'UE, la Belgique s'est engagée, par le biais du plan d'action de l'UE contre le trafic d'espèces sauvages, à participer à une évaluation commune des risques des priorités à l'échelle de l'UE et des priorités d'application définies au niveau national[696].

Ainsi, en Belgique les évaluations des risques sont principalement utilisées par les douanes lors des contrôles des passagers, les expéditions de fret et les colis postaux, mais aussi par l'organe de gestion CITES au moment des demandes de documents CITES ainsi que par le service d'inspection CITES[697].

Quant à l'organe de gestion, il évalue les risques dans les demandes qui lui sont faites pour obtenir un permis CITES ou un certificat UE. En particulier,

[695] ICCWC, *Cadre d'indicateurs de l'ICCWC pour la lutte contre la criminalité liée aux espèces sauvages et aux forêts : Modèle d'évaluation*, Genève, 2016, p.5.
[696] L. Musing and H. Shiraishi (2019), *Analysis of EU Member State CITES Implementation Reports 2015–2017*. Report prepared for the European Commission, p.23.
[697] *Ibid.*

lorsque la sollicitation porte sur une espèce sensible (ex. espèce : peu reproduite captivité), en cas de suspicion de fraude (cas de déclaration douteuse du demandeur), dans le cas où le demandeur a déjà été fiché comme étant impliqué dans des infractions à la CITES. Il peut aussi s'agir de cas où certaines informations des autorités de contrôle national ou européen éveillent des soupçons, recommandent la prudence, ou apparaissent après la vérification des données disponibles sur les espèces commercialisées illégalement (notamment dans EU-TWIX, etc.)[698].

En ce qui concerne le service d'inspection CITES, cette évaluation des risques est utilisée notamment à la suite d'informations transmises par l'organe de gestion CITES, à l'occasion de plaintes, mais aussi lorsque certaines informations des autorités de contrôle national ou européen éveillent des soupçons ou la recommande. Par ailleurs, l'inspection CITES fait également des contrôles préventifs et aléatoires[699].

4.1.2. Gestion stratégique des risques en RDC

En ce qui concerne la RDC, les différentes actions entreprises semblent plus opportunistes ou menées en réaction aux circonstances plutôt que bien planifiées. En effet, c'est souvent lors de contrôles de routine que les agences de vérification détectent les cas de criminalité liée aux espèces sauvages et procèdent à des saisies et à des arrestations.

Les agences de lutte contre le trafic des espèces sauvages ont du mal à programmer des missions en raison de contraintes logistiques, financières et de ressources humaines. Dans la pratique, et par expérience, de nombreuses opérations planifiées sont le résultat des enquêtes des organisations de la société civile telles que JURISTRALE ou de dénonciations des ONG internationales (TRAFFIC, WWF, WCS et AWF). Une fois que ces organisations ont des informations, et à l'issue de leurs enquêtes, elles contactent les agences de contrôle, la police ou le parquet pour planifier une opération coup de poing. Parfois, les enquêteurs de ces structures présentent les résultats de leurs investigations et suggèrent des stratégies d'opération. C'est alors que les parties discutent de leur mise en œuvre, de leurs risques et de leur gestion, et de la logistique pour les réaliser.

Par ailleurs, il conviendrait de relever que la DGDA dispose d'une unité d'analyse des données pour la gestion des risques, mais non spécifique à la criminalité liée aux espèces sauvages. Cependant, aucun système de profilage automatique des risques n'a encore été déployé.

---

698 Belgique, *Rapport 1 January 2015 to 31 December 2017*, p.24.
699 *Ibid.*

4.2. Approche d'enquêtes fondées sur le renseignement

Ceci comprend aussi bien la gestion de l'information et l'analyse du renseignement.

4.2.1. Gestion de l'information

Il s'agit ici de l'étendue des procédures et des systèmes nationaux pour rassembler des informations sur la criminalité liée aux espèces sauvages.

La Belgique utilise principalement EU-TWIX[700] comme système national pour rassembler des informations sur la criminalité liée aux espèces sauvages. Celui-ci, subventionné par le gouvernement fédéral[701], est « un système de soutien européen destiné à faciliter l'échange d'informations et la coopération internationale entre les agents des services répressifs et de gestion concernant les espèces sauvages »[702]. Il est constitué de deux composantes complémentaires : un site internet et une liste de diffusion[703]. Sa base de données EU-TWIX contient aujourd'hui plus de 55 000 dossiers de saisies en rapport avec les espèces sauvages effectuées depuis 2000 dans les 28 États membres de l'UE. C'est un formidable instrument pour suivre l'évolution du commerce illégal d'espèces sauvages au niveau national et au niveau de l'UE[704]. Avec plus de 400 messages liés à l'application des lois échangés chaque année, la liste de diffusion EU-TWIX est utilisée quotidiennement par les responsables de l'application des lois pour communiquer rapidement et efficacement avec leurs collègues dans toute l'Europe[705].

---

700 TWIX est un acronyme anglais pour Échange d'informations sur le commerce d'espèces sauvages. En Europe, il a été créé en 2005, à l'initiative des autorités belges et de TRAFFIC, et met aujourd'hui en relation plus de 1 000 agents (par exemple des autorités de gestion de la CITES, des services douaniers, des services d'inspection environnementale, de la police et des autorités judiciaires) issus de 37 pays européens et 10 organisations internationales/régionales, avec le soutien financier de la Commission européenne et de nombreux États membres.

701 Voy. notamment l'arrêté royal du 26 novembre 2011 -pour une contribution financière de l'Autorité fédérale belge pour l'année 2011 au WWF-Belgique pour la gestion et le développement du projet EU-TWIX. Par ailleurs, dans le cadre de ces recherches, nous devions nous référer à l'organe de gestion CITES belge afin d'avoir les autorisations nécessaires pour l'extraction des données dans EU TWIX.

702 Commission européenne, *COM (2018) 711 final, op.cit*, p.7.

703 TRAFFIC, *EU-TWIX, un outil internet pour aider l'UE à lutter contre la criminalité liée au commerce d'espèces sauvages*, Bruxelles, 2019, p. 2, accessible sur : https://www.traffic.org/site/assets/files/3792/eu-twix-leaflet-2018-fr-web.pdf, consulté le 21 mai 2019.

704 Commission européenne, *COM (2018) 711 final, op.cit*, p.7.

705 *Ibid*, p.3.

Par ailleurs, la Belgique dispose également d'une Banque de données nationale générale (BNG)[706], dont l'accessibilité est restreinte à quelques services[707], et d'une liste noire[708].

La RDC, pour sa part, utilise également le système TWIX via AFRICA-TWIX[709] et SADC-TWIX, plateformes dont l'organe de gestion CITES RDC est le point focal national[710]. Ces deux TWIX visent à contribuer à la réduction du commerce illégal des espèces sauvages à travers un meilleur partage de l'information. Comme tous les TWIX, ceux-ci sont un outil internet développé pour faciliter l'échange d'informations et la coopération entre les autorités de contrôle CITES, possédant deux composantes, à savoir : la *mailing-list* (forum internet), et une base de données. Il a pour objectif de faciliter l'échange d'information et la coopération entre les agences responsables de l'application de la loi[711].

Contrairement à la Belgique, le recours à ces plateformes n'est pas systématique. Par ailleurs, la RDC tient également un registre de la base de données sur le commerce illégal[712].

4.2.2. Analyse du renseignement

Il s'agit ici d'apprécier la façon dont les informations sur la criminalité liée aux espèces sauvages sont vérifiées et analysées afin de générer du renseignement.

La Belgique utilise les renseignements criminels pour éclairer les enquêtes sur le commerce illégal d'espèces CITES. Ces renseignements sont notamment ceux contenus dans la Banque de données nationale générale et dans la liste noire[713], toutes deux précédemment évoquées.

Pour sa part, la RDC fait rarement référence à des renseignements criminels. Il a été mentionné que la plupart de ses « actions » sont réalisées de façon non ciblée. Toutefois, depuis 2018, avec la tenue du registre de la base de données sur le commerce illégal, nous espérons que les autorités vont régulièrement en analyser les informations afin de générer du renseignement criminel sur lequel elles pourront fonder leurs actions.

---

[706] Cette banque de données rassemble les données personnelles de plus de 2 000 000 des personnes qui ont commis des infractions, qui sont victimes ou témoins d'une infraction, etc.

[707] Dont la police judiciaire et locale, mais pas les autorités CITES belges.

[708] Celle-ci est une feuille Excel avec la liste des enquêtes, noms et adresses des délinquants impliqués dans les saisies, etc.

[709] Africa - Trade in Wildlife Information eXchange.

[710] RDC, *Rapport bisannuel 2017-2018*, *op.cit.*, p.11.

[711] F. ABESSOLO, B. NGUEMWO, C. MASHINI MWATHA et P. NGEH (2017), *Rapport de l'atelier national d'échange sur la lutte contre la criminalité faunique et le trafic illicite des produits forestiers dans le cadre de la mise en œuvre du projet AFRICA-TWIX au Gabon*, Yaoundé, Cameroun, TRAFFIC. p. 11.

[712] CITES, SC70 Doc. 27.3.2.1, *op.cit.*, p. 3.

[713] Belgique, *Rapport 1 January 2015 to 31 December 2017*, *op.cit.*, p.25.

4.3. Utilisation de techniques d'enquête spécialisées

Il s'agit ici de l'utilisation de techniques d'enquête spécialisées par les agences nationales de lutte contre la fraude pour combattre la criminalité liée aux espèces sauvages.

La Belgique[714] et la RDC[715] sont parties à la Convention des Nations unies contre la criminalité transnationale organisée[716]. Son article 20 traite des techniques d'enquête spéciales, dont les livraisons surveillées (article 20,4).

Grâce à la loi du 6 janvier 2003, comme déjà mentionné, la Belgique s'est dotée de méthodes particulières de recherche et de quelques autres techniques d'enquête. Cependant, en dépit de l'existence de ce texte, en dépit du fait que les agents de la force publique sont formés aux opérations de livraison surveillée, ceux-ci n'en effectuent pas dans le cadre du trafic d'animaux sauvages[717].

En ce qui concerne la RDC, elle ne s'est pas dotée d'une législation spécifique lui permettant d'utiliser des techniques d'enquête spécialisées.

4.4. Enquêtes financières

Il s'agit ici de la capacité des agences nationales de lutte contre la fraude à mener des enquêtes financières pour soutenir les investigations et les poursuites relatives à la criminalité liée aux espèces sauvages.

En dépit de l'existence des services nationaux de renseignement financier, il a été constaté que les flux financiers sont rarement suivis au-delà des frontières. Or, les syndicats criminels utilisent une gamme de mécanismes de paiement pour trafiquer les produits illicites de la faune sauvage à partir de la source jusqu'à leur destination finale[718].

---

714 La Belgique a signé cette Convention en date du 12 décembre 2000 et l'a ratifié le 11 août 2004.

715 La RDC est devenue partie à cette Convention par adhésion en date du 28 octobre 2005.

716 La Convention a été adoptée par la résolution A/RES/55/25 du 15 novembre 2000 à la cinquante-cinquième session de l'Assemblée générale de l'Organisation des Nations unies. Elle a été ouverte à la signature des États membres lors d'une Conférence politique de haut niveau organisée à cette occasion à Palerme (Italie) du 12 au 15 décembre 2000, pour entrer en vigueur le 29 septembre 2003. La Convention est complétée par trois Protocoles, qui visent des activités et manifestations spécifiques de la criminalité organisée : le Protocole visant à prévenir, réprimer et punir la traite des personnes, en particulier des femmes et des enfants ; le Protocole contre le trafic illicite de migrants par terre, air et mer ; le Protocole contre la fabrication et le trafic illicites d'armes à feu, de leurs pièces, éléments et munitions. Les États doivent devenir Parties à la Convention avant de pouvoir devenir Parties à l'un des Protocoles.

717 I. EELEN, *Réponses au questionnaire de thèse partagé avec l'Administration Générale des Douanes et Accises – Service du Directeur Régional d'Anvers, op.cit.*, p.4.

718 TRAFFIC, *Commerce illicite de la faune en Afrique, loc.cit.*, p. 5.

La Belgique dispose d'une Cellule de traitement des informations financières (CTIF)[719]. La RDC, de son côté, dispose d'une Cellule Nationale des Renseignements Financiers (CENAREF)[720]. Aucune de ces deux cellules n'a été impliquée jusqu'à ce jour dans une enquête sur la criminalité liée aux espèces sauvages.

Paragraphe 5. Saisies et confiscations

Ce groupe comprend aussi bien les nombres des saisies réalisées que l'utilisation des spécimens d'espèces sauvages confisqués avec un focus sur l'ivoire d'éléphant.

5.1. Saisies d'ivoire

Le nombre de saisies de spécimens d'espèces sauvages faisant l'objet d'un commerce illicite est également un fort indicateur dans l'analyse de la criminalité liée aux espèces sauvages.

Le rapport de l'UNODC de 2020 sur la criminalité liée aux espèces sauvages a essayé de mesurer les efforts fournis par les Parties en inventoriant les différentes méthodes de détection dans les saisies d'ivoire d'éléphant entre 2004-2018. Il ressort dudit rapport que la plupart des méthodes de détection (68,8 %) ne sont pas signalées, les investigations ne représentent que 14,9 %, les informations des tiers 5,7 %, l'évaluation des risques 4,7 %, les images scannées 3,2 %, le travail de routine 1 %, les chiens renifleurs 0,9 % et les autres méthodes 0,8 %. Cependant, en écartant les méthodes inconnues (figure de droite), les investigations ne représentent que 48 %, les informations des tiers 18 %, l'évaluation des risques 15 %, les images scannées 10 %, le travail de routine 3 %, les chiens renifleurs 3 % et les autres méthodes 3 %[721].

La part des différentes méthodes utilisées lors des saisies éclaire sur les efforts fournis par les Parties. On peut, par exemple, constater que l'intelligence et les investigations (avec l'utilisation combinée de différents moyens) représentent près de la moitié des résultats obtenus, soit 48 %. Au contraire, le travail de routine ne représente que 3 %. La conclusion est qu'en ne fournissant pas d'efforts pour cibler cette lutte et en ne comptant que sur un travail de routine, on n'arriverait qu'à 3 % des résultats. Pour une lutte efficace, il conviendrait notamment de renforcer le travail de routine, lequel devrait permettre de détecter au moins les 2/3 des transactions illicites. Le

[719] Voy. les art. 76, § 3 et art. 79 de la loi du 18 septembre 2017 relative à la prévention du blanchiment de capitaux et du financement du terrorisme et à la limitation de l'utilisation des espèces.
[720] Créée par la Loi n°04/16 du 19 juillet 2004 portant lutte contre le blanchiment des capitaux et le financement du terrorisme.
[721] UNODC (2020), *World Wildlife Crime Report, op.cit,* p.53.

renforcement des investigations devrait permettre de combler le 1/3 restant afin d'atteindre les 100 % de résultats.

L'usage de l'une ou l'autre de ces méthodes est tributaire de plusieurs autres facteurs, dont des moyens financiers et logistiques disponibles. En Belgique et en RDC, leur usage ne se fait donc pas dans la même proportion, l'analyse des saisies pourra apporter plus d'indications.

5.1.1. Les saisies d'ivoire réalisées par les autorités belges

Les saisies à la suite d'importations illégales ont principalement lieu à l'aéroport de Zaventem (lors du contrôle des passagers, du contrôle des denrées alimentaires ou du contrôle des colis postaux) ou au port d'Anvers (importation de bois tropical, essentiellement). Elles peuvent aussi avoir lieu sur le territoire de la communauté lorsqu'il s'agit de commerce illégal[722].

En raison de sa position centrale, la Belgique joue un rôle clé dans le transport des personnes et des biens en Europe. L'aéroport de Zaventem est l'un des 15 aéroports les plus fréquentés en Europe pour les vols commerciaux, et Anvers occupe la deuxième position pour le transport maritime. Des pôles de transit aussi importants créent des opportunités pour le commerce d'espèces sauvages, tant illégal que légal[723].

D'après les données EU-TWIX[724], de 2010-2018[725], sur les 1188 saisies signalées en Belgique, 235 concernent l'ivoire d'éléphant, soit 19,78 %. Elles sont évaluées à près de 220 kg[726]. Ces chiffres indiquent que la Belgique est un acteur (intermédiaire) important dans le trafic illégal des espèces CITES, notamment des produits dérivés de plantes médicinales, l'ivoire, les hippocampes et les reptiles. Les produits qui transitent par la Belgique « proviennent principalement d'Afrique centrale et d'Afrique de l'Ouest, à destination de la Chine »[727].

La Belgique est ainsi une plaque stratégique au vu de sa situation géographique, politique et des opportunités qu'elle offre. En effet, « la Belgique est une plaque tournante clé du transport de marchandises dans l'UE, qui offre une opportunité significative pour le commerce légal et illicite, qui

---

722 SPF Santé publique, Sécurité de la chaine Alimentaire et Environnement, *Deuxième rapport fédéral en matière d'environnement*, *op.cit.*, p.41.

723 WWF, *La Belgique, plaque tournante européenne ?*, Note de position sur le commerce des espèces de faune et de flore sauvages, octobre 2018, p. 1.

724 Données nous transmises par les autorités belges (organe de gestion CITES) en juillet 2016 et en juin 2020.

725 Il manque les données de 2015, ainsi que celles de 2019 et 2020 qui ne sont pas encore disponibles.

726 Données nous transmises par les autorités belges (organe de gestion CITES) en juillet 2016 et en juin 2020.

727 WWF, *La Belgique, plaque tournante européenne ?*, *op.cit.*, p. 2 ; A. KNAPP ET A. AFFRE, Le *commerce illégal et la vente d'espèces CITES en Belgique : ivoire d'éléphant et autres spécimens*, *op.cit.*, p.6.

inclut la faune. En 2015, 221 000 vols aériens commerciaux (y compris les passagers, le fret et le courrier) ont transité par Brussels Airport, ce qui le classe parmi les 15 aéroports les plus fréquentés de l'UE. Ces vols ont impliqué au total 23,27 millions de passagers aériens et plus de 483 000 tonnes de fret et de courrier, chargées et déchargées (EC, 2017a). En termes de tonnes d'envois déchargés et chargés dans les ports maritimes de l'UE en 2015, Anvers s'est classé au deuxième rang parmi tous les États membres de l'UE, avec plus de 190 millions de tonnes déclarées. La Belgique entretient également des liens étroits avec d'autres États membres de l'Union européenne. Ses ports ont reçu 44 millions de tonnes de marchandises en provenance de l'UE en 2015, soit 34,7 % de la part totale de l'UE. La même année, la Belgique a également expédié 37 millions de tonnes vers l'UE (CE, 2017a). Les trafiquants illégaux utilisent ces opportunités de commerce et de transport, l'aéroport de Bruxelles et le port d'Anvers étant utilisés comme un important point de transit pour le mouvement d'espèces sauvages illégales telles que peaux, ivoire et hippocampes, de l'Afrique vers les pays asiatiques, notamment la Chine et le Sud Corée et Viet Nam »[728].

Par ailleurs, une autre faiblesse dans les enquêtes qui impacte les quantités saisies reste la faible lutte contre la cybercriminalité toujours en essor. En effet, un fort marché de commercialisation des produits en ivoire se développe sur Internet. Des enquêtes réalisées par IFAW au niveau européen recensent 348 annonces sur 13 sites internet en Belgique, dont presque la moitié concernait des objets en ivoire authentique ou présumé[729]. Ces derniers étaient les plus vendus avec 162 annonces, soit 47 % des ventes dénombrées pendant l'enquête. La majorité des annonces ont été trouvées sur les sites 2ememain.be et 2dehands.be. Un même vendeur a publié 11 annonces sur 2ememain.be et 2dehands.be au cours de l'enquête pour vendre des bracelets, sculptures et vases présumés en ivoire[730].

Les différentes saisies opérées en Belgique sont encodées dans la base de données de EU-TWIX. Certaines donnent lieu à des poursuites judiciaires.

Enfin, il conviendrait de signaler qu'en Belgique comme sur tout le continent européen « l'ivoire importé avant 1984 peut encore être commercialisé à la condition d'être accompagné des certificats CITES[731]. Jusqu'à il y a peu, cet ivoire provenant essentiellement d'Europe alimentait la demande asiatique. Le 1er juillet 2017, l'Union européenne a décidé d'interdire

[728] Voy. L. MUSING, M. NORWISZ, J. KLODA and K. KECSE-NAGY (2018), *Wildlife trade in Belgium with a focus on CITES-listed species*, TRAFFIC and WWF report, p. 6.

[729] IFAW, *Recherché - mort ou vif : Le commerce d'espèces sauvages sur Internet dévoilé*, *op.cit.*, p.28.

[730] *Ibid.*

[731] La Belgique a délivré plusieurs certificats pour le commerce intra-communautaire (CIC) de l'ivoire ces dernières années dont 135 en 2014, 138 en 2015, 165 en 2016 et 166 en 2017. Voy. SPF Santé publique, Sécurité de la chaine Alimentaire et Environnement, *Dossier d'information sur le commerce des animaux, des plantes et du bois*, *op.cit.*, p.9.

toute réexportation d'ivoire brut à partir de son territoire. Depuis cette date, seul le commerce intra-communautaire des défenses est encore autorisé. L'ivoire travaillé datant d'avant 1984 peut être commercialisé dans et en dehors de l'UE »[732].

5.1.2. Les saisies d'ivoire réalisées par les autorités congolaises

Le statut de l'éléphant en RD-Congo est défini par l'arrêté ministériel n°020/CAB/MIN/ECN-EF/2006 du 20 mai 2006 portant agrément de la liste des espèces animales protégées RDC et son annexe. Ce texte classe l'éléphant dans la catégorie des espèces intégralement protégées.

Ce statut fait que ni l'éléphant ni ses produits et sous-produits (ivoire, queue, etc.) ne peuvent être ni détenus, ni commercialisés[733].

En dépit de ce niveau de protection, plusieurs saisies d'ivoire d'éléphant ont été réalisées de 2010 à 2018 (tableau 18).

Tableau 18 : Les saisies d'ivoire entre 2010 et 2018

Années	*Quantités*	*Commentaires*
2010	1 000 kg[734]	Saisis respectivement à Kinshasa, Wamba et Lubumbashi entre le mois de juillet et septembre 2010.
2011	-	Pas de données.
2012	-	Pas de données.
2013	-	Pas de données.
2014	-	Pas de données.
2015	666,3 kg	Cumul de 310 kg rapportés dans l'étude TRAFFIC sur le marché de l'ivoire de Kinshasa[735], 272,5 kg rapportés par l'ICCN en date du 31 janvier 2015[736] et 113 kg rapportés par les Douanes en octobre 2015[737].

[732] *Ibid.*

[733] Voy. les art. 78 et 79 de la loi n° 14/003 du 11 février 2014 relative à la conservation de la nature.

[734] Fondation Hirondelle, *ICCN : le trafic illicite des pointes d'ivoire met la RDC en mauvaise posture sur l'échiquier mondial*, accessible sur : https://www.radiookapi.net/environnement/2010/09/10/iccn-le-trafic-illicite-des-pointes-divoire-met-la-rdc-en-mauvaise-posture-sur-lechiquier-mondial , consulté le 15 juillet 2017.

[735] C. MASHINI MWATHA, C. MABITA MAFUTA et N. SHABANI AZIZA, *Le marché de l'ivoire d'éléphant à Kinshasa, RD Congo : 2015-2016*, *op.cit.*, p. 27.

[736] RDC, *Plan d'Action National pour l'Ivoire de la RDC 2015-2016*, mars 2015, p. 11.

[737] RDC Nouvelles, *113 kg d'ivoires et deux cornes de rhinocéros saisis à l'aéroport international de N'Djili*, accessible sur : http://rdcnouvelles.com/societe/archive-societe/1586-113-kg-d-ivoires-et-deux-cornes-de-rhinoceros-saisis-a-l-aeroport-international-de-n-djili.html, consulté le 15 août 2017.

2016	394 kg	Cumul de 280,8 kg rapportés dans l'étude TRAFFIC sur le marché de l'ivoire de Kinshasa[738] et de 84 kg rapportés par les Douanes en mars 2016[739].
2017	1 094 kg[740]	Le rapport PANI fait état de saisies de 1 488 kg pour les années 2016 et 2017. Sachant que les saisies de 2016 ont été de 394 kg, nous les avons déduits afin d'avoir une quantité approximative pour l'année 2017.
2018	143,5 kg	81 kg d'ivoire entre mars et juin 2018 et 62,5 kg d'ivoire saisis en juin 2018, entre les mains d'un sujet tanzanien[741].
TOTAL	3 725,4 kg	Correspondent aux efforts de saisies d'ivoire par les autorités congolaises entre 2010 et 2018[742].

Source : Étude sur l'évaluation des efforts du gouvernement dans la lutte contre le trafic des espèces de faune[743]

On aura constaté que le gouvernement de la RDC fournit des efforts pour lutter contre le commerce illégal de l'ivoire, surtout à partir de l'année 2015. Ces efforts gouvernementaux réalisés au travers notamment de l'Institut congolais pour la Conservation de la Nature (ICCN) de la DGDA, Police Nationale congolaise et de la Justice sont appuyés par des partenaires comme TRAFFIC, WWF, JURISTRALE, AWF, WCS et WRI. Ces appuis passent notamment par le projet Application de la Loi et Lutte contre la Criminalité Faunique (ALCRIF)[744].

Il y a également lieu de mentionner que plusieurs autres saisies de produits en ivoire en provenance de la RDC ont été effectuées à l'extérieur du pays, soit 5 011,2 kg d'ivoire[745] rien que pour les années 2015 et 2016, et 8 800 kg saisis à Singapour le 21 juillet 2019[746], soit au minimum 13 811,2 kg. Il s'agit

[738] C. Mashini Mwatha, C. Mabita Mafuta et N. Shabani Aziza, *Le marché de l'ivoire d'éléphant à Kinshasa, RD Congo : 2015-2016*, *op.cit.*, p. 27.

[739] RDC, *Rapport d'étape relatif au plan d'action national pour l'ivoire*, SC67Doc.13Annex11, juin 2016, p.3.

[740] *Ibid.*

[741] *Ibid*, p.4.

[742] On sait constater ici la difficulté à réunir les données du fait notamment de l'inexistence d'une base de données sur les saisies et un souci d'archivage de quelques données disponibles.

[743] C. Mashini Mwatha (2017), cité par C. Mashini Mwatha et C. Nkoke Sone (2020), *Les stocks d'ivoire d'éléphant de la République démocratique du Congo : Quel système de gestion mettre en place ?* Yaoundé, Cameroun, TRAFFIC, pp.52-53. Ce tableau a été actualisé avec les données de 2017 et 2018.

[744] Ce projet est soutenu par les différents partenaires CARPE sur les zones d'interventions : AWF (depuis 2013 avec AJURLAB), WWF (2015-2017), WCS (2016 et 2017) et WRI (2016 et 2017).

[745] C. Mashini Mwatha, C. Mabita Mafuta et N. Shabani Aziza, *Le marché de l'ivoire d'éléphant à Kinshasa, RD Congo : 2015-2016*, *op.cit.*, pp. 27-28.

[746] A. Ntumba, *Conservation : 8,8 tonnes d'ivoire d'éléphant en provenance de la RDC saisies à Singapour, juillet 2019*, accessible sur : https://www.environews-rdc.org/2019/07/23/conservation-88-tonnes-divoire-delephant-en-provenance-de-la-rdc-saisis-a-singapour/#:, consulté le 23 juillet 2019.

notamment de quelques cas de spécimens que la RDC n'a pas pu détecter au départ de son territoire.

Par ailleurs, sur le registre des efforts enregistrés pour la RDC, il y a également lieu de relever la fermeture du marché de l'ivoire de la place *Bikeko* (Kinshasa) en avril 2017[747]. Jusqu'à récemment, le marché de l'ivoire d'éléphant se portait bien à Kinshasa. En dépit de l'illicéité de la vente de l'ivoire, certains marchés dont le plus célèbre reste celui de *Bikeko*, situé en plein centre-ville, juste en diagonal de l'hôtel du gouvernement, exposaient des objets en ivoire vendus au vu et au su de tout le monde. Le commerce illégal de l'ivoire était, bien qu'interdit, toléré. Car, le marché était encore ouvert et des « criminels » y faisaient leurs « affaires » en plein jour. Néanmoins, il convient de nuancer, car cette « tolérance » n'était pas « absolue »[748]. C'est ainsi que, sous l'impulsion des organisations de la société civile, les autorités étatiques ont réalisé une opération coup de poing ayant conduit à la fermeture dudit marché d'ivoire.

Toutes ces saisies ainsi que la surveillance des marchés d'ivoire représentent des nouvelles encourageantes. Cependant, « les poursuites judiciaires concluantes et le démantèlement des groupes criminels responsables ne sont pas souvent signalés, ce qui suggère que les criminels sont libres de continuer avec un faible risque de perturbation de leurs activités »[749].

5.2. Utilisation des spécimens d'espèces sauvages confisqués : cas de la gestion des stocks d'ivoire d'éléphant

Il s'agit de l'adéquation des systèmes et procédures en place pour la gestion, le stockage sécurisé, la vérification et l'utilisation des spécimens d'espèces sauvages confisqués en Belgique comme en RDC.

5.2.1. De la gestion des spécimens saisis en Belgique

En ce qui concerne la gestion des spécimens saisis, la Belgique se conforme à l'article 6 de la loi de 1981, laquelle présente plusieurs options. D'abord, le retour des spécimens saisis vivants vers le pays d'exportation. Cette possibilité est tout à fait exceptionnelle et ne se produit qu'avec l'accord du pays d'origine et lorsque l'organe de gestion obtient l'assurance que les exigences en matière de bien-être animal seront respectées. Ensuite, le placement des spécimens dans des zoos publics ou des jardins botaniques.

---

[747] RDC, *Rapport d'étape relatif au plan d'action national pour l'ivoire, op.cit.*, p.3.

[748] C. MASHINI MWATHA, C. MABITA MAFUTA et N. SHABANI AZIZA, *Le marché de l'ivoire d'éléphant à Kinshasa, RD Congo : 2015-2016, op.cit.*, *op.cit.*, p.8.

[749] K. ZHANG (2019), cité par TRAFFIC, « Commerce illicite de la faune en Afrique », *loc.cit.*, p. 3.

Enfin, l'euthanasie, quoique rare, peut également être appliquée s'il n'y a pas d'autres solutions[750].

Concernant les spécimens morts ou leurs produits et sous-produits, l'organe de gestion décide de leur destination. Ainsi, en vertu de l'article 6, paragraphe 3, de la loi CITES de 1981, l'organe de gestion CITES est compétent pour prendre des mesures administratives au sujet des spécimens saisis qui peuvent être notamment : (i) un ordre de destruction, (ii) l'attribution de l'entière propriété à la personne physique ou morale appropriée[751], lorsque l'attribution est compatible avec les objectifs de la CITES ou des règlements et décisions européens en la matière (ex. utilisation à des fins éducatives, de lutte contre la fraude ou d'identification) et (iii) l'organisation d'une vente publique (pas autorisée lorsqu'il s'agit d'une espèce de l'Annexe I dont l'ivoire d'éléphant)[752].

En Belgique, les spécimens saisis ne doivent pas spécialement être transférés au Greffe ou à l'Administration générale de la Trésorerie. Ainsi, par exemple, l'ivoire en attente de destruction[753] ou d'une autre destination[754] est stocké dans la cave sécurisée du service ou à la douane (dépôt fermé)[755].

---

[750] I. GREGOIRE, *Réponses au questionnaire de thèse partagé avec l'organe de gestion CITES belge*, *op.cit.*, pp.4-5, voy. additif, question 5. « Existe-t-il des systèmes et procédures de mise en place pour la gestion, le stockage sécurisé, la vérification et l'incinération des spécimens d'ivoire confisqués ?».

[751] Cette personne morale peut être : (i) Institut royal des sciences naturelles de Belgique, Bruxelles ; (ii) Musée royal de l'Afrique centrale, Tervuren ; (iii) Sea Life, Blankenberge : à des fins éducatives (ex. hippocampes séchés) ; (iv) Douanes : à des fins éducatives ; (v) Autorité de gestion de la CITES : à des fins éducatives ; (vi) Centres de sauvetage désignés ; et (vii) Installations privées agréées.

[752] I. GREGOIRE, *Mail du 8 janvier 2021 dont l'objet est « RE: Demande de précision sur une de vos réponses à mon questionnaire Thèse C. MASHINI MWATHA, Université de Gand »*.

[753] La Belgique a procédé à plusieurs reprises à la destruction de l'ivoire dont :

- 9 avril 2014 : destruction publique d'une tonne et demie d'ivoire brut, mais aussi d'objets en ivoire, tous saisis dans les ports ou les aéroports de notre pays depuis 1984 (année à laquelle la Belgique est devenue membre de la CITES). L'idée était d'envoyer un message aux trafiquants qui font transiter l'ivoire via la Belgique, avant de l'envoyer en Asie ;
- 2018 : incinération de 500 kg d'ivoire recueillis dans le cadre de la campagne « Sors tes dents » (en annexe le dossier de presse) effectuée en collaboration avec 3 parcs zoologiques (Pairi Daiza, Planckendael, Zoo d'Anvers). Les personnes qui souhaitaient se débarrasser anonymement de pièces en ivoire pouvaient les déposer dans des containers placés temporairement dans ces parcs. Il y en avait un également à l'accueil de notre bâtiment qui est toujours opérationnel, en 2019, 34,5 kg d'ivoire y ont été recueillis.

[754] Il convient de noter que quelques pièces en ivoire ont été conservées dans un but éducatif : notamment pour utilisation dans le cadre de formations pour les autorités de contrôles (ex : douaniers, police, inspecteurs CITES, etc.). On notera aussi que quelques défenses brutes ont été cédées officiellement (moyennant contrat) au Département Antiquité des Musées royaux d'Art et d'Histoire (reconnu officiellement) à des fins de restauration d'œuvres d art.

[755] I. GREGOIRE, *Mail du 8 janvier 2021, op.cit.*

5.2.2. De la gestion des spécimens saisis en RDC

La loi n° 14/003 du 11 février 2014 relative à la conservation de la nature est muette en ce qui concerne le système de gestion des stocks des produits saisis dont des produits en ivoire. En son article 83, elle spécifie, néanmoins, que les spécimens et produits ainsi que les objets ayant servi à la commission des infractions à la présente loi sont confisqués et confiés à l'organisme public chargé de la conservation[756].

Dans la pratique, l'ivoire saisi en RDC et celui retrouvé sur les carcasses d'éléphants morts ou sur le sol sont confiés à l'ICCN pour stockage. D'autres saisies sont stockées dans les parquets, les entrepôts des douanes, les coordinations provinciales de l'environnement ou encore dans les stations des différentes aires protégées (produits des saisies des gardes lors des patrouilles de lutte contre le braconnage). Au niveau de l'ICCN, les lots détenus ne sont pas inventoriés et aucun chiffre exact[757] n'a à ce jour été renseigné. Toutefois, il y a lieu de relever des avancées avec l'adoption, en février 2024, par l'ICCN des procédures opérationnelles standards pour la gestion de l'voire et d'autres produits de faune en République Démocratique du Congo[758]. L'objectif de ces procédures est de standardiser les normes de gestion des magasins de l'Institut Congolais pour la Conservation de la Nature (ICCN) où sont conservés les produits d'espèces sauvages.

---

[756] À ce stade, il convient de relever qu'il y a un désaccord quant à la désignation de cet organe qui devrait gérer les spécimens saisis, dont l'ivoire d'éléphant. Pour certains, il s'agirait de l'ICCN car « *il a pour objet la conservation de la nature dans des aires protégées in et ex situ* ». Pour les autres, une telle interprétation serait erronée vu notamment les modalités de mise en place de cet organe (par décret), alors que l'ICCN a été créée par une ordonnance-loi (n° 75-023 du 22 juillet 1975, modifiée par la loi n° 78-190 du 5 mai 1978) et est régit par la loi 78-002 du 6 janvier 1978 portant dispositions générales applicables aux Entreprises Publiques en République démocratique du Congo.

[757] Un Rapport de TRAFFIC souligne l'existence de plus de 20 tonnes d'ivoire en 2015 à Kinshasa (mais sans aucune information sur les stocks provinciaux). Voy. C. NKOKE SONE, J.-F. LAGROT, S. RINGUET and T. MILLIKEN (2017), *Ivory Markets in Central Africa – Market Surveys in Cameroon, Central African Republic, Congo, Democratic Republic of the Congo and Gabon: 2007, 2009, 2014/2015*, Yaoundé, Cameroun and Cambridge, TRAFFIC, p.31.

[758] Grâce à l'appui de la Fondation de l'Initiative pour la Protection des Eléphants (EPIF), en partenariat avec JURISTRALE et Forgotten Parks Foundation (FPF), dans le cadre du projet « Élaboration de normes d'or pour la gestion de l'ivoire et d'autres produits de la faune en République Démocratique du Congo », projet financé par INL. Il y a lieu également de signaler que des Procédures Opérationnelles Standards (POS) en matière de gestion des produits et des spécimens vivants de faune saisis issus du commerce illégal en RDC ont été développées et proposées à l'ICCN en décembre 2023 par TRAFFIC, avec l'appui de JURISTRALE, dans le cadre d'un financement FABS/USAID.

Paragraphe 6. Répression et condamnations

Ce groupe comprend 3 indicateurs, à savoir l'existence des sanctions, les poursuites judiciaires et nombre de condamnations ainsi que la prise de conscience au sein du système judiciaire.

6.1. Existence des sanctions

La Belgique et la RDC ont prévu, comme déjà évoqué, des peines en cas de violation des dispositions CITES. En substance, en Belgique, les sanctions prévues en cas d'infraction à la législation CITES, selon la Loi du 28 juillet 1981, sont notamment l'emprisonnement de six mois à cinq ans, une amende de 26 à 50 000 euros, ou les deux cumulées. Et, pour sa part, la RDC, sur la base des articles 79 et 80 de la loi n°14/003 relative à la conservation de la nature du 11 février 2014, sanctionne le trafic des espèces avec des peines allant de six mois à dix ans de servitude pénale et/ou d'une amende allant de 25 millions à 100 millions de francs congolais, soit entre 8 284,17 euros et 33 136,71 euros[759].

6.2. Poursuites judiciaires et nombre de condamnations

Il s'agit ici du pourcentage d'affaires de criminalité liée aux espèces sauvages ayant fait l'objet de poursuites judiciaires et de condamnations.

Il conviendrait de distinguer les efforts fournis par les autorités belges de ceux des autorités congolaises.

6.2.1. Poursuites judiciaires en Belgique

Lorsque la Cellule d'inspection CITES rédige un PV d'infraction, celui-ci est d'abord envoyé au parquet compétent (voie judiciaire). À son tour, ce dernier décide de s'en saisir ou pas sur la base des éléments du dossier. S'il s'en saisit, le juge responsable a la possibilité de demander des devoirs d'enquêtes supplémentaires à tout service compétent (y compris la police). S'il ne s'en saisit pas, le fonctionnaire sanctionnateur du SPF SPSCAE prend le dossier en main (voie administrative)[760].

La Cellule d'inspection peut également contacter un parquet dans la phase initiale de son enquête si elle estime que le dossier est suffisamment important et/ou concerne aussi des infractions ne tombant pas sous le coup de la

[759] Au taux de 1€ = 3 020,49 CDF, voy. le convertisseur de Mataf, accessible sur : https://www.xe.com/fr/currencyconverter/convert/?Amount=100000000&From=EUR&To=CDF, consulté le 1e avril 2024.

[760] B. CACHAPA, *Réponses au questionnaire de thèse partagé avec l'organe de gestion CITES belge, op.cit.*, p.8, voy. additif à la question 6.

législation CITES (fraude fiscale, par exemple). Cela arrive peu fréquemment[761].

Pour les années 2015 à 2019, la Belgique a enregistré 1 174 affaires relatives à la CITES, lesquelles ont été envoyées aux parquets correctionnels (tableau 19).

Tableau 19 : Nombre d'affaires relatives à la législation CITES, entrées dans les parquets correctionnels entre le 1er janvier 2015 et le 31 décembre 2019, par année d'entrée (n & % en colonne).

	N	*%*
2015	134	11,41
2016	128	10,90
2017	330	28,10
2018	247	21,03
2019	335	28,53
TOTAL	1 174	100,00

Source : Banque de données du Collège des procureurs généraux – analystes statistiques (pour 2015 à 2017)[762], données actualisées les chiffres obtenus du Board of Attorneys General (Collegevan Procureurs-generaal) pendant la période du plan d'action de l'UE 2016-2019[763]

Il ressort de ce tableau que 1 174 affaires relatives à la législation CITES sont présentées devant les parquets correctionnels entre le 1er janvier 2015 et le 31 décembre 2019. À cet égard, l'augmentation de 134 affaires en 2015 à 335 en 2019, soit 201 affaires supplémentaires (+150 %) frappe énormément. Après une analyse plus approfondie, il s'avère que cette hausse touche entièrement le parquet d'Hal-Vilvorde, en raison de l'interception, à l'aéroport, d'un grand nombre de paquets de suppléments alimentaires contenant un composant d'un cactus protégé (*aloe ferox*). Comme il s'agissait de commandes effectuées en ligne auprès d'une société étrangère inconnue (qui s'est révélée par la suite être une société fantôme) et que les destinataires n'étaient pas au courant du composant protégé, il a été décidé à l'automne dans tous les services concernés (l'Agence fédérale de sécurité de la chaîne alimentaire – AFSCA, le service CITES de l'autorité fédérale et le ministère

[761] B. CACHAPA, *Réponses au questionnaire de thèse partagé avec l'organe de gestion CITES belge, op.cit.*, p.8, voy. additif à la question 6.

[762] Sénat de Belgique, *CITES - Commerce d'espèces animales et végétales protégées*, Question écrite n° 6-1924 de Jean-Jacques De Gucht (Open Vld) au ministre de la Justice, Session 2017-2018, 3 juillet 2018, accessible sur : https://www.senate.be/www/?MIval=/Vragen/SVPrint&LEG=6&NR=1924&LANG=fr, consulté le 30 juin 2020.

[763] F. BOUQUELLE et L. LAVRYSEN, « EU Action Plan against Wildlife Trafficking – Recent Belgian Criminal Cases », in *Journal for European Environmental & Planning Law*, 17 (2020), pp. 161–188, pp.177-178.

public) de ne plus ouvrir de nouveaux dossiers concernant ce produit et de seulement saisir et détruire les paquets[764].

De 2015 à 2019, sur les 1 174 affaires, y inclus les 1 039 affaires[765], relevées par BOUQUELLE et LAVRYSEN pour les années 2016 à 2019[766], seules 22 affaires[767] ont été portées devant un tribunal[768], soit à peine 1,87 %.

---

[764] Sénat de Belgique, *CITES - Commerce d'espèces animales et végétales protégées, op.cit.*

[765] Jusqu'en février 2020, 104 cas étaient encore sous enquête (10,01%), 396 affaires ont été renvoyées par le Procureur aux villes fédérales ou régionales pour que des amendes administratives soient infligées (38,11%), 53 affaires ont été réglées à l'amiable par le Procureur (5,10%), dans 74 cas les suspects ont reçu un avertissement du Procureur (7,12%) et 365 affaires ont été rejetées (35,13%). - Parmi ces 365 affaires rejetées : 161 dossiers (44,11%) ont été rejetés faute de preuves ou d'identification des suspects soi-disant pour *dismissal for technical reasons* (rejet pour raisons techniques) et 204 affaires (55,89%) ont été rejetées pour des raisons dites *opportunist reasons* (des raisons opportunistes), notamment que les sanctions pénales seraient disproportionnées à la violation de l'ordre public (122 cas, soit 33,42%), le manque de la capacité d'enquête (38 cas ou 10,41%) et d'autres priorités (10 cas ou 2,74%). - 11 affaires ont été renvoyées vers un autre parquet (1,06%), dans 2 cas une amende a été payée immédiatement (*onmiddellijke inning*) (0,19%), et enfin pour 12 cas, l'état était inconnu (1,15%). Voy. F. BOUQUELLE et L. LAVRYSEN, « EU Action Plan against Wildlife Trafficking – Recent Belgian Criminal Cases », *loc.cit.*, pp.178-179.

[766] Avec les données de 2015, on atteint 1.174 affaires. À lire le rapport bisannuel de la Belgique de 2013-2014, il semblerait qu'aucun nouveau cas n'avait été porté par l'inspection devant un tribunal. C'est pourquoi nous avons actualisé le nombre des affaires et conservé le nombre des affaires transmis aux juges (soit 22).

[767] F. BOUQUELLE et L. LAVRYSEN, « EU Action Plan against Wildlife Trafficking – Recent Belgian Criminal Cases », *loc.cit.*, p.179.

[768] Dont jugements portant sur l'importation illégale d'ivoire transformé (Tribunal correctionnel néerlandophone de Bruxelles, 3 novembre 2016) et sur le commerce illégal entre Sierra Leone et Beijing des hippocampes séchés et de l'ivoire (Tribunal correctionnel néerlandophone de Bruxelles, le 8 octobre 2017). Par ailleurs, nous avons pu également répertorier 3 autres jugements rendus de 2011 à 2014. Il s'agit de : (i) condamnation d'un particulier (éleveur de tortues) notamment pour falsification des documents à 6 mois d'emprisonnement et une amende de 1 100 €, avec un sursis de 3 ans pour la moitié de l'amende (tribunal de première instance de Marche en Famenne, novembre 2011)[768] ; (ii) condamnation d'une entreprise (Testudo) pour infraction au bien-être animal et à la législation CITES, notamment l'absence de certificat CE pour les espèces de l'annexe A à une amende de 3 850 € (si non payée alors 70 jours d'emprisonnement), 1 925 € avec sursis (ou remplacé par 35 jours d'emprisonnement), avec un sursis de 3 ans (tribunal de Courtrai, 21 novembre 2012) (Belgique, Rapport bisannuel 2011-2012, *op.cit.*, p.8 et (iii) condamnations de 4 personnes en date du 27 juin 2014 pour avoir falsifié les déclarations des éleveurs et les certificats CITES pour plus de 20 espèces d'oiseaux. Ils ont été condamnés respectivement à 4 ans (1 an avec sursis), 2 ans (1 an avec sursis), 18 mois (avec sursis) et 1 an (avec sursis). Des amendes de 90 000 €, 30 000 € et 12 000 € ainsi que 853 000 € de gains illégaux du commerce (y compris l'immobilier) confisqués (Belgique, *Rapport bisannuel 2013-2014*, 1 January 2013 to 31 December 2014, p.5, accessible sur: https://cites.org/sites/default/files/reports/13-14Belgium.pdf, consulté le 10 décembre 2020). Ceux-ci n'ont pas pu être comptabilisés en plus des 22 relevés vu que les données disponibles n'indiquent pas le nombre total des affaires pour la période concernée afin de les additionner avec les affaires de 2016 à 2016.

Malheureusement, lesdites données ne révèlent pas combien de ces 22 cas ont abouti à des condamnations et quelles peines ont été prononcées[769].

6.2.2. Poursuites judiciaires en RDC

Dans le cas de la RDC, un des pays d'origine de beaucoup d'espèces sauvages objets du trafic, nous aborderons la question de poursuites à la fois sous l'angle du commerce international et du braconnage. Cette approche est également renforcée par le fait que certaines aires protégées de la RDC se situent aux frontières[770] du pays, et d'autres à proximité[771], et font l'objet notamment d'un braconnage et d'un trafic transfrontaliers.

En ce qui concerne les poursuites pour commerce illégal d'espèces sauvages, il ressort des deux rapports produits par la RDC (2018 et 2019) une cinquantaine de cas, soit 16 cas[772] pour 2018 et 34 cas[773] pour 2019. Sur les 16 cas de 2018, 2 concernaient l'ivoire avec 11 kg. Sur les 34 de 2019, 11 cas concernaient l'ivoire avec un total de 326,4 kg. Soit sur 2 ans, un total de 13 cas pour l'ivoire sur les 50, soit 26 % du commerce illégal, représentant un total de 237,4 kg. Sur l'ensemble de ces cas, 8 trafiquants étaient congolais, 1 chinois, 1 ougandais et 1 zambien. La destination de 10 cas n'a pas été précisée, tandis que la Chine et la Zambie sont mentionnées 1 fois et l'Ouganda 2 fois.

Le rapport CITES SC70 Doc. 27.3.2.1[774] cite notamment quelques cas de poursuites pour trafic d'ivoire dont :

- 1er mars 2018 : saisie d'un morceau d'ivoire brut (1 kg) auprès d'un sujet de nationalité étrangère à l'aéroport international de N'Djili par la Task Force ;
- 16 mars 2018 : arrestation d'une femme, qui devrait prendre le vol Kenya Airways à destination de Dubaï, à l'aéroport international de N'Djili, avec des morceaux d'ivoire travaillé pesant 3,5 kg cachés dans un poste radio ;
- 2 juin 2018 : saisie par la Douane de 62,5 kg d'ivoire travaillé à l'aéroport international de N'Djili, entre les mains d'un trafiquant de nationalité étrangère ;
- 14 juillet 2018, saisie de 17 pièces de chaînettes en ivoire travaillé, d'un poids de 5 kg au total, par la Task Force (Douane) à l'aéroport

[769] F. BOUQUELLE et L. LAVRYSEN, « EU Action Plan against Wildlife Trafficking – Recent Belgian Criminal Cases », *loc.cit.*, p.179.

[770] Il s'agit du Parc National de la Garamba (PNG) dont la limite nord se superpose à la frontière avec le Soudan, où il est contigu à la Lantoto Game Reserve et du domaine de chasse de Bili-Uéré (DCBU) situé aux frontières de la RDC, du Soudan et de la République Centrafricaine.

[771] Voy. notamment le Parc National de Virunga (PNVi), la Réserve Naturelle de Tumba-Ledima, etc.

[772] ICCN, *Rapport annuel CITES-RDC sur le commerce illicite 2018.*

[773] ICCN, *Rapport annuel CITES-RDC sur le commerce illicite 2019.*

[774] CITES, *SC70 Doc. 27.3.2.1, op.cit.*, pp. 6-8.

international de N'Djili, entre les mains d'un trafiquant illégal de nationalité étrangère.

S'agissant des poursuites dans les aires protégées, plusieurs cas ont également été rapportés et documentés. Pour rappel, le réseau d'aires protégées couvre environ 11 %[775] des 2 345 410 km² de la superficie de la RDC, soit 257,95 millions de km². Et il devrait passer à 17 %[776]. Or, la Belgique a une superficie de 30 688 km². Ainsi, le réseau d'AP de la RDC représente plus de 8 fois la superficie de la Belgique. Ces réserves font donc l'objet de convoitises à cause de la diversité et de la richesse de leurs ressources notamment fauniques. C'est ce qui justifie l'identification de plusieurs cas d'arrestations et de dossiers judiciaires (tableau 20).

Tableau 20 : Statistiques des dossiers judiciaires des dossiers des AP de la RDC de 2016 à 2019[777]

	2016[778]	*2017*[779]	*2018*[780]	*2019*[781]	*Totaux*
Nombre de braconniers arrêtés	202	1 667	1 581	410	3.860
Nombre de dossiers résolus par l'ICCN	63	103	107	286	559
Nombre de dossiers transmis au tribunal	36	434	850	131	1 451
Nombre de jugements	-	-	-	20	20

Source : Rapports annuels ICCN de 2016 à 2019

Il découle de ce tableau que, sur les quatre années, 3 860 braconniers[782] ont été arrêtés. Sur ce nombre, 559 cas ont été résolus par l'ICCN, tandis que 1 451 dossiers ont été portés devant un tribunal (soit 37,59 %) pour approximativement une vingtaine de jugements renseignés juste pour la dernière année.

[775] UICN/PACO, *Parcs et réserves de la République démocratique du Congo : évaluation de l'efficacité de gestion des aires protégées, op.cit.*, p.9.
[776] Engagement pris par la RDC lors de la Conférence des Parties (CoP) à la Convention sur la Biodiversité (CDB) tenue en octobre 2010 à Nagoya au Japon. Voy. ICCN, *Stratégie Nationale de Conservation de la Biodiversité, op.cit.*, p.23.
[777]Ces statistiques ne concernent que 23 AP sur les 63 que compte la RDC. Ces AP sont pour la plupart là où les partenaires techniques et financiers interviennent.
[778] ICCN, *Rapport annuel 2016*, pp.15-16.
[779] ICCN, *Rapport annuel 2017*, p.18.
[780] Extrait de données du Rapport annuel ICCN 2018.
[781] Extrait de données du Rapport annuel ICCN 2019.
[782] Dans la lecture du rapport annuel de l'ICCN de 2018, on se rend compte que le Parc National de Virunga aura, à lui seul, arrêté 1 500 braconniers dont 844 ont été déférés devant les instances judiciaires.

Par ailleurs, 57 autres dossiers ont été documentés et renseignent l'existence d'au moins 13 autres jugements[783].

Au total, pour la période de 2010 à 2020, en RDC, 3 967 dossiers ont été enregistrés dont 1 464 ont été portés devant un juge (soit 36.9 %) qui ont donné lieu à 33 jugements de condamnation (soit 0,83 %)[784].

6.3. Prise de conscience au sein du système judiciaire

Il s'agit ici de la prise de conscience au sein du système judiciaire de l'importance de la criminalité liée aux espèces sauvages, et de la pertinence des jugements rendus.

À voir l'ensemble de ces derniers, on ne peut conclure à une prise de conscience globale de la gravité de question au sein des systèmes judiciaires belge et congolais.

En ce qui concerne la Belgique, de 2015 à 2019, sur les 1 174 affaires, seules 22 affaires ont été portées devant un tribunal, soit à peine 1,87 %. Par ailleurs, il a été reconnu que le système d'application des sanctions administratives avait notamment pour objet de décongestionner les cours et tribunaux[785].

En ce qui concerne la RDC, très peu de condamnations ont été référencées. Par exemple, pour les cas répertoriés de 2010 à 2020, il s'avère que sur les 3 967 dossiers enregistrés 1 464[786] ont été portés devant un juge (soit 36.9 %), il n'y a eu que 33 jugements de condamnation (soit 0,83 %). Par ailleurs, le taux des peines appliquées est très faible au point que l'on croirait, à certains moments, que le juge cherche des excuses pour appliquer la peine la plus faible, voire pour aller en dessous du minimum légal[787].

---

783 Voy. la base de données de Juristrale sur le suivi judiciaire, consulté 12 décembre 2020. Celle-ci reprend notamment les jugements ci-dessous :

- Tribunal de paix de Kinshasa/Kinkole, RP 11.555 – Z.D. c/ M.P et PC (ICCN et RDC), Kinshasa, le 29 avril 2014 – détention illégale de défense d'éléphant et contrebande.
- Tribunal de grande instance de Boende, RP 325 – L.B. c/ M.P et PC (ICCN), Tshuapa, le 10 octobre 2019 – braconnage dans une aire protégée.

784 Chiffres cumulatifs des données disponibles et accessibles. La difficulté d'archivage et d'accessibilité aux données en RDC a déjà été relevée.

785 C. Billiet (ed.), *Biodiversiteitsmisdrijven in eigen land : in Vlaamse savannes en Waalse regenwouden. La criminalité en matière de biodiversité chez nous : des savanes flamandes et forêts pluviales wallonnes*, *op.cit.*, p.x. Il y est précisé que la répression punitive en tout (pénale et administrative) frappe pour le moins 25% des procès-verbaux dressés.

786 Plusieurs cas suivis par les ONG dans le cadre des financements des bailleurs de fonds.

787 C. Mashini Mwatha et A. Ngulungu, « Poursuites judiciaires en matière de criminalité faunique : analyse de jugements rendus en République démocratique du Congo », in *Revue Africaine de Droit de l'Environnement*, n°5/2020, pp.191-202, p.200.

Paragraphe 7. Coopération inter-agences et régionale

Ce groupe comprend 2 indicateurs, à savoir la coopération inter-agences et la coopération régionale.

7.1. Coopération inter-agences

Il s'agit ici de l'étendue de la coopération entre les agences nationales de lutte contre la fraude pour combattre la criminalité liée aux espèces sauvages. Celle-ci est importante et devrait permettre de faire travailler ensemble les différentes structures.

Cette collaboration inter-agences se déroule différemment en Belgique et en RDC.

En ce qui concerne la Belgique, il existe des accords de coopération sur la CITES entre le SPF Santé publique, l'Agence fédérale pour la Sécurité de la Chaîne alimentaire (AFSCA) et les douanes. Ces derniers relèvent normalement eux-mêmes les infractions CITES constatées dans le cadre de leurs inspections. L'Inspection Espèces collabore régulièrement avec les organes de contrôle régionaux (bien-être animal/dierenwelzijn, DNF, ANB) dans le cadre d'échanges d'informations ou de contrôles communs, ainsi qu'avec les polices locales (contrôles « à risques » ou intervention de notre cellule sur base d'informations de la police par exemple). Des actions communes (douanes/AFSCA/AFMPS/Cellule Espèces) de vérification des bagages aux aéroports sont organisées régulièrement, notamment pour recenser d'éventuelles infractions CITES[788].

La lutte contre la criminalité liée aux déchets, à la faune et à la flore sauvages, ainsi qu'à d'autres aspects environnementaux est particulièrement difficile et nécessite une coopération et une coordination étroites entre les inspecteurs, les autorités douanières, les services de police et les procureurs. Le service « environnement » de la police judiciaire fédérale possède des compétences spécialisées et fait partie d'un vaste réseau de particuliers et d'organisations qui interviennent dans le domaine de la criminalité[789].

En ce qui concerne la RDC, comme déjà mentionné, deux mécanismes de collaboration entre agences peuvent être recensés. Il s'agit de la coopération dans le cadre du protocole d'accord de collaboration administrative contre le commerce des espèces CITES du 19 août 2002 et la task force[790]. Cependant, le constat est qu'il n'existe pas une franche entente entre les structures qui interviennent sur les plateformes portuaires et aéroportuaires.

---

[788] B. CACHAPA, *Réponses au questionnaire de thèse partagé avec l'organe de gestion CITES belge, op.cit.*, p.6, voy. additif à la question 2.

[789] Commission européenne, *Examen de la mise en œuvre de la politique environnementale 2019, op.cit.*, pp.47-48.

[790] Task force initiée par l'organe de gestion CITES RDC.

Les problèmes de collaboration relevés en RDC peuvent également être dus, en dépit de quelques stratégies et documents sectoriels[791], au fait de l'inexistence d'une stratégie nationale de lutte contre la criminalité liée aux espèces sauvages. Par ailleurs, la Belgique également manque une telle stratégie, mais s'appuie fortement sur le plan d'action européen de 2016. Toutefois, des acteurs comme le WWF réclament l'élaboration et la mise en œuvre d'un plan d'action national accompagné d'une vision politique à long terme afin d'assurer une coopération coordonnée entre toutes les instances compétentes. Une telle approche planifiée permettra de mieux encadrer les activités existantes de lutte contre le trafic illégal. En outre, ce plan devra, entre autres, comprendre des actions concernant la concertation et la coopération, la reconnaissance du rôle de la police fédérale, un monitoring transparent, des contrôles plus nombreux et plus efficaces de la part des douanes et des autres services d'inspection ainsi qu'un renforcement du système judiciaire pour améliorer les sanctions[792].

7.2. Coopération régionale

Pour la Belgique, cette collaboration se fait notamment au travers de l'Union européenne et de sa réglementaire. En effet, l'UE, elle-même Partie à la CITES[793] depuis le 8 juillet 2015[794], supervise au travers de la Commission européenne la mise en œuvre de la réglementation sur le commerce des espèces sauvages à l'échelle de l'UE. L'un des principaux rôles de la Commission en cette matière est de veiller à ce que la législation au niveau de la CE permette de réglementer efficacement le commerce des espèces sauvages[795] et d'assurer une application harmonieuse. En effet, la CITES doit être appliquée uniformément dans l'ensemble des pays de l'Union européenne (UE), du fait du marché unique et de l'absence de contrôles systématiques aux frontières.

---

791 On peut notamment citer le :
- Plan d'action national pour l'ivoire (PANI) 2018-2019 ;
- Stratégie nationale et plan d'action pour la biodiversité 2016-2020 (MECNDD 2016) ;
- Stratégie de conservation des bonobos 2012-2022 (UICN et ICCN 2012) ;
- Plan d'action pour la conservation des gorilles de Grauer et des chimpanzés de l'Est de la RDC 2012-2022.

792 Cathobem, *La Belgique, co-responsable du commerce illégal des espèces animales et végétales sauvages ?*, novembre 2018, accessible sur : https://www.cathobel.be/2018/11/la-belgique-co-responsable-du-commerce-illegal-des-especes-animales-et-vegetales-sauvages/, consulté le 4 juillet 2020.

793 Commission européenne, *Adhésion de l'UE à la CITES*, accessible sur : https://ec.europa.eu/environment/cites/gaborone_en.htm, consulté le 15 mai 2019.

794 La base de l'adhésion de l'UE à la CITES est la décision (UE) 2015/451 du Conseil, qui a été adoptée le 6 mars 2015 et publiée au Journal officiel L 75 du 19 mars 2015.

795 Commission européenne, *La réglementation du commerce des espèces sauvages dans l'Union européenne*, *op.cit.*, p. 16.

À côté des règlements de l'UE sur le commerce des espèces sauvages, des orientations sont également données pour en faciliter l'application[796]. S'agissant, par exemple, de l'ivoire d'éléphant, un document d'orientation a été produit, portant sur le régime de l'UE régissant le commerce intra-UE et la réexportation de l'ivoire[797]. Les lignes directrices contenues dans ce document d'orientation[798] ont pour objet de fournir une interprétation du règlement (CE) n° 338/97 du Conseil recommandant aux États membres de l'UE (i) de suspendre la (ré) exportation des articles en ivoire brut et (ii) de garantir une interprétation stricte des dispositions de la législation de l'UE autorisant le commerce intra-UE de l'ivoire et la (ré) exportation de l'ivoire travaillé.

Par ailleurs, dans le cadre de cette supervision, un Comité du commerce de la faune et de la flore sauvages (article 18 du règlement (CE) n° 338/97 du Conseil) a même été institué. Celui-ci, composé des organes de gestion des États membres et présidé par la Commission, assiste la Commission dans ses travaux. Par ailleurs, un groupe d'experts des organes de gestion CITES compétents et un groupe d'examen scientifique réunissant les autorités scientifiques (article 17 du règlement) ont également été prévus en plus d'un groupe d'application composé de représentants de chacune des autorités des États membres chargées de contrôler le respect des réglementations, telles que les services d'inspection des douanes, de la police et de la faune[799].

Ainsi, outre la réglementation qui est commune, plusieurs plans et stratégies sont développés afin de garantir une bonne mise en œuvre de la CITES au niveau européen. C'est dans ce cadre que s'inscrit, notamment, son plan d'action contre le trafic d'espèces sauvages.

Pour la RDC, c'est aussi au travers de plusieurs accords sous-régionaux dont le Protocole sur la lutte contre l'exploitation illégale des ressources naturelles du 30 novembre 2006[800], l'Accord transfrontalier sur la gestion de la zone de conservation transfrontalière de la forêt du Mayombe de juillet

---

[796] Ces documents d'orientation sont notamment :
- Document d'orientation sur le régime de l'UE régissant le commerce intra-UE et la réexportation de l' ivoire ;
- Guide sur les spécimens travaillés en vertu des règlements de l'UE sur le commerce des espèces sauvages ;
- Document d'orientation sur la vérification de la légalité du commerce du bois ;
- Document d'orientation sur la preuve de l'acquisition légale pour les animaux vivants des espèces de l'annexe B et les preuves documentaires nécessaires ;
- Document d'orientation sur l'exportation, la réexportation, l'importation et le commerce intra-Union des cornes de rhinocéros (2019).

[797] Journal officiel de l'Union européenne, C 154/4, du 17 mai 2017.

[798] Contient 2 annexes dont l'une sur la preuve pour démontrer l'acquisition légale de l'ivoire et l'autre sur le marquage, enregistrement et autres exigences pour la délivrance des certificats.

[799] Commission européenne, *Groupe d'application*, accessible sur : https://ec.europa.eu/environment/cites/eg_en.htm, consulté le 20 juin 2019.

[800] Conférence internationale sur la région des Grands Lacs, *Protocole sur la lutte contre l'exploitation illégale des ressources naturelles,* 30 novembre 2006.

2009[801] et *le Greater Virunga Transboundary* Collaboration (GVTC) [802] de 2015[803]. Ce dernier traité, par exemple, signé à Kinshasa le 22 septembre 2015, régit la collaboration dans la gestion du grand paysage des Virunga entre l'Ouganda, le Rwanda et la RDC. Le GVTC a été établi en tant que cadre de collaboration transfrontalier pour la conservation harmonieuse de la faune et le développement du tourisme dans le paysage des Grandes Virunga entre les États partenaires sans céder et/ou affecter les droits souverains respectifs sur les aires protégées sous leur juridiction territoriale respective. La collaboration entre les institutions responsables de la gestion des zones protégées dans les trois pays vise notamment les échanges d'informations, mais inclut aussi la lutte contre le trafic d'animaux sauvages. Par exemple, des bébés gorilles du parc des Virunga ont été interceptés au Rwanda et les autorités rwandaises les ont renvoyés en RDC[804].

Par ailleurs, la RDC a également signé quelques accords bilatéraux dont l'Accord du 8 septembre 2007 sur la coopération bilatérale entre la République Démocratique du Congo et la République d'Ouganda[805]. Aux termes de son article 4, paragraphe 1, cet accord prévoit une coopération en matière d'utilisation et de gestion des ressources vivantes transfrontalières. Dans cet accord, les parties s'engagent à explorer les moyens d'harmoniser et d'adopter la meilleure politique de conservation des ressources transfrontalières telles que les réserves animales et halieutiques, les forêts et les parcs nationaux dans leur intérêt mutuel.

Par ailleurs, signalons qu'il existe également un projet d'accord sur la collaboration transfrontalière en matière de zones protégées et de lutte contre le trafic de spécimens d'espèces sauvages entre la RDC et la Zambie. Il a été décidé à la suite de la réunion tenue à Lusaka (Zambie), les 26 et 27 octobre 2017 entre les autorités congolaises et zambiennes responsables des zones protégées et de l'environnement[806]. Une fois signé, cet accord devrait

---

[801] APT de la forêt du Mayombe, *Plan stratégique (quinquennal)*, 2013, p.4.

[802] Il convient donc de préciser que ce traité rappelle, dans l'une de ses annexes, que les zones protégées constituant le paysage de la Grande Virunga sont les suivantes : (1) le Parc national des Virunga en République démocratique du Congo ; (2) la Réserve naturelle de Sarambwe en République démocratique du Congo ; (3) le Parc national des gorilles de Mgahinga en République d'Ouganda ; (4) le Parc national de Bwindi Impénétrable en République d'Ouganda ; (5) le Parc national de la Reine Elisabeth en République d'Ouganda ; (6) le Parc national des Monts Rwenzori en République d'Ouganda ; (7) le Parc national de la Semliki en République d'Ouganda et enfin (8) le Parc national des Volcans en République du Rwanda.

[803] GVTC, *Qui sommes nous ?,* accessible sur : http://www.greatervirunga.org/about-us/who-we-are/, consulté le 10 mai 2020.

[804] Gent Side, *La police rwandaise sauve un bébé gorille des mains de braconniers*, accessible sur : https://www.maxisciences.com/gorille-des-montagnes/la-police-rwandaise-sauve-un-bebe-gorille-des-mains-de-braconniers_art16580.html, consulté le 10 mai 2020.

[805] Accord accessible sur : https://www.droitcongolais.info/files/0.42.09.07-Accord-bilaterale-du-8-septembre-2007_Cooperation.pdf, consulté le 10 mai 2020.

[806] CITES, *Rapport d'étape relatif au plan d'action national pour l'ivoire, op.cit.*, p. 10.

s'attaquer également à la lutte contre le commerce illicite de spécimens d'espèces sauvages à l'instar de l'ivoire d'éléphant.

Paragraphe 8. Lien avec d'autres législations

Ce groupe comprend 2 indicateurs, à savoir le lien avec la législation relative à la conservation de la biodiversité ainsi que celui avec d'autres législations (pénale, criminalité organisée, blanchiment d'argent, etc.).

8.1. Lien avec la législation relative à la conservation de la biodiversité

La CITES s'intéresse à la conservation des espèces dès lors qu'elles entrent dans le commerce international, car elle reconnaît que la coopération internationale est essentielle pour protéger certaines espèces de la faune et de la flore sauvages de la surexploitation, conséquence du commerce international. Elle contribue donc, à ce niveau, à leur conservation Il est donc évident qu'il existe un lien étroit entre les législations belges et congolaises en matière de CITES et de conservation.

En Belgique, la loi du 12 juillet 1973 sur la conservation de la nature a une incidence sur le commerce international des espèces sauvages étant donné qu'elle traite de la répression de certaines infractions à la CITES (articles 44 à 47). Elle aborde également la question de l'élevage des spécimens en captivité, du prélèvement des espèces de spécimens, etc.

En RDC, la loi n°14/003 du 11 février 2014 relative à la conservation de la nature renforce notamment le régime répressif en matière de CITES.

8.2. Lien avec d'autres législations

Les législations belge et congolaise en matière de CITES et de lutte contre la criminalité liée aux espèces sauvages recourent également à plusieurs dispositions pénales (corruption, confiscation des biens, etc.) touchant aussi la criminalité organisée, le terrorisme et le blanchiment d'argent.

Il s'agit ici de la mesure qui combine législation nationale pertinente et droit pénal, utilisée pour poursuivre les infractions portant sur les espèces sauvages. Son emploi vient renforcer la législation promulguée pour lutter contre la criminalité liée aux espèces sauvages. Il a déjà été mentionné que la Belgique et la RDC recourent à la combinaison des dispositions du droit pénal et des textes sur la CITES en matière de lutte contre la criminalité liée aux espèces sauvages. Il en est de même des dispositions qui répriment la corruption[807], et la complicité et la participation criminelle.

---

[807] Pour la Belgique, voy. notamment les art. 246 et ss et 504 et ss du Code pénal belge du 8 juin 1867 tel que complété et modifié à ce jour. Pour la RDC, voy. les art. 147 à 150 du décret du 30 janvier 1940 portant Code pénal Congolais tel que modifié et complété à ce jour.

Il existe dans la législation nationale des dispositions qui visent la confiscation et la récupération des biens et qui peuvent être appliquées à la criminalité liée aux espèces sauvages.

En ce qui concerne la Belgique, « la confiscation par équivalent de l'instrument du crime fait partie depuis peu du Code pénal. Pour une mise en œuvre efficace, le Code d'instruction criminelle a été complété simultanément de la saisie par équivalent de l'instrument du crime. Ces mesures permettent à la Belgique de se conformer aux dispositions de la Directive européenne 2014/42 concernant le gel et la confiscation des instruments et des produits du crime dans l'UE »[808]. Cette confiscation est prévue à l'article 42, alinéa unique, 1°, du Code pénal, lequel dispose : « La confiscation spéciale s'applique aux choses formant l'objet de l'infraction et à celles qui ont servi ou qui ont été destinées à la commettre, quand la propriété en appartient au condamné ». Citons, à titre d'exemple, un véhicule qui a servi à transporter des drogues [ou des produits illégaux de faune sauvage][809]. Cette disposition permet d'appliquer l'article 4.1 de la directive qui prévoit la confiscation de l'instrument du crime (biens dont la valeur correspond à celle de ces instruments ou produits)[810]. L'article 43*bis*, alinéa deux, du Code pénal, forme la base légale générale de la confiscation par équivalent et l'article 35*ter* du Code d'instruction criminelle a été modifié pour englober la saisie par équivalent de l'instrument du crime[811].

La jurisprudence évoquée illustre bien ce cas de confiscation. En effet, dans son jugement du 27 juin 2014, le juge belge a non seulement appliqué une peine de prison et des amendes, mais a aussi ordonné la confiscation 853 000 euros de gains illégaux du commerce (y compris l'immobilier)[812].

En ce qui concerne le droit congolais, l'article 14 du Code pénal congolais prévoit une peine de confiscation spéciale. Celui-ci dispose : « La confiscation spéciale s'applique uniquement : 1° aux choses formant l'objet de l'infraction et à celles qui ont servi ou qui ont été destinées à la commettre quand la propriété en appartient au condamné ; 2° aux choses qui ont été produites par l'infraction. La confiscation spéciale est prononcée pour toute infraction dont l'existence est subordonnée à l'intention délictueuse. Elle n'est prononcée, pour les autres infractions, que dans les cas déterminés par le législateur »[813]. On peut également se référer à l'article article 47 de loi n°2004-16 du 19 juillet

[808] L. LEMMENS, *Saisie et confiscation par équivalent de l'instrument du crime (art. 4, 20-21 Loi fourre-tout Droit pénal et Procédure pénale)*, juillet 2018, accessible sur : https://legalworld.wolterskluwer.be/fr/nouvelles/domaine/droit-penal/saisie-et-confiscation-par-equivalent-de-l-instrument-du-crime/, consulté le 18 mars 2020.

[809] *Ibid.*

[810] *Ibid.*

[811] *Ibid.*

[812] Belgique, *Rapport bisannuel 2013-2014*, *op.cit.*, p.5.

[813] Décret du 30 janvier 1940 tel que modifié et complété à ce jour (mis à jour au 30 novembre 2004), in *Journal Officiel n° Spécial*, 30 novembre 2004, p.5.

2004 portant lutte contre le blanchiment des capitaux et le financement du terrorisme. Celui-ci dispose : « dans le cas de condamnation pour infraction de blanchiment consommée ou tentée, sera ordonnée la confiscation : 1° des biens objets de l'infraction, y compris les revenus et autres avantages qui en ont été tirés, à quelque personne qu'ils appartiennent, à moins que leur propriétaire n'établisse qu'il les a acquis en versant effectivement le juste prix ou en échange des prestations correspondant à leur valeur ou à tout autre titre licite et qu'il en ignorait l'origine illicite ; 2° des biens appartenant, directement ou indirectement, à une personne condamnée pour fait de blanchiment. Par ailleurs, en cas d'infraction constatée par le tribunal, lorsqu'une condamnation ne peut être exécutée contre son ou ses auteurs, celui-ci peut néanmoins ordonner la confiscation des biens sur lesquels l'infraction a porté ». Enfin, la loi n° 14/003 du 11 février 2014 relative à la conservation de la nature prévoit également en son article 83 notamment la confiscation des objets ayant servi à la commission des infractions.

S'agissant de la lutte contre la criminalité organisée, la Belgique dispose de la loi du 6 janvier 2003 concernant les méthodes particulières de recherche et quelques autres moyens d'enquête. Pour sa part, la RDC n'a pas un texte spécifique et ne sait donc pas faire usage de techniques d'enquêtes spécialisées en matière de lutte contre tout type de criminalité. Toutefois, certaines dispositions du Code pénal peuvent concourir à cette lutte.

Enfin, s'agissant du blanchiment d'argent, la Belgique dispose de la loi du 18 septembre 2017 relative à sa prévention, au financement du terrorisme et à la limitation de l'utilisation des espèces, laquelle permet notamment de réaliser des enquêtes financières en matière de criminalité liée aux espèces sauvages. Il en est de même en RDC avec la loi n° 04/016 du 19 juillet 2004 portant lutte contre le blanchiment des capitaux et le financement du terrorisme.

Paragraphe 9. Existence des stratégies et politiques

Ce groupe contient 2 indicateurs dont l'existence d'une stratégie nationale de lutte contre la criminalité liée aux espèces sauvages, d'une part, et celle des stratégies nationales sur la biodiversité en phase avec la CITES, d'autre part.

9.1. Existence d'une stratégie nationale de lutte contre la criminalité liée aux espèces sauvages

La Belgique et la RDC ne disposent pas des stratégies nationales de lutte contre la criminalité liée aux espèces sauvages à l'instar notamment des USA

(2014)[814], du Cameroun[815], de la Tanzanie[816], l'Ouganda[817] ou de l'Afrique du Sud[818]. Toutefois, comme mentionné au chapitre 4, titre II, la Belgique met en œuvre le Plan d'action de l'Union européenne contre le trafic d'espèces sauvages révisé en novembre 2022. La RDC, pour sa part, utilise la stratégie africaine de lutte contre l'exploitation et le commerce illicites de la faune et de la flore sauvages en Afrique de mai 2015[819].

La Belgique, membre de l'UE, se sert efficacement de la stratégie européenne des 27 comme quasi-stratégie nationale. À l'opposé, la RDC ne développe pas les mécanismes pour s'approprier la stratégie africaine.

9.2. Existence des stratégies nationales biodiversité en phase avec la CITES

La Stratégie nationale de la Belgique pour la biodiversité (SNB) 2006-2016 a été adoptée le 26 octobre 2006 par la Conférence interministérielle de l'Environnement, qui se compose des ministres compétents du Gouvernement fédéral, des trois régions (Région flamande, Région de Bruxelles-Capitale et Région wallonne) et des trois Communautés (flamande, française et germanophone). Celle-ci, actualisée en 2020, est un document national unique sur la politique en matière de biodiversité, qui synthétise les responsabilités des différents gouvernements en vue de se conformer aux engagements pris par la Belgique sur les plans européen et international[820]. Cette stratégie reconnaît que « la surexploitation directe et indirecte [...] de ressources naturelles entraîne le déclin de la population et les extinctions d'espèces[821].

---

[814] USA, *National Strategy for Combating Wildlife Trafficking*, accessible sur : https://www.justice.gov/sites/default/files/enrd/legacy/2015/04/13/National_Strategy_for_Combating_Wildlife_Trafficking_-__Implementation_Plan.pdf, consulté le 15 mai 2020.

[815] Cameroun, *Stratégie nationale de lutte contre le braconnage et la criminalité faunique*, accessible sur : https://www.investiraucameroun.com/environnement/0211-15490-le-cameroun-se-dote-d-une-strategie-nationale-de-lutte-contre-le-braconnage-et-la-criminalite-faunique, consulté le 8 janvier 2021.

[816] Tanzania, *National Strategy to Combat Poaching and Illegal Wildlife Trade*, 30th october 2014.

[817] Ouganda, *National strategy to combat poaching, illegal trade and trafficking of wildlife and wildlife products 2020-2029,* accessible sur : https://uganda.wcs.org/DesktopModules/Bring2mind/DMX/Download.aspx?EntryId=37412&PortalId=141&DownloadMethod=attachment, consulté le 8 janvier 2021.

[818] RSA, *National Integrated Strategy to Combat Wildlife Trafficking (NISCWT)*, February 2017, accessible sur: https://pmg.org.za/files/170530NISCWT.pdf, consulté le 15 mai 2020.

[819] Cette dernière semble ne servir de référence que sur papier. Des actions concrètes basées sur cette stratégie ne sont pas tangibles.

[820] Point focal national belge pour la Convention sur la Diversité biologique (éd.), *Biodiversité 2020 – Actualisation de la Stratégie nationale de la Belgique*, Institut royal des Sciences naturelles de Belgique, Bruxelles, 2013, 166 pp., p.4.

[821] *Ibid,* p.23.

Depuis octobre 2016, la RDC dispose d'une stratégie nationale de la biodiversité. Celle-ci reconnaît notamment que le braconnage des espèces fauniques, une des menaces à la biodiversité, résulte notamment du fait de la valeur monétaire élevée de certains organes d'animaux. Le braconnage y est reconnu comme l'une des causes du déclin des espèces de faune. Les effectifs de certaines populations d'espèces ayant tellement baissé (dont les grands singes, l'okapi et les éléphants), on comprend que cette stratégie note que des mesures urgentes s'imposent[822]. Par ailleurs, parmi ses axes d'intervention prioritaires, elle inclut la sauvegarde des espèces de faune et de flore menacées d'extinction[823]. C'est ainsi notamment que dans son objectif 5.1., d'ici à 2020, les effectifs des populations de grands singes, d'éléphants et d'okapis doivent être maintenus dans les limites génétiquement viables et dans la mesure du possible celles des autres espèces menacées de faune et de flore[824].

Les différentes espèces reprises dans les annexes CITES sont également protégées dans le cadre de ces stratégies et actions arrêtées. Ces politiques visent donc à conserver notamment les espèces CITES.

Par ailleurs, elles classent la surexploitation des espèces parmi les menaces qui pèsent sur la biodiversité. Ainsi, elles ne peuvent qu'encourager la mise en œuvre de la CITES pour le maintien de la biodiversité.

Paragraphe 10. Déploiement d'une approche globale pour lutter contre la criminalité liée aux espèces sauvages

Ce groupe comprend 2 indicateurs, dont l'engagement des communautés locales dans la lutte contre la criminalité liée aux espèces sauvages et la sensibilisation du public.

10.1. Engagement des communautés locales

Il s'agit ici de la mesure dans laquelle les communautés locales sont engagées dans des activités de lutte contre la fraude pour combattre la criminalité liée aux espèces sauvages.

Les communautés locales et les populations autochtones, y compris toutes les personnes qui vivent dans les zones ou à proximité des zones où l'on peut retrouver les espèces CITES, devraient être associées à des activités de lutte. D'une part, cette proximité peut faciliter la protection desdites espèces et la dénonciation en cas d'infraction et, d'autre part, ces communautés sont

---

822 RDC, *Stratégie et plan d'action nationaux de la biodiversité (2016-2020)*, octobre 2016, p.39, accessible sur : http://extwprlegs1.fao.org/docs/pdf/Cng169379.pdf, consulté le 15 juillet 2018.

823 *Ibid*, p.63.

824 *Ibid*, p.66.

souvent instrumentalisées et enrôlées pour devenir des acteurs de premier plan du braconnage.

En ce qui concerne la Belgique, « des initiatives de terrain sont entreprises par certains parcs zoologiques pour sauvegarder, voire restaurer en milieu naturel, les populations animales (création ou participation au financement de parcs naturels et réserves, sensibilisation et aide aux populations locales, financement de programmes locaux ...) »[825]. Nous espérons que l'aide apportée aux populations locales et le financement de programmes locaux pourra notamment les sensibiliser à la conservation et à la criminalité qui y est associée. Une communauté mieux informée et soutenue connaîtra l'importance de la ressource et la nécessité de lutter contre son prélèvement illégal.

S'agissant de la RDC, il n'a pas été démontré une implication directe desdites communautés dans cette lutte. Toutefois, quelques cas ont été rapportés par des ONG qui travaillent dans le secteur, lesquelles disposent des réseaux d'informateurs constitués des membres desdites communautés[826]. Par ailleurs, dans la stratégie de conservation communautaire de l'ICCN, il est envisagé la création de plusieurs structures de gouvernances locales[827], qui sont notamment associées[828] à la gestion des sites[829].

10.2. Sensibilisation du public

Il s'agit ici de la mesure dans laquelle du matériel et/ou des programmes de sensibilisation sont mis en place pour renforcer la prise de conscience du public vis-à-vis de la criminalité liée aux espèces sauvages.

En ce qui concerne la Belgique, quelques cas de sensibilisation sont notamment cités en lien avec les zoos. En effet, « les parcs zoologiques sont pour de nombreuses familles (environ 70 %) leur premier contact avec la

---

[825] Ligue Royale belge pour la Protection des Oiseaux, *Position de la LRBPO concernant les zoos et la faune sauvage*, accessible sur : https://protectiondesoiseaux.be/2020/06/29/position-de-la-lrbpo-concernant-les-zoos-et-la-faune-sauvage/, consulté le 20 décembre 2020.

[826] Pour la RDC, l'ONG JURISTRALE dispose d'un réseau d'informateurs constitué des membres des communautés locales. Dans l'approche, autant que cela soit possible, l'ONG essaie d'associer les communautés dans leur ensemble en engageant notamment des échanges avec les autorités traditionnelles et coutumières, mais aussi de façon individuelle avec certains membres desdites communautés.

[827] Certaines existent à certains endroits : cas des Comités locaux de Développement (CLD) et de plusieurs structures de gouvernance mis en place avec l'appui de JURISTRALE notamment à la RFLY et à la DCBU.

[828] Quoiqu'à ce jour cela se limite à la participation à des réunions et à des consultations notamment dans le cadre du CLIP (Consentement libre, préalable et éclairé).

[829] Cas du « Comité de Coordination du Site » (CoCoSi), structure ayant pour tâches de planifier, coordonner et assurer le suivi ainsi que l'évaluation des activités du plan d'opération du site, de veiller à l'harmonie des relations entre partenaires dans le site, d'encourager les échanges d'expériences avec les autres sites, etc. Voy. ICCN, *Fonctionnement de l'ICCN*, accessible sur : https://www.iccnrdc.org/fonctionnement.html, consulté le 20 décembre 2020.

faune sauvage. Des programmes de sensibilisation mis en place par certains parcs zoologiques visent réellement à une meilleure information du public, à son information sur les menaces pesant sur la biodiversité et sur la nécessaire protection des espèces. D'autres établissements assurent un service minimum pour être en conformité avec la réglementation et devraient en tout état de cause renforcer leur action dans ce domaine »[830]. On notera également qu'afin d'informer le public, l'État fédéral et les Régions organisent des actions de communication[831].

Par ailleurs, une campagne avait été réalisée du 15 mai au 12 août 2018 dénommée « sors tes dents ». Celle-ci avait pour but de récupérer l'ivoire, en toute discrétion, que les particuliers détiendraient sans documents, donc en toute illégalité[832]. Pour ce faire, des containers avaient été mis en place au SPF Santé publique, à Pairi Daiza, aux Zoos d'Anvers et à Planckendael. Avec cette campagne, « c'est presque 500 kilos au total d'ivoire qui ont été collectés »[833]. Par ailleurs, des ONG nationales comme Natuurpunt (Flandre)[834] et Natagora (Wallonie)[835] participent également à la sensibilisation du grand public.

En ce qui concerne la RDC, les programmes de sensibilisation du grand public sont assurés par les partenaires techniques et financiers constitués principalement des ONG internationales et nationales. Dans le cadre de son PANI, la RDC devrait notamment mener des missions de sensibilisation sur le bien-fondé de l'utilisation durable de la diversité biologique, cas de

---

830 Ligue Royale belge pour la Protection des Oiseaux, *Position de la LRBPO concernant les zoos et la faune sauvage*, *op.cit.*

831 Par exemple, « le Secrétariat Scientifique National sur les espèces exotiques envahissantes a réalisé deux posters sur les espèces reprises sur la liste de préoccupation européenne et interdites de commerce, de détention et d'élevage en Belgique [...]. Ces produits de sensibilisation donnent une information sur les risques que représentent ces espèces pour la biodiversité. ». Voy. notamment SPF Santé publique, sécurité de la chaîne alimentaire et environnement, *Sensibilisation du public aux espèces exotiques envahissantes*, accessible sur : https://www.health.belgium.be/fr/sensibilisation-du-public, consulté le 15 novembre 2018.

832 En Belgique, la vente et l'achat d'ivoire sont autorisés à la condition d'avoir un certificat CITES. Pour obtenir ce certificat, il faut prouver que l'ivoire date d'avant 1984 et/ou a été importé avant 1990, avec un permis CITES.

833 SPF Santé publique, sécurité de la chaîne alimentaire et environnement, *Sortir les dents : rapporter de l'ivoire au SPF toujours possible*, accessible sur : https://www.health.belgium.be/fr/sortir-les-dents-rapporter-de-livoire-au-spf-toujours-possible, consulté le 15 septembre 2018.

834 Natuurpunt protège ce qui subsiste de la nature en Flandre notamment par l'information et l'éducation du grand public. Elle compte 114 000 familles comme membres. Voy. Natuurpunt, *Natuurpunt - En français*, accessible sur : https://www.natuurpunt.be/pagina/natuurpunt-en-fran%C3%A7ais, consulté le 25 mars 2021.

835 Natagora organise près de 1 000 animations par an. Un ambitieux programme de sensibilisation et d'éducation à destination de tous les publics : familles, enfants, écoles, personnes porteuses d'un handicap ou entreprises. Voy. Natagora, *Nos animations*, accessible sur : https://www.natagora.be/nos-animations, consulté le 25 mars 2021.

l'éléphant avec l'appui de supports audiovisuels. En rapportant sur celle-ci, la RDC n'évoque que les réalisations desdites ONG[836].

Paragraphe 11. Synthèse de l'évaluation de l'effectivité et de l'efficacité de la CITES au niveau national

Après avoir réalisé l'évaluation de l'effectivité et de l'efficacité de la mise en œuvre de la CITES en Belgique et en RDC, il conviendrait, de façon schématique, d'en relever les principaux éléments avant d'en dégager une appréciation globale.

11.1. Tableau synthèse de l'évaluation de l'effectivité et de l'efficacité de la CITES en Belgique et en RDC

Les éléments d'évaluation de la CITES, au regard des indicateurs choisis, peuvent être résumés dans le tableau suivant (tableau 21).

Tableau 21 : Évaluation de la CITES en Belgique et en RDC (avec scores)

		Belgique					**RDC**				
Indicateurs/critères d'évaluation	*Cibles évaluées*	*Degré (niveau)*					*Degré (niveau)*				
		A	B	C	D	E	A	B	C	D	E
Général											
1. Existence des normes	Effectivité	x						X			
	Efficacité		x						x		
Structures et capacités											
2. Existence des autorités CITES	Effectivité	x					x				
	Efficacité			x						x	
3. Existence des agences de contrôle et de lutte contre la criminalité	Effectivité	x					x				
	Efficacité			x						x	
4. Moyens humains	Effectivité		x						x		
	Efficacité			x						x	
5. Moyens financiers et logistiques	Effectivité		x						x		
	Efficacité			x						x	
6. Capacités techniques et formations	Effectivité		x						x		
	Efficacité			x						x	

[836] Les activités de sensibilisation évoqués dans le rapport d'évaluation du PANI de la RDC de janvier à septembre 2015 : « la production par JURISTRALE des Codes enviro sur la faune et la biodiversité ainsi que du guide juridique sur la faune sauvage de la RDC ; la production de 2 spots audios diffusés par les radios de Mbandaka, Boende, Basankusu et Lisala ; la production et diffusion du vade-mecum des infractions sur la faune en RDC ; l'existence de 3 contrats de diffusion signés avec 3 radios de l'Équateur ; etc. Voy. CITES, SC66-29-Annex14, *op.cit.*, p.12.

Suivi et mise en œuvre											
7. Rapports	Effectivité	x						X			
	Efficacité		x						x		
8. Délivrance des permis et certificats CITES	Effectivité		x						x		
	Efficacité			x						x	
Contrôle et détection de la fraude											
9. Gestion stratégique des risques	Effectivité		x							x	
	Efficacité		x							x	
10. Approche d'enquêtes fondées sur le renseignement	Effectivité		x							x	
	Efficacité		x							x	
11. Utilisation de techniques d'enquête spécialisées	Effectivité				x					x	
	Efficacité				x					x	
12. Enquêtes financières	Effectivité				x					x	
	Efficacité				x					x	
Saisies et confiscations											
13. Saisies de l'ivoire d'éléphant	Effectivité		x						x		
	Efficacité			x						x	
14. Utilisation des spécimens d'espèces sauvages confisqués : focus sur l'ivoire d'éléphant	Effectivité		x						x		
	Efficacité		x							x	
Répression et condamnations											
15. Existence des sanctions	Effectivité	x					x				
	Efficacité			x					x		
16. Poursuites judiciaires et nombre de condamnations	Effectivité			x					x		
	Efficacité				x					x	
17. Prise de conscience au sein du système judiciaire	Effectivité				x					x	
	Efficacité				x					x	
Coopération inter-agences et régionale											
18. Coopération inter-agences	Effectivité		x						x		
	Efficacité		x						x		
19. Coopération régionale	Effectivité		x						x		
	Efficacité		x						x		
Lien avec d'autres législations											
20. Législation relative à la conservation de la biodiversité	Effectivité		x					X			
	Efficacité			x					x		
21. Autres législations (pénale, criminalité organisée, corruption et blanchiment d'argent)	Effectivité		x					x			
	Efficacité			x					x		
Existence des stratégies et politiques											
22. Existence d'une stratégie nationale de lutte contre la criminalité liée aux espèces sauvages	Effectivité				x					x	
	Efficacité				x					x	
23. Existence des stratégies nationales biodiversité (SNB) en phase avec la CITES	Effectivité	x					x				
	Efficacité		x						x		

Déploiement d'une approche globale pour lutter contre la criminalité liée aux espèces sauvages											
24. Engagement des communautés locales	Effectivité					x				x	
	Efficacité					x				x	
25. Sensibilisation du public	Effectivité					x					x
	Efficacité										x

Légende du niveau de réalisation
A : Très bon B : Bon C : Moyen D : Faible
E : Difficilement mesurable/ n'a pas pu être mesuré.

11.2. Appréciation globale de mise en œuvre de la CITES en Belgique et en RDC

Comme déjà relevé, l'évaluation de la CITES comporte une double dimension internationale et nationale.

Il conviendrait d'apprécier tour à tour l'effectivité et l'efficacité de la mise en œuvre de la CITES en Belgique et en RDC.

11.2.1. Appréciation globale de l'effectivité de la mise en œuvre de la CITES en Belgique et en RDC

S'agissant de l'effectivité de la mise en œuvre de la CITES en Belgique et en RDC, l'analyse des 25 indicateurs choisis donne les résultats suivants (tableau 22) :

Tableau 22 : Appréciation globale de l'effectivité de la mise en œuvre de la CITES en Belgique et en RDC au regard de 25 indicateurs (100 points).

		Belgique			*RDC*		
Degré d'effectivité	*Équivalences*	*Nombre d'indicateurs*	*Scores totaux*	*Pourcentages correspondants*	*Nombre d'indicateurs*	*Scores totaux*	*Pourcentages correspondants*
À : Très bon	4	6	24	24 %	4	16	16 %
B : Bon	3	12	36	36 %	4	12	12 %
C : Moyen	2	1	2	2 %	9	18	18 %
D : Faible	1	4	4	4 %	8	8	8 %
E : Difficilement mesurable/ n'a pas pu être mesuré (score moyen).	2	2	4	4 %	1	2	2 %
Totaux			*70*	*70 %*		*66*	*66 %*

Il ressort de ce tableau que l'effectivité de la mise en œuvre de la CITES en Belgique est évaluée à 70 %, tandis qu'en RDC elle l'est à 66 %.

Il conviendrait également d'apprécier globalement l'efficacité de la mise en œuvre de la CITES en Belgique et en RDC.

11.2.2. Appréciation globale de l'efficacité de la mise en œuvre de la CITES en Belgique et en RDC

S'agissant de l'efficacité de la mise en œuvre de la CITES en Belgique et en RDC, l'analyse des 25 indicateurs choisis donne les résultats suivants (tableau 23) :

Tableau 23 : Appréciation globale de l'efficacité de la mise en œuvre de la CITES en Belgique et en RDC au regard de 25 indicateurs.

		Belgique			*RDC*		
Degré d'efficacité	*Équiv a-lence s*	*Nombre d'indic ateurs*	*Scor es tota ux*	*Pource nta-ges corresp on-dants*	*Nombre d'indic a-teurs*	*Scores totaux*	*Pourcent ages correspo n-dants*
À : Très bon	4	0	0	0 %	0	0	0 %
B : Bon	3	8	24	24 %	0	0	0 %
C : Moyen	2	10	20	20 %	8	16	16 %
D : Faible	1	5	5	5 %	16	16	16 %
E : Difficilement mesurable/ n'a pas pu être mesuré (score moyen).	2	2	4	4 %	1	2	2 %
Totaux			*53*	*53 %*		*34*	*34 %*

Il ressort de ce tableau que l'efficacité de la mise en œuvre de la CITES en Belgique est évaluée 53 %, tandis qu'en RDC elle est évaluée à 34 %.

La bonne application de la CITES sur le plan national est le gage de sa réussite. Cependant, il existe quelques faiblesses et difficultés globales, tandis que d'autres sont spécifiques à la Belgique ou à la RDC. On peut notamment relever :

- De façon globale, les cadres légaux doivent être renforcés et vulgarisés. Tant en Belgique qu'en RDC, il existe deux projets de loi importants en cours sur la CITES. Le cadre légal belge est d'autant plus complexe parce qu'il faut appliquer à la fois le droit national et la réglementation communautaire. La RDC, pour sa part, devrait adopter un cadre réglementaire pour la mise en œuvre des lois existantes. Rappelons que « les trafiquants des espèces sauvages exploitent régulièrement les lacunes et les divergences qui existent dans les différentes législations nationales, en droit pénal et dans d'autres lois relatives aux espèces sauvages et aux forêts, ainsi que les problèmes structurels liés à la mise en œuvre de ces cadres juridiques »[837]. À ceux-ci s'ajoutent également des défis supplémentaires comme « l'absence de lois sur la protection des dénonciateurs et des témoins d'irrégularités dans ce domaine [...] ; et l'omission de désigner les atteintes aux espèces sauvages comme infraction principale dans la législation destinée à lutter contre le blanchiment de capitaux »[838].

- Les systèmes politiques sont malheureusement gangrenés par la corruption. Celle-ci peut sérieusement diluer les efforts consentis. Rappelons que le dernier rapport 2023 de Transparency International classe la Belgique au 16e rang/180 (avec 73/100) et la RDC au 162e rang (avec 20/100)[839].
- Les agences qui interviennent dans le contrôle CITES et dans la lutte contre la fraude ne disposent pas d'effectifs nécessaires pour mener à bien leurs missions. Par ailleurs, certains de ces agents n'ont pas les qualifications ni les connaissances nécessaires pour travailler efficacement.
- Les agences/services qui interviennent dans le contrôle CITES et dans la lutte contre la fraude ont de faibles capacités financières et logistiques pour un travail efficace. Cette difficulté se fait ressentir tant en Belgique qu'en RDC, quoiqu'à des degrés différents. Par ailleurs, s'agissant de la RDC, il a été relevé le fait que l'appui gouvernemental dans la mise en œuvre de la CITES est minime. La CITES, globalement le secteur de l'environnement, est fortement dépendante des ressources extérieures.
- L'inexistence des stratégies nationales de lutte contre la criminalité liée aux espèces sauvages tant pour la Belgique que pour la RDC.

Plusieurs autres handicaps peuvent impacter leur mission. Il en est ainsi notamment de l'usage de trois langues de travail (cas de la Belgique) ou du faible accès à l'Internet de qualité (cas de la RDC).

Au final, ces deux conditions combinées, l'évaluation globale de la mise en œuvre de la CITES se présente de la manière suivante (tableau 24) :

Tableau 24 : Évaluation globale de la mise en œuvre de la CITES

	CITES à l'international	*CITES en Belgique*	*CITES en RDC*
Effectivité	76,56 %	70 %	66 %
Efficacité	54,68 %	53 %	34 %
Total	*65,62 %*	*61,5 %*	*50 %*

[837] PNUE, *Rapport du Symposium sur le renforcement des cadres juridiques pour combattre la criminalité liée aux espèces sauvages en Afrique centrale et occidentale*, *op.cit.*, p.1.
[838] *Ibid.*
[839] Transparency International, *Corruption perceptions index 2023*, accessible sur : https://www.transparency.org/en/cpi/2023/index/cod, consulté le 5 mars 2024.

Il ressort clairement de ce tableau que, globalement, l'effectivité et l'efficacité de la CITES sont estimées à 65,62 % au niveau international, à 61,5 %[840]en Belgique et à 50 %[841] en RDC.

En somme, bien que des efforts aient été accomplis au niveau international et national, l'ampleur du trafic des espèces sauvages demeure très préoccupante, due en partie au faible niveau d'application et d'efficacité de la CITES et des lois nationales d'application[842]. Ceux-ci poursuivent en relevant que « les faibles niveaux d'exécution des lois, leur médiocre application et leur inefficacité tiennent à des facteurs politiques, administratifs, socio-économiques et juridiques. De sérieuses inquiétudes sont toujours soulevées au sujet des faibles capacités dans les domaines de la planification et des ressources financières, humaines et techniques. La déficience des institutions est également mise en cause. Mais il est également nécessaire de s'attaquer à d'autres défis. Les cadres juridiques doivent évoluer pour appuyer les réalités changeantes et les découvertes scientifiques et permettre de faire face de manière plus cohérente et efficace aux enjeux naissants mais cruciaux »[843].

L'évolution des cadres légaux afin d'atteindre l'effectivité nécessite aussi de « dépasser le stade des objectifs et principes généraux en formulant des règles de comportement spécifiques adressées à des sujets identifiés ou identifiables »[844].

Par ailleurs, on notera également que les normes, même pourvues d'un faible degré d'effectivité, à l'instar de certaines normes CITES, restent importantes et préférables, car « mieux valent des normes inappliquées qu'un univers a-juridique »[845]. En effet, le degré d'effectivité de celles-ci peut toujours augmenter suite notamment à une prise de conscience plus globale, à un changement de régime politique ou à l'allocation de plus de moyens financiers aux agences de mise en œuvre de la CITES ou de lutte contre la fraude.

Ainsi, globalement, la Convention et les lois nationales analysées, y compris les différents mécanismes qu'elles mettent en place, peuvent aider à lutte contre la criminalité liée aux espèces sauvages et à réduire significativement son ampleur. Rappelons que les trois principales incitations à cette criminalité sont « les avantages économiques qu'elle procure, la demande toujours croissante et l'échec institutionnel et réglementaire résultant

---

840 Soit la moyenne des 70 % de l'évaluation de l'effectivité et des 53 % de l'efficacité.

841 Soit la moyenne des 66 % de l'évaluation de l'effectivité et des 34 % de l'efficacité.

842 Conférence ministérielle africaine sur l'environnement, *Renforcer l application et l'efficacité du droit de l'environnement en Afrique*, Note du secrétariat, AMCEN/15/EGM/7, janvier 2015, p.2.

843 Conférence ministérielle africaine sur l'environnement, *op.cit.*, p.2.

844 M. Pallemaerts, « Le droit comme instrument des politiques internationales de l'environnement : effectivité et symbolisme des normes », *op.cit.*, p.59.

845 M. Kamto, *op.cit.*, p.18, cité par M. Prieur, *op.cit.*, p.15.

en un sens d'impunité »[846]. Il faudrait donc envisager de rehausser les degrés d'effectivité et d'efficacité de la Convention et des lois nationales notamment en commençant par les appliquer pleinement et en comblant les lacunes.

[846] Voy. PNUE, *The State of Knowledge of Crimes that have Serious Impacts on the Environment*, Nairobi, 2018, p.1.

DEUXIÈME PARTIE : DES PERSPECTIVES DE RENFORCEMENT DE LA CITES AU REGARD DES IMPÉRATIFS DE LUTTE CONTRE LA CRIMINALITÉ LIÉE AUX ESPÈCES SAUVAGES ET DE CONSERVATION DE LA BIODIVERSITÉ

Atteindre une meilleure conservation des espèces de faune et de flore menacées d'extinction a notamment justifié l'adoption des mesures commerciales au niveau international, étant entendu que le commerce desdites espèces à cette échelle contribuerait largement à la survenance desdites menaces. À e jour, le volume important et croissant des transactions commerciales, à la suite de la forte demande mondiale de certaines espèces sauvages, ainsi que le développement d'un vaste marché parallèle en violation de la CITES et des législations nationales feraient que le risque d'extinction des espèces, ressenti il y a déjà plus de cinquante ans, puisse advenir.

Avec un degré d'effectivité et d'efficacité de la CITES se situant autour de la limite de 65 % à l'international, d'une part, et les applications nationales autour de 61 % en Belgique, 50 % en RDC, avec des disparités énormes entre plusieurs États qui se retrouveraient pour au moins 55 % d'entre eux entre 25 et 50 % et, d'autre part, l'idéal CITES serait renvoyé à quelques années-lumière. Cependant, d'ici là, l'apocalypse pourrait déjà survenir pour plusieurs espèces.

Aussi, face à l'ampleur toujours croissante du commerce légal et, surtout, illégal, et au danger que cela suscite pour les espèces sauvages, ne faudrait-il pas envisager de renforcer le système de régulation actuel du commerce international des espèces de faune et de flore menacées d'extinction ? Un tel travail, visant la poursuite de l'objectif global de la CITES, ne peut se faire qu'« au travers d'au moins quatre approches stratégiques distinctes, dont aucune n'est en elle-même suffisante, ce qui signifie que la stratégie d'ensemble doit consister à les conduire toutes simultanément aux niveaux international, régional et national. Il s'agit de renforcer les politiques et législations, arrêter le massacre, endiguer le trafic et stopper la demande »[847].

Pour arriver à mettre en œuvre cette stratégie d'ensemble, et s'assurer d'atteindre l'objectif global de la CITES, le renforcement de ce système de régulation doit être envisagé sous deux angles différents, interne et externe, mais complémentaires. Au plan interne, il faudrait accroître les niveaux d'effectivité et d'efficacité de la CITES et de son exécution nationale en appliquant correctement les dispositions existantes et en y affectant les moyens et ressources nécessaires. Il s'agirait donc, d'abord, de faire avec le cadre conventionnel et les cadres légaux en leur état actuel (chapitre 1) ; et ensuite, au plan externe, il conviendrait, après avoir analysé le système avec ses forces et faiblesses, penser à combler des lacunes qui s'en dégagent afin

[847] Commission européenne, *Au-delà des éléphants*, *op.cit.*, pp.461-462.

de l'outiller notamment pour faire face à la criminalité liée aux espèces sauvages qui s'étend et qui favorise le développement des activités commerciales desdites espèces en violation de la Convention (chapitre 2).

CHAPITRE 1 : RENFORCER LES CADRES ET MÉCANISMES EXISTANTS DE RÉGULATION DU COMMERCE ET DE LUTTE CONTRE LE TRAFIC DES ESPÈCES SAUVAGES

L'évaluation de l'effectivité et de l'efficacité de la CITES a démontré que celle-ci n'est pas mise en œuvre de façon optimale. Il s'ensuit qu'on ne peut espérer ainsi atteindre l'objectif global assigné.

Pour ce faire, le premier levier qu'il faut activer est de renforcer la mise en œuvre des cadres et mécanismes de régulation du commerce international et de lutte contre le trafic des espèces sauvages. Car, comme on le sait, « le droit n'est effectif que par son application »[848]. Ainsi, une meilleure application de la CITES et des lois nationales d'application renforcerait l'effectivité et l'efficacité de celles-ci avec pour conséquence la réduction des pressions sur les espèces menacées d'extinction.

La recherche de l'effectivité, de l'efficacité, voire de l'efficience d'une loi se fait en amont c'est-à-dire avant même sa promulgation. Comme on le sait, de l'initiative d'une loi à sa promulgation, plusieurs étapes sont nécessaires. Durant ce laps de temps, on devrait notamment effectuer une évaluation *ex ante* « destinée à mesurer objectivement les conséquences des modifications législatives ou réglementaires envisagées par le gouvernement afin d'éclairer les choix effectués et le débat au Parlement » [849]. Celle-ci se fait dans certains pays comme la Belgique au travers d'une analyse d'impact de la réglementation (AIR). Cette dernière[850], perçue comme une « procédure administrative révolutionnaire »[851], est « une évaluation préalable des conséquences potentielles (impacts collatéraux) des projets de réglementations de façon intégrée dans les domaines économique, social, environnemental et sur l'autorité publique » [852].

---

[848] Guy CANIVET, premier président de la cour de cassation, cité par M. FRANCHETEAU-LARONZE, « L'application du droit international de l'environnement par le juge national: éléments d'analyse comparative », pp.607-630, in S. MALJEAN-DUBOIS et L. RAJAMANI (dir.), *La mise en œuvre du droit international de l'environnement*, Académie de droit international de La Haye, La Haye, 2011, p.607.

[849] A. BOZIO, « L'évaluation des politiques publiques : enjeux, méthodes et institutions », in *Revue française d'économie*, 2014/4, p. 59 à 85, cité par Conseil d'État français, *op.cit.*, p.1.

[850] Bases légales de l'AIR en Belgique : (i) loi du 15 décembre 2013 portant des dispositions diverses concernant la simplification administrative ; (ii) arrêté royal du 21 décembre 2013 portant exécution du titre 2, chapitre2 de la loi du 15 décembre 2013 portant des dispositions diverses concernant la simplification administrative.

[851] M. PRIEUR, *Droit de l'environnement*, Paris, Dalloz, 2004, p. 72, cité par J. BETAILLE, « La procédure de l'étude d'impact après la loi portant engagement national pour l'environnement : des insuffisances récurrentes », in *Revue juridique de l'environnement*, 2010/5 (n° spécial), p. 241-251, p.241.

[852] Instituut voor de gelijkheid van vrouwen en mannen, *Manuel pour la réalisation de l'analyse d'impact*, 2014, p.2.

À ce jour, le constat est que certaines lois demeurent peu effectives et peu efficaces parce que des analyses sérieuses ne se sont faites ni *ex ante* (en amont) ni *ex itinere* ni *ex post* (en aval). De façon globale, en amont, concernant spécifiquement le droit interne environnemental, cela pourrait notamment se justifier par le fait qu'il pourrait hériter tout aussi bien des mêmes contraintes que le droit international de l'environnement qui se doit de répondre, le plus souvent, à certaines urgences. Celui-ci peut apparaître alors comme « un corps de règles construit dans l'urgence, au coup par coup »[853] c'est-à-dire pour répondre à des problèmes immédiats et imminents, pour lesquels une intervention s'avérerait urgente. Dans ce contexte, l'urgence peut justifier le défaut de certaines analyses préalables. Cette situation peut également avoir pour conséquences quelques « incohérences internes, voire [des] problèmes d'articulation externes dus à des cloisonnements normatifs et institutionnels par rapport à d'autres corps de règles »[854]. En outre, le droit international de l'environnement souffrirait de « l'insuffisance des moyens de contrôle de son application »[855]. Pareil constat vaudrait aussi pour le droit national de l'environnement.

Par ailleurs, il faudrait se poser la question de savoir si les États qui s'engagent librement dans les conventions internationales veulent forcément les appliquer. En effet, comme le relève Corinne LEPAGE, les lacunes du droit de l'environnement tiennent moins à l'insuffisance des textes qu'à leur inefficience, car, « le droit de l'environnement reste un droit largement inefficient, non pas par défaut de règles, mais plutôt par mauvais vouloir systématique de les appliquer et par une forme d'organisation plus ou moins volontaire de leur inefficience »[856]. Du même avis, Yves PETIT relève qu'en « dépit des quelque 500 accords multilatéraux ou régionaux relatifs à l'environnement, sans même évoquer les innombrables accords non contraignants adoptés dans différents forums internationaux, le manque de volonté politique des États est une réalité »[857]. En effet, il ne suffit pas seulement d'être partie à une convention ni d'adopter des lois pour la transposer au niveau national, encore faut-il s'assurer que les engagements souscrits peuvent prendre corps sur le territoire national.

De ce constat, il conviendrait tout d'abord de renforcer la mise en œuvre des cadres conventionnels et légaux de régulation du commerce international

---

853 S. MALJEAN-DUBOIS, « La mise en œuvre du droit international de l'environnement », *loc.cit.*, p.26.

854 *Ibid.*

855 Club des juristes, *Renforcer l'efficacité du droit international de l'environnement, op.cit.*, p.29.

856 C. LEPAGE, « Les véritables lacunes du droit de l'environnement », in *Pouvoirs*, 2008/4 (n° 127), pp. 123-133, p.123.

857 Y. PETIT, « Le droit international de l'environnement a la croisée des chemins : globalisation *versus* souveraineté nationale », in *Revue juridique de l'environnement*, 2011/1 (Volume 36), p. 31-55, p.33.

et de lutte contre le trafic des espèces sauvages (section 1), ensuite de consolider les cadres institutionnels et les capacités opérationnelles de mise en œuvre (section 2) et enfin d'améliorer les poursuites judiciaires (section 3).

SECTION 1. RENFORCEMENT DE LA MISE EN ŒUVRE DES CADRES CONVENTIONNEL ET LÉGAUX DE RÉGULATION DU COMMERCE INTERNATIONAL ET DE LUTTE CONTRE LE TRAFIC DES ESPÈCES SAUVAGES

Pour être efficace, « toute législation [...] doit être correctement mise en œuvre et appliquée »[858]. Il y a cinquante ans, avec des évolutions considérables ces dix dernières années issues à la fois des résolutions de la CITES, de l'ONU et de l'adoption des nouvelles législations nationales, a été instauré un cadre conventionnel et législatif robuste pour réguler le commerce international des espèces de faune et de flore menacées d'extinction. Celui-ci contribue notamment à la lutte contre la criminalité liée aux espèces sauvages et à la conservation de la biodiversité. Cependant, quoique la CITES et les lois belges et congolaises d'application soient globalement adaptées à leurs finalités et que des progrès soient constatés dans leur mise en œuvre, leur faible application, due à un manque de financements adéquats, de ressources humaines suffisantes et de certaines données ou études scientifiques, entrave cependant leur résultat. Ces problèmes sont exacerbés par maintes lacunes et faiblesses qui touchent la lutte contre le trafic des espèces CITES. Au demeurant, les évaluations effectuées de leur effectivité et de leur efficacité démontrent sans ambiguïté que leur exécution sur le terrain reste à la traîne. Comme on le sait, en général, « [les retards législatifs des normes sur la conservation ou y touchant d'une manière ou d'une autre] sont lourds de conséquences pour la biodiversité » [859] et spécifiquement pour des espèces qui sont déjà menacées d'extinction. Dès lors, en vue de rehausser ces niveaux d'effectivité et d'efficacité, il conviendrait d'envisager des options tant au niveau global de la Convention qu'en ce qui concerne ses législations nationales d'application, notamment en Belgique et en RDC.

Paragraphe 1. Renforcer l'effectivité et l'efficacité du cadre conventionnel de régulation du commerce international et de lutte contre le trafic des espèces sauvages

Il est possible d'accroître le degré d'effectivité et d'efficacité de la CITES, en assurant d'une part un meilleur suivi de l'application de la Convention et

[858] Commission européenne, *Stratégie de l'UE en faveur de la biodiversité à l'horizon 2030, op.cit.*, p.18.
[859] *Ibid.*

de ses résolutions et décisions, et en réduisant les lenteurs administratives et les considérations autres que scientifiques lors des débats d'autre part.

1.1. Suivre l'application de la Convention, de ses résolutions et de ses décisions

Afin que la Convention atteigne son objectif, elle se doit d'être appliquée convenablement par les Parties. Pour ce, il faudrait s'assurer qu'il n'y ait pas de problèmes de compréhension liés à son interprétation. Car, son faible niveau d'effectivité et d'efficacité ainsi que certains manquements trouvent aussi leur source dans « les difficultés d'interprétation de conventions peu claires et/ou peu précises »[860]. Ainsi, quand les Parties savent exactement ce qui est attendu d'elles, les retards ou les manques d'actions dus aux tâtonnements n'auront plus leur raison d'être.

Comme déjà relevé, le suivi de l'application de la Convention se fait principalement au travers les rapports soumis par les Parties. En effet, la Convention, ses résolutions et décisions déterminent dans quel cas soumettre certain type de rapport (annuel, sur l'application de la Convention, sur le commerce illégal ou *ad hoc*)[861].

Quand une Partie soumet un rapport, elle remplit son obligation au titre de la Convention et rend compte des actions entreprises en conformité avec celle-ci. Par ailleurs, le rapport est aussi le cadre indiqué pour qu'une Partie expose les difficultés auxquelles elle fait face et exprime ses besoins d'appui ou d'assistance.

Il découle qu'un suivi régulier et rigoureux de la remise des rapports, tout en s'assurant à l'avance que leur non-soumission déclenche une procédure de non-respect, contraindrait les Parties à plus de responsabilités et à plus de diligence dans la mise en œuvre de la Convention et de ses résolutions et décisions.

Aussi, afin de réduire le nombre de rapports par Partie et le volume de travail du secrétariat de la CITES censé les analyser, pourrait-on envisager de condenser la plupart des informations dans les rapports annuels et dans ceux sur l'application de la Convention. Certains comptes-rendus ou aspects spécifiques pourraient faire l'objet d'annexes auxdits rapports[862]. Dans cette

---

860 S. MALJEAN-DUBOIS, « La mise en œuvre du droit international de l'environnement », *loc.cit.*, p.26.

861 Voy. notamment l'art. VIII.7 de la Convention au sujet des rapports annuels et sur l'application de la Convention) ; Res. Conf. 8.4 (Rev. CoP15) sur le projet de législation nationale ; Res. Conf. 11.3 (Rev. CoP18) sur les autorités d'exécution ; Art. XIV.1 et Res. Conf. 4.22 sur des mesures internes plus strictes ; Res. Conf. 10.10 (Rev. CoP18) sur les éléphants ; Res. Conf. 10.10 (Rev. CoP18) sur le marché domestique de l'ivoire d'éléphant ; etc.

862 Le rapport annuel sur le commerce illégal pourrait constituer l'annexe 1 du rapport annuel. Ainsi, en dépit du fait que la soumission de ce rapport ne donne pas lieu à engager une procédure de non-respect, en dépit du fait qu'il soit obligatoire, le fait qu'il soit rattaché au rapport annuel dont la non-soumission durant 3 années successives donne lieu à l'ouverture d'une telle

optique, des sections incluraient de façon évolutive des points d'informations sollicités par les résolutions et décisions récentes des organes de la CITES. Ainsi, via le système existant de notifications, la CITES enverrait aux Parties les formats modifiés des rapports à soumettre. Un autre avantage de cette approche serait le poids de la sanction qui pèse en cas de non-soumission desdits rapports de référence.

1.2. Faire primer les considérations scientifiques sur les considérations politiques et éthiques dans les débats et prises de résolutions et décisions CITES

Étant donné la nature même de la CITES, les considérations scientifiques devraient être l'élément central qui mettrait toutes les Parties d'accord sur la nécessité d'adopter une mesure. Elles devraient soutenir les débats, les résolutions et décisions de la Convention.

Suivre les considérations scientifiques devrait notamment amener les Parties à mieux cerner les menaces qui pèsent sur telle ou telle espèce. À défaut de mener elles-mêmes des études, elles devraient être attentives et mieux suivre l'évolution des espèces au travers notamment de la liste rouge de l'UICN. Cependant, pour certaines d'entre elles, il peut s'écouler « en moyenne dix ans entre le classement d'une espèce par l'Union internationale pour la conservation de la nature sur la liste des espèces menacées et son inscription en Annexe I ou II de la CITES »[863]. Dans cette fourchette, la situation de l'animal ou de la plante concernée ne ferait que s'aggraver.

Par ailleurs, un autre constat apparaît dans l'adoption des résolutions et décisions concernant la mise à jour des annexes lors des CoP, à savoir que certaines Parties feraient valoir avant toute chose des considérations politiques[864]. En effet, outre les intérêts politiques et économiques qu'elles défendent, certaines Parties digèrent mal que quelques-unes de leurs propositions fassent l'objet de réticences ou de critiques. Dans pareilles circonstances, semblables à un champ de bataille, elles n'hésitent pas à sortir l'artillerie lourde juste pour que leur point de vue soit validé.

Il a également été constaté que certaines Parties, appuyées par des ONG, ou l'inverse, mettent en avant des considérations d'ordre éthique vis-à-vis des animaux. En effet, le constat est que certaines « [cherchent] de plus en plus à présenter la CITES comme un instrument simplement destiné à interdire tout

---

procédure, ferait que toutes les Parties se verront dans l'obligation de fournir lesdites informations.

863 L. SANTACROCE, « Pourquoi des centaines d'espèces menacées ne sont pas protégées », *loc.cit.*

864 *Ibid.*

commerce d'espèces sauvages »[865]. Une telle opinion, soutenue également par le mouvement pour les droits des animaux, plaide pour une utilisation zéro des espèces animales. Pour ses tenants, on ne doit tuer aucun animal, indépendamment de l'état de l'espèce, même si l'abattage d'un seul spécimen était bénéfique pour l'ensemble de la population de l'espèce. Or, « les données scientifiques n'ont aucun rapport avec une telle position, certes respectable, mais qui doit du moins être présentée et débattue sur la base de ce qu'elle est, à savoir une préoccupation morale et non une affaire de conservation de la nature »[866].

Il s'ensuit qu'aussi bien dans les débats que lors de la prise de décisions CITES, il faudrait tenir compte en premier lieu des considérations scientifiques et mettre au second plan, sinon de côté, les considérations politiques, émotionnelles et éthiques vis-à-vis de l'animal.

Paragraphe 2. Renforcer l'effectivité et l'efficacité des cadres légaux de régulation du commerce international et de lutte contre le trafic des espèces sauvages

Avec les cadres légaux actuels, il est possible de mieux adresser la question du commerce international des espèces de faune et de flore menacées d'extinction. Mais pour y parvenir, il faudrait mieux s'organiser et s'assurer de suivre correctement l'application desdits cadres légaux. Ceci nécessite inéluctablement de disposer d'un plan clair de mise en œuvre des normes nationales CITES. Celui-ci devrait lister les grands jalons des actions à mener et du suivi à réaliser. Il s'agit notamment de la vulgarisation et de la sensibilisation, de l'adoption d'une stratégie nationale CITES assortie des plans d'action, de l'adoption des mesures d'application, de la mise en place des structures identifiées, du renforcement des capacités, du contrôle, de la répression et des évaluations.

Ces multiples points seront abordés au travers des différentes sections de ce titre IV. Dans ce paragraphe, nous n'insisterons que sur les aspects liés à la vulgarisation et à la sensibilisation, à l'adoption des mesures d'application, à la mise en place des structures identifiées et à des évaluations.

2.1. Vulgarisation et sensibilisation sur la CITES

Toute loi à une raison d'être. Aussi, il va de soi qu'elle doit être connue de tous, tant par les destinataires que par les personnes chargées de la faire appliquer, afin de pouvoir être appliquée et d'atteindre son objectif. D'où la

---

[865] Y. LECOCQ, « La CITES : critères scientifiques contre réactions émotionnelles ? », in *Lettre européenne d'information,* Numéro 14/2007, bulletin paneuropéen de l'UICN consacré au commerce des espèces sauvages, p.1.

[866] *Ibid.*

nécessité de la vulgariser d'une part et de sensibiliser les destinataires d'autre part.

Il est certes vrai qu'un des outils importants de vulgarisation des lois demeure le journal officiel du pays[867], mais celui-ci n'est pas exclusif.

En ce qui concerne la Belgique, le *Moniteur belge* (MB) assure la production et la diffusion d'un large éventail de publications officielles et publiques, tant par le canal traditionnel (papier) que par le canal électronique (Internet). La distribution des principales publications officielles passe uniquement par la voie électronique[868].

L'article 190 de la Constitution belge dispose qu'« *aucune loi, aucun arrêté ou règlement d'administration générale, provinciale ou communale, n'est obligatoire qu'après avoir été publiée dans la forme déterminée par la loi* ». Aux termes de cet article 190 de la Constitution belge, lequel « consacre l'importance de la publication des normes » [869], la publication dans la forme déterminée par la loi est la condition qui rend obligatoire un texte. Par ailleurs, la publication au *Moniteur belge* des lois fédérales, des décrets et des ordonnances, des arrêtés royaux et ministériels ainsi que des arrêtés des gouvernements des régions et des communautés remplit cette condition de diffusion[870].

En ce qui concerne la RDC, deux articles de sa Constitution méritent d'être évoqués, à savoir :

L'article 142 qui dispose que *« La loi entre en vigueur trente jours après sa publication au Journal officiel à moins qu'elle n'en dispose autrement.*

Dans tous les cas, le Gouvernement assure la diffusion en français et dans chacune des quatre langues nationales dans le délai de soixante jours à dater de la promulgation ».

L'article 215, pour sa part, dispose que *« Les traités et accords internationaux régulièrement conclus ont dès leur publication, une autorité supérieure à celle des lois, sous réserve pour chaque traité ou accord, de son application par l'autre partie.*

Les articles 142 et 215 ci-dessus évoquent respectivement la publication au *Journal officiel de la RDC* des lois et des traités et accords internationaux. L'article 142 précise que la loi entre en vigueur 30 jours après sa publication,

---

[867] Pour la Belgique, il s'agit du *Moniteur belge* ; et pour la RDC, il s'agit du *Journal Officiel de la RDC*.
[868] Service Public Fédéral Justice, *Moniteur belge*, accessible sur : https://justice.belgium.be/fr/service_public_federal_justice/organisation/moniteur_belge, consulté le 15 janvier 2021.
[869] D. BATSELE, *Initiation à la rédaction des textes législatifs, réglementaires et administratifs*, Bruxelles, Bruylant, 3e éd., 2013, p.177.
[870] *Ibid.*

à moins qu'elle n'en dispose autrement[871]. Le constituant a estimé qu'il fallait un laps de temps afin d'en assurer la diffusion.

Ainsi, comme on peut le constater, la publication dans un journal officiel ne remplit pas pleinement cette fonction de diffusion et de vulgarisation. En effet, tant les destinataires que les personnes en charge de faire appliquer la loi ne doivent pas la découvrir dans un journal officiel après une recherche personnelle. L'Autorité devrait, au-delà de la publication, en assurer une large diffusion. Pour le cas de la RDC, l'alinéa 2 de l'article 142 sus-évoqué relève que, dans tous les cas, le Gouvernement assure la diffusion en français et dans chacune des quatre langues nationales[872] dans le délai de soixante jours à dater de la promulgation. Cette diffusion a pour but de faire connaître la loi. Dans un pays où coexistent 4 grands groupes linguistiques, le constituant a prévu que cette diffusion se fasse aussi dans les 4 langues desdits groupes qui sont des langues nationales. Cependant, tant en ce qui concerne la loi 14/003 du 11 février 2014 relative à la conservation de la nature, laquelle contient d'importantes dispositions applicables en matière de CITES, que d'autres lois, ces diffusions sont très peu assurées par l'Autorité, et quasi rarement en langues nationales. Très souvent, ce sont les organisations de la société civile qui assurent cette vulgarisation.

Par ailleurs, si en Belgique on peut espérer que les publications sur Internet des lois sur le site du *Moniteur belge* facilitent sa diffusion notamment auprès des autorités chargées d'en assurer l'application à l'instar des autorités administratives et judiciaires, la situation est différente en RDC où l'accès à Internet est très limité.

En ce qui concerne les normes CITES, la Belgique et la RDC devraient, dans leurs plans de mise en œuvre, s'assurer de développer, d'une part, des outils qui permettraient de soutenir les efforts de diffusion et, d'autre part, ceux de sensibilisation du grand public. Cette sensibilisation viserait notamment à faire connaître la finalité de la loi, l'essentiel de ses dispositions, les espèces menacées d'extinction, les actes ou omissions prohibés (commerce de certaines espèces, commerce sans documents CITES, etc.), les comportements et attitudes attendus de chacun, etc.

Ainsi, la vulgarisation des normes CITES et la sensibilisation de ses destinataires sont les premiers gages de leur effectivité et de leur efficacité.

2.2. Adoption des mesures d'application

Certaines lois, dont celles de mise en œuvre de la CITES en Belgique et en RDC, prévoient l'adoption de mesures afin qu'elles soient effectivement

[871] Il en est ainsi de la loi n°14/003 du 11 février 2014 relative à la conservation de la nature dont l'entrée en vigueur a été postposée de 6 mois après sa promulgation (art. 86).
[872] Ces langues nationales sont le kikongo, le lingala, le swahili et le tshiluba (art. 1er, al.8 de la Constitution de la RDC).

appliquées, certaines lois le nécessitant. En Belgique, sont considérées comme mesures d'application l'arrêté royal, l'arrêté ministériel et l'arrêté d'un gouvernement régional ou communautaire. En RDC, il s'agit des ordonnances, des décrets et des arrêtés ministériels. En effet, on constatera que plusieurs lois contiennent des dispositions qui renvoient à des mesures d'application. Celles-ci sont censées donner les détails nécessaires ou régler des questions d'opérationnalité de telle ou telle autre disposition.

En Belgique, par exemple, l'article 2 de la loi du 28 juillet 1981 portant approbation de la Convention sur le commerce international des espèces de faune et de flore sauvages menacées d'extinction donne le pouvoir au Roi de prendre toutes les mesures nécessaires pour l'exécution de la Convention[873]. C'est notamment sur cette base que l'arrêté royal du 9 avril 2003 relatif à la protection des espèces de faune et de flore sauvages par le contrôle de leur commerce a été pris afin de faciliter la mise en œuvre à la fois du règlement (CE) n° 338/97 du Conseil relatif à la protection des espèces de faune et de flore sauvages par le contrôle de leur commerce et en particulier de ses annexes A, B, C et D et de la loi du 28 juillet 1981 sus-évoquée.

En RDC, la loi n°14/003 du 11 février 2014 relative à la conservation de la nature prévoit notamment un certain nombre de mesures d'application dont un décret qui déterminera la liste des espèces intégralement et partiellement protégées (articles 13, al.2 et 16, al.2), un décret qui fixera la liste des espèces envahissantes et les modalités d'application des articles 45 à 48 du présent chapitre (article 49) et un décret qui fixera les conditions auxquelles doivent satisfaire les permis et certificats prévus aux articles 64 à 66. Ce dernier décret devrait fixer également les missions, l'organisation et le fonctionnement de l'organe de gestion et de l'autorité scientifique ainsi que les mécanismes de leur collaboration avec le Secrétariat de la Convention et les autres organes de gestion et autorités scientifiques (article 67).

Il va de soi, que sans ces mesures d'application, le degré d'effectivité et d'efficacité des lois CITES sus-évoquées ne peut qu'être faible. En effet, certaines lois ou certaines de leurs dispositions, en dépit du fait qu'elles soient promulguées, publiées dans un journal officiel et entrées en vigueur, en dépit de ce « caractère immédiatement exécutoire de la loi »[874], ne pourront que demeurer stériles.

Relevons pour la RDC, alors que la loi 14/003 sus-évoquée date d'il y a une dizaine d'années (2014), aucune des mesures d'application ci-haut relevées n'a été prise. Ceci ne peut qu'impacter sérieusement l'effectivité et l'efficacité de cette loi. Ceci reste d'autant plus surprenant, comme le relève Michel PRIEUR, « [qu'] alors que les grandes réformes législatives en matière d'environnement sont annoncées à grand fracas comme des étapes importantes

[873] Sénat Belge (session 1980-1981), *op.cit.*, p.3.

[874] M. PRIEUR, « Qui retarde l'entrée en vigueur des lois sur l'environnement ? », in *Revue juridique de l'Environnement*, n°4, 1978, pp.325-328, p.327.

pour une meilleure qualité de la vie, on constate une série de retards anormaux dans l'entrée en vigueur effective de textes après leur adoption [ou dans la mise en œuvre de certaines de leurs dispositions]. Cela est d'autant plus choquant que les problèmes d'environnement affectent des milieux et des espèces sensibles dont la protection requiert toujours la plus grande urgence. L'irréversible peut être atteint du jour au lendemain, compte tenu de la fragilité des divers équilibres écologiques »[875].

Michel PRIEUR renchérit en relevant que « l'administration est obligée de prendre les mesures réglementaires nécessaires à l'exécution des lois, si elle ne le fait pas, elle commet un excès de pouvoir »[876]. Il en résulte que l'administré, destinataire de la loi, peut saisir les instances judiciaires administratives afin de contraindre l'autorité compétente à prendre lesdites mesures. Cependant, la loi ne fixe généralement pas de délais à respecter. Il en est ainsi des mesures prévues par loi congolaise sus-évoquée. Il serait donc impérieux, « dans des cas aussi importants [surtout en matière environnementale,] que le législateur fixe lui-même le délai de publication du décret [ou de l'arrêté] d'application. [Ainsi], l'administré serait moins dépendant des humeurs administratives »[877].

2.3. Identification ou institution des structures impliquées et leur renforcement

La loi détermine les structures (administration, services, agences, institutions, etc.) qui devraient concourir à sa mise en œuvre. Celles-ci peuvent être nouvellement instituées ou il peut s'agir des structures déjà existantes auxquelles elle confie une responsabilité ou une tâche précise. Dans les deux cas, ces structures doivent être suffisamment informées de leurs missions. Pour les premières, le problème ne se poserait pas, car l'acte les créant va les spécifier. Pour les secondes, il faut prendre le temps de les discuter, de dégager les modalités pratiques, de concevoir les outils de travail (formats de documents, formulaires, détails procéduraux) et aussi de déterminer l'ancrage avec ses propres services.

À titre illustratif, en RDC, l'arrêté ministériel n° 021/CAB/MIN/EDD/AAN/WF/05/2017 du 31 août 2017 portant transfert de l'organe de gestion CITES à l'Institut Congolais pour le Conservation de la Nature a institué 8 autorités scientifiques CITES. Celles-ci, doivent avoir la parfaite maîtrise de la CITES. Il faudrait donc, au-delà des séances de renforcement de capacités, discuter avec elles des questions opérationnelles, de leurs besoins justifiés par l'augmentation du volume de travail à la suite de

[875] M. PRIEUR, « Qui retarde l'entrée en vigueur des lois sur l'environnement ? », in *Revue juridique de l'Environnement*, n°4, 1978, pp.325-328, p.325.
[876] *Ibid*, p.326.
[877] *Ibid*, p.327.

tâches supplémentaires, des outils de travail, des formats des documents, etc. Car, celles-ci devraient notamment donner des avis de commerce non préjudiciable, etc. Si un sérieux et un bon travail n'est pas fait en amont, les conséquences seront vite ressenties en aval et impacteront indubitablement la mise en œuvre de la loi.

Par ailleurs, s'agissant de la collaboration avec les autres agences, à l'instar des douanes, celle-ci doit faire l'objet de plusieurs réunions et sessions de formation. Ces dernières doivent connaître la CITES dans les grandes lignes, si pas en détail, connaître la législation nationale en la matière, connaître les espèces CITES, savoir détecter la fraude documentaire en ayant la parfaite connaissance des documents CITES et des cachets, signatures et, éventuellement, des timbres qui devraient y être apposés. Il va sans dire que si de telles dispositions ne sont pas réglées, l'ineffectivité et l'inefficacité des contrôles aux frontières seront bien consacrées.

2.4. Évaluations de la mise en œuvre

Il ne faudrait pas perdre de vue que, dans le cycle de vie d'une loi, il faudrait prévoir des mécanismes pour son évaluation afin notamment de pouvoir combler certaines lacunes légales qu'elles soient *intra legem* (voulue par le législateur) ou *praeter legem* (outre la loi)[878]. Ces mécanismes peuvent tout aussi bien être parlementaires qu'extraparlementaires.

En effet, le pouvoir législatif devrait, pour sa part, assurer le suivi de l'application des lois afin de veiller « à l'application des lois votées et s'assurer des conditions concrètes de leur mise en œuvre » [879]. En France, par exemple, « la réforme constitutionnelle du 23 juillet 2008 qui a modifié l'article 24 de la Constitution […] préciser que le Parlement, outre le vote de la loi et le contrôle de l'action du Gouvernement, « évalue les politiques publiques ».

Une telle évaluation devrait également être envisagée par le Gouvernement à la fois pour se rassurer que les lois, et de façon globale les politiques publiques, permettent d'atteindre leurs finalités, d'une part, et de mesurer les actions entreprises à ces fins et d'envisager de les renforcer, d'autre part.

Sans des évaluations à intervalles réguliers, il serait difficile de savoir si les normes CITES sont bien appliquées et/ou si elles ont besoin d'être revues. Ces évaluations peuvent aussi permettre d'identifier des besoins visant le renforcement des mécanismes institutionnels et opérationnels CITES.

---

[878] En ce qui concerne les lacunes *praeter legem*, elles peuvent se manifester à la suite d'évolutions scientifiques et/ou technologiques.

[879] Assemblée nationale (France), *Le contrôle de l'application des lois et l'évaluation de la législation et des politiques publiques,* Fiche de synthèse n°52, accessible sur : https://www2.assemblee-nationale.fr/decouvrir-l-assemblee/role-et-pouvoirs-de-l-assemblee-nationale/les-fonctions-de-l-assemblee-nationale/les-fonctions-de-controle-et-l-information-des-deputes/le-controle-de-l-application-des-lois-et-l-evaluation-de-la-legislation-et-des-politiques-publiques, consulté le 15 janvier 2021.

SECTION 2. RENFORCEMENT DES MÉCANISMES INSTITUTIONNELS ET OPÉRATIONNELS DE RÉGULATION DU COMMERCE INTERNATIONAL ET DE LUTTE CONTRE LE TRAFIC DES ESPÈCES SAUVAGES

Des mécanismes institutionnels et opérationnels ont été établis afin de mettre en œuvre la CITES tant au niveau international que national. Ceux-ci, dans un premier temps, sans forcément avoir besoin de les revoir, devraient être utilisés à bon escient afin de concourir au renforcement de l'effectivité et de l'efficacité de la CITES.

Aussi, analyserons-nous le renforcement desdits mécanismes tant au niveau international que national et aussi le renforcement de l'implication d'autres acteurs dans la mise en œuvre de la CITES et dans la lutte contre la criminalité liée aux espèces sauvages.

Paragraphe 1. Renforcement des actions de lutte au niveau international

Afin de mieux atteindre l'objectif de la CITES et de lutter efficacement contre la criminalité liée aux espèces sauvages, il faudrait notamment renforcer certaines actions de lutte contre ladite criminalité au niveau international. Ceci peut être atteint en travaillant en amont afin de réduire la demande mondiale des produits CITES, d'une part, et en aval en améliorant la coopération internationale déjà active dans le cadre de la CITES, d'autre part.

1.1. Réduire la demande mondiale des produits de faune

À ce jour, il appert que « nous ne pouvons pas arrêter la criminalité liée aux espèces sauvages uniquement par des interventions au niveau de la chaîne d'approvisionnement. Tant qu'il existe une forte demande de la part des consommateurs pour les produits illicites et les animaux sauvages, les prix du marché restent élevés, les criminels font des bénéfices intéressants et le nombre de saisies ne diminue pas. C'est l'utilisateur final qui a le véritable pouvoir de sauver les espèces de l'extinction »[880]. C'est ainsi que la CITES a notamment pris la résolution Conf. 17.4 sur les stratégies de réduction de la demande pour lutter contre le commerce illicite d'espèces CITES ainsi que plusieurs décisions (18.86 – 18.87) sur la réduction de la demande pour lutter contre le commerce illégal, analysées tous dans le titre II.

Pour rappel, dans la résolution Conf.17.4, les Parties se déclarent conscientes du fait que les interventions de lutte contre la fraude jouent un rôle majeur pour endiguer le commerce illégal des spécimens d'espèces inscrites aux annexes de la CITES, mais gardent à l'esprit que, sans efforts

---

[880] Parlement européen, Résolution *2016/2054(INI), op.cit.*, p.6.

supplémentaires pour traiter la persistance de la demande du marché qui dirige ce commerce, la lutte contre la fraude seule ne pourra suffire à éliminer cette menace[881].

Pour être pragmatique, la CITES devrait engager des discussions directes avec les Parties concernées et identifiées comme étant des principales destinations desdits spécimens d'espèces sauvages. Avec celles-ci, il faudrait arrêter une stratégie afin de « faire reculer la demande et sensibiliser les consommateurs »[882].

1.2. Améliorer la coopération internationale

Aucun pays, organisme ou organisation ne peut lutter seul contre le commerce illégal d'espèces sauvages. Aussi une collaboration efficace et des efforts collectifs à l'échelle de tous les États de l'aire de répartition, de transit et de destination, ainsi qu'à travers toutes les chaînes de lutte contre la fraude sont-ils indispensables[883].

En effet, la lutte contre la criminalité liée aux espèces sauvages exige une coopération internationale notamment transfrontalière entre « la police et d'autres types d'organismes chargés de l'application des lois environnementales, ainsi que des forums appropriés et une expertise juridique dans la poursuite des contrevenants. Cela pose des questions relatives à la nature et aux possibilités des régimes et réseaux mondiaux de police, ainsi qu'au rôle des tribunaux internationaux. En outre, toute discussion et analyse des institutions mondiales soulèvent immédiatement des questions sur les normes et valeurs mondiales, surtout si l'action mondiale doit être efficace »[884].

C'est ainsi que plusieurs résultats atteints, notamment dans le cadre des actions de l'ICCWC, sont le fruit de cette coopération mondiale. À titre illustratif, à l'issue de l'opération Thunder 2020, on pouvait avoir des déclarations claires comme « l'opération Thunder 2020 démontre clairement que la réussite des activités de lutte contre la fraude repose sur la coopération active entre toutes les parties prenantes »[885].

Par ailleurs, rappelons que la CITES elle-même est un réseau mondial dont les membres sont interconnectés et développent entre eux et/ou avec des parties tierces, le commerce des espèces inscrites dans ses annexes. Aussi, devrait-elle veiller à maintenir cette interconnexion et à faciliter, quand cela est nécessaire, tant les relations que les actions concertées entre Parties. Elle

---

881 Parlement européen, *Résolution 2016/2054(INI), op.cit.*, p.6.
882 *Ibid.*
883 CITES, *Lutte contre la fraude – Introduction*, accessible sur : https://cites.org/fra/prog/imp/enf/introduction, consulté le 10 janvier 2021.
884 R. White, *Transnational Environmental Crime, op.cit.*, p. 123.
885 OMD, *Criminalité forestière et liée aux espèces sauvages : une opération mondiale OMD – INTERPOL, op.cit.*

devrait continuer de donner des orientations aux Parties pour une application harmonieuse de la Convention, comme elle le fait déjà notamment au travers de ses résolutions et décisions.

Paragraphe 2. Renforcement des actions de lutte au niveau national

Le poids de la mise en œuvre de la CITES repose sur les Parties. C'est le niveau d'application de la Convention par celles-ci qui détermine ses degrés d'effectivité et d'efficacité.

Par conséquent, pour concourir au dessein de la CITES, dans l'état actuel des choses, les Parties devraient renforcer les capacités humaines, techniques, financières et logistiques des agences et rendre leur utilisation efficiente. En outre, elles pourraient améliorer la surveillance des zones économiques de libre-échange et la collaboration entre les agences nationales.

2.1. Renforcer les capacités humaines et techniques des personnes en charge de l'application de la loi

La mise en œuvre de la CITES et la lutte contre la criminalité liée aux espèces sauvages requièrent un nombre important d'agents au sein des différentes agences qui interviennent. Malheureusement, ceci n'est pas toujours le cas. En effet, Maurice KAMTO relève à ce propos que, particulièrement pour l'Afrique, mais cela peut s'étendre aux autres continents, « quel que soit le secteur de la protection de l'environnement considéré, ce constat demeure invariable. La faiblesse de la mise en œuvre efficace du droit de l'environnement tient à trois facteurs [dont] l'insuffisance des ressources humaines en nombre et en qualité »[886].

En ce qui concerne la lutte contre le trafic illégal des espèces sauvages, tant son ampleur que les résultats atteints attestent l'insuffisance des ressources humaines affectées à cette mission. Par ailleurs, à cette première difficulté se rajoute le fait qu'un bon nombre d'agents ne soit pas assez formé sur la CITES. Ils ne savent donc pas, au-delà de leur simple présence physique, apporter une véritable plus-value au travail réalisé.

Les effectifs nécessaires à la mise en œuvre de la CITES et à la lutte contre la criminalité liée aux espèces sauvages devraient être chiffrés en fonction des besoins, et surtout selon une planification stratégique de la Convention propre à chaque Partie. Chacune évaluerait le personnel nécessaire au sein de son agence pour mener à bien ses missions suivant le contexte particulier de

[886] M. KAMTO, « La mise en œuvre du droit de l'environnement : forces et faiblesses des cadres institutionnels », in *RADE*, n°1 – 2014, pp. 29-36, p.32, S. DOUMBE-BILLE, « Droit international de la faune et des aires protégées : importance et implications pour l'Afrique », in *Etudes juridiques de la FAO en ligne*, Septembre 2001, p.19, accessible sur : http://www.fao.org/3/bb053f/bb053f.pdf, consulté le 28 octobre 2020.

chaque pays et le volume des transactions licites et illicites des espèces sauvages. Ces personnes, basées aux différents points frontaliers, travaillant pour diverses agences de lutte contre la fraude, devraient bénéficier régulièrement de sessions de renforcement des capacités afin d'être à jour et suffisamment rodées sur la CITES. Cette charge devrait revenir à l'organe de gestion CITES. À cet effet, celle-ci devrait fixer un planning et jouer de son influence pour que les formations internes des autres agences puissent aussi inclure un module sur la Convention et la lutte contre la criminalité liée aux espèces sauvages.

En substance, les effectifs des différentes agences devraient être fixés dans le cadre d'une stratégie nationale CITES, assortie d'un plan de mise en œuvre. Celle-ci estimerait les besoins aux principaux postes frontaliers (ressources humaines, moyens financiers et matériels, etc.).

En ce qui concerne les organes de gestion, des augmentations d'effectifs sont également nécessaires. En dépit des déclarations de l'organe de gestion CITES belge affirmant avoir suffisamment de personnel, nous pensons, même si cela pouvait se justifier, le contraire.

Au regard des contraintes relevées par ses agents lors de nos échanges (notamment en ce qui concerne le volume de travail et l'utilisation de trois langues nationales), il faudrait au moins augmenter ses effectifs de 50 %. Passer d'une vingtaine à une quarantaine de personnes permettrait d'atteindre de meilleurs résultats.

La RDC, pour sa part, a clairement déclaré ne pas disposer d'effectifs suffisants. En effet, il est difficile à 8 personnes de mieux gérer la CITES en RDC. Cet effectif devrait au moins être triplé, soit une augmentation de 200 % minimum, afin d'atteindre un minimum de 24 personnes. Avec une telle équipe, la RDC fournirait ses rapports à temps, la qualité de ceux-ci serait rehaussée, le circuit d'octroi des permis serait désengorgé et la coordination avec les équipes des autres agences serait mieux assurée.

En ce qui concerne les autres agences, principalement les douanes, il faudrait augmenter le les équipes de celles qui se trouvent en sous-effectifs. Il faudrait aussi accroître le volume horaire des personnels des autres agences qui sont en nombre considérable, mais qui ne consacrent qu'une faible allocation de leur temps aux questions de la CITES. À Zaventem, par exemple, le groupe anti-drogue des douanes, constitué de 3 personnes qui mènent les investigations, ne travaillerait qu'environ à 3 % sur la CITES. Il faudrait envisager non seulement d'augmenter son temps de travail —au moins à 10 % —, mais aussi renforcer son effectif en le doublant, par exemple. Au port d'Anvers, sur les 350 agents qui réalisent des contrôles de première ligne dans le port, 10 à 20 agents au minimum devraient travailler sur la CITES. À l'aéroport de N'Djili, la quinzaine de personnes ne devrait pas être suffisante pour tous les contrôles à effectuer au regard notamment du volume important de trafic. En effet, en fonction du volume des transactions, et sachant que la RDC est parmi les pays de provenance de plusieurs spécimens saisis à l'international, il serait indiqué d'avoir une équipe robuste d'une trentaine de personnes ou que les douanes désignent une équipe dédiée à la CITES (5 à 10 personnes). De même, les effectifs des ports de Boma et de Matadi devraient au moins être doublés en passant d'une quarantaine à une fourchette de 60 à 100 agents avec au bas mot une dizaine à une vingtaine de personnes travaillant spécifiquement sur la CITES.

S'agissant des capacités, il serait indispensable que ces personnes maîtrisent la CITES, ses lois d'application, son fonctionnement et ses outils au niveau national, ses espèces, etc. Il faudrait donc accroître les possibilités de renforcer leurs connaissances non seulement avec des courtes sessions et des ateliers, mais aussi en intégrant un module CITES dans les curricula de la formation professionnelle des agences clés. Il faudrait également faciliter l'accès à Internet et aux outils d'application modernes tels que le soutien analytique et médico-légal. Enfin, les capacités des agents devraient être approfondies dans tous les autres aspects du contrôle.

2.2. Renforcer les capacités financières, matérielles et logistiques des agences

Une autre pesanteur à la mise en œuvre des engagements, notamment en matière de CITES, que relève Maurice KAMTO est « l'insuffisance des moyens financiers »[887]. Mais aussi, renchérissent Valentin YAOVI AMEGANKPOE et Avode KODJO, « une criarde insuffisance des moyens matériels mis à la disposition des administrations dysfonctionnelles sans coordination centralisée »[888]. Ces différentes pesanteurs, comme il ressort également de notre évaluation, affaiblissent « l'efficacité totale des règles à laquelle l'intrinsèque force contraignante les prédestinaient »[889] et noyautent les efforts consentis.

Aussi, est-il nécessaire d'allouer plus de moyens financiers. Il va sans dire que l'augmentation de budget se justifie, non seulement à cause des difficultés de fonctionnement relevées, mais aussi à cause de l'augmentation envisagée des effectifs. Par ailleurs, au sujet de la RDC et de tous les autres pays se trouvant dans la même situation, il ne faudrait pas que les missions dépendent pleinement des apports financiers extérieurs. Le gouvernement devrait songer

---

[887] M. KAMTO, « La mise en œuvre du droit de l'environnement : forces et faiblesses des cadres institutionnels », *loc.cit.,* p.32. Le troisième facteur que mentionne Maurice KAMTO, en plus des insuffisances humaines et financières, est l'insuffisance de l'autorité du Ministère chargé de l'Environnement […], dans un contexte où les missions dudit ministère ne sont pas toujours bien définies et où règne parfois une instabilité institutionnelle due [notamment] au changement fréquent de [son] appellation. Ce facteur semble largement partagé par plusieurs pays africains, dont la RDC.

[888] V. YAOVI AMEGANKPOE et A. KODJO, « La force contraignante et le degré d'efficacité variable du droit international matériel et de ses principes naissants. Intensité de la règle selon les secteurs. Les sanctions non juridictionnelles. Cas de l'Afrique », *op.cit.,* p.351.

[889] *Ibid.*

à décaisser les budgets alloués aux différents services, dont celui de la CITES. Il devrait également veiller à ce que les recettes de la vente des documents CITES soient mises à profit pour renforcer le travail.

Concernant les moyens matériels et logistiques, les agences devraient disposer des équipements de contrôle récents et en quantité suffisante. Cela serait également une condition *sine qua non* pour accroître l'efficacité des dispositions nationales CITES. À cet effet, les équipements et matériels actuellement disponibles auprès des agences et/ou leurs partenaires devraient être augmentés de 50 à 100 %. Par exemple, 2 scanners pour l'aéroport de N'Djili ne sont pas suffisants pour réaliser le contrôle.

2.3. Rationaliser l'utilisation des ressources : principe de la superposition hiérarchique des filets criminels

Une des meilleures actions de lutte contre cette criminalité est « la superposition des filets » pour attraper les criminels. En effet, tels des pêcheurs en haute mer, il faudrait savoir bien s'équiper. Dans l'état actuel de ce commerce illicite, on prend conscience que les criminels ont plus d'un tour de « magie » dans leurs manches. Aussi, afin de pouvoir s'assurer de mener une lutte efficace, il faudrait envisager plusieurs « filets » à des niveaux différents. De cette façon, s'ils s'échappent du premier rets, on a encore la possibilité de les attraper au second, puis au troisième et ainsi de suite. Pour que ce système soit efficace, il faudrait réduire les possibilités de « fuite » à chaque niveau de contrôle élevé. D'où l'intérêt de placer stratégiquement les chaluts : les filets à grands trous en premier, et plus on avance, plus on diminue la taille des trous.

Malheureusement, bien souvent, les actions de lutte contre cette criminalité ne répondent pas souvent à ce principe. Beaucoup d'efforts sont déployés par plusieurs services, chacun donnant le maximum de lui-même, souvent en vain. En effet, imaginons qu'un poisson soit déjà passé au travers d'un filet de 5 cm, plus bas peut-on espérer l'attraper avec un filet de 7 cm ? Ça serait absurde, et les moyens et les énergies pour maintenir le second filet seraient stériles. Il s'agit–là d'un gaspillage de temps, de ressources et d'efforts. Il faudrait plutôt inverser la disposition et ainsi mettre à mal les criminels à chaque niveau de contrôle.

Ce principe vise une utilisation rationnelle et efficiente des ressources mises à disposition afin de lutter contre la criminalité liée aux espèces sauvages. En conséquence, il faudrait notamment bien structurer les choses et bien agencer les étapes de contrôle.

2.4. Renforcer la surveillance des frontières « virtuelles » dans les systèmes d'intégration régionale : cas de l'UE

À ce jour, les relations entre États sont telles que des regroupements, notamment par régions[890], s'imposent comme étant indispensables pour l'atteinte de leurs objectifs communs. C'est notamment le cas de l'Union européenne dont le traité établit, au paragraphe 4 de son article 3, une union économique et monétaire[891].

Par exemple, au sein de l'UE, les frontières étant « virtuelles », on peut quitter la Belgique et traverser l'ensemble des États de l'UE sans se faire contrôler. Ceci facilite notamment le transport et le trafic des espèces sauvages dès lors qu'ils ont franchi les frontières d'un pays membre. Les criminels, le sachant, ciblent les frontières où il y a moins de contrôles ou celles ne disposant pas suffisamment de moyens logistiques.

Comme on l'aura donc compris, il serait plus intéressant si l'ensemble des États de l'Union disposaient de la même technologie pour détecter les produits illégaux de faune sauvage. Par conséquent, les pays de l'UE peuvent facilement et grandement être affectés par le commerce illégal en dépit des moyens internes respectifs investis.

Ceci est également valable pour les autres formes d'intégration régionale et pour les accords de libre-échange[892]. En ce qui concerne les zones de libre-échange, globalement « les gouvernements doivent adopter des directives claires concernant le fonctionnement des zones économiques franches spéciales en relation avec le commerce, l'élevage et la consommation d'espèces sauvages, ainsi que des conseils clairs sur la manière de procéder dans les cas de trafic présumé se produisant dans ces zones »[893]. C'est ainsi que, dans ce même contexte, l'OCDE a recommandé aux gouvernements, tout en reconnaissant le besoin de coopération et de partenariat au niveau international pour lutter contre la corruption et le commerce illicite dans ces zones, de mettre en œuvre le code de conduite pour des zones de libre-échange propres[894].

---

[890] Il y a ici plusieurs formes dont la zone de libre-échange, l'union douanière, le marché commun, l'union économique et l'union économique et monétaire.

[891] Art. 3, par.4 du TUE, *Journal officiel de l'Union européenne*, C 326/17, 26 octobre2012.

[892] Aujourd'hui, environ 250 accords de libre-échange ont été notifiés à l'OMC et ils représentent une proportion croissante du commerce mondial. Voy. à ce sujet : Organisation internationale du Travail (OIT) et Institut international d'études sociales (IIES), *La dimension sociale des accords de libre-échange*, Genève, OIT, 2013, p.9.

[893] S. ZAIN, « Corrupting trade : An overview of corruption issues in illicit wildlife trade », *op.cit.*, pp.7-8.

[894] *Ibid.*

2.5. Améliorer la collaboration entre agences

Il a été relevé que la mise en œuvre de la CITES, de façon globale, et la lutte contre la criminalité liée aux ressources naturelles, de façon spécifique, ne peuvent se faire par une seule structure ou agence.

En Belgique, nous avions vu qu'il y avait une collaboration entre les autorités CITES, d'une part, et notamment les douanes, la Police fédérale, l'AFSCA et l'AFMPS, d'autre part. Aussi, l'efficacité et l'efficience de l'application de la loi seraient renforcées si ces structures collaborent bien[895]. Ainsi, en matière de CITES et de lutte contre la criminalité liée aux ressources naturelles, le « mieux » collaborer devrait être la quête de différentes agences impliquées. Par exemple, à propos de la gestion de l'information, les autorités CITES pourraient bénéficier d'un accès, bien limité et circonscrit, à la Banque de données nationale générale[896]. Cet accès viserait les personnes ayant commis des infractions envers la Convention ou des infractions impliquant les spécimens CITES. Ce modèle de collaboration améliorée sur la thématique permettrait aux structures CITES de mieux analyser les risques en vue de renforcer la lutte contre ce type de criminalité.

En ce qui concerne la RDC, les structures en sont encore à des crises de leadership. En effet, il existe une collaboration, quoiqu'encore timide, entre certaines structures dans le cadre de la CITES en vertu notamment du protocole d'accord de collaboration administrative contre le commerce des espèces CITES du 19 août 2002 et la task force instituée par l'arrêté ministériel n° 021/CAB/MIN/EDD/AAN/WF/05/2017 du 31 août 2017 portant transfert de l'organe de gestion CITES à l'Institut Congolais pour la Conservation de la Nature. Cependant, le constat est qu'il n'existe pas une franche collaboration entre les structures qui interviennent sur les plateformes portuaires et aéroportuaires. Il faudrait trouver un bon cadre pour formaliser cette coopération notamment des accords entre elles, mais aussi en intégrant celle-ci dans les textes à venir à comme le décret sur la réglementation de la CITES en RDC en cours de préparation.

L'amélioration de ces différentes structures et agences sera très bénéfique pour la mise en œuvre de la législation sur la CITES et pour la lutte contre la criminalité liée aux espèces sauvages. Par ailleurs, il faudrait également penser à étendre cette collaboration avec d'autres acteurs non étatiques.

---

[895] Voy. F. BOUQUELLE et L. LAVRYSEN, « EU Action Plan against Wildlife Trafficking – Recent Belgian Criminal Cases », *loc.cit.*, p.172.

[896] Cette banque de données rassemble les données personnelles de plus de 2 000 000 de personnes qui ont commis des infractions, qui sont victimes ou témoins d'une infraction, etc.

Paragraphe 3. Renforcement de l'implication d'autres acteurs dans la lutte contre la criminalité liée aux espèces sauvages

À ce jour, le constat est que beaucoup d'autres acteurs non étatiques sont indispensables dans la mise en œuvre de la CITES et dans la lutte contre la criminalité liée aux espèces sauvages. Il en est ainsi, d'une part, des organisations de la société civile et du secteur privé qui « jouent un rôle croissant dans l'élaboration des normes et règles internationales, mais aussi dans leur mise en œuvre »[897]. Et, d'autre part, des communautés locales qui joueraient un rôle non moins négligeable, car « l'efficacité impose un glissement du lieu de régulation vers le terrain concret, une sorte de gouvernance de proximité par une redistribution des responsabilités intégrant dans le système les populations directement concernées »[898].

L'implication de celles-ci ne pourrait que renforcer l'effectivité et l'efficacité de la CITES et de ses normes nationales.

3.1. Cas des communautés locales et des populations autochtones

Le commerce international des espèces sauvages, qu'il soit légal ou illégal, fait intervenir beaucoup de groupes d'acteurs à différents niveaux. L'implication de ceux-ci dans la mise en œuvre de la CITES et dans la lutte contre la criminalité liée aux espèces sauvages repose sur quelques postulats :

Primo, du point de vue du lien entre la loi et ses destinataires, il est constaté « depuis les années soixante que la prise en compte de l'avis des publics visés par une politique, à l'échelle locale ou nationale, s'est progressivement imposée. Ceci a conduit le législateur à enrichir la dimension participative de la démocratie, en encourageant et en facilitant la tenue de « consultations citoyennes » sous des modes et dans des domaines très divers[899]. En effet, la participation du public[900], au-delà de la dimension de gestion des ressources, est également « basée sur le droit de ceux qui peuvent être touchés [par une loi, une politique] d'avoir leur mot à dire dans la détermination de leur avenir environnemental » [901] et que cet avis soit également consigné dans la loi ou dans la politique. Comme le relève Aenza KONATÉ « il ne s'agit nullement

---

[897] Voy. D. COMPAGNON, « La conservation de la biodiversité, improbable bien public mondial », Colloque, *Les biens publics mondiaux*, AFSP /Section d'Etudes Internationales, p.3, accessible sur :
http://www.afsp.msh-paris.fr/archives/archivessei/biensmondtxt/compagnon.pdf, consulté le 12 décembre 2020.

[898] C. FRANÇOIS, « L'humanité, l'éléphant et le paysan. Bien commun et pouvoir local », *loc.cit.*, p.124.

[899] Conseil d'État français, *L'évaluation des politiques publiques, Cycle de conférences sur l'étude annuelle du Conseil d'État*, Conférence du 18 décembre 2019, pp.4-5.

[900] Principe 1 de la Déclaration de Stockholm de 1972.

[901] G. CANIVET, L. LAVRYSEN et D. GUIHAL, *Manuel judiciaire de droit de l'environnement*, Nairobi, PNUD, 2006, p.69.

d'une participation à la décision, la décision relève de l'autorité légitimement compétente pour la prendre et l'assumer ; il s'agit de la participation à la procédure d'élaboration de la décision, à la dynamique qui conduira à la prise de la décision par l'administration »[902]. Ainsi, à ce jour, il serait aberrant d'envisager une loi qui touche à la ressource environnementale et qui ne tienne pas compte de l'avis et de l'implication de ceux-là mêmes qui la côtoient au quotidien.

Secundo, il est de plus en plus admis que, « pour rendre l'application des réglementations plus efficace, les interventions visant à combattre le trafic de la faune [et de la flore] doivent être menées en partenariat avec les communautés locales » [903]. En effet, celles-ci, vu leur proximité avec les ressources, participent ou aident à leur prélèvement en forêt, qu'elles soient destinées notamment au commerce international légal ou illégal. Ces populations sont donc souvent sollicitées afin de fournir des espèces sauvages aux réseaux des trafiquants. Ainsi, elles se présentent comme des partenaires indispensables, car « elles sont aussi pour les mêmes raisons dans une position unique pour participer aux efforts de contrôle et les appuyer. Représentant les premières lignes de défense, elles peuvent être les yeux et les oreilles des forces de l'ordre en agissant en tant qu'éclaireurs, informateurs et guides »[904]. L'engagement de ce groupe d'acteurs ne peut être obtenu par force. Il doit reposer sur « l'écoute, l'instauration d'une confiance, le respect des autorités traditionnelles et le développement en commun de solutions partagées » [905].

Tertio, certaines communautés locales et populations autochtones sont géographiquement établies aux frontières. En effet, beaucoup de ressources notamment fauniques sont situées dans les zones frontalières Avec ces emplacements géographiques, les communautés [locales et les populations autochtones] des pays d'origine participent à la protection des espèces sauvages et [devraient] en bénéficier, afin de s'attaquer aux causes profondes du trafic d'espèces sauvages »[906]. À défaut, ces mêmes communautés peuvent s'adonner au trafic des espèces sauvages avec les pays frontaliers et laisser entrer les braconniers des pays voisins sans les dénoncer.

Par ailleurs, il est connu que les cultures des peuples autochtones sont fondées sur des pratiques de gestion durable des terres. Celles-ci supposent invariablement une forte protection des espèces sauvages (y compris la faune

---

[902] A. KONATE, « Pour une démocratie environnementale en Afrique : de nouveaux droits de citoyenneté indispensables à l'effectivité du droit de l'environnement », in *RADE*, n°1 – 2014, pp.37 -51, p.44.

[903] D. ROE, R. COONEY, H. DUBLIN, D. CHALLENDER, D. BIGGS, D. SKINNER, M. ABENSPERG-TRAUN, N. AHLERS, R. MELISCH et M. MURPHREE, « Première ligne de défense : impliquer les communautés pour lutter contre les crimes à l'encontre de la faune sauvage », in *UNASYLVA, Revue internationale des forêts et des industries forestières, n°249,* Vol. 68 2017/1, pp. 33-38, FAO, 2017, p.37.

[904] *Ibid.*

[905] *Ibid.*

[906] Parlement européen, *Résolution 2016/2054(INI), op.cit.*, p.2.

et la flore sauvages, et d'autres formes de vivant) sans lesquelles la vie, à leur avis, serait désagréable et non durable[907].

De ce fait, les communautés locales et les populations autochtones devraient pleinement être intégrées autant dans la mise en œuvre de la CITES que dans la lutte contre la criminalité liée aux espèces sauvages. Il devrait en être de même pour les organisations non gouvernementales.

3.2. Cas des ONG

Les organisations non gouvernementales (ONG) et les groupes tels que les syndicats ou les associations de fabricants sont un moyen organisé de faire participer le public à la prise de décision dans le domaine environnemental[908]. Les ONG sont d'importants groupes de pression qui peuvent arriver à orienter les politiques et les actions d'un gouvernement dans un sens ou dans un autre.

En matière de CITES et de lutte contre la criminalité liée aux espèces sauvages, les organisations non gouvernementales jouent également des rôles importants « étant donné leur niveau d'expertise sur les pratiques de trafic d'animaux sauvages et leur motivation à y mettre un terme » [909]. Ceci fait notamment que les ONG mobilisent et engagent beaucoup de moyens techniques et financiers afin de soutenir les Parties à la CITES notamment lors des réunions, mais aussi sur terrain. En effet, à ce jour, beaucoup d'ONG internationales et nationales sont très actives dans la mise en œuvre de la CITES et dans la lutte contre la criminalité liée aux espèces sauvages.

Les ONG internationales comme TRAFFIC et WWF appuient fortement les Parties et même le Secrétariat de la CITES dans la mise en œuvre et le suivi de la Convention. En effet, « en tant qu'entrepreneurs moraux, les grandes ONG internationales tendent à définir les termes du débat en travaillant les opinions publiques nationales, par des campagnes de communication sophistiquées (comme celle qui a précédé la décision de classement de l'éléphant en 1989), lesquelles font pression sur les États »[910].

Les ONG nationales, à l'instar de JURISTRALE[911], pour le cas de la RDC, s'investissent dans le renforcement des activités des acteurs étatiques et non

---

[907] Y. Vizina et D. Kobei, « Indigenous peoples and sustainable wildlife management in the global era », in *Unasylva*, Vol. 68 2017/1, pp.27-32, p.28.

[908] G. Canivet, L. Lavrysen et D. Guihal, *Manuel judiciaire de droit de l'environnement*, *op.cit.*, p.69.

[909] United Nations, Convention on Access to Information, Public Participation in Decision Making and Access to Justice in Environmental Matters, Aarhus, Denmark, 25 June 1998, UN Treaty Series 2161), 447, cité par F. Bouquelle et L. Lavrysen, « EU Action Plan against Wildlife Trafficking – Recent Belgian Criminal Cases », *loc.cit.*, pp.175-176.

[910] D. Compagnon, « La conservation de la biodiversité, improbable bien public mondial », *loc.cit.*, p.8.

[911] JURISTRALE Ong a travaillé aux côtés de TRAFFIC et de WWF afin d'appuyer les autorités congolaises dans la fermeture du marché de l'ivoire de Kinshasa (dit marché *Bikeko*) et est la première ONG congolaise spécialisée dans l'application de la loi. Depuis septembre

étatiques, dans la vulgarisation de la CITES et des lois nationales, dans la sensibilisation des communautés locales et du grand public, dans les investigations, dans les saisies, dans les arrestations ainsi que dans le suivi judiciaire des dossiers sur les infractions sur la CITES[912]. Par ailleurs, il faudrait rappeler que l'ICCN, organe de gestion CITES de la RDC, est fortement tributaire du travail et du soutien des ONG tant internationales que nationales en ce qui concerne le financement, le renforcement des capacités et les enquêtes sur la criminalité liée aux espèces sauvages.

En Belgique, le droit des ONG d'ester en justice est évalué au cas par cas, car il faudrait notamment démontrer un intérêt pour ce faire. Jusqu'en 2013, la Cour de cassation belge a interprété la notion d' "intérêt" de manière étroite. La protection de l'environnement en tant que telle n'a pas suffi comme "intérêt" personnel, et ainsi les actions intentées par des groupes environnementaux ont souvent été déclarées irrecevables[913]. Depuis l'arrêt du 11 juin 2013, la Cour de cassation interprète les conditions de recevabilité conformément aux articles 2, § 5 et 9, § 2 et 3 de la Convention d'Aarhus[914]. Les organisations qui selon leurs statuts se consacrent à la protection de l'environnement sont considérées comme ayant un intérêt suffisant pour engager une action contre les violations du droit de l'environnement (actes ou omissions) par des personnes privées ou des autorités[915]. Dans un arrêt du 21 janvier 2016, la Cour constitutionnelle a décidé que les associations qui travaillent pour un intérêt collectif tel que la protection de l'environnement peuvent se voir accorder une indemnisation pour préjudice moral supérieure à une compensation symbolique d'un euro, au cas où l'intérêt collectif aurait été violé[916]. En conclusion, la jurisprudence actuelle de la Cour de cassation et de la Cour constitutionnelle de Belgique, qui n'est pas contraignante pour les juridictions inférieures, mais qui fait autorité, accorde désormais un large accès à la justice aux ONG qui promeuvent la protection de l'environnement

---

2021, le réseau s'est étendu notamment avec la création de JURISTRALE Asbl, une organisation de droit belge (M.B., 15 septembre 2021, p.0353867).

912 Parlement européen, *Résolution 2016/2054(INI), op.cit.*, p.4.

913 This was the so-called "Eikendael-doctrine" of the Court of Cassation, Cass. 19 November 1982, Arr. Cass. 1982–83, 372 cité par F. BOUQUELLE et L. LAVRYSEN, « EU Action Plan against Wildlife Trafficking – Recent Belgian Criminal Cases », *loc.cit.*, p.176.

914 Art. 2, paragraph 5 of the Convention on Access to Information, Public Participation in Decision-making and Access to Justice in Environmental Matters of 25 June 1998 ("Aarhus Convention"), cité par F. BOUQUELLE et L. LAVRYSEN, « EU Action Plan against Wildlife Trafficking – Recent Belgian Criminal Cases », *loc.cit.*, p.176.

915 Court of Cassation (2e k.) AR P.12.1389.N, 11 June 2013 ("P.P., P.S.L.V / Gewestelijk Stedenbouwkundig Inspecteur, Milieusteunpunt Huldenberg"), Arr. Cass. 2013, 6-7-8, 1496, cité par F. BOUQUELLE et L. LAVRYSEN, « EU Action Plan against Wildlife Trafficking – Recent Belgian Criminal Cases », *loc.cit.*, p.176-177.

916 Constitutional Court nr. 7/2016, 21 January 2016 (preliminary ruling), tmr 2016/ 3, 327, cité par F. BOUQUELLE et L. LAVRYSEN, « EU Action Plan against Wildlife Trafficking – Recent Belgian Criminal Cases », *loc.cit.*, p.177.

et leur donne droit à une indemnisation complète en cas d'atteinte à l'environnement[917].

Les ONG nationales jouent également un rôle de contrepoids face aux Gouvernements et n'hésitent pas à dénoncer des politiques et lois, voire des actes de certaines autorités qui se livrent notamment à des activités comme le financement du braconnage ou le trafic des espèces CITES.

Au demeurant, « lors de l'application des traités [...], il faut associer la société civile au contrôle du respect par les États de leurs engagements internationaux. Les ONG devraient avoir la possibilité de saisir les comités de suivi. Ces organes non juridictionnels, chargés de veiller à l'application de chaque convention internationale, ne peuvent aujourd'hui être saisis que par les États. Il faut rendre ces procédures plus transparentes, pour les ouvrir aux regards extérieurs, ceux des acteurs non gouvernementaux »[918].

Il convient de relever que « si les scientifiques apportent les informations techniques nécessaires à la gouvernance environnementale, les ONG ont très souvent une fonction d'alerte et de relais entre la communauté scientifique, l'opinion publique et les gouvernements. Par des actions de vulgarisation des connaissances scientifiques et de sensibilisation des citoyens, elles contribuent à mettre ces questions à l'ordre du jour politique et font pression sur les administrations publiques et décideurs politiques. Par leur présence sur le terrain et leur proximité avec les citoyens, elles sont par ailleurs en mesure d'attirer l'attention des gouvernements et organisations internationales sur les situations locales problématiques et les éventuelles défaillances des politiques publiques nationales »[919].

Il convient, enfin, de rappeler qu'en ce qui concerne la circulation de l'information et la coordination des actions, la résolution Conf. 11.3 (Rev. CoP18) recommande aux organes de gestion d'établir une coordination avec les services publics chargés de la mise en œuvre de la Convention, notamment les douanes et la police et, s'il y a lieu, les organisations non gouvernementales de ce secteur, sous forme d'activités de formation et de réunions communes, et en facilitant l'échange d'informations[920]. Le rôle important des ONG dans la lutte contre la criminalité liée aux espèces sauvages est ici reconnu, y compris dans la mise en œuvre de la CITES. Un tel apport peut également venir du secteur privé.

---

[917] F. BOUQUELLE et L. LAVRYSEN, « EU Action Plan against Wildlife Trafficking – Recent Belgian Criminal Cases », *loc.cit.*, p.177.

[918] Club des juristes, *Renforcer l'efficacité du droit international de l'environnement, op.cit.*, p.14

[919] *Ibid*, p.49 , M. PALLEMAERTS et M. MOREAU, « Le rôle des parties prenantes dans la gouvernance mondiale de l'environnement », in *IDDRI*, Gouvernance mondiale, n° 07/2004.

[920] CITES, *Résolution Conf. 11.3 (Rev. CoP18), op.cit.*, p.6.

3.3. Cas du secteur privé

Le rôle du secteur privé ne doit plus être uniquement passif. Le temps où il se concentrait seulement sur son « business » est largement dépassé. En effet, en matière de CITES et de lutte contre la criminalité liée aux espèces sauvages, le secteur privé a un grand rôle à jouer et, ce, selon son secteur d'intervention.

Par exemple, dans le secteur de transport, son rôle est capital. En effet, pour que l'infraction de trafic se matérialise, les produits illicites doivent circuler d'un pays « A » vers un pays « B ». Ce déplacement est assuré par un moyen de transport qui peut être aérien, maritime, routier ou ferroviaire. Il faudrait donc engager davantage le secteur des transports si on veut mieux réguler le commerce légal et s'attaquer au commerce illégal des spécimens CITES. Par ailleurs, il faudrait aussi veiller à « remédier aux failles des procédures appliquées par le secteur des transports et les services douaniers qui sont exploitées par les trafiquants, et améliorer le partage d'informations tout au long des chaînes d'approvisionnement mondiales et des routes commerciales »[921].

Les agences de voyages, les agences de frets, les services postaux et les entreprises de logistique jouent également un rôle très important. À ce jour, avec le développement de la cybercriminalité et l'intensification des contrôles notamment aux postes frontaliers, plusieurs spécimens illégaux de faune sont envoyés via ces moyens.

Les institutions financières et bancaires devraient également être mises à contribution afin de s'attaquer au trafic des espèces sauvages. En effet, elles devraient faciliter les enquêtes financières afin de lutter contre le blanchiment d'argent issu de ce trafic. Leur participation ne se limiterait pas seulement à transmettre à l'autorité compétente les quelques données demandées, elles devraient également concourir à toute l'analyse financière en fournissant notamment les identités des personnes en relation d'affaires avec la personne objet de l'enquête.

Les informaticiens devraient aider à développer des logiciels qui surveillent les cybermarchés et facilitent la détection des annonces de produits de la faune sur Internet. Ces logiciels pourraient envoyer des alertes auprès des services intervenant dans la chaîne de la répression afin qu'ils puissent lancer des enquêtes approfondies. Il serait donc indispensable de travailler avec eux pour se rassurer de la bonne collaboration entre les autorités CITES et celles des agences de lutte contre la fraude avec le secteur privé afin de s'attaquer au trafic des espèces sauvages.

La mise en œuvre de la CITES et la lutte contre le trafic des espèces sauvages ne peuvent s'opérer efficacement qu'en renforçant les mécanismes institutionnels et opérationnels déjà établis tant au niveau international que

---

[921] Parlement européen, *Résolution 2016/2054(INI), op.cit.*, p.4.

national. Cela devrait également faciliter la qualité des enquêtes et aider à améliorer les poursuites judiciaires.

SECTION 3. RENFORCEMENT DES ENQUÊTES ET DU SYSTÈME RÉPRESSIF DES INFRACTIONS EN MATIÈRE DE CITES

La mise en œuvre de la CITES requiert l'existence d'un système répressif capable de sanctionner toute infraction aux normes nationales établies. À ce jour, conformément à l'article VIII.1 de la CITES qui voudrait que les Parties pénalisent tout commerce en violation de la Convention, il est reconnu que « plusieurs États clés disposent […] de la base législative ou réglementaire nécessaire pour lutter efficacement contre les criminels qui s'en prennent aux espèces sauvages »[922]. Cependant, la simple existence de celle-ci ne suffit pas, ils ont besoin « des services répressifs mieux dotés en ressources et mieux soutenus, des systèmes de justice pénale qui fonctionnent, avec des procureurs plus efficaces et des juges mieux informés, et surtout, la volonté politique de réduire la corruption et la complicité partout où elle se manifeste »[923].

Des systèmes répressifs capables de réprimer les infractions aux lois sur la CITES existent bel et bien dans plusieurs pays, dont la Belgique et la RDC. Cependant, comme analysé dans le titre II, ceux-ci n'interviennent que timidement dans la répression de ces types d'infraction. Dès lors, afin notamment de renforcer l'efficacité desdites lois sur la CITES, il faudrait renforcer les enquêtes ainsi que le système répressif des infractions sur la législation CITES.

Paragraphe 1. Renforcement des enquêtes sur la CITES et le trafic des espèces sauvages

Le phénomène du commerce illégal des espèces CITES, en violation des dispositions des articles II.4 et VIII.1 de la Convention, avec son ampleur et ses innombrables impacts négatifs, fait l'objet depuis quelques années d'une attention croissante de la part de la CITES qui tente également d'y formuler une réponse[924].

Afin de réprimer efficacement la criminalité liée aux espèces sauvages, il faudrait en amont réussir à constituer des dossiers solides de constat d'infractions, identifiant leurs auteurs, relevant clairement les incriminations, réunissant les différents éléments de preuves et établissant, éventuellement, des connexions entre les personnes poursuivies et d'autres groupes criminels

---

922 M. MORLEY, *Le rapport de l'ONUDC révèle des chiffres alarmants et la nature véritablement internationale du commerce illégal d'espèces sauvages*, *op.cit.*

923 *Ibid.*

924 Sénat de Belgique, *Convention CITES - Commerce d'espèces animales et végétales protégées*, *op.cit.*, voy. également les décisions CITES 18.88 à 18.93.

ou les liens entre ces infractions et d'autres infractions comme la corruption et le blanchiment d'argent.

Avoir plus de résultats implique également que soient systématisées les enquêtes en matière de crimes touchant les espèces sauvages tant par ICCWC (au niveau international) que par les structures ou agences nationales de lutte contre la fraude. En effet, il ne faudrait pas attendre seulement des contrôles de routine en espérant y détecter un spécimen de faune sauvage. Il faudrait anticiper en poussant les enquêtes aussi loin que possible de façon continuelle. Les enquêteurs devraient s'appuyer notamment sur les renseignements criminels disponibles, l'analyse des risques, voire sur des actions cible visant notamment la cybercriminalité, le blanchiment d'argent ou la corruption.

Que ce soit au niveau international ou national, il faudrait à terme que les organisations, structures et/ou agences qui travaillent sur la CITES et la lutte contre la fraude « intègrent la lutte contre le trafic illicite des espèces sauvages dans leur programme principal et dans leurs activités régulières »[925].

1.1. Gestion stratégique des risques dans le cadre d'une lutte proactive contre la fraude

Les enquêtes en matière de trafic des espèces sauvages doivent se baser notamment sur la gestion stratégique des risques.

Pour la Belgique, les évaluations des risques sont principalement utilisées par les douanes lors des contrôles de passagers, les expéditions de fret et les colis postaux, mais aussi par l'organe de gestion CITES lors de l'évaluation des demandes des documents CITES ainsi que par le service d'inspection CITES[926]. Par ailleurs, l'inspection CITES fait également des contrôles préventifs et aléatoires[927]. Cependant, en RDC, les différentes actions entreprises semblent plus opportunistes ou réactives aux circonstances que bien planifiées.

Comme déjà relevé, la gestion des risques permet de déterminer où se trouvent les plus fortes zones d'exposition aux risques et comment les ressources devraient être allouées pour gérer efficacement ces périls. Entre autres choses, elle permet d'identifier les activités qui nécessitent un niveau de contrôle supérieur[928]. Les résultats d'une telle évaluation permettent de déterminer les ressources et les opérations spécifiques à cibler afin de maximiser l'efficacité des contrôles. D'où, la nécessité pour les Parties à la CITES, dont la Belgique et la RDC, de procéder systématiquement à ces

925 J. E. SCANLON, *La dimension internationale du commerce illégal des espèces sauvages*, *op.cit.*
926 *Ibid.*
927 *Ibid.*
928 ICCWC, *Cadre d'indicateurs de l'ICCWC pour la lutte contre la criminalité liée aux espèces sauvages et aux forêts : Modèle d'évaluation*, *op.cit.*, p.5.

analyses de risques afin d'orienter les enquêtes et de mieux détecter les produits illégaux de faune.

1.2. Approche d'enquêtes fondées sur le renseignement : centralisation et coordination des informations et des bases de données sur le commerce légal et illégal des espèces sauvages

Les enquêtes en matière de trafic des espèces devraient également se fonder sur les informations contenues dans les systèmes nationaux de stockage de données[929] sur la criminalité liée aux espèces sauvages ainsi que sur l'analyse des renseignements.

L'existence de plusieurs bases de données tant au niveau international (CITES, UNODC, OMD, ONG, etc.) que national (CITES, agences de lutte contre la fraude, ONG, etc.) démontre l'intérêt de tous pour le commerce international des espèces CITES et pour l'importance de documenter le commerce en violation de la Convention. Cependant, pour plus d'efficacité, il serait indiqué, afin d'avoir un aperçu global et d'envisager une réponse appropriée, qu'il y ait une centralisation des informations et une coordination de celles-ci pour une exploitation rapide et systématique par les structures et agences concernées.

Au niveau international, le secrétariat de la CITES devrait manipuler une seule maquette d'une base de données avec plusieurs onglets externes qui captureraient en temps réel les informations encodées dans les autres bases de données mondiales sus-évoquées.

Au niveau national, les autorités CITES devraient également consulter sous forme d'un tableau unique l'ensemble des données des autres agences de lutte contre la fraude et des ONG. À ce stade, il serait tout aussi indiqué de compulser les données sur le commerce national, car les marchés locaux et nationaux[930] alimentent le marché international.

Il faudrait donc développer des protocoles de partage et d'utilisation des données en matière de commerce international légal et illégal des espèces CITES entre ces organisations et agences. Cela permettrait, d'une part, d'avoir une cartographie réelle et à jour de l'ampleur de ce commerce et, d'autre part, d'avoir les informations sur les criminels et les connexions entre eux afin de mieux organiser la lutte contre la criminalité liée aux espèces sauvages.

---

[929] Référence notamment à EU-TWIX et BNG (pour la Belgique) et AFRICA-TWIX et SADC-TWIX (pour la RDC).

[930] Voy. notamment les décisions 17.87 (Rev. CoP18) – 17.88 (Rev. CoP18) sur les marchés nationaux pour les spécimens faisant fréquemment l'objet d'un commerce illégal et les décisions 18.117 – 18.119 sur la fermeture des marchés nationaux de l'ivoire.

1.3. Utilisation de techniques d'enquête spécialisées

La Belgique ainsi que la RDC n'utilisent pas les techniques d'enquête spécialisées en matière de lutte contre la criminalité liée aux espèces sauvages, en dépit du fait qu'elles soient toutes deux parties à la Convention des Nations unies contre la criminalité transnationale organisée[931]. L'intensification des enquêtes, en réaction à l'ampleur et à la forme que prend la criminalité liée aux espèces sauvages, devrait amener les Parties à la CITES à effectuer des livraisons surveillées.

Depuis 2003, la Belgique s'est dotée de la loi du 6 janvier 2003 concernant les méthodes particulières de recherche et quelques autres techniques d'enquête. Elle devrait s'appuyer sur celle-ci pour renforcer les enquêtes en matière de trafic d'espèces sauvages.

La RDC, de son côté, devrait se doter d'une législation spécifique lui permettant d'utiliser les techniques d'enquête spécialisées. Toutefois, sur la base de certaines dispositions pertinentes de son code de procédure pénale, elle pourrait intensifier les enquêtes en matière de trafic d'espèces sauvages.

1.4. Utilisation des enquêtes financières

Comme noté plus haut, la Belgique dispose de la loi du 18 septembre 2017 relative à la prévention du blanchiment de capitaux et du financement du terrorisme et à la limitation de l'utilisation des espèces, qui institue la Cellule de traitement des informations financières (CTIF) et permet notamment de réaliser des enquêtes financières en matière de criminalité liée aux espèces sauvages. De même en RDC, la loi n° 04/016 du 19 juillet 2004 porte lutte contre le blanchiment des capitaux et le financement du terrorisme et institue une Cellule des Renseignements financiers (CENAREF).

En dépit de l'existence des lois appropriées et des cellules financières pouvant s'attaquer au blanchiment d'argent, l'évaluation réalisée a démontré que les deux pays ne les mettent pas à profit pour lutter contre la criminalité liée aux espèces sauvages, à l'instar de plusieurs autres États [932] malheureusement.

Malgré les milliards de dollars générés par le CIES, les efforts déployés par les pays jusqu'à présent ont rarement porté sur l'aspect financier de ce crime. Si les autorités compétentes du monde entier saisissent régulièrement des espèces sauvages et des produits illégaux, les pays mènent encore rarement des enquêtes financières en parallèle visant à identifier et à traduire en justice les personnes impliquées[933].

---

[931] La Belgique a signé cette Convention en date du 12 décembre 2000 et l'a ratifié le 11 août 2004, alors que la RDC y est devenue partie par adhésion en date du 28 octobre 2005.

[932] GAFI (2020), *Blanchiment d'argent et commerce illégal d'espèces sauvages*, *op.cit.*, p.4.

[933] *Ibid*, pp.6-7.

Comme dans de précédentes études, malgré l'impact mondial du CIES, le GAFI a constaté que les secteurs public et privé de nombreuses juridictions n'ont à ce jour pas mis la priorité sur la lutte contre les flux financiers liés au CIES de manière proportionnelle au risque qu'il présente. Bien souvent, les juridictions ne disposent pas des connaissances, des bases législatives, ni des ressources nécessaires pour évaluer et combattre la menace que représentent ces fonds. Le fait de ne s'être concentré que sur l'aspect financier du CIES a empêché les juridictions d'identifier et de sanctionner les réseaux de CIES[934].

Aussi, le rapport de GAFI formule-t-il, entre autres comme recommandations, la mise en œuvre de bonnes pratiques suivantes :

- donner la priorité à la lutte contre les flux financiers liés au CIES proportionnellement au risque ;
- fournir à tous les organismes concernés les pouvoirs et les outils nécessaires pour mener à bien les enquêtes financières sur le CIES ;
- améliorer la coordination entre les autorités chargées de la lutte contre les crimes liés aux espèces sauvages et celles chargées des enquêtes financières afin que les autorités échangent plus régulièrement des informations et examinent les pistes financières ;
- coopérer avec d'autres juridictions, les organisations internationales concernées et le secteur privé pour lutter contre le CIES[935].

Les confiscations et gels qui se feront à l'issue des enquêtes financières constitueront autant des signaux forts à l'endroit des criminels concernés et contribueront à dissuader leurs réseaux. En effet, « afin de réduire l'appât du gain et de priver les criminels de leurs biens, les pays qui enquêtent sur le CIES et le BC associé doivent, dans la mesure du possible, identifier, geler, saisir et confisquer les actifs associés, y compris ceux qui vont au-delà des produits faisant l'objet du trafic »[936].

Par ailleurs, il sied d'indiquer que le rapport de GAFI sus-évoqué relève également trois raisons qui devraient motiver les autorités nationales à engager des telles enquêtes. Tout d'abord, le suivi des fonds permet aux pays d'identifier le réseau plus large des responsables de syndicats et des parties financières impliquées, et de réduire ainsi sur le long terme les profits générés par ces crimes (et donc de réduire l'offre d'animaux sauvages braconnés ou faisant l'objet d'un trafic)[937]. Deuxièmement, dans la mesure où de nombreux pays sanctionnent plus lourdement le blanchiment que les infractions liées aux espèces sauvages, ils peuvent contribuer à modifier la perception du CIES comme étant un crime à faible risque/forte récompense en engageant des poursuites pour blanchiment et confiscation en plus des infractions liées aux

---

[934] GAFI (2020), *Blanchiment d'argent et commerce illégal d'espèces sauvages*, *op.cit.*, p.5.
[935] *Ibid.*
[936] *Ibid*, p.58.
[937] *Ibid*, p.7.

espèces sauvages[938]. Troisièmement, comme mentionné ci-dessus, les syndicats participant à des crimes contre les espèces sauvages sont souvent impliqués dans une criminalité plus large. En identifiant et en démantelant les réseaux qui se livrent au CIES, les pays peuvent donc contribuer à empêcher et à lutter contre les délits associés, notamment la corruption et la fraude complexe. Quatrièmement, enfin, lutter contre les organisations criminelles par le biais de leurs flux financiers est un moyen juridique et d'investigation efficace pour prévenir le trafic d'espèces sauvages et la prolifération potentielle de zoonoses[939].

Il s'ensuit que la Belgique et la RDC devraient, tout comme l'ensemble des Parties à la CITES, et suivant la pertinence des dossiers, faire usage des enquêtes financières afin d'augmenter l'efficacité de la CITES. Par ailleurs, elles devraient également s'attaquer à la cybercriminalité qui facilite notamment ce commerce et l'augmentation des richesses des membres des réseaux criminels.

1.5. Intégration systématiquement de la cybercriminalité dans la lutte contre le trafic des espèces de faune et de flore sauvages

Avec les avancées technologiques, le cybermarché rapproche, en surmontant les frontières, le vendeur et l'acheteur. Ceci avec l'avantage, pour ce marché, d'échapper dans une certaine mesure à certaines contraintes du marché national (autorisations, surveillance, contrôle de prix, contrôle de qualité, etc.). Avec ce cybermarché, il se développe une forte criminalité liée aux espèces sauvages.

En effet, l'ONU relève que « les marchés des espèces sauvages et des produits qui en sont issus s'étendent également à l'espace numérique [...]. Des publicités pour ces produits sont souvent diffusées dans des forums publics, mais les vendeurs règlent les modalités de l'achat au moyen de messages privés une fois que les acheteurs se sont fait connaître. Il se révèle souvent difficile de déterminer, d'après ces messages, si les espèces dont il est question ont été obtenues légalement ou non, ou si elles peuvent être commercialisées en toute légalité, ce qui complique grandement l'ouverture de poursuites contre les vendeurs par les sites de vente en ligne et les services de détection et de répression »[940].

La CITES a adopté la décision 17.93 lors de la CoP17 qui porte sur la lutte contre la cybercriminalité liée aux espèces sauvages. Le paragraphe *d)* de cette décision enjoignant le Secrétariat notamment de collaborer avec INTERPOL

---

[938] GAFI (2020), *Blanchiment d'argent et commerce illégal d'espèces sauvages*, *op.cit.*, p.7.
[939] *Ibid.*
[940] Nations unies, *Lutte contre le trafic d'espèces sauvages*, *op.cit*, p.5

sur cette question, et inviter INTERPOL[941] à envisager de soutenir les efforts des Parties dans la lutte contre ces infractions, et d'élaborer des lignes directrices sur la façon dont les Parties peuvent lutter plus efficacement contre la cybercriminalité liée aux espèces sauvages.

Par ailleurs, comme analysé dans le titre II, plusieurs autres ressources de la CITES peuvent être ici rappelées dont la résolution 11.3 (Rev CoP18) sur la conformité et l'application, les décisions CITES 18.81-18.85 sur la lutte contre la criminalité en matière d'espèces sauvages liée à Internet ainsi que plusieurs autres documents de la CITES[942]. Ainsi, pour la CITES, à la lumière du rôle croissant d'Internet, il est important que les Parties mettent en œuvre et renforcent les mesures au niveau national pour réglementer efficacement le commerce légal des espèces sauvages et lutter contre la criminalité liée aux espèces sauvages via Internet. Les mesures nationales doivent être constamment évaluées pour s'assurer qu'elles sont suffisantes, restent efficaces et sont rapidement adaptées pour répondre à toute nouvelle tendance identifiée[943].

Les trafiquants d'espèces sauvages changent continuellement de méthodes et les forces de l'ordre ont beaucoup de mal à garder une longueur d'avance[944]. Dès lors, il faudrait qu'elles s'activent afin de pouvoir y apporter une réponse rapide et efficace.

1.6. Lutte contre la corruption

La CITES a pris de l'avance, dans le prolongement de la résolution 69/314 de l'Assemblée générale des Nations unies et dans l'esprit de la Convention

---

[941] INTERPOL s'emploie également à finaliser l'élaboration de Lignes directrices sur la lutte contre la cybercriminalité liée aux espèces sauvages, comme prévu par la décision 17.93, paragraphe d). Ces lignes directrices, incluant des questions telles que les concepts de base des enquêtes sur la cybercriminalité, des enquêtes open source et de la collecte, la demande et la conservation d'éléments de preuves, fourniront aux agents chargés de la lutte contre la fraude un outil pratique sur les façons d'enquêter sur les cas de cybercriminalité liée aux espèces sauvages.

[942] Voy. les documents et notifications ci-dessous : différents rapports sur la lutte contre la cybercriminalité liée aux espèces sauvages, dont du Secrétariat (CoP18 Doc. 33.1) ; rapport du Comité permanent sur la lutte contre la cybercriminalité liée aux espèces sauvages (CoP18 Doc. 33.1 et SC70 Doc. 30.3.2)) ; celui du Comité permanent (CoP18 Doc. 33.2) ; celui du groupe de travail sur la lutte contre la cybercriminalité liée aux espèces sauvages (SC70 Doc. 30.3.1) ; rapport du Secrétariat sur la lutte contre la cybercriminalité liée aux espèces sauvages (SC70 Doc. 30.3.2) ; SC69 Doc.31.3 sur la lutte contre la cybercriminalité faunique ; CoP17 Doc.29 sur la lutte contre la cybercriminalité liée aux espèces sauvages ; les notifications n ° 2020/031 (publié le 1er avril 2020) et n° 2019/042 (publié le 8 août 2019) sur la criminalité liée aux espèces sauvages liée à Internet ainsi que n° 2017/036 (publié le 4 mai 2017) sur la lutte contre la cybercriminalité liée aux espèces sauvages.

[943] CITES, *Wildlife crime linked to the Internet*, https://cites.org/eng/prog/imp/wildlife_crime_online, consulté le 27 octobre 2020.

[944] Nations unies, *Lutte contre le trafic d'espèces sauvages*, *op.cit*, p.5.

des Nations unies contre la corruption, en prenant une résolution, analysée dans le titre I, permettant notamment d'interdire, prévenir, détecter et réprimer la corruption, laquelle facilite les activités menées en violation de la Convention (Rés. Conf. 17.6)[945].

Sur base de cette résolution, ainsi que des articles II et VIII de la Convention, la CITES demande aux Parties de ne permettre le commerce des espèces inscrites aux annexes de la CITES qu'en conformité avec les dispositions de la Convention, de prendre les mesures appropriées en vue de la mise en application des dispositions de la présente Convention et pour interdire le commerce de spécimens en violation de ses dispositions, et notamment de mesures comprenant des sanctions pénales frappant ce commerce. Aussi, la CoP, afin notamment de rehausser le niveau d'efficacité de la Convention, exhorte les Parties à adopter des mesures visant à interdire, prévenir, détecter et réprimer les cas de corruption et à s'assurer que tous les actes de corruption associés à l'administration, la réglementation, l'application ou l'exécution de la CITES constituent des infractions et sont passibles des sanctions appropriées en vertu de la législation nationale.

À la suite de ces appels, les Parties à la CITES dont la Belgique et la RDC, respectivement le 16e rang et 162e rang[946] des pays les plus corrompus[947] suivant le dernier rapport 2023 de Transparency International devraient mettre en place des stratégies robustes pour lutter contre la corruption. Cette corruption, plus présente en RDC qu'en Belgique, se manifeste à différent niveau du circuit du trafic des espèces sauvages.

Une bonne façon de prévenir la corruption est d'assurer la transparence et la traçabilité dans le processus CITES (octroi des documents, gestion des stocks des spécimens saisis, etc.). Il faudrait également encourager les actions mixtes réunissant plusieurs agences, car permettant notamment une surveillance mutuelle, mais aussi la communication sur les actions entreprises et les résultats obtenus. L'opinion étant informée, les risques de tripatouillages seront sensiblement réduits.

Les enquêtes permettront de constituer des dossiers solides, qui devraient être présentés à la sanction du juge.

Paragraphe 2. Renforcement du système judiciaire en matière des infractions sur la législation CITES

Du volume important des saisies des espèces CITES faisant l'objet du trafic, peu de cas sont soumis à des poursuites judiciaires. De celles-ci ne

[945] CITES, *Rés. Conf. 17.6 - Interdire, prévenir, détecter et réprimer la corruption qui facilite les activités menées en violation de la Convention*, accessible sur : https://cites.org/sites/default/files/document/F-Res-17-06_0.pdf, consulté le 18 juillet 2020.

[946] Transparency International, *Corruption perceptions index 2023*, *op.cit.*

[947] Rappelons que l'Indice de Perception de la Corruption (IPC) se classant des pays les moins corrompus aux plus corrompus.

ressortent que peu d'arrestations. Par ailleurs, des arrestations effectuées, rares sont les dossiers soumis au verdict d'un juge qui, du reste, ne prononce que très peu de sanctions. Encore faudrait-il que celles-ci soient adaptées aux cas en présence et qu'à leur prononcé, le criminel puisse réellement s'acquitter de sa peine. En effet, plusieurs malfaiteurs parviennent encore à se soustraire à l'exécution de leurs sanctions. Avec ce constat, on remarque que d'énormes investissements (humains, matériels, financiers, etc.) sont réalisés pour détecter les produits illégaux, mais que seuls quelques jugements de condamnations sont prononcés.

En conséquence, afin de renforcer cette lutte, il faudrait amener le juge à l'application d'une des sanctions dans la gamme prévue tout en garantissant que celle-ci est bien proportionnelle à l'infraction commise. Il serait bon de veiller à ce que les jugements soient exécutés et, enfin, demandons-nous s'il ne faudrait pas encourager la spécialisation des juges ou des juridictions.

2.1. Saisine du juge

Les systèmes pénaux belge et congolais classifient les infractions en matière de CITES parmi les infractions graves[948] au sens de l'article 2.b de la Convention des Nations unies contre la criminalité transnationale organisée.

En dépit de poursuites qui peuvent être engagées, peu d'affaires sont portées devant un juge. En effet, on a pu voir qu'en Belgique, de 2015 à 2019, sur les 1 174 affaires inventoriées, seules 22 affaires[949] ont été portées devant un tribunal, soit à peine 1,87 %. En RDC, sur la période de 2010 à 2020, en RDC, 3 967 dossiers ont été enregistrés dont 1 464 ont été présentés devant un juge (soit 36.9 %)[950]. Très peu d'affaires sont donc passées en jugement. Toutefois, lorsqu'il est saisi, en matière pénale, « il revient au juge de dire le droit soit en constatant sa violation et en prononçant une peine, d'une part, soit en constatant sa non-violation et en relaxant le prévenu. Le juge tranche selon son intime conviction au vu des éléments qui lui sont présentés par les parties au procès pénal »[951].

Par ailleurs, il faudrait notamment noter que plusieurs dossiers ne sont pas soumis au juge parce qu'ils ne sont pas en état de recevoir un jugement. D'une part, il faut reconnaître notamment que le parquet classe plusieurs dossiers sans suite parce qu'ils peuvent être lacunaires, ne comportant pas

[948] L'expression "infraction grave" désigne un acte constituant une infraction passible d'une peine privative de liberté dont le maximum ne doit pas être inférieur à quatre ans ou d'une peine plus lourde.

[949] F. BOUQUELLE et L. LAVRYSEN, « EU Action Plan against Wildlife Trafficking – Recent Belgian Criminal Cases », *loc.cit.*, p.179.

[950] Chiffres cumulatifs des données disponibles et accessibles. La difficulté d'archivage et d'accessibilité aux données en RDC a déjà été relevée.

[951] JURISTRALE, *Les procédures opérationnelles standards en matière d'enquêtes et de poursuites sur la criminalité de la faun*e, Kinshasa, AWF – Juristrale, octobre 2018, p.3.

suffisamment d'éléments de preuves ou sont en dépassement de délais de procédure. D'autre part, il y a une utilisation fréquente et parfois abusive des amendes transactionnelles ou des sanctions administratives.

Améliorer l'efficacité de la mise en œuvre de la CITES en Belgique et en RDC implique notamment une meilleure constitution des dossiers, et que ceux-ci soient portés devant le juge pour sa sanction. Encore faudrait-il que celui-ci applique une peine proportionnelle.

2.2. Application des sanctions : aller au-delà des sanctions « pédagogiques »

Il est surprenant, cependant, de constater qu'en dépit du régime répressif assez fort des infractions sur la faune en RDC [et en Belgique], peu de cas sont sanctionnés réellement. Maints dossiers qui entrent dans le circuit judiciaire n'en sortent presque pas, les condamnations sont rares et les rares jugements peu appliqués[952].

En effet, du faible nombre d'affaires portées à la connaissance d'un juge, le constat est que ce dernier ne rend que très peu de jugements de condamnation. Les données sur les 22 affaires présentées devant un juge belge ne renseignent pas le nombre de prononcés de condamnation. Cependant, en RDC, les 1 464 affaires jugées ont donné lieu à 33 verdicts de condamnation (soit 0,83 %). Le taux de condamnation reste donc très faible.

Par ailleurs, certaines sanctions infligées ne sont pas proportionnelles à la gravité des faits. En effet, on a remarqué et relevé que les juges congolais pouvaient infliger des peines en deçà du minimum prévu par la loi, en invoquant de larges circonstances atténuantes, sans même se donner la peine de motiver suffisamment leur décision. Par exemple, dans l'affaire du braconnier appréhendé dans une aire protégée, analysée dans le titre II, le juge a prononcé une peine de 10 mois de servitude pénale à l'encontre de L.J. Il l'a assortie d'un sursis d'égale durée ainsi que de dommages et intérêts de 1 000 000 FC, soit approximativement 542 €. Dans plusieurs autres cas, le juge a même infligé des sanctions encore plus faibles.

Les États devraient veiller à ce que les peines et les condamnations associées aux crimes liés aux espèces sauvages soient à la fois proportionnées, dissuasives et conformes, s'il y a lieu, aux engagements définis dans la Convention des Nations unies contre la criminalité transnationale organisée[953].

Au demeurant, on note que certains juges essaient d'appliquer des sanctions faibles pour des raisons « pédagogiques », seulement afin de passer le message que les peines existent et sont appliquées. Or, nous pensons que ce message peut mal être compris. En revanche, la dissuasion naît si les

---

[952] P. NGEH, N. SHABANI AZIZA, C. MABITA MAFUTA et E. DJAMBA KASONGO, *La répression des crimes fauniques en RDC : comment améliorer les poursuites judiciaires?*, *op.cit.*, p.29.
[953] Parlement européen, *Résolution 2016/2054 (INI)*, *op.cit.*, p.6.

condamnations sont fortes. À défaut, le criminel garde à l'esprit que les gains sont énormes, mais que les risques sont très faibles. Il faudrait donc que le juge se réveille et applique des sanctions proportionnelles à la gravité des faits en tenant compte également de la personnalité du délinquant.

2.3. Exécution des jugements

Un jugement est prononcé pour être exécuté. Autrement, il ne servirait à rien. Cependant, aussi étonnant que cela puisse paraître, on s'étonne que certains délinquants, en dépit de leur condamnation, arrivent à se soustraire à l'exécution des décisions judiciaires.

Pour réussir un tel « exploit », plusieurs artifices peuvent être utilisés. Parmi ceux-ci, certaines voies de recours suspensives de l'exécution de jugements sont utilisées de façon dilatoire et superfétatoire dans le but d'organiser la fuite du délinquant. En effet, dans moults procès en matière de criminalité liée aux espèces sauvages, au prononcé du jugement la partie défenderesse condamnée interjette appel. Puis, le délinquant, s'il était aux arrêts, arrive à obtenir une liberté provisoire comme « visa » pour disparaître dans la nature. Ce cas a été illustré, au titre II, dans l'affaire Z.D. c/ M.P et PC (ICCN et RDC) pour détention illégale de défense d'éléphant et contrebande[954].

Il s'ensuit que les États doivent veiller à ce que les décisions judiciaires soient appliquées avec rigueur. Ce n'est qu'à cette condition que la sanction infligée peut assurer pleinement ses fonctions, dont celles de resocialisation du délinquant et de dissuasion pour le grand public. Ceci implique notamment que le système judiciaire ait conscience des enjeux en présence et soit doté des connaissances et capacités pour dire le droit.

2.4. Spécialisation des juges ou des juridictions ?

De façon globale, le droit de l'environnement reste une matière aussi technique que récente. Aussi, le juge qui se trouve en être le gardien devrait-il être le mieux outillé. En effet, « le juge national est quant à lui sollicité pour connaître d'un contentieux environnemental sans cesse plus important et apparaît comme le gardien de la norme environnementale »[955]. Celui-ci a également « un rôle à jouer dans l'interprétation, l'explication et l'application des lois et des règlements »[956]. Il est donc normal qu'un juge qui dispose d'une

---

[954] Tribunal de paix de Kinshasa/Kinkole, RP 11.555 – Z.D. c/ M.P et PC (ICCN et RDC), Kinshasa, le 29 avril 2014 – détention illégale de défense d'éléphant et contrebande.

[955] S. MALJEAN-DUBOIS, cité par M. FRANCHETEAU-LARONZE, « L'application du droit international de l'environnement par le juge national: éléments d'analyse comparative », *op.cit.*, p.608.

[956] B. PRESTON (2012), « Benefits of Judicial Specialization in Environmental Law: The Land and Environment

expertise sur les questions environnementales soit le mieux placé pour jouer ce rôle afin de garantir un développement écologiquement durable[957].

Avec cette lourde responsabilité d'être le gardien de la loi, le juge apparaît comme la personnification de la loi ou, tout au moins, sa bouche. Il reste ce rempart sur qui s'appuyer pour défendre ses droits et faire condamner toute violation de la loi. Dès lors, on ne peut concevoir que le juge ne puisse pas « maîtriser » la loi, soit-elle environnementale. C'est ainsi que les États devraient s'organiser afin de le doter des capacités et connaissances nécessaires pour accomplir sa mission. Ceci demande également une implication personnelle de la part du juge afin de se spécialiser sur diverses matières du droit de l'environnement dont la CITES.

La spécialisation du juge sur les questions environnementales peut être envisagée de plusieurs façons. Un courant prône une spécialisation des cours et tribunaux, tandis qu'un autre encourage la création des cours et tribunaux environnementaux (CTE)[958].

Les débats autour de cette question de spécialisation du juge sur les questions environnementales et sur le format de cette spécialisation sont assez riches et passionnants. En effet, « il faut reconnaître que la création d'une cour ou d'un tribunal de l'environnement n'est pas toujours la solution idéale pour combler les lacunes en matière de justice environnementale et d'état de droit. Il y a des arguments pour et contre la spécialisation. Les cours et tribunaux spécialisés existent depuis nombre d'années (par exemple en matière de famille, de circulation, de fiscalité, de drogues, de faillite, etc.). Cependant, ceux qui se spécialisent dans l'environnement n'attirent l'attention sur la scène internationale que depuis une ou deux décennies »[959]. Pour les partisans des CTE, avoir des organes de jugement spécialisés dans les questions environnementales offrirait notamment les avantages d'avoir des décideurs spécialistes qui prennent de meilleures décisions (expertise) ainsi que la célérité de la prise de décision (efficacité)[960]. *A contrario*, le courant qui s'y oppose y voit notamment une certaine marginalisation par l'isolement des affaires environnementales, ce qui risque de se traduire par une baisse de l'attention, du nombre de juges compétents, du budget et des perspectives d'avancement dans la carrière judiciaire. Ses tenants y voient également une

---

Court of New South Wales as a Case Study », in *Pace Environmental Law Review*, vol. 29, pp. 396-398, cité par G. PRING et C. PRING, *Cours et tribunaux de l'environnement Guide à l'usage des décideurs*, PNUE, 2017, p.12.

[957] *Ibid.*

[958] Quelques pays dotés de CTE : Australie, Bangladesh, Brésil, Canada, Chili, Chine, Costa Rica, États-Unis, Inde, Japon, Kenya, Salvador, Samoa, Malawi, Nouvelle-Zélande, Pakistan, Philippines, Royaume-Uni, Suède, Thaïlande et Trinité-et-Tobago. Voy. à ce sujet notamment G. PRING et C. PRING, *Cours et tribunaux de l'environnement Guide à l'usage des décideurs*, *op.cit.*, p.12.

[959] G. PRING et C. PRING, *Cours et tribunaux de l'environnement Guide à l'usage des décideurs*, *op.cit.*, p.13.

[960] *Ibid.*

certaine fragmentation du système judiciaire, mais ils relèvent aussi une crainte dans le fait que les juges spécialisés risquent d'être plutôt partisans de la protection de l'environnement et leurs analyses de manquer d'équilibre et d'exhaustivité[961].

Face aux arguments des uns et des autres, nous pensons que la question environnementale devrait se traiter dans un système judiciaire classique, donc par les juges de droit commun. En effet, l'installation des CTE pourrait s'avérer coûteuse pour des pays comme la RDC ayant une grande superficie et très peu de voies de communication. Ces juridictions seraient difficilement joignables (accessibilité) et il peut se poser des problèmes de respect de délais de procédures (distance). De cet avis, Richard MACRORY, estime que « l'environnement devrait être intégré dans tous les domaines de la prise de décision juridique ; des juges non spécialisés, mais hautement qualifiés peuvent apporter de nouvelles perspectives et idées ; enfin, [...] il n'est pas facile de tracer une ligne de démarcation claire entre les affaires environnementales et les autres »[962]. Les infractions en matière de CITES pouvant être facilitées par l'infraction de corruption, et pouvant elles-mêmes conduire à l'infraction de blanchiment d'argent ou son gain soutenir le terrorisme.

En guise de conclusion à la problématique évoquée dans ce chapitre, indiquons que les niveaux d'effectivité et d'efficacité de la CITES, tant au niveau international que national, ne peuvent s'accroître que lorsqu'on décide de renforcer la mise en œuvre du cadre conventionnel susvisé et de ses lois d'application. Cela consiste principalement à appliquer les dispositions desdits textes et à faire leurs évaluations pour des ajustements éventuels. Ensuite, il faudrait consolider les cadres institutionnels et les capacités opérationnelles de mise en œuvre. Il s'agit ici de doter en moyens (techniques, humains, financiers et logistiques) les agences impliquées dans le contrôle et de développer leur collaboration. Enfin, cela consiste aussi à améliorer les poursuites judiciaires grâce à des enquêtes minutieuses et systématiques ainsi qu'à une spécialisation des juges. De cette façon, leurs niveaux d'effectivité et d'efficacité s'en verront rehaussés, d'une part, et la lutte contre la criminalité liée aux espèces sauvages s'intensifiera et produira plus de résultats, d'autre part. Ceci mettra à mal le syndicat criminel œuvrant dans le trafic des espèces sauvages avec pour bénéfice de réduire la pression sur des espèces dont la survie est à ce jour hypothétique.

À un autre niveau, pour élever les niveaux d'effectivité et d'efficacité de la CITES, et s'attaquer énergiquement à la criminalité liée aux espèces sauvages, il conviendrait d'engager certaines réformes et de développer des outils innovants afin d'accroître les efforts déjà consentis.

---

961 G. PRING et C. PRING, *Cours et tribunaux de l'environnement Guide à l'usage des décideurs*, *op.cit.*, p.14.
962 *Ibid*, p.15.

CHAPITRE 2 : ENGAGER DES RÉFORMES ET DÉVELOPPER DES OUTILS INNOVANTS POUR ENDIGUER LA CRIMINALITÉ LIÉE AUX ESPÈCES SAUVAGES

Pour accroître l'effectivité et l'efficacité de la CITES, dans la perspective d'endiguer la criminalité liée aux espèces sauvages, principalement celle relative à l'éléphant d'Afrique, il ne suffit pas simplement d'appliquer les normes CITES et de renforcer certains mécanismes. À ce propos, Claude IMPERIALI relève que « l'effectivité d'un traité ne réside pas seulement dans sa mise en œuvre formelle par la prise des mesures internes nécessaires à son exécution, mais dans l'observation concrète des obligations contractées par les parties »[963]. Ainsi, l'observation « concrète » desdites obligations devrait amener les Parties à engager certaines réformes et à développer certains outils et mécanismes innovants en vue de garantir la matérialisation des accords souscrits.

En effet, de manière générale, et comme pour toute législation, la Convention CITES peut être améliorée. Mais, retenons que la situation serait bien plus grave si la CITES n'existait pas[964]. Sans elle, de nombreuses espèces auraient fait l'objet d'une surexploitation menant jusqu'à leur extinction pure et simple[965]. Toutefois, étant donné l'ampleur des saisies, les limites actuelles de certaines dispositions CITES et les faiblesses de la répression, au niveau international notamment, il faudrait envisager quelques réformes.

Elles peuvent directement concerner la Convention ou ses lois nationales d'application, mais aussi d'autres conventions et législations. Ces réformes viseraient le développement d'un bon système de régulation des espèces menacées d'extinction, à lutter efficacement contre la criminalité liée aux espèces sauvages et, donc, à garantir une meilleure conservation et une reconstitution des populations desdites espèces. On envisagerait la mise en place d'un mécanisme financier autonome en appui à la CITES et à des actions spécifiques tant sur le plan international que national. La lutte contre la criminalité liée aux espèces pourrait être intégrée soit dans le texte de la Convention au moyen d'un amendement, soit dans un protocole additionnel à la Convention des Nations unies contre la criminalité transnationale organisée visant à prévenir, réprimer et punir le trafic des espèces sauvages.

Au-delà des normes, il paraît indiqué de changer d'approche en mettant en place des mécanismes innovants qui permettraient d'atteindre plus aisément l'objectif de la CITES et qui intensifieraient la lutte contre la criminalité liée

---

963 C. IMPERIALI, « Le contrôle de la mise en œuvre des conventions internationales », *op.cit.*, p.7.

964 Sénat de Belgique, *Question écrite n° 7-87, op.cit.*

965 I. GREGOIRE, *Réponses au questionnaire de thèse partagé avec l'organe de gestion CITES belge*, *op.cit.*, p.2, voy question 4. « La CITES répond-elle encore à ce jour à son objet ? ».

aux espèces sauvages. En effet, des mécanismes supplémentaires s'avèrent indispensables et urgents afin de stopper le massacre de la faune et pour renverser les tendances apocalyptiques observées ces derniers temps. Parmi ceux-ci, il faudrait notamment envisager l'adoption des stratégies nationales CITES assorties de plans de mises en œuvre et de plans spéciaux de lutte contre la criminalité liée aux espèces sauvages. Ils garantiraient ainsi la transparence et la traçabilité tant dans le processus CITES que dans la gestion des stocks des produits saisis.

Par ailleurs, il conviendrait d'envisager la possibilité d'engager des poursuites au niveau international pour toute activité qui se ferait en violation de la Convention. En effet, à ce jour, la répression des infractions à la CITES est de la compétence des Parties qui, aux termes de l'article VIII.1 de la CITES, ont la responsabilité de pénaliser le commerce fait en violation de la Convention. Cependant, avec l'ampleur que le trafic des espèces sauvages prend, avec les risques que cela engendre, avec ses impacts dans plusieurs domaines de vie de l'homme, dont la santé, la sécurité, le développement, ne faut-il pas prévoir des poursuites pénales sur le plan international ? Pour ce faire, il faudrait bien définir les incriminations, puis voir quelles seraient les juridictions éventuellement compétentes.

Pour actionner ce deuxième levier, il conviendrait tout d'abord d'identifier les axes de réformes, tant en ce qui concerne la Convention que les lois nationales d'application, pour mieux adresser la question de criminalité liée aux espèces sauvages (section 1) ; ensuite, de proposer des mécanismes innovants pour éradiquer la criminalité liée aux espèces sauvages (section 2) ; et, enfin, d'envisager des poursuites pénales par une juridiction internationale (section 3).

SECTION 1. DES AXES DE RÉFORMES CONVENTIONNELS ET LÉGAUX POUR MIEUX ADRESSER LA QUESTION DE LA CRIMINALITÉ LIÉE AUX ESPÈCES SAUVAGES

Après cinquante ans d'existence, avec deux amendements et plusieurs résolutions et décisions de ses organes, la CITES continue à assurer sa mission de régulation du commerce international des espèces de faune et flore menacées d'extinction. Grâce à quelques-unes de ses dispositions ainsi qu'aux résolutions et décisions sus-évoquées, elle a le mérite de pouvoir intégrer et prendre en compte certaines situations nouvelles et récentes afin de poursuivre son action.

Au niveau national, 103[966] Parties sur les 184 que compte l'organisation, soit 56,2 % ont des législations nationales qui ont été jugées satisfaisantes à la mise en œuvre de la CITES. Par ailleurs, elles continuent à actualiser leurs législations, soit en adoptant des lois connexes qui facilitent l'action de la

[966] CITES, *Status of legislative progress for implementing CITES*, *op.cit.*

CITES, soit en adoptant des mesures d'application, notamment en fonction de l'évolution des résolutions et décisions de la Convention. En outre, les Parties dont les législations ne satisfont pas pleinement les exigences de la CITES fournissent des efforts afin d'y parvenir.

En dépit de ces évolutions et adaptations, et au regard des résultats de l'évaluation réalisée, le *corpus* de normes CITES a besoin d'être revisité et enrichi. Certaines réformes sont ici envisagées et concernent tant la CITES elle-même que plusieurs dispositions d'autres conventions qui ont une incidence sur l'application la CITES. Celles-ci sont également nécessaires sur le plan national.

Paragraphe 1. Des axes de réformes de la CITES pour mieux adresser la question de la criminalité liée aux espèces sauvages.

Afin de mieux adresser la question de la criminalité liée aux espèces sauvages, il faudrait notamment envisager d'apporter certaines réformes à la CITES.

Celles-ci peuvent consister à amender le texte de la Convention, par exemple en ce qui concerne la création d'un mécanisme financier CITES, l'insertion de la notion de criminalité liée aux espèces sauvages, l'institution des *e*Permis, etc. Enfin, les Parties à la CITES peuvent également faire du lobbying pour l'adoption d'un protocole additionnel à la Convention des Nations unies contre la criminalité transnationale organisée visant à prévenir, réprimer et punir le trafic des espèces sauvages.

1.1. Adoption d'un amendement à la Convention portant sur le mécanisme financier d'appui à la mise en œuvre de la CITES : Fonds CITES (FCITES)

Un mécanisme financier d'appui à la mise en œuvre de la CITES s'impose. Il permettrait de doter la CITES des moyens financiers nécessaires pour atteindre ses objectifs.

1.1.1. Nécessité de mettre en place un mécanisme financier d'appui à la mise en œuvre de la CITES

Une des pesanteurs à l'effectivité et à l'efficacité de la CITES est le problème récurrent du manque d'argent. On l'a vu, la CITES a un budget annuel qui s'élève à autour de 6 millions de dollars américains. Elle mobilise aussi des fonds dits externes qui peuvent représenter le double ou un peu plus. Tel est le cas de la contribution externe de 2019, qui s'élève à 12 612,76 $ (2019).

En dépit de ces moyens financiers annuels, soit autour de 12 à 18 millions, la CITES ne sait pas faire face aux différents besoins liés à sa mission. La nécessité de mobiliser plus de moyens financiers se justifie par l'augmentation du nombre des Parties et du nombre d'espèces inscrites aux annexes, de l'intérêt croissant à l'égard de la Convention, la nécessité d'une plus grande assistance aux membres en vue d'une application plus efficace du texte, la nécessité de prévoir un financement adéquat pour mettre en œuvre toutes les décisions et résolutions de la Conférence des Parties et la Vision de la stratégie CITES [...], ainsi que pour couvrir les dépenses de ce fait croissantes du Secrétariat et remédier aux pressions qu'il subit[967].

S'agissant des charges du Secrétariat, on constate que son budget n'arrive pas à couvrir les différents besoins liés au fonctionnement même de la CITES. Pour preuve, plusieurs postes en son sein restent vacants parce que non financés, soit 7 postes au total contre 40 pourvus. Il manque près de 20 % des effectifs. Avec de tels écarts déjà, il est difficile d'envisager de nouveaux recrutements qui faciliteraient l'exécution du travail du Secrétariat de la CITES. Alors que le volume de celui-ci, avec notamment le nombre croissant des rapports et de documents à vérifier, suggérerait un renforcement de l'équipe.

S'agissant des résolutions et décisions de la CITES, leur mise en œuvre nécessite des financements adéquats. Ceux-ci faisant défaut, l'organisation essaie de mobiliser au cas par cas des ressources additionnelles pour leurs mises en œuvre. Il s'ensuit que si les moyens nécessaires ne sont pas mobilisés, lesdites résolutions et décisions ne seront pas appliquées.

En ce qui concerne l'assistance aux Parties, la CoP, à sa dix-huitième session, dit reconnaître « l'importance et le besoin manifeste d'un financement accru en faveur de la mise en œuvre de la CITES pour aider les Parties à réaliser plus efficacement les objectifs de la Convention[968] ». Par ailleurs, certaines Parties ont aussi besoin d'aide pour respecter la Convention, ce qui nécessite également des moyens financiers[969].

Le besoin d'assistance financière pour la mise en œuvre de la Convention est d'autant plus grand pour les pays en développement. Il convient de souligner que « malgré les besoins évidents d'assistance pour le renforcement des capacités législatives et institutionnelles de nombreux pays en développement Parties à la CITES, la Convention ne prévoit pas, dans son

---

[967] CITES, *Résolution Conf. 18.1 portant financement et programme de travail chiffré pour le Secrétariat pour la période triennale 2020-2022*, p.1.

[968] Résolution Conf. 18.1, p.1.

[969] À sa 69e session (SC69, Genève, nov. 2017), le Comité permanent a examiné la possibilité d'établir un Programme d'aide au respect de la Convention (PAR). Suite à ses délibérations, le Comité permanent a demandé au Secrétariat de soumettre, à sa 70e session, une proposition de création d'un PAR, avec mention des coûts associés. À la CoP 18, des projets de décisions sur le programme d'aide au respect de la convention ont été soumis à la CoP. Voy. CITES, *Programme d'aide au respect de la convention*, CoP18 Doc. 28, 2019, p. 1.

texte, d'obligation d'assistance financière à la charge des Parties développées »[970]. La question de l'assistance financière aux pays en développement s'insère dans un débat récurrent qui fait rage au sein de la CITES. D'un côté, on retrouve ceux qui croient qu'il faudrait créer les conditions d'un commerce durable des espèces qui pourrait profiter aux communautés locales et qui leur permettrait de protéger les populations d'espèces sauvages[971]. De l'autre, on retrouve ceux qui estiment qu'il vaut mieux interdire tout commerce international des espèces menacées parce que les difficultés liées au contrôle et à la surveillance des limites de ce commerce rendent impossible de l'autoriser. Selon eux, il faudrait apporter des modifications aux annexes de la CITES pour interdire simplement le commerce des espèces de l'Annexe I, sans exception, et encadrer plus strictement celui des espèces de l'Annexe II. Pour ces derniers, il va sans dire qu'une assistance financière très importante devrait être accordée aux pays en développement Parties pour leur permettre de faire face aux pertes de revenus associées à l'interdiction de ce commerce[972].

Les pays en développement ont compris que le principe des responsabilités communes, mais différenciées (PRCMD) était le prix que les pays développés devaient payer pour obtenir leur participation aux accords multilatéraux en environnement sur des questions touchant l'intérêt commun de l'humanité comme la couche d'ozone, les changements climatiques, la diversité biologique et la gestion des produits chimiques et des déchets dangereux[973].

Il est donc clair que l'effectivité et l'efficacité de la CITES restent dépendantes de la disponibilité des moyens financiers. Dans ce contexte, et au regard de l'urgence à mettre en œuvre cette Convention, faut-il continuer à attendre des financements non sécurisés ? L'urgence d'agir n'implique-t-elle pas la nécessité de mobiliser suffisamment de fonds et de les mettre à disposition pour une mise en œuvre efficace de la Convention ? Ne faut-il pas carrément envisager un mécanisme financier autonome qui garantirait l'efficacité de la CITES ?

Ce souci est réel, et a été ressenti par les Parties à la CITES dès 1979, soit 6 ans après la signature de la Convention. Cependant, à la suite de ce constat, la Conférence des Parties à la CITES a adopté un amendement au texte de la Convention le 22 juin 1979. Cette retouche visait à insérer à la fin de l'article XI, paragraphe 3 a), les mots ", et adopter des dispositions financières", comme suit :

---

970 S. LAVALLEE, (2014), « Responsabilités communes mais différenciées et protection internationale de l'environnement : une assistance financière en quête de solidarité ? », in *Les Cahiers de droit*, 55(1), pp. 139–192, p.156.

971 *Ibid.*

972 *Ibid*, pp.156-157.

973 *Ibid*, p.190.

3. Lors des sessions ordinaires ou extraordinaires de cette Conférence, les Parties procèdent à un examen d'ensemble de l'application de la présente Convention et peuvent :

a) prendre toute disposition nécessaire pour permettre au Secrétariat de remplir ses fonctions, et « adopter des dispositions financières ».

À voir l'esprit des résolutions et décisions prises en application de cette disposition modifiée, on se rend compte qu'il s'agit ici des aspects de gestion financière incluant l'approbation de dépenses des périodes antérieures et l'adoption des budgets des exercices suivants. C'est notamment ainsi qu'ont été prises successivement les résolutions Conf. 17.2 et Conf. 18.1 portant respectivement sur le financement et le programme de travail chiffré pour le Secrétariat pour 2017-2019[974] et de 2020-2022[975]. Cet amendement ne couvre donc pas la véritable préoccupation de doter la CITES d'un mécanisme financier autonome afin de l'épauler dans la concrétisation de sa vision et dans la réussite de son objectif.

D'où l'impérieuse nécessité de mettre en place un mécanisme financier soutenant la mise en œuvre de la CITES.

1.1.2. Insérer dans le texte de la Convention deux nouveaux articles portant sur les ressources financières et le mécanisme financier

On pourrait envisager d'insérer deux articles entre l'article XVI sur l'Annexe III et amendements à cette annexe et l'article XVII portant sur les amendements à la Convention. Ces deux nouveaux articles porteront respectivement sur les ressources financières et le mécanisme financier.

Ceux-ci, inspirés notamment de certaines dispositions de la Convention sur la diversité biologique (CDB), du mécanisme financier de la Convention cadre sur les changements climatiques (CCNUC), du Fonds pour l'environnement mondial (FEM) et du Fonds pour l'éléphant d'Afrique (FEA), peuvent ainsi être libellés :

Article XVI bis. Ressources financières :

1. Chaque Partie s'engage à fournir, en fonction de ses moyens, un appui et des avantages financiers pour la mise en œuvre de la Convention. Les Parties contribuent annuellement des fonds sur la base du barème des contributions de l'ONU ajusté pour tenir compte du fait que tous les membres des Nations Unies ne sont pas Parties à la CITES. En outre, les Parties apportent également des contributions volontaires.

2. Les Parties qui sont des pays développés fournissent des ressources financières nouvelles et additionnelles pour permettre aux Parties qui sont des pays en développement de faire face à la totalité des surcoûts convenus

[974] Adoptée par la Conférence des Parties à sa 17e session (Johannesburg, 2016).

[975] CITES, *Résolution Conf. 18.1 portant financement et programme de travail chiffré pour le Secrétariat pour la période triennale 2020-2022, op.cit.*, p.1.

que leur impose la mise en œuvre des mesures par lesquelles ils s'acquittent des obligations découlant de la présente Convention et de bénéficier de ses dispositions. Ces surcoûts sont convenus entre une Partie qui est un pays en développement et la structure institutionnelle visée à l'article XVI ter, selon la politique, la stratégie, les priorités du programme et les conditions d'attribution ainsi qu'une liste indicative des surcoûts établis par la Conférence des Parties. La Conférence des Parties revoit périodiquement cette liste et la modifie en cas de besoin. Les autres pays et sources seraient également encouragés à fournir des contributions à titre volontaire. Pour traduire ces engagements en actes, on tiendra compte de la nécessité de faire en sorte que le flux des fonds soit adéquat, prévisible et ponctuel et du fait qu'il est important de répartir le fardeau entre les Parties contribuant inscrites sur la liste susmentionnée.

3. Les Parties qui sont des pays développés peuvent aussi fournir, au bénéfice des Parties qui sont des pays en développement, des ressources financières liées à l'application de la présente Convention, par des voies bilatérales, régionales et multilatérales.

Article XVI ter. Mécanisme financier :

1. Un mécanisme financier, dénommé Fonds CITES, en sigle FCITES, est institué pour appuyer la mise en œuvre de la Convention. Ce fonds permet d'appuyer la mise en œuvre des activités, programmes et mesures en rapport avec la régulation du commerce international des espèces de faune et de flore menacées et la lutte contre la criminalité liée aux espèces CITES, activités faites en violation des articles II.4 et VIII.1 de la Convention.

2. Aux fins de la Convention, le mécanisme fonctionne sous l'autorité et la direction de la Conférence des Parties, envers laquelle il est comptable. Le fonctionnement du mécanisme est assuré par la structure institutionnelle dont pourrait décider la Conférence des Parties à sa prochaine session. Aux fins de la présente Convention, la Conférence des Parties détermine la politique générale, la stratégie et les priorités du Fonds ainsi que les critères définissant les conditions d'attribution et d'utilisation de ces ressources. Les contributions seront telles qu'elles permettront de prendre en compte la nécessité de versements prévisibles, adéquats et ponctuels comme il est prévu à l'article XVI bis, en rapport avec le montant des ressources nécessaires, dont la Conférence des Parties décidera périodiquement, et l'importance du partage du fardeau entre les Parties.

3. Conformément aux objectifs de la présente Convention, la Conférence des Parties détermine, à sa prochaine session, la politique générale, la stratégie et les priorités du FCITES, ainsi que des critères et des lignes directrices détaillés pour définir les conditions requises pour avoir accès aux ressources financières et les utiliser, y compris le contrôle et l'évaluation régulière de cette utilisation. La Conférence des Parties décide des dispositions nécessaires pour donner effet au paragraphe 1 ci-dessus après consultation avec la structure institutionnelle à laquelle aura été confié le fonctionnement du mécanisme financier.

4. La Conférence des Parties examine l'efficacité du mécanisme financier créé par le présent article, notamment les critères et les lignes directrices visés au paragraphe 3 ci-dessus, au plus tard un an après l'entrée en vigueur de cet amendement et ensuite de façon régulière. Sur la base de cet examen, elle prend des mesures appropriées pour rendre le mécanisme plus efficace si nécessaire.

Ce fonds CITES est un mécanisme financier qui appuie la mise en œuvre de la CITES. Il devrait servir de catalyseur pour mobiliser des ressources supplémentaires auprès d'autres sources multilatérales et de sources bilatérales.

L'initiative de financements des activités devrait être prise par les Parties, et présenter un bon rapport coût efficacité et s'intégrer dans les stratégies nationales CITES et plans de mise en œuvre et plan de lutte contre la criminalité liée aux espèces sauvages. Par ailleurs, les activités visant à lutter contre ce trafic devront être financées en priorité. Il en est de même du transfert de technologies et des activités connexes de renforcement des capacités qui sont également des domaines essentiels.

1.1.3. Modalités d'approvisionnement du fonds

L'article XVI bis ci-haut proposé identifie plusieurs sources de financement ou d'approvisionnement du FCITES. Ce fonds devrait donc rassembler et inclure les contributions antérieurement provenant notamment du Fonds d'affectation spéciale CITES (CTL) et du Fonds de soutien aux activités CITES (QTL). Il serait également approvisionné par plusieurs autres sources multilatérales ou bilatérales.

S'agissant du principe qui gouverne les contributions jusque-là récoltées à titre de Fonds d'affectation spéciale CITES, il est proposé de pouvoir y apporter un réajustement afin de renflouer le FCITES. En effet, à ce jour, il est tout de même aberrant de constater que, suivant le barème évoqué, certaines Parties ne devraient contribuer qu'à concurrence de 60 $ (soit une cinquantaine d'euros). Dès lors, il serait indiqué de fixer un seuil en dessous duquel les Parties paieraient un forfait équivalent à un montant précis. Ce montant peut être le 0,1 % du budget actuel, soit 6 000 $. Ainsi, suivant cette première idée, toutes les parties en deçà de 6 001 $ paieraient 6 000 $. Une seconde option pourrait consister à décider à ce que ces 6 000 $ soient rajoutés systématique à chaque Partie. Avec cette dernière formule, on atteindrait facilement 1 million supplémentaire[976].

En ce qui concerne les fonds versés jusqu'ici à titre d'externes ou fonds de soutien aux activités, il faudrait également voir dans quelles mesures pouvoir

[976] 6 000 0000$/1 000 = 6 000$.

stimuler les Parties à rehausser leurs niveaux de contributions. Cela est possible, quand on voit les différentes sommes que ces mêmes Parties allouent notamment pour la lutte contre le braconnage ou contre le trafic des espèces CITES à titre de contribution bilatérale ou via les ONG. Il pourrait également s'agir ici de déduire un pourcentage *x* afin de l'orienter vers le FCITES.

Relevons, enfin, que les privés, surtout les exportateurs et importateurs des espèces CITES, pourraient également être des partenaires importants qui contribueraient au renforcement du système de régulation du commerce international des espèces de faune et de flore menacées d'extinction et à la lutte contre la criminalité liée auxdites espèces. Car, ceux-ci ont un intérêt certain à voir leurs « matières premières », être conservées afin de permettre la perpétuation de leur business. À cet effet, l'un des mécanismes pourrait être de retenir 1$ sur chaque document CITES à délivrer. Ainsi, par exemple, la Belgique avec sa moyenne annuelle de 7 236 documents CITES délivrés récolterait 7 236 dollars américains supplémentaires pour le FCITES. La RDC, de son côté, avec sa moyenne de 264 documents CITES, récolterait 264 $ supplémentaires pour la CITES.

Enfin, plusieurs autres contributeurs, personnes physiques et/ou morales, pourraient également contribuer au FCITES. Plusieurs mécanismes peuvent être envisagés pour ce faire, notamment des soirées CITES, des appels de fonds notamment à l'occasion des réunions CITES, des partenariats avec les industries (cinématographiques, automobiles, etc.) qui utilisent notamment des logos ou images des espèces CITES, mais aussi des récoltes de fonds en ligne via le site web de la CITES.

1.1.4. Modalités de gestion du mécanisme financier CITES

L'article XVI ter ci-haut proposé spécifie en son paragraphe 2 que le FCITES fonctionne sous l'autorité et la direction de la Conférence des Parties, envers laquelle il est comptable. La CoP désigne une structure institutionnelle pour l'administrer.

Par ailleurs, il reviendrait à la CoP de déterminer la politique générale, la stratégie et les priorités du FCITES ainsi que les critères définissant les conditions d'attribution et d'utilisation de ces ressources.

Conformément aux objectifs de la CITES, la Conférence des Parties détermine, également les critères et lignes directrices détaillés pour définir les conditions requises pour avoir accès aux ressources financières et les utiliser, y compris le contrôle et l'évaluation régulière de cette utilisation.

Il faudrait veiller à ce que la gestion du Fonds CITES soit transparente et que les dépenses soient traçables.

Outre la question financière, il serait indiqué d'intégrer une disposition sur la lutte contre la criminalité liée aux espèces sauvages dans le corps de la Convention.

1.2. Amender la Convention afin d'y insérer des dispositions sur la lutte contre la criminalité liée aux espèces

Il a été démontré que depuis près d'une décennie, la CITES accorde une attention particulière à la lutte contre la criminalité liée aux espèces sauvages. Mais déjà, deux dispositions de la Convention renvoient implicitement à cette lutte. D'une part, l'article II.4 prévoit que les Parties ne permettent le commerce des spécimens des espèces inscrites aux Annexes I, II et III qu'en conformité avec les dispositions de la présente Convention. D'autre part, l'article VIII.1, pour sa part, prévoit notamment que les Parties prennent les mesures appropriées en vue de la mise en application des dispositions de la présente Convention ainsi que pour interdire le commerce de spécimens en violation de ses dispositions. Il est bien clair que tout commerce fait en violation des dispositions de la convention est illégal et rentre bien dans la définition de la criminalité liée aux espèces sauvages. Par ailleurs, la CITES a pris plusieurs résolutions et décisions sur la lutte contre la fraude.

Aussi, afin de renforcer l'efficacité de la CITES, convient-il d'amender certaines dispositions de la Convention afin d'y insérer cette question de criminalité liée aux espèces sauvages. À cet effet, nous proposons :

Primo, de compléter l'article II de la Convention se rapportant aux principes fondamentaux en y rajoutant un 5e paragraphe, lequel serait ainsi libellé :

5. Chaque Partie, afin de donner effet au paragraphe 4 ci-dessus, en fonction des conditions et moyens qui lui sont propres :

a) Élabore une stratégie nationale CITES assortie d'un plan d'action global et d'un plan d'action spécifique de lutte contre la criminalité liée aux espèces sauvages, des plans ou programmes nationaux tendant à assurer notamment la conservation et la lutte contre le trafic de certaines espèces ou adapte à cette fin ses stratégies, plans ou programmes existants qui tiendront compte, entre autres, des mesures énoncées dans la présente Convention qui la concernent ;

b) Intègre, dans toute la mesure du possible et comme il convient, la lutte contre le trafic des espèces inscrites aux Annexes I, II et III de la Convention.

Secundo, de modifier et de compléter les paragraphes 1 et 7 de l'article VIII de la Convention se rapportant aux mesures à prendre, lesquels seraient ainsi libellés :

1. Les Parties prennent les mesures appropriées en vue de l'application de la présente Convention ainsi que pour interdire le commerce de spécimens en violation de ses dispositions. Ces mesures *se rapportent notamment au trafic des espèces inscrites aux Annexe I, II et III de la Convention et* comprennent:

a) des sanctions pénales frappant soit le commerce, soit la détention de tels spécimens, ou les deux ;

b) la confiscation ou le renvoi à l'État d'exportation de tels spécimens.

7. Chaque Partie établit des rapports périodiques sur sa propre mise en application de la présente Convention, et transmettra au Secrétariat :

a) un rapport annuel contenant un résumé des informations mentionnées à l'alinéa b) du paragraphe 6 du présent article ;

b) un rapport *sur l'application des mesures législatives, réglementaires et administratives visant à faire appliquer la Convention*[977] ;

c) un rapport annuel sur le commerce illégal[978].

Tercio, d'apporter une modification à l'article premier relatif aux définitions afin d'y insérer notamment les définitions suivantes des termes comme « trafic des espèces CITES, criminalité liée aux espèces sauvages, criminalité organisée, blanchiment d'argent, fraude et corruption ».

1.3. Autres amendements possibles à la Convention

Plusieurs autres amendements à la Convention s'avèrent nécessaires, comme le suggèrent l'évaluation et les analyses réalisées de son préambule à son dernier article portant sur le dépositaire.

En plus des amendements déjà proposées ci-dessus, il conviendrait notamment d'apporter les modifications suivantes :

Au niveau du préambule de la CITES. Celui-ci est très bref. Pour rappel, en droit international public, le préambule est défini par le lexique des termes juridiques comme étant la « partie préliminaire d'un traité, précédant le dispositif, et contenant notamment l'exposé des motifs et l'objet du traité »[979]. Le préambule de la CITES pourrait être enrichi en détaillant davantage l'exposé des motifs qui devrait capturer l'ampleur et les conséquences du trafic des espèces sauvages et refléter les différents amendements apportés. À cet effet, les préambules de plusieurs résolutions peuvent être utilement mis à contribution.

Dans le dispositif, il serait intéressant de pouvoir insérer directement dans le texte de la Convention les modifications majeures apportées par certaines résolutions de la CoP. Il en est ainsi de celles qui touchent à l'ossature institutionnelle même de la CITES. Pour rappel, ni le Comité permanent ni les deux Comités (animaux et plantes) ne figurent dans le texte de la Convention. Ceux-ci ont été institués par des résolutions[980].

Avec les avancées technologiques et la nécessité de sécurisation du système même de régulation CITES, l'emploi des permis électroniques (*e*Permis) devrait apparaître dans le texte de la Convention. En effet, afin d'améliorer sa mise en œuvre, l'utilisation des technologies modernes de l'information et de communication, soit *e*CITES, simplifierait le commerce

---

977 Ce rapport remplace le rapport bisannuel. Il faudrait dès lors changer cet intitulé dans le corps même de la Convention.

978 Rapport introduit par la résolution n° Conf. 11.17 (Rev. CoP18).

979 Lexique des termes juridiques 2017-2018, Paris, Dalloz, 2018, p.1572.

980 Voy. la Rés. Conf. 18.2 sur la Constitution des comités.

licite et lutterait contre le commerce illicite. Avec ce système, les permis électroniques seraient la règle[981].

Par ailleurs, il convient de préciser que l'automatisation des procédures et l'échange électronique d'informations ne sont pas un objectif en soi, mais plutôt un outil pour simplifier et améliorer le travail des administrations et leur force à mettre en œuvre la Convention[982]. En effet, *e*CITES soutient la réduction de la charge du travail manuel au sein de l'organe de gestion, rationalise et facilite les processus administratifs, augmente la transparence et la responsabilité et établit une collaboration et un échange d'informations électroniques avec les douanes et autres agences de contrôle aux frontières pour un contrôle efficace du commerce CITES[983].

Il convient de relever, toutefois, que « le passage aux permis électroniques semble être une nouvelle étape logique et aisée à l'heure de la numérisation. Ce n'est toutefois pas aussi simple. En effet, l'obligation que l'expédition soit accompagnée d'un permis est ancrée dans la loi. En cas de numérisation, le pays d'importation devra pouvoir consulter par voie numérique le permis d'exportation délivré par le pays d'exportation. Il faudrait donc créer une plateforme (mondiale) où toutes les Parties pourraient mettre à disposition et rendre consultables les permis qu'elles ont délivrés »[984]. Cette plateforme serait accessible par les différentes agences de contrôle dont principalement celles des frontières. Ainsi, elles pourront déjà vérifier et comparer les documents qui leur sont présentés par les exploitants. En cas de doute, ils seraient en mesure de joindre l'organe de gestion qui a délivré ledit document. Face à la contrainte légale actuelle et à l'accès compliqué à Internet dans certains pays, on pourrait envisager une combinaison des permis papiers et des permis électroniques, ces derniers aidant à vérifier l'authenticité des premiers.

Dans le contexte de l'approche « Une seule santé » (*One Health*), les amendements à la CITES ou le nouveau cadre international sur le commerce

---

[981] CITES, *eCITES*, accessible sur : https://cites.org/eng/prog/eCITES, consulté le 15 novembre 2020.

[982] Le Secrétariat fournit un ensemble de normes, d'outils et d'instruments de renforcement des capacités aux Parties pour soutenir la mise en œuvre de l'*e*CITES. Les composants d'*e*CITES sont développés par différentes parties prenantes, notamment par le Groupe de travail CITES sur les systèmes électroniques et les technologies de l'information, le Secrétariat CITES et le programme SYDONIA de la Conférence des Nations unies sur le commerce et le développement (CNUCED). La CITES informe régulièrement les Parties sur les évolutions dans ce domaine. C'est ainsi notamment que par sa notification n° 2023/014 du 9 février 2023, elle les informe de la publication de la version 3.0 (*CITES Electronic Permitting Toolkit Version 3.0,* draft de novembre 2022), laquelle peut être téléchargée à l'adresse suivante : https://cites.org/sites/default/files/eng/prog/e/cites_e-toolkit_latest.pdf. Celle-ci permet d'aider les Parties et de les accompagner. C'est ainsi qu'elle invite les Parties intéressées et les parties prenantes à examiner les nouveaux Outils et à les mettre en œuvre comme il convient.

[983] CITES, *eCITES*, *op.cit.*

[984] Sénat de Belgique, *Question écrite n° 7-87, op.cit.*

des espèces menacées devraient établir un lien plus clair avec la santé publique. En effet, l'approche « Une seule santé » vise « la conception et la mise en œuvre de programmes, de politiques, de législations et de recherche impliquant une communication et une collaboration entre de multiples secteurs en vue d'obtenir de meilleurs résultats en matière de santé publique. La démarche « Une seule santé » est essentielle pour faire face aux menaces pesant sur la santé à l'interface entre l'animal, l'homme et l'environnement »[985].

Dans l'optique de mutualiser les efforts, la criminalité liée aux espèces sauvages pouvant avoir des connexions avec plusieurs autres types de criminalité devrait également amener la Convention des Nations unies contre la criminalité transnationale organisée à se doter d'un nouveau protocole additionnel spécifique visant à prévenir, réprimer et punir le trafic des espèces sauvages.

1.4. Appuis à l'adoption d'un protocole additionnel à la Convention des Nations unies contre la criminalité transnationale organisée visant à prévenir, réprimer et punir le trafic des espèces sauvages

Comme relevé plus haut, la problématique de la criminalité liée aux espèces sauvages est complexe. D'une part, il est constaté notamment que « les flux de ces vastes cargaisons d'ivoire montrent que les réseaux transnationaux de criminalité organisée s'impliquent de plus en plus dans le commerce illégal d'ivoire »[986] et d'autres produits de faune sauvage (cornes de rhinocéros, écailles de pangolins, diverses espèces de reptiles, etc.). Il s'agit là des réseaux existants et qui s'intéressent à ce trafic pour son gain. D'autre part, à l'inverse, des réseaux criminels naissent aussi à partir de ce trafic avec une chaîne d'acteurs s'étendant de la base pour le prélèvement au sommet pour la commercialisation. Afin de bien profiter de leurs entreprises criminelles, les trafiquants s'organisent de mieux en mieux pour devenir de plus en plus une criminalité organisée dont les gains sont blanchis puis servent à financer notamment le terrorisme. Ainsi perçue, la criminalité liée aux espèces sauvages tend de plus en plus à aller au-delà de la simple criminalité pour verser carrément dans une forme de criminalité organisée.

Aussi, face à cette évolution et aux facteurs criminogènes identifiés, les Parties à la CITES reconnaissent-elles notamment la nécessité de 'démarginaliser' la criminalité à l'encontre des espèces sauvages en appelant

[985] OMS, *Une seule santé*, accessible sur : https://www.who.int/europe/fr/initiatives/one-health, consulté le 17 janvier 2023.

[986] Commission européenne, *Régime de l'Union européenne réglementant le commerce intra-UE et la réexportation d'ivoire*, *op.cit.*, p.2 ; Nations unies, *Note du Secrétaire général*, A/59/565, *op.cit.*, p.12.

tous les États à envisager à devenir Parties aux Conventions des Nations unies contre la corruption et contre la criminalité transnationale organisée[987].

En conséquence, des appels de plus en plus nombreux se faisant à l'adresse des Parties afin qu'elles considèrent le trafic des espèces sauvages comme un crime grave au sens de l'article 2.b de la Convention des Nations unies contre la criminalité transnationale organisée, la question relative à la criminalité liée aux espèces sauvages devrait pleinement trouver sa place dans cette Convention. Aussi, le souhait serait qu'un protocole traitant de la criminalité liée aux espèces sauvages soit ajouté à la Convention contre la criminalité transnationale organisée, à l'instar des protocoles contre la traite des êtres humains et le trafic de migrants. Ceci a également été suggéré, relève John E. SCANLON[988], à titre informel par certaines Parties à la CITES[989].

Apporter des amendements au texte de la CITES implique que ceux-ci soient également pris en compte sur le plan national.

Paragraphe 2. Des axes de réformes légales en Belgique et en RDC pour mieux adresser la question de criminalité liée aux espèces sauvages

Les amendements au texte de la Convention ont nécessairement des incidences sur les législations internes de mise en œuvre de la CITES des Parties comme la Belgique et la RDC. Aussi, les Parties doivent-elles revoir certaines dispositions de leurs législations CITES afin notamment d'inclure les modalités de contribution au Fonds CITES, l'élaboration et la soumission des stratégies nationales CITES, l'intégration et l'utilisation du permis électronique (*e*Permis), l'intégration et le renforcement de la lutte contre la criminalité liée aux espèces sauvages, etc.

Ce travail ne pourra se concrétiser que progressivement au fur et à mesure que les amendements seront effectifs. Toutefois, certaines idées peuvent être avancées et développées. Dans le contexte de ce paragraphe, il est question de relever principalement deux propositions de lois belge et congolaise qui sont en cours et de voir si leur adoption pourrait combler certaines lacunes et faiblesses relevées.

2.1. Vers une évolution de la législation belge afin de mieux réguler le commerce des spécimens d'éléphants - Projet de loi modifiant la loi du 28 juillet 1981 et l'arrêté royal du 9 avril 2003 relatifs à la CITES et autres initiatives législatives

Un projet de loi portant modification de la loi du 28 juillet 1981 a été adopté en séance plénière du Sénat du 25 avril 2019 et soumis à la sanction

---

[987] J. E. SCANLON, *The international dimension of illegal wildlife trade*, *op.cit.*

[988] John E. SCANLON fût Secrétaire général de la CITES de 2010 – 2018.

[989] J. E. SCANLON, *The international dimension of illegal wildlife trade*, *op.cit.*

royale[990]. Son intitulé exact est : « Projet de loi modifiant la loi du 28 juillet 1981 portant approbation de la Convention sur le commerce international des espèces de faune et de flore sauvages menacées d'extinction, et des annexes, faites à Washington le 3 mars 1973, ainsi que l'Amendement à la Convention, adopté à Bonn le 22 juin 1979 et l'arrêté royal du 9 avril 2003 relatif à la protection des espèces de faune et de flore sauvages par le contrôle de leur commerce ». Celui-ci devrait enrichir le cadre légal de mise en œuvre de la CITES. Rappelons que ce projet découle de la proposition de loi, du même nom, en gestation depuis 2018[991].

Le projet de loi sus-évoqué a pour objectif d'éviter que de l'ivoire d'éléphant d'origine belge puisse servir de couverture légale aux organisations criminelles internationales pour le commerce international illégal d'ivoire. L'objectif est de s'assurer que le minimum d'ivoire belge possible se retrouve entre les mains de criminels par le biais du marché international, de sorte que l'ivoire belge "légal" et les certificats belges ne puissent pas servir de couverture aux organisations criminelles internationales pour le commerce international d'ivoire illégal[992].

Ce projet de loi impose à cet effet une interdiction générale d'importation, d'exportation et de réexportation d'ivoire des éléphants, sauf quelques exceptions minimes. Elle prévoit par ailleurs certaines restrictions indispensables pour des objets spécifiques qui constituent une cible privilégiée des criminels internationaux, à savoir l'ivoire brut ou non travaillé, l'ivoire travaillé récemment, ou encore les objets récents contenant de l'ivoire[993].

Précisons que les nouvelles dispositions de ce projet de loi ne se substituent pas aux articles existants de la loi de 1981 ni à ceux de l'arrêté royal pour ce qui est de l'application de la Convention CITES et des règlements ; elles les complètent. Les dispositions qui s'appliquent au commerce de l'ivoire [restent donc] les articles 4 et 4*ter* de la loi et les articles 2, 2/1, 6/1, 10, § 3, et 10, § 4, de l'arrêté royal[994].

Ce projet de loi est important pour la Belgique qui est à la fois un pays de destination et un pays de transit de l'ivoire et d'autres spécimens CITES.

---

990 Chambre des représentants de Belgique, *Projet de loi modifiant la loi du 28 juillet 1981 portant approbation de la Convention sur le commerce international des espèces de faune et de flore sauvages menacées d'extinction, et des annexes, faites à Washington le 3 mars 1973, ainsi que l'Amendement à la Convention, adopté à Bonn le 22 juin 1979 et l'arrêté royal du 9 avril 2003 relatif à la protection des espèces de faune et de flore sauvages par le contrôle de leur commerce*, accessible sur : https://www.lachambre.be/FLWB/pdf/54/3202/54K3202008.pdf, consulté le 15 décembre 2020.

991 Chambre des représentants de Belgique, 5e session de la 54e législature, 2017-2018, DOC 54, 3202/001, 26 juin 2018, accessible sur : http://www.lachambre.be/FLWB/PDF/54/3202/54K3202001.pdf, consulté le 15 mai 2019.

992 *Ibid*, p.1.

993 *Ibid*, p.3.

994 *Ibid*.

Toutefois, il aurait pu déjà intégrer et clarifier certaines notions comme la criminalité liée aux espèces sauvages, d'une part, mais aussi revoir le taux de certaines peines à la hausse, d'autre part. En effet, comme évoqué plus haut, la question de la criminalité liée aux espèces sauvages relève de plus en plus de la criminalité organisée, et devrait être sanctionnée comme telle. Afin de s'y conformer, la Belgique devrait envisager de renforcer la peine en cas de bande organisée. Cela pourrait consister à doubler la sanction afin notamment de se rapprocher des peines prévues dans d'autres législations au sein de l'UE[995]. La condamnation pour emprisonnement, allant actuellement de six mois à cinq ans, pourrait carrément être doublée de 12 mois à 10 ans.

Au demeurant, la Belgique manifeste une grande volonté de s'attaquer à la question de criminalité liée aux espèces sauvages. En effet, outre cette proposition évoquée ci-dessus, on peut également relever l'existence d'une autre proposition de Loi qui concerne, de façon spécifique, l'interdiction d'importation de trophées de chasse de certaines espèces animales menacées qui date du 3 juillet 2020. Cette dernière vise à « interdire l'importation des trophées de chasse pour toutes les espèces inscrites à l'annexe A du règlement européen 338/97, ainsi que pour certaines espèces animales inscrites à l'annexe B du même règlement. Il s'agit plus particulièrement des espèces qui, par un rapport technique du PNUE et du WCMC, sont également soumises, depuis 2015, aux conditions les plus strictes de l'article 4 dudit règlement européen (qui constitue la base légale de la convention internationale CITES qui protège les espèces animales et végétales menacées) »[996].

Alors que les deux textes précités ne sont pas encore promulgués, en date du 24 mars 2022, la Chambre des représentants de Belgique a adopté la résolution visant à interdire l'importation de trophées de chasse de certaines espèces animales[997]. Aux termes de celle-ci, elle demande au gouvernement fédéral « de charger le membre du gouvernement compétent de décider immédiatement de ne plus octroyer d'autorisation pour l'importation de trophées de chasse de toutes les espèces animales mentionnées à l'annexe A du règlement européen n° 338/97, ainsi que des six espèces animales suivantes mentionnées à l'annexe B de ce règlement: rhinocéros blanc du Sud

---

[995] Ces peines ne sont pas uniformes au niveau de l'UE. En France, par exemple, depuis l'adoption de la loi n° 2016-1087 du 8 août 2016 pour la reconquête de la biodiversité, de la nature et des paysages, la peine applicable en cas d'absence des permis ou certificats requis par la réglementation CITES a été augmentée à 2 ans d'emprisonnement et une amende de 150 000 euros. En cas d'infractions commises en bande organisée, celle-ci a été augmentée à 7 ans d'emprisonnement et une amende de 750 000 euros en cas de délit en bande organisée (Art. L.415-6 du code de l'environnement). Voy. à ce sujet : Ministère de la transition écologique, *Commerce international des espèces sauvages (CITES), op.cit.*

[996] Chambre des représentants de Belgique, *Proposition de Loi interdisant l'importation de trophées de chasse de certaines espèces animales menacées*, DOC 55 1608/001, 28 octobre 2020, accessible sur : https://www.dekamer.be/FLWB/PDF/55/1608/55K1608001.pdf, consulté le 12 janvier 2023.

[997] En interdisant l'importation de trophées de chasse de certaines espèces animales menacées.

(*Ceratotherium simum simum*), hippopotame commun (*Hippopotamus amphibius*), éléphant de savane d'Afrique (*Loxodonta africana*), argali (*Ovis ammon*), lion (*Panthera leo*) et ours blanc ou polaire (*Ursus maritimus*). Cette règle ne vaut pas pour les importations à finalités éducatives ou scientifiques ni pour les antiquités à haute valeur culturelle »[998].

La Belgique suit donc une bonne trajectoire visant à lutter contre la criminalité liée aux espèces sauvages. La RDC, pour sa part, est également en train de travailler sur un certain nombre de textes afin d'enrichir son cadre légal. On peut citer notamment le projet de décret sur la CITES.

2.2. Vers une évolution de la législation congolaise afin de mieux réguler le commerce des spécimens d'éléphants - Projet de décret sur la CITES

Un projet de décret sur la CITES est en gestation depuis 2017. Celui-ci permet de mettre dans un seul corpus l'essentiel des dispositions nationales de mise en œuvre de la CITES en RDC. Aussi, ce décret devrait-il s'appliquer au commerce international, au commerce frontalier, au commerce domestique, à la possession et au transport de spécimens de toute espèce de faune et de flore inscrite aux annexes I, II et III de la CITES et à celles définies aux articles 13 et 16 de la loi n°14/003 du 11 février 2014 relative à la conservation de la Nature (article 1 du projet de décret CITES). Par ailleurs, les dispositions prévues par ledit projet de décret devraient également s'appliquer à l'importation, à l'exportation, à la réexportation, au transit, au transbordement et à l'introduction en provenance de la mer de spécimens d'espèces de faune et de flore sauvages inscrites aux annexes I, II, et III de la CITES et à celles qui n'y sont pas inscrites (article 2).

Sur le même registre des forces, on note également que ce projet de décret institue en son article 28 un Comité national CITES[999], en sigle « C.N.CITES ». Celui-ci serait notamment, aux termes de son article 30, chargé (i) d'entretenir la collaboration interinstitutionnelle dans la mise en œuvre de la CITES en République Démocratique du Congo, (ii) de définir et mettre en place les moyens pratiques d'améliorer la collaboration et la consultation entre l'organe de gestion, les autorités scientifiques et d'autres acteurs concernés en vue de contrôler et de lutter contre le trafic des spécimens d'espèces de faune et de flore sauvages en RDC, (iii) de contribuer à la prévention, au contrôle, à la détection et à la répression du commerce illicite des spécimens d'espèces de faune et de flore sauvages dans le respect mutuel

[998] Chambre des représentants de Belgique, *Résolution visant à interdire l'importation de trophées de chasse de certaines espèces animales*, DOC 55 2486/006, 24 mars 2022, pp.3-4, accessible sur : https://www.lachambre.be/FLWB/PDF/55/2486/55K2486006.pdf, consulté le 12 janvier 2023.

[999] Ce comité national CITES serait constitué d'une quarantaine de ministères, structures, services et organisations incluant notamment les membres de la task force y compris des délégués de la présidence de la République et de la primature.

des compétences de chaque structure et conformément aux lois et règlements en vigueur, (iv) d'évaluer l'état de la mise en œuvre des recommandations de la CITES à la République Démocratique du Congo, etc.

Le projet de décret sous examen identifie clairement les autorités habilitées à intervenir en matière de CITES[1000] et formalise leur collaboration notamment au travers de l'institution d'une task force nationale contre le commerce illégal des spécimens d'espèces sauvages (articles 31-52).

Une telle proposition est importante pour la RDC, car elle devrait permettre de clarifier les rôles et missions des différents intervenants dans la lutte contre la criminalité liée aux espèces sauvages, notion qu'il faudrait bien intégrer dans ce projet de loi. Toutefois, elle ne manque pas de présenter certaines faiblesses dont la composition pléthorique des organes et structures proposés (articles 28 et 31)[1001], la multiplicité des autorités scientifiques (article 24)[1002] ainsi que le fait que l'ICCN, organe de gestion CITES, soit en même temps comptée parmi les huit autorités scientifiques, car deux de ses entités sont reprises en cette qualité (article 24)[1003].

Il conviendrait également de mentionner le manque de clarté sur la fonction « organe de gestion » et de son titulaire. En effet, à lire les articles 13, 14 et 22, la seule évidence est que cette fonction est assurée par l'ICCN. Cependant, un flou artistique semble être maintenu dans l'exercice de cette fonction entre le Directeur général de l'ICCN, d'une part, et le Directeur-Coordonnateur de la CITES, d'autre part. Notons que dans l'article 3 de l'arrêté ministériel n° 021/CAB/MIN/EDD/AAN/WF/05/2017 du 31 août 2017 portant transfert de l'organe de gestion CITES à l'Institut congolais pour la Conservation de la Nature, disposition reconduite dans ce projet de texte, il est clairement spécifié que le Directeur général de l'ICCN est de droit organe de gestion titulaire en RDC, tandis que le Directeur-Coordonnateur de la CITES est l'organe de gestion adjoint.

1000 La task force devrait être composée de 18 services et institutions, à savoir : 1) l'organe de gestion CITES ; 2) la Direction Générale des Douanes et Accises (DGDA) ; 3) l'Office Congolais de contrôle (OCC) ; 4) la Régie des Voies Aérienne (RVA) ; 5) l'Autorité de l'Aviation Civile en RDC (AAC/RDC) ; 6) la Direction Générale de Migration (DGM) ; 7) l'Agence Nationale de Renseignements (ANR) ; 8) la Cellule Nationale de Renseignements Financiers (CENAREF) ; 9) l'Autorité de Régulation de la Poste et des Télécommunications du Congo (ARPTC) ; 10) la Société Congolaise des Postes et Télécommunications (SCPT) ; 11) le Parquet Général de la République ; 12) l'Auditorat Général des FARDC ; 13) la Police Nationale Congolaise (PNC) ; 14) le BCN-INTERPOL ; 15) le Commissariat Fluvial ; 16) l'État-Major du Renseignement militaire ; 17) l'Autorité nationale chargée de la Protection des Végétaux du Ministère ayant l'Agriculture dans ses attributions ; et 18)Le Service de Quarantaine Animale et Végétale (SQAV).

1001 45 structures pour le comité national CITES et 18 pour la task force.

1002 8 autorités scientifiques.

1003 Les deux entités de l'ICCN reprises parmi les huit autorités scientifiques CITES sont : le Jardin Zoologique de Kinshasa notamment pour les grands singes et le Jardin Botanique de Kisantu pour certaines espèces de flore.

Enfin, nous pensons que, s'agissant de l'organe de gestion, les dispositions de ce projet de décret sont en contradiction avec l'esprit et la lettre de la loi 14/003 à laquelle elles se réfèrent.

Aux termes de l'alinéa 2 de son article 67, le décret CITES devrait également fixer les missions, l'organisation et le fonctionnement de l'organe de gestion et de l'autorité scientifique ainsi que les mécanismes de leur collaboration avec le Secrétariat de la Convention visée à l'article 64 et les autres organes de gestion et autorités scientifiques. Dans le contexte d'instabilité de différents organes de gestion, et face au risque de la mutation ou de la disparition prochaine de l'ICCN, fallait-il lui confier cette charge d'être l'organe de gestion CITES ? En effet, à plusieurs endroits dont à l'article 36, al.1, en ce qui concerne certaines attributions de l'ICCN, la loi 14/003 renvoie à la mise en place d'un organisme public ayant pour mission la gestion des aires protégées d'intérêt national. À ce stade, « il convient de relever que les acteurs congolais de la conservation ne s'accordent pas quant à la désignation de cet organe [...]. Pour certains, il s'agirait de l'ICCN, car « *il a pour objet la conservation de la nature dans des aires protégées in et ex situ* »[1004]. Pour les autres, une telle interprétation serait erronée. Cette dernière interprétation semble la plus plausible et pourrait s'appuyer sur les éléments suivants :

- l'ICCN[1005] ayant une existence antérieure à la loi n° 14/003 du 11 février 2014 relative à la conservation de la nature, cette dernière aurait clairement désigné l'ICCN au lieu de parler de l'organisme public chargé de la conservation ;
- l'article 36, alinéa 1 de cette loi crée le doute en ce qu'il dispose que « *l'État met en place un organisme public ayant pour mission la gestion des aires protégées d'intérêt national* » ;
- les alinéas 2 et 3 du même article 36 renforcent le doute en disposant que « *la province met en place un organisme public ayant pour mission la gestion des aires protégées d'intérêt provincial et local.*

Un décret délibéré en Conseil des ministres ou un arrêté du gouverneur de province, selon les cas, en fixe le statut »[1006].

Ces dispositions semblent claires. D'une part, elles précisent que l'État devrait « mettre en place » cet organisme public alors que l'ICCN, dont l'une des principales missions est d'assurer la protection de la faune et de la flore dans les aires protégées, a été créé 39 ans avant cette loi. Est-il possible de mettre en place un organisme qui existe déjà ? Fallait-il préciser que son statut

---

1004 Voy. l'art. 4 du Décret n° 10/15 du 10 avril 2010 fixant les statuts d'un établissement public dénommé Institut Congolais pour la Conservation de la Nature en sigle « I.C.C.N. ».

1005 L'ICCN a été créé en 1975 par l'ordonnance-loi n° 75-023 du 22 juillet 1975, modifiée par la loi n° 78-190 du 5 mai 1978 et est régit par la loi 78-002 du 6 janvier 1978 portant dispositions générales applicables aux entreprises publiques en République démocratique du Congo.

1006 C. MASHINI MWATHA et C. NKOKE SONE, *Les stocks d'ivoire d'éléphant de la République démocratique du Congo : Quel système de gestion mettre en place ?, op.cit.*, p.34.

serait fixé par un décret délibéré en conseil des ministres ? D'autre part, le fait que la loi prévoit la mise en place des organismes similaires au niveau des provinces pour la gestion des aires protégées d'intérêt provincial et local laisse également entrevoir clairement que le législateur se projetait dans le futur[1007].

Par ailleurs, il faudrait relever le fait que l'ICCN ait été créé par l'ordonnance-loi n° 75-023 du 22 juillet 1975 et ses attributions sont fixées par le Décret n° 10/15 du 10 avril 2010 fixant les statuts d'un établissement public dénommé Institut congolais pour la Conservation de la Nature en sigle « I.C.C.N. ». Sa création relève donc d'un acte supérieur dans la hiérarchie des normes juridiques, car il s'agit d'une ordonnance-loi du Président de la République. Ses attributions et son fonctionnement sont fixés par un décret du Premier ministre. Cependant, l'article 36 de la loi 14/003 prévoit, par décret du Premier ministre, la mise en place d'un organisme public ayant pour mission la gestion des aires protégées d'intérêt national. Ce décret du Premier ministre, ne pouvant abroger l'ordonnance-loi du Président de la République de 1975, donnera-t-il naissance à un organisme concurrent à l'ICCN ? Si l'idée est que celui-ci devrait remplacer l'ICCN, il faudrait, au préalable, qu'un texte de même valeur puisse abroger le décret de 1975 portant création de l'ICCN. Dans pareilles circonstances, faudrait-il confier l'organe de gestion à la CITES ?

Au regard de ce qui précède, nous pensons que la CoP ferait œuvre utile en prenant une résolution spécifique qui orienterait les Parties dans la désignation de leurs organes de gestion et autorités scientifiques CITES. Cette résolution pourrait notamment prévoir un certain nombre de critères minimum quant à ce.

Les amendements et révisions ci-envisagés devraient également innover en instituant de nouveaux mécanismes permettant de mieux adresser la question de la criminalité liée aux espèces sauvages.

SECTION 2. DES MÉCANISMES INNOVANTS POUR ÉRADIQUER LA CRIMINALITÉ LIÉE AUX ESPÈCES SAUVAGES : CHANGEMENT DES APPROCHES

Au-delà des normes, il s'avère indiqué de changer d'approche en mettant en place des mécanismes innovants qui permettraient d'atteindre l'objectif de la CITES et qui intensifieraient la lutte contre la criminalité liée aux espèces sauvages.

En effet, des mécanismes supplémentaires s'avèrent indispensables et urgents afin de stopper le massacre de la faune et de renverser les tendances apocalyptiques de l'heure. Parmi ceux-ci, il faudrait envisager l'adoption des stratégies nationales CITES assorties des plans de mise en œuvre et des plans

---

[1007] C. MASHINI MWATHA et C. NKOKE SONE, *Les stocks d'ivoire d'éléphant de la République démocratique du Congo : Quel système de gestion mettre en place ?*, *op.cit.*, p.34.

spéciaux de lutte contre la criminalité liée aux espèces sauvages. Il faudrait aussi garantir la transparence et la traçabilité tant dans le processus CITES que dans la gestion des stocks des produits saisis.

Paragraphe 1. Développer une stratégie nationale CITES assortie d'un plan de mise en œuvre et d'un plan de lutte contre la criminalité liée aux espèces sauvages

En attendant que formellement la CITES intègre la question de l'élaboration et de la soumission par les Parties d'une stratégie nationale CITES, celles-ci peuvent néanmoins, sur base de certaines résolutions, quoique dit en des termes différents, élaborer une stratégie nationale CITES assortie de deux plans, dont l'un sur la mise en œuvre et l'autre sur la lutte contre la criminalité liée aux espèces sauvages.

1.1. Stratégie nationale CITES

La résolution Conf. 11.3 (Rev. CoP18) sur la conformité et l'application[1008] recommande aux Parties de prendre des mesures nécessaires à l'élaboration d'une stratégie globale de contrôle aux frontières, d'audits et d'enquêtes, notamment en inspectant les marchandises, en se fondant sur une politique d'analyse des risques et de ciblage. Elles pourraient utiliser des chiens détecteurs de faune et de flore sauvages ainsi que des équipements de scannage, le cas échéant, à l'appui de la détection des cargaisons illégales d'espèces sauvages[1009].

La stratégie globale ci-envisagée peut aisément se fondre dans une stratégie nationale CITES. Celle-ci permettra certainement d'accroître l'effectivité et l'efficacité de la CITES. Si dans un premier temps cette stratégie permet aux Parties un meilleur suivi de la mise en œuvre de la CITES, à terme, ceci devrait devenir une obligation. L'avantage d'une telle stratégie est d'éviter aux Parties de naviguer à vue. Celles-ci doivent se fixer des objectifs et des indicateurs, identifier des activités claires de mise en œuvre, se doter d'une politique et des outils pour la mise en œuvre de la CITES, évaluer les besoins et les capacités des structures impliquées, etc.

Une telle stratégie pourrait notamment être financée par des fonds publics, des contributions des partenaires bilatéraux et multilatéraux, l'instauration des taxes sur les boissons utilisant sur leurs logos ou affiches publicitaires les espèces CITES (sociétés brassicoles), des recettes des ventes des documents CITES, une quotité de la taxe sur le tourisme (écotourisme), mais aussi par des levées de fonds auprès du grand public. À terme, avec la projection de la

---

[1008] CITES, *Résolution Conf. 11.3 (Rev. CoP18), op.cit.*
[1009] *Ibid*, pp.8-9.

mise en place future d'un mécanisme financier propre à la CITES, le Fonds CITES contribuerait également à cette mise en œuvre.

1.2. Divers plans relevant de la stratégie nationale CITES

Avoir une stratégie nationale CITES est une très bonne chose, mais pour la rendre opérationnelle, il faudrait que les Parties puissent la traduire dans un plan d'action clair. Pareil souci est également relevé dans la résolution Conf. 11.3 (Rev. CoP18) sus-évoquée. Cette dernière recommande notamment à toutes les Parties d'envisager, s'il y a lieu, de formuler des plans d'action nationaux et régionaux incluant un calendrier, des objectifs et des dispositions en matière de financement, conçus de manière à améliorer l'application de la CITES, à en respecter les dispositions, et à appuyer les agences de lutte contre la fraude[1010].

1.2.1. Plan de mise en œuvre de la stratégie nationale CITES

Il faudrait développer, tout d'abord, un plan global de mise en œuvre de la CITES. Celui-ci devra reprendre des objectifs clairs, des résultats à atteindre, des activités à réaliser, des moyens à mobiliser ainsi qu'un chronogramme clair qui pourrait être annuel ou triennal en fonction qu'on le rattache au rapport annuel ou au rapport sur l'application de la Convention.

Précisons que « l'élaboration de plans de mise en œuvre [...] vise à offrir un cadre d'utilisation holistique des outils et instruments pertinents[1011]. Ce plan devrait globalement couvrir toutes les questions relevant de la stratégie nationale CITES. Toutefois, des éléments détaillés se rapportant à un aspect spécifique de la CITES ou à un spécimen particulier peuvent être développés dans des plans séparés.

1.2.2. Plan de lutte contre la criminalité liée aux espèces sauvages

Pourquoi un plan de lutte contre la criminalité liée aux espèces sauvages alors qu'il existerait un plan global de mise en œuvre de la CITES ? Cela ne constitue pas un doublon. Car, la question de la criminalité liée aux espèces sauvages et l'attention qu'elle suscite imposent une manière spécifique d'aborder le problème.

En instituant un rapport annuel sur le commerce illégal, en plus d'un rapport annuel sur la mise en œuvre de la Convention, la CoP a estimé qu'il était nécessaire d'instaurer cette séparation afin notamment d'identifier les

---

[1010] Résolution Conf. 11.3 (Rev. CoP18), *op.cit.*, p.8

[1011] SAICM, UNITAR et IOMC, *Guide d'orientation sur l'élaboration de plans de mise en œuvre de la SAICM*, 2009, p.6.

stratégies et les actions les plus appropriées afin d'adresser la question de la criminalité liée aux espèces sauvages.

Aussi, soutenons-nous, que cet autre aspect fasse l'objet d'un plan spécifique. Notons, comme déjà relevé, qu'il existe des pays qui se sont dotés carrément d'une stratégie de lutte contre la criminalité liée aux espèces sauvages. Cependant, nous estimons qu'il serait mieux indiqué d'avoir une seule stratégie globale de mise en œuvre de la CITES au plan national, et que celle-ci soit assortie des plans différents.

1.2.3. Plans spécifiques sur certaines espèces : cas du Plan d'Action National pour l'Ivoire (PANI)

Les plans d'action nationaux CITES pour l'ivoire (PANI) constituent un outil pratique qui est utilisé par la Convention par de nombreux États membres identifiés comme « Parties de catégorie A »[1012], « Parties de catégorie B »[1013] et « Parties de catégorie C »[1014], afin de renforcer leurs contrôles du commerce et des marchés de l'ivoire, et de les aider à lutter contre le trafic de la précieuse matière. Ces PANI sont élaborés conformément aux recommandations formulées par le Comité permanent de la CITES[1015].

Chaque plan décrit les mesures urgentes qu'une Partie à la CITES s'engage à prendre – incluant des mesures législatives, de lutte contre la fraude et de sensibilisation du public selon les besoins – tout en précisant les délais et les étapes de la mise en œuvre[1016].

Le PANI encourage notamment la transparence et la traçabilité tant dans la délivrance des documents CITES que dans la gestion des stocks des spécimens CITES.

Paragraphe 2. Assurer la transparence et la traçabilité dans la gestion des stocks des produits CITES : cas du système national de gestion des stocks d'ivoire

Des systèmes de gestion des stocks solides sont essentiels pour réduire le risque de corruption et de contrebande, pour sauvegarder les preuves dans les affaires de criminalité liée à la faune et préserver les produits d'analyses médico-légales, et pour favoriser une culture de la responsabilité et de la transparence[1017]. De tels systèmes favorisent la transparence et la traçabilité

[1012] Les Parties de catégorie A sont les Parties les plus touchées par le commerce illégal de l'ivoire.

[1013] Les Parties de catégorie B sont les Parties très touchées par le commerce illégal de l'ivoire.

[1014] Les Parties de catégorie C sont les Parties touchées par le commerce illégal de l'ivoire.

[1015] CITES, *Plans d'action nationaux CITES pour l'ivoire*, *op.cit.*

[1016] *Ibid.*

[1017] S. ZAIN, « Corrupting trade: An overview of corruption issues in illicit wildlife trade », *op.cit.*, pp.7-8.

des produits d'ivoire et, de ce fait, permettent également de réduire le taux de criminalité relatif aux produits en ivoire.

Il conviendrait de dégager les bases conventionnelles et légales avant de pouvoir proposer un système standard de gestion des stocks d'ivoire, lequel pourrait faire l'objet de plusieurs adaptations.

2.1. Bases conventionnelles et légales pour la gestion des stocks d'ivoire

Nous allons distinguer, d'une part, les résolutions et décisions de la CITES et, d'autre part, les dispositions légales belges et congolaises qui peuvent permettre d'ériger un système national de gestion des stocks d'ivoire d'éléphant.

2.1.1. Bases conventionnelles pour la gestion des stocks d'ivoire

L'intensification récente du braconnage et du trafic d'ivoire a fortement attiré l'attention des États de l'aire de répartition des éléphants et des États consommateurs, mais également du grand public[1018]. Dans ce cadre, différentes résolutions et décisions ont été prises par la CITES. Celles-ci portent notamment sur l'inventaire et la gestion des stocks d'ivoire. En effet, « différentes résolutions de la CITES ont imposé des obligations de rapport annuel pour un éventail de stocks de diverses espèces détenus par les gouvernements, notamment l'ivoire d'éléphant »[1019].

Différentes résolutions et décisions pertinentes dans le contexte de la gestion des stocks d'ivoire peuvent être relevées.

2.1.1.1. La Résolution Conf. 10.10 (Rev. CoP18) sur le commerce des spécimens d'éléphants

Cette résolution porte notamment sur les stocks d'ivoire d'éléphant, et fait des recommandations notamment sur les questions d'inventaires, de marquage et de sécurité.

S'agissant de l'inventaire des stocks d'ivoire, le paragraphe de la résolution sus-évoquée prie instamment les Parties (i) de tenir un inventaire des stocks d'ivoire gouvernementaux et, si possible, des stocks d'ivoire privés importants se trouvant sur leur territoire, et (ii) d'informer le Secrétariat de la CITES du volume de ces stocks, chaque année avant le 28 février, notamment pour mettre ces données à la disposition de MIKE et d'ETIS, pour leurs analyses. Ledit rapport devrait préciser notamment le nombre de pièces, le poids par type d'ivoire (brut ou travaillé), leurs marques s'il y en a, la source de l'ivoire,

---

1018 CITES, *CoP18, Doc. 69.4*, p.7.

1019 T. MILLIKEN et J. COMPTON, *Ensuring Effective Stockpile Management : A Guidance Document* (inédit) p.1.

et les raisons de tout changement important dans les stocks par rapport à l'année précédente[1020].

S'agissant du marquage des ivoires, le paragraphe 2 de cette résolution recommande aux Parties que les défenses entières de toute taille et les morceaux coupés d'ivoire qui ont à la fois une longueur de 20 cm ou davantage et un poids d'un kilogramme ou davantage soient marqués à l'aide de poinçons, à l'encre indélébile ou par un autre moyen de marquage permanent, en utilisant la formule suivante : pays d'origine selon le code ISO de deux lettres, deux derniers chiffres de l'année / numéro de série pour l'année en question/poids en kilogramme (par exemple : KE 00/127/14). Il est clair que les différentes Parties ont des systèmes de marquage différents et peuvent avoir différentes pratiques d'inscription du numéro de série et de l'année (qui peut être l'année d'enregistrement ou de recouvrement, par exemple). Or, tous les systèmes doivent aboutir à une formule unique pour chaque pièce d'ivoire marquée. Cette formule devrait être appliquée à la "marque de la lèvre", dans le cas des défenses entières, et son emplacement mis en évidence par une touche de couleur[1021].

La CITES relève qu'à ce jour très peu de Parties font leur déclaration annuelle des stocks d'ivoire d'éléphant. À ce jour, les données détaillées et récentes portant sur la taille des stocks mondiaux et nationaux ne sont pas officiellement disponibles[1022]. Par ailleurs, un tel retard ou une telle situation de carence peut laisser entrevoir un certain nombre de problèmes de gouvernance. Le document CoP18 Doc. 69.4 souligne que le Secrétariat de la CITES est « *au courant d'un certain nombre de vols d'ivoire dans les stocks détenus par les gouvernements ces dernières années et, afin d'éviter d'augmenter les risques potentiels pour la sécurité, il n'a pas fourni de détails sur les informations qu'il a reçu des Parties [dans le document CoP18 Doc.69.4]. Toutefois, conformément à la résolution Conf. 10.10 (Rev. CoP17), le Secrétariat les a mis à la disposition de MIKE et ETIS, pour analyse, des données spécifiques par pays provenant des déclarations des Parties sur les stocks d'ivoire* »[1023].

Certaines Parties[1024] à la CITES notent aussi que l'existence de stocks d'ivoire « *fournit également aux braconniers, négociants, spéculateurs et consommateurs, une raison de croire que le commerce mondial de l'ivoire est susceptible d'être rétabli à l'avenir et que la valeur de l'ivoire en tant que*

1020 C. MASHINI MWATHA et C. NKOKE Sone, *Les stocks d'ivoire d'éléphant de la République démocratique du Congo : Quel système de gestion mettre en place ?, op.cit.*, p. 26.
1021 *Ibid.*, p. 27.
1022 *Ibid.*
1023 *Ibid.*
1024 Principalement celles ayant soumis le doc CdP18 Doc. 69.4, à savoir : le Burkina Faso, le Tchad, la Côte d'Ivoire, le Gabon, la Jordanie, le Kenya, le Libéria, le Niger, le Nigéria, le Soudan et la République arabe syrienne

produit pourrait finalement excéder la valeur des éléphants vivants[1025]. *Cette croyance, en retour, entretient et exacerbe davantage la demande pour les produits en ivoire, augmentant la pression exercée sur les populations d'éléphants* »[1026].

S'agissant de la sécurité, le paragraphe 11b de la résolution charge le Secrétariat de la CITES, sous réserve des ressources disponibles, de fournir une assistance technique [à ces] Parties[1027] pour soutenir, sur demande, la sécurité et l'enregistrement des stocks détenus par un gouvernement et fournir des orientations pratiques sur la gestion de ces stocks. Car, « la valeur importante attachée à l'ivoire impose de conserver ces stocks dans des installations sécurisées, souvent gardées 24 heures sur 24 afin de prévenir les vols »[1028] dont les produits viennent s'ajouter au commerce illégal et à la criminalité liée aux espèces sauvages[1029].

2.1.1.2. Résolution Conf. 16.9 sur le Plan d'action pour l'éléphant d'Afrique et le Fonds pour l'éléphant d'Afrique

Cette résolution encourage les États de l'aire de répartition de l'éléphant d'Afrique à soutenir en priorité le Fonds pour l'éléphant d'Afrique dans leurs stratégies nationales et régionales de financement, par exemple par l'intermédiaire des stratégies et plans d'actions nationales relatives à la biodiversité, notamment le Plan d'action pour l'éléphant d'Afrique finalisé et approuvé par consensus par la totalité des 37 États de l'aire de répartition de l'éléphant d'Afrique en marge de la 15e session de la Conférence des Parties (Doha, 2010). Ce Plan d'action pour l'éléphant d'Afrique contient des objectifs liés et classés par ordre prioritaire visant à diminuer le niveau des menaces auxquelles les éléphants d'Afrique sont confrontés et à garantir leur survie continue à travers leur aire de répartition. Ce plan souligne notamment dans sa stratégie 1.4 « Renforcer l'application des lois relatives à la conservation et à la gestion des éléphants d'Afrique », la nécessité

[1025] Les éléphants ont sans nul doute une plus grande valeur pour une industrie du tourisme qui pèse plusieurs milliards de dollars qu'en tant que ressource à exploiter pour l'ivoire. Des études économiques établissent que la valeur de l'ivoire décroît comparée à celle générée par d'autres utilisations des éléphants à des fins non-consommatrices. Voy. J. BLIGNAUT, M. DE WIT and BARNES (2008), « The Economic Value of Elephants », in J. SCHOLES and K.-G. MENNELL (eds), *Elephant Management: A Scientific Assessment of South Africa*, Johannesburg, Witwatersrand University Press.

[1026] CITES, *CoP18, Doc. 69.4*, pp.4-5.

[1027] Il s'agit des Parties à identifier qui ont des marchés intérieurs d'ivoire non réglementés, où l'on a constaté que l'ivoire est commercialisé illégalement, où des stocks d'ivoire ne sont pas suffisamment sécurisés, ou qui présentent des niveaux importants de commerce illégal d'ivoire conformément au paragraphe 10 a de la résolution Conf. 10.10 (Rev. CdP18).

[1028] CITES, *CoP18, Doc. 69.4*, p. 4.

[1029] C. MASHINI MWATHA et C. NKOKE Sone, *Les stocks d'ivoire d'éléphant de la République démocratique du Congo : Quel système de gestion mettre en place ?, op.cit.*, p. 28.

notamment d'appliquer les dispositions de la CITES concernant le commerce de l'ivoire et d'autres produits d'éléphant (activité 1.4.2), et d'identifier l'origine de l'ivoire saisi et de déterminer les itinéraires commerciaux illégaux et les réseaux de contrebande d'ivoire à l'aide des analyses d'ADN disponibles et d'autres techniques médico-légales (activité1.4.3)[1030].

Par ailleurs, il y a également lieu de mentionner les différentes décisions en vigueur après la CoP19 sur les stocks d'ivoire[1031].

Outre ces bases conventionnelles, existe-t-il des bases légales en Belgique et en RDC sur la gestion des stocks d'ivoire ?

2.1.2. Bases légales belges et congolaises pour la gestion de stocks d'ivoire

Pour la Belgique, comme déjà relevé, en vertu de l'article 6, paragraphe 3, de la loi CITES de 1981, l'organe de gestion CITES est compétent pour prendre des mesures administratives au sujet des spécimens saisis ; ces mesures peuvent être notamment : (i) un ordre de destruction, (ii) l'attribution de l'entière propriété à la personne physique ou morale appropriée[1032], lorsque l'attribution est compatible avec les objectifs de la CITES ou des décisions et règlements européens en la matière (ex. utilisation à des fins éducatives, de lutte contre la fraude ou d'identification), (iii) l'organisation d'une vente publique (pas autorisée lorsqu'il s'agit d'une espèce de l'Annexe I dont l'ivoire d'éléphant)[1033].

Pour la RDC, la loi n° 14/003 du 11 février 2014 relative à la conservation de la nature est muette en ce qui concerne le système de gestion des stocks des produits saisis dont des produits en ivoire. En son article 83, elle spécifie, néanmoins, que les spécimens et produits ainsi que les objets ayant servi à la commission des infractions à la présente loi sont confisqués et confiés à l'organisme public chargé de la conservation[1034].

1030 C. MASHINI MWATHA et C. NKOKE Sone, *Les stocks d'ivoire d'éléphant de la République démocratique du Congo : Quel système de gestion mettre en place ?, op.cit.*, p. 23.

1031 Il s'agit des décisions suivantes : 19.156, 19.157, 18.184 (Rev. CoP19), 18.185 (Rev. CoP19).

1032 Cette personne morale peut être : (i) Institut royal des sciences naturelles de Belgique, Bruxelles ; (ii) Musée royal de l'Afrique centrale, Tervuren ; (iii) Sea Life, Blankenberge : à des fins éducatives (ex. hippocampes séchés) ; (iv) Douanes : à des fins éducatives ; (v) Autorité de gestion de la CITES : à des fins éducatives ; (vi) Centres de sauvetage désignés ; et (vii) Installations privées agréées.

1033 I. GREGOIRE, *Mail du 8 janvier 2021 dont l'objet est « RE: Demande de précision sur une de vos réponses à mon questionnaire - Thèse Cléo Mashini Mwatha, Université de Gand ».*

1034 À ce stade, il convient de relever qu'il y a un désaccord quant à la désignation de cet organe qui devrait gérer les spécimens saisis, dont l'ivoire d'éléphant. Pour certains, il s'agirait de l'ICCN, car « *il a pour objet la conservation de la nature dans des aires protégées in et ex situ* ». Pour les autres, une telle interprétation serait erronée vu notamment les modalités de mise en place de cet argane (par décret), alors que l'ICCN a été créée par une ordonnance-loi (n° 75-023 du 22 juillet 1975, modifiée par la loi n° 78-190 du 5 mai 1978) et est régit par la

Dès lors, il conviendrait que cette question de système national de gestion des stocks d'ivoire soit insérée dans les textes de mise en œuvre de la CITES. Toutefois, au stade actuel, un système de gestion peut tout de même être développé sur base des articles sus-indiqués et suivant les recommandations pertinentes relevées.

2.2. Mise en place des systèmes nationaux de gestion des stocks d'ivoire

Un système national de gestion des stocks d'ivoire d'éléphant devrait prendre en compte tout le processus allant de la « découverte » de l'ivoire à son entreposage dans un lieu sécurisé. Entre les deux points, c'est-à-dire le départ et l'arrivée, il y a plusieurs autres étapes toutes aussi importantes les unes que les autres tant pour garantir la transparence, la traçabilité que la sécurité des spécimens[1035].

Sur base des résolutions et décisions de la CITES et des dispositions légales belges et congolaises ci-haut reprises, ainsi qu'en s'appuyant sur des mécanismes de gestion similaires élaborées, d'une part, par TRAFFIC et, d'autre part, par Stop Ivory et EPI, des lignes directrices principales sont ici développées. Ces dernières peuvent être utilisées par les Parties comme la Belgique et la RDC pour définir un système national efficace et transparent de gestion de leurs stocks d'ivoire.

Ce processus comprend la collecte des ivoires, leur enregistrement dans le système national de gestion et leur stockage final[1036]. Par ailleurs, un bon fonctionnement du système de gestion des stocks d'ivoire nécessite que des audits périodiques soient diligentés. Il faut mentionner également qu'une étude de terrain, incluant un inventaire initial des stocks d'ivoire, serait pertinente afin de mettre au point et à jour le système de gestion proposé. Celui-ci devrait permettre notamment de vérifier la pratique de chaque Partie dans ce domaine.

Ainsi, un bon système de gestion des stocks facilite la traçabilité de l'ivoire, et réduit le risque de le retrouver à nouveau sur le marché. Tout ivoire passé dans cette organisation devrait être « localisable », car il serait soit encore dans le processus pour être stocké, soit entreposé dans un endroit précis ou soit incinéré, si la législation du pays l'a envisagé. Par ailleurs, un tel système s'intègre bien dans une stratégie nationale CITES. Ces mécanismes innovants ont pour finalité de mieux réguler le commerce international des espèces de faune et de flore menacées d'extinction et de lutter contre la criminalité liée aux espèces sauvages qui ne cesse de prendre des proportions

---

loi 78-002 du 6 janvier 1978 portant dispositions générales applicables aux Entreprises Publiques en République démocratique du Congo.

[1035] C. MASHINI MWATHA et C. NKOKE Sone, *Les stocks d'ivoire d'éléphant de la République démocratique du Congo : Quel système de gestion mettre en place ?, op.cit.*, p.50.

[1036] *Ibid.*

inquiétantes à l'échelle mondiale. Aussi, conviendrait-il d'envisager une possibilité d'engager des poursuites au niveau international.

SECTION 3. VERS UNE JUDICIARISATION DES CRIMES LIÉS AUX ESPÈCES SAUVAGES AU NIVEAU INTERNATIONAL ?

À ce jour, la répression des infractions à la CITES est de la compétence des Parties qui ont, aux termes de l'article VIII.1 de la Convention, la responsabilité de pénaliser le commerce fait en violation de celle-ci. Cependant, avec l'ampleur que le trafic des espèces sauvages prend, avec les risques que cela engendre, avec ses impacts dans plusieurs domaines de vie de l'homme, dont sa santé, sa sécurité, son développement, ne faut-il pas envisager des poursuites pénales sur le plan international ?

De façon plus globale, on retiendra avec Laurent NEYRET que l'« internationalisation de la protection pénale de l'environnement, [...] s'impose en raison de la solidarité de destin sanitaire, environnemental et sécuritaire qui unit les États »[1037].

Par ailleurs, les pays pouvant porter ou être à l'origine des graves atteintes aux espèces sauvages, par leurs préposés ou par l'entremise des personnes relevant de l'autorité de leurs juridictions ainsi que par une déficience du cadre légal ou de sa mise en œuvre, ne devraient-ils pas, dans ce contexte, voir leurs responsabilités internationales être engagées ?

Un défi majeur, à ce stade, est de savoir comment conceptualiser et structurer un système international de justice pénale pour faire face à la criminalité liée aux espèces sauvages. Car cela pose notamment des questions relatives « au rôle des tribunaux internationaux »[1038]. En effet, pour que les différentes actions soient efficaces, notamment le recours à un juge international, cela nécessite des compromis sur le plan international afin d'envisager la possibilité de réviser le Statut de Rome ou de reconnaître la compétence de la Cour internationale de justice en matière de règlement de différends se rapportant à la CITES. Relevons aussi que l'idée d'une cour internationale de l'environnement (ou l'équivalent) avec le soutien nécessaire des Nations unies[1039] émerge.

Pour ce faire, il faudrait s'assurer, d'abord, de bien caractériser les incriminations. À ce propos, Charles-Hubert BORN observe qu'« incriminer un comportement pour protéger une valeur sociale de nature écologique suppose de le définir avec suffisamment de précision et de clarté pour qu'il

---

[1037] L. NEYRET, « Les outils au service de la lutte contre la criminalité environnementale », in *Défis*, *Crime environnemental : enjeux de sécurité pour les organisations*, n°6, 2016, pp. 34-37, p.36.

[1038] R. WHITE, *Transnational Environmental Crime*, *op.cit.*, p. 123.

[1039] *Ibid*, p. 138.

soit prévisible par les destinataires de la règle »[1040]. Puis, il faudrait déterminer celui dont elles sont imputables. Enfin, il faudrait identifier les juridictions éventuellement compétentes.

Paragraphe 1. Conceptualisation des incriminations se rapportant aux espèces sauvages susceptibles d'une action pénale internationale

À ce jour, dans plusieurs États parties à la CITES, le juge pénal suit des affaires de criminalité liée aux espèces sauvages, car il existe des incriminations claires dans les différentes lois d'application de la CITES. Ces États ont donc pu notamment, conformément à l'article VIII.1, pénaliser le commerce qui se fait en violation de la Convention remontant la chaîne jusqu'au tout début c'est-à-dire au niveau du prélèvement illégal. En revanche, le juge pénal international aurait du mal à connaître de tels dossiers dans les conditions actuelles du droit international. Car, pour qu'une action par-devant lui n'aboutisse, il faudrait notamment que les incriminations visées soient clairement définies et relèvent de sa compétence.

Cependant, on constate que cette criminalité s'internationalise de plus en plus. Dans ce contexte, faut-il qu'elle continue à n'être régie que par le droit pénal de l'environnement des États ? Ou, plutôt, peut-on envisager comme le suggère Lorraine ELLIOT, qu'elle soit régie « directement par une convention internationale qui la rendrait attentatoire aux valeurs communes à l'humanité » [1041], ce qui permettrait de dénoncer plus énergiquement cette criminalité et d'envoyer un message très fort, à savoir : « que le monde n'est plus disposé à tolérer les pratiques détruisant l'environnement »[1042]. Dès lors, il devient indispensable de mener une réflexion prospective, dans le prolongement d'autres analyses doctrinales sur la thématique, sur les incriminations se rapportant particulièrement à la criminalité liée aux espèces sauvages de faune et de flore permettant des poursuites au niveau international.

1.1. Reconnaissance de la sûreté de la planète comme une valeur pénalement protégée : incrimination d'« Écocide »

S'agissant de sa sémantique, on notera que le terme « écocide » est construit « à partir du préfixe « éco- » - la maison, l'habitat (*oikos* en grec) –

[1040] C.-H. BORN, « Les contours de l'élément matériel des infractions environnementales et leur application à l'écocide », in MOËRYNCK, P. et al. (dir.), *Droit répressif de l'environnement en Région wallonne*, Bruxelles, Larcier, 1re édition, 2022, p.37.
[1041] Voy. A. MANIRABONA, « La criminalité environnementale transnationale : aux grands maux, les grands remèdes ? », *loc.cit.*, p.171.
[1042] *Ibid.*

et du suffixe « -cide » - tuer (*caedo* en latin) »[1043]. Ce terme « renvoie donc aux atteintes les plus graves en ce qu'elles ont pour effet de détruire l'environnement de manière irréversible. Dans ces conditions, le concept d'écocide a vocation à embrasser les occurrences de dommages environnementaux les plus tragiques. D'ailleurs, il n'est que logique de relever la parenté entre le terme d'« écocide » et les notions voisines d'homicide et de génocide qui ont trait respectivement à la destruction d'une vie humaine et à la destruction de tout ou partie d'un groupe humain. Vu le contexte dans lequel le terme d'écocide[1044] a vu le jour, il ne fait guère de doute que sa parenté avec le crime de génocide est la plus forte. En conséquence de quoi, le recours au concept d'écocide devrait être réservé aux seules atteintes graves portées à l'équilibre de la planète et commises de manière délibérée »[1045]. À cet effet, il faudrait admettre que la sûreté de la planète constitue une valeur protégée à l'échelle internationale[1046]. Ainsi, l'« écocide » s'entendrait des « crimes les plus graves contre l'environnement qui, en temps de paix comme de conflit armé, portent atteinte à la sûreté de la planète »[1047].

Laurent NEYRET relève que plusieurs indices concordants permettent de conclure à l'existence d'une telle valeur. En effet, « d'abord, à l'échelle internationale, plusieurs textes comme la Déclaration de Stockholm de 1972 ou la Déclaration de Rio de 1992 expriment un principe de responsabilité de l'homme à l'égard de la sauvegarde du patrimoine naturel. Ensuite, à l'échelle européenne, l'article 21 2. f) du Traité sur l'Union européenne affirme que l'organisation définit des politiques communes afin de « contribuer à l'élaboration de mesures internationales pour préserver et améliorer la qualité de l'environnement et la gestion durable des ressources naturelles mondiales ». Enfin, les travaux de la Commission du droit international – organe de codification de l'ONU – laissent à penser que la préservation de la

1043 L. NEYRET, « Pour la reconnaissance du crime d'écocide », in *Revue Juridique de l'Environnement*, Le droit répressif : quelles perspectives pour le droit de l'environnement ?, numéro spécial, 2014, pp. 179-193, p.182.

1044 « La première formulation juridique du concept d'écocide est proposée par Richard A. FALK, professeur de droit international à l'université de Princeton, dans un article paru en 1973, auquel il annexe un projet de convention internationale sur l'écocide ». C.-H. BORN, « Les contours de l'élément matériel des infractions environnementales et leur application à l'écocide », *op.cit.*, p.55. Voy. aussi la Convention sur l'interdiction d'utiliser des techniques de modification de l'environnement à des fins militaires ou toutes autres fins hostiles du 10 décembre 1976, Nations unies, *Recueil des Traités*, vol. 1108, p. 151, et notification dépositaire C.N.263.1978.TREATIES-12 du 27 octobre 1978 (rectification du texte anglais).

1045 L. NEYRET, « Pour la reconnaissance du crime d'écocide », *loc.cit.*, p.182.

1046 M. DELMAS-MARTY, *Vers une communauté de valeurs – Les forces imaginantes du droit (IV)*, Paris, Seuil, 2011, p. 99, cité par L. NEYRET, « Pour la reconnaissance du crime d'écocide », *loc.cit.*, p.183.

1047 L. NEYRET (dir.), *Des écocrimes à l'écocide. Le droit pénal au secours de l'environnement*, Bruxelles, Bruylant, 2015, p.287, cité S. NOVELLA (dir.), *Des droits pour la nature*, Paris, Utopia, 2016, p.14.

sûreté de la planète existe comme valeur protégée. En effet, dans un rapport relatif à la responsabilité internationale en cas de perte causée par un dommage transfrontière découlant d'activités dangereuses[1048], la Commission du droit international a retenu que le dommage incluait l'atteinte à l'environnement en précisant qu'il s'agissait ici de protéger l'environnement pour lui-même »[1049]. Cette protection est donc envisagée de façon autonome, sans établir de lien avec un préjudicie quelconque subit par l'homme. Aussi, pour définir l'écocide, Laurent NEYRET propose-t-il de recourir au modèle du crime contre l'humanité défini à l'article 7 du Statut de Rome. En conséquence, « le crime d'écocide pourrait s'entendre de toute action généralisée ou systématique comprise dans une liste d'infractions qui cause des dommages étendus, durables et graves à l'environnement naturel, commise délibérément et en connaissance de cette action »[1050].

On retiendra notamment que cette définition d'écocide peut couvrir une gamme d'infractions variées qui causent des dommages étendus, durables et graves à l'environnement naturel, commises délibérément et en connaissance de cette action. Ces infractions peuvent donc se rapporter à différentes thématiques liées à l'environnement y compris, « le fait de détruire massivement la faune et la flore »[1051] . Dans ce cadre spécifique, il conviendrait de voir si le trafic des espèces sauvages peut répondre à cette définition d'écocide.

1.2. Reconnaissance du commerce illégal d'espèces sauvages à une certaine échelle comme relevant de la compétence d'un juge international

À quelles conditions le trafic des espèces sauvages peut-il être considéré comme un écocide et ainsi déclencher une action pénale internationale ?

Il échet de rappeler qu'une des conditions de la recevabilité d'une affaire devant la Cour est sa gravité. En effet, comme le relève Raphaëlle NOLLEZ-GOLDBACH, « la CPI étant compétente pour juger les crimes « les plus graves » (préambule, articles 1 et 5), l'affaire doit donc être « suffisamment grave » (article 17.1. d) pour être du ressort de la Cour. Cette notion de gravité a été précisée par la jurisprudence de la Cour, qui l'a définie en fonction de critères quantitatifs (le nombre d'actes criminels et de victimes) et qualitatifs (la nature, l'échelle, le mode de commission et l'impact des crimes) et a souligné que les individus poursuivis doivent compter parmi les plus hauts

---

[1048] Rapport CDI A/61/10, p. 132, cité par L. NEYRET, « Pour la reconnaissance du crime d'écocide », *loc.cit.*, p.183.

[1049] L. NEYRET, « Pour la reconnaissance du crime d'écocide », *loc.cit.*, p.183.

[1050] *Ibid*, p.189. Pour les éléments matériels et intentionnels, voy. pp.189-190 et pour sa mise en œuvre, voy. pp.190-193.

[1051] L. NEYRET, « Chapitre 2 - Les remèdes : les voies d'amélioration », in L. NEYRET (dir.), *Des écocrimes à l'écocide*, Bruxelles, Bruylant, 1re éd., 2015, pp. 329-373, p.338.

responsables des crimes commis »[1052]. Ainsi, ne relèvent de la CPI que les crimes d'une gravité menaçant la paix, la sécurité et le bien-être du monde, crimes dits « les plus graves » qui touchent l'ensemble de la communauté internationale.

Le trafic des espèces sauvages peut atteindre une dimension telle que ses effets ou conséquences sont d'une réelle gravité pour l'humanité justifient une action devant la justice pénale internationale. - La gravité de ce trafic a été maintes fois réaffirmée par plusieurs résolutions de l'AG des Nations unies dont la dernière en date est la résolution 76/187 du 16 décembre 2021. Dans son paragraphe 59, celle-ci demande aux États membres d'ériger en infraction grave, au sens de l'alinéa b) de l'article 2 de la Convention des Nations unies contre la criminalité transnationale organisée et conformément à leur législation, notamment le trafic d'espèces de faune et de flore sauvages protégées, dès lors qu'y participent des groupes criminels organisés[1053]. - En effet, le trafic des espèces sauvages peut aisément être considéré, à une certaine échelle, comme faisant partie de la liste d'infractions qui causent des dommages étendus, durables et graves à l'environnement naturel, commises délibérément et en connaissance de cette action, et donc une des manifestations de l'écocide. En effet, comme déjà analysé, ce commerce illégal peut avoir des impacts importants sur la sécurité et la paix, la santé, la biodiversité et le développement économique.

Le trafic des espèces sauvages peut fortement menacer la sécurité et de la paix [1054]. En effet, les gains illégaux procurés par ce commerce peuvent conduire les trafiquants à des investissements en matériel militaire (armes, technologies, hélicoptères, drones de dernière génération, etc.) tels qu'utilisés pour des guerres. Seul compte pour eux de parvenir à leur objectif, sacrifiant au passage toute valeur, voire toute personne potentiellement capable de s'interposer. Ce trafic est considéré comme un élément « nuisant à la sécurité »[1055] internationale, régionale et nationale. Ainsi, lorsqu'il atteint de telles proportions, il devrait être considéré comme un crime parmi les plus graves, car menaçant manifestement la sécurité et la paix et pouvant occasionner des meurtres et autres actes de barbarie.

[1052] R. NOLLEZ-GOLDBACH, *La Cour pénale internationale,* Paris, PUF, 2018, Emplacements du Kindle 724-728.

[1053] Nations unies, *Résolution 76/187 du 16 décembre 2021 de l'Assemblée générale sur le renforcement du programme des Nations unies pour la prévention du crime et la justice pénale*, A/RES/76/187, 11 janvier 2022.

[1054] Nations unies, *Dans une liberté plus grande : développement, sécurité et respect des droits de l'homme pour tous, op.cit.*, p.29, B. OBAMA, *op.cit*, cité par M. BOLTON, *Comment utiliser le Traité sur le commerce des armes pour cibler la Criminalité liée aux espèces sauvages, op.cit.*, p.4.

[1055] B. OBAMA, *Executive Order -- Combating Wildlife Trafficking*, juillet 2013, cité par M. BOLTON, *Comment utiliser le Traité sur le commerce des armes pour cibler la Criminalité liée aux espèces sauvages, op.cit.*, p.4.

L'impact de ce trafic sur la biodiversité peut non seulement entraîner la disparition des espèces concernées, mais aussi bouleverser les services écosystémiques avec pour effet notamment la détérioration de leur fonctionnement[1056] . La capacité de régénération de la forêt[1057] s'en trouve alors diminuée. Cette situation peut affaiblir la résilience des écosystèmes, notamment face au changement climatique et contribuer *in fine* à la dégradation à long terme de cette ressource économique, environnementale et culturelle[1058] au point de menacer la vie sur Terre.

Par ailleurs, il est aujourd'hui largement admis que le trafic des espèces sauvages constitue un risque pour la santé. En effet, « de nombreuses espèces traversent les frontières et échappent ainsi au contrôle des services de santé » [1059]. L'OMS a estimé que « près de 75 % des maladies émergentes sont transmises à l'homme par les animaux sauvages »[1060]. Ce risque sanitaire est donc réel et se révèle de plus en plus inquiétant, notamment quand on voit les effets et la paralysie de l'économie à la suite de la COVID-19. Au demeurant, des centaines de milliers de morts sont à déplorer ainsi que l'aggravation des troubles psychiques, qui ont entraîné de nombreuses violences notamment conjugales. La « distanciation sociale » a pu détruire les relations en société et réduire l'attention de l'homme pour son prochain, lequel a même hésité à lui porter secours par crainte d'être contaminé. Ces zoonoses peuvent substantiellement contribuer à détruire en l'homme une part de son « humanité », et ainsi bouleverser le système social en place. L'être humain vit dans la peur, dans la terreur au point de commencer à perdre la confiance en lui et l'espoir d'un avenir meilleur. Avec tout ceci, la « vie » perd progressivement une de ses dimensions, les relations et interrelations entre les hommes, d'une part, et entre eux et leur environnement, d'autre part. Il s'ensuit que le bien-être de l'humanité a reçu un coup, qui peut lui être fatal.

Quant à la dimension intentionnelle qui doit caractériser les crimes relevant de la CPI, observons que le trafiquant des espèces sauvages, avec les moyens

---

[1056] J. STAHL et T. DE MEULENAER, « La CITES et le commerce international des espèces sauvages », *loc.cit.*, pp.23-24.

[1057] Il a notamment été relevé notamment que l'éléphant joue un rôle écologique essentiel dans la conservation des écosystèmes forestiers. Son comportement alimentaire et son abattage des arbres contribuent à la régénération de la forêt tout en contrôlant sa croissance dans les savanes voisines. C'est aussi l'un des plus grands disséminateurs de graines sous les tropiques. Avec sa disparition, c'est aussi cette dissémination qui risque de décliner pour certaines espèces d'arbres non consommées par d'autres grands vertébrés (les primates par exemple), réduisant la richesse et la relative abondance d'espèces d'arbres. Voy. à ce sujet A. CAMPOS-ARCEIZ et S. BLAKE (2011), « Megagardeners of the Forest: The Role of Elephants in Seed Dispersal », in *Acta Oecologica* 37 (6): 542–53, cité par Banque mondiale (2017), *Avant qu'il ne soit trop tard : Valoriser la faune de façon durable dans le bassin du Congo occidental, op.cit.*, p.19.

[1058] Banque mondiale, *Avant qu'il ne soit trop tard : Valoriser la faune de façon durable dans le bassin du Congo occidental, op.cit*, p.19.

[1059] V. RICOULEAU, « Quelques aspects juridiques relatifs aux zoonoses de la faune sauvage », *loc.cit.*, p.5.

[1060] *Ibid.*

qu'il met en jeu et les différents artifices, par exemple le système de corruption qu'il installe, ne peut prétendre ne pas savoir que son acte cause des dommages étendus, durables et graves à l'environnement naturel, mais aussi à l'homme.

Face à de telles menaces et à leurs conséquences attestées et/ou éventuelles[1061], nous pensons que certains principes généraux du droit international de l'environnement doivent venir à la rescousse et nous pousser à agir. Il en est ainsi du principe de précaution[1062].

En effet, on ne peut attendre des certitudes scientifiques sur les liens entre le trafic des espèces sauvages et l'extinction de celles-ci ou entre le trafic et certaines de ses conséquences, par exemple la propagation de zoonoses, pour prendre des mesures appropriées afin de prévenir l'extinction d'animaux et pour protéger l'homme. Cela relève de la précaution. La démarche permettrait d'éviter des dommages graves et irréversibles pour les espèces elles-mêmes, et pour l'être humain. Ainsi, faudrait-il lutter énergiquement contre la criminalité liée aux espèces sauvages dans l'optique de prévenir l'extinction de certaines espèces et de lutter contre ses effets pouvant affecter un grand nombre de personnes, voire l'ensemble de la communauté internationale.

Les incriminations ayant été circonscrites, il importe à présent d'analyser les questions de responsabilité et de juridictions compétentes en la matière.

Paragraphe 2. Responsabilité en cas de trafic des espèces sauvages et juridictions internationales compétentes

De plus en plus, des appels pour recourir à la justice internationale dans le cadre de violations de la CITES se font entendre.

D'une part, le trafic des espèces sauvages ne devrait-il pas engager la responsabilité pénale internationale de certains de ses auteurs ? Si oui, ceci n'amènerait-il pas à entrevoir une possibilité de réviser le statut de la Cour pénale internationale ? D'autre part, ce type de criminalité ne devrait-il pas induire la responsabilité internationale d'un État ? Une telle possibilité ne devrait-elle pas conduire à envisager une reconnaissance des compétences de la Cour internationale de justice en cas de différend sur la CITES ?

Dans le prolongement de nos réflexions prospectives, il conviendrait de pouvoir tenter de répondre à ces questions.

[1061] À ce jour, des discussions sont encore en cours sur la certitude ou non des liens entre le trafic des espèces sauvages et certaines conséquences évoquées.

[1062] Voy. le principe 15 consacré à la Conférence de Rio (juin 1992).

2.1. Responsabilité pénale individuelle : réviser le Statut de la Cour pénale internationale afin d'intégrer le crime d'écocide ?

Afin de lutter contre la criminalité liée aux espèces sauvages sur le plan international, il conviendrait notamment d'envisager des poursuites par la CPI[1063].

Rappelons, en liminaire, qu'il existe un principe de complémentarité ou de subsidiarité des juridictions pénales nationales et la CPI, lequel est affirmé dès le préambule du Statut de Rome et explicité, par la suite, à son article 17 qui traite des questions relatives à la recevabilité des affaires. En ce qui concerne l'écocide, plusieurs incriminations reprises dans les législations nationales, si non désignées comme telles, peuvent rentrer dans sa définition, suivant bien évidemment le degré de gravité. Ainsi, le commerce illégal des spécimens CITES peut être poursuivi devant les cours et tribunaux nationaux. La compétence de la Cour est donc, dans certains cas, subordonnée à l'absence de volonté d'un État[1064] ou à son incapacité à mener une enquête ou des poursuites[1065]. Par ailleurs, la justification additionnelle de la compétence complémentaire de la CPI pour la répression des atteintes en matière environnementale se fonde notamment sur le besoin de faire face à l'impunité des actes menaçant tant la sécurité internationale que toute forme de vie sur Terre.

Afin d'engager ces poursuites, trois options peuvent s'offrir, à savoir : tenter des actions sur la base des dispositions actuelles du Statut de Rome, envisager d'en amender certaines dispositions sur les crimes actuels et de compléter la liste des crimes repris à son article 5 afin d'inclure le crime d'écocide.

[1063] Il échet de relever que « le plus grand enjeu auquel la CPI est confrontée est celui de sa légitimité. Elle est, d'une part, la cible d'attaques extérieures contre son pouvoir et l'autorité de ses décisions menées par certains États qui dénoncent son illégitimité dans le but de l'affaiblir. Mais la Cour échoue, d'autre part, dans son fonctionnement interne à s'affirmer comme une institution juste et équitable ». Voy. R. NOLLEZ-GOLDBACH, *La Cour pénale internationale, op.cit.*, Emplacements du Kindle 1806-1808.

[1064] Pour déterminer s'il y a manque de volonté de l'État dans un cas d'espèce, la Cour considère l'existence, eu égard aux garanties d'un procès équitable reconnues par le droit international, de l'une ou de plusieurs des circonstances suivantes : [...]. La procédure n'a pas été ou n'est pas menée de manière indépendante ou impartiale mais d'une manière qui, dans les circonstances, est incompatible avec l'intention de traduire en justice la personne concernée (art. 17.2 du Statut de Rome).

[1065] Pour déterminer s'il y a incapacité de l'État dans un cas d'espèce, la Cour considère si l'État est incapable, en raison de l'effondrement de la totalité ou d'une partie substantielle de son propre appareil judiciaire ou de l'indisponibilité de celui-ci, de se saisir de l'accusé, de réunir les éléments de preuve et les témoignages nécessaires ou de mener autrement à bien la procédure (art. 17.3 du Statut de Rome).

2.1.1. Engager des poursuites contre les graves atteintes environnementales sur la base de l'actuel Statut de Rome ?

Est-ce possible d'engager des poursuites contre les graves atteintes environnementales sur la base de l'actuel Statut de Rome ? Une telle entreprise aurait-elle la chance d'aboutir ?

La CPI n'a pas pour vocation première de sanctionner les atteintes à l'environnement. Le Statut de Rome ne contient d'ailleurs que de lapidaires références à la nécessité de protéger la nature. Le terme « environnement » n'apparaît qu'à l'alinéa 2), b), iv) de l'article 8 en rapport avec la définition des « crimes de guerre » [1066]. Néanmoins, au paragraphe 41 de son document de politique générale relatif à la sélection et à la hiérarchisation des affaires[1067], le bureau du Procureur près la CPI indique que « l'impact des crimes peut s'apprécier à la lumière, entre autres, de la vulnérabilité accrue des victimes, de la terreur répandue parmi la population ou des ravages qu'ils causent sur le plan social, économique, et écologique au sein des communautés concernées. Dans ce contexte, le bureau s'intéressera particulièrement aux crimes visés au Statut de Rome impliquant ou entraînant entre autres des ravages écologiques, l'exploitation illicite de ressources naturelles ou l'expropriation illicite de terrains »[1068]. Ainsi, il n'est pas exclu d'envisager des poursuites en cas d'atteinte à l'environnement. Le bureau du Procureur relève donc que le crime environnemental peut satisfaire au critère de gravité, une des conditions de recevabilité d'une affaire devant la Cour. Cependant, c'est en poursuivant un des crimes relevant de la CPI que les conséquences environnementales éventuelles en résultant peuvent être prises en compte.

Une lueur d'espoir pointe donc à l'horizon, car, « la compétence de la Cour pourrait également être élargie aux crimes environnementaux. Le procureur a, en effet, annoncé le 15 septembre 2016 que ces crimes feraient désormais l'objet d'enquêtes de son Bureau. Ce serait une première non seulement pour la Cour, qui n'a jamais ni enquêté ni jugé en la matière, mais aussi au plan

[1066] H. SOLVEIG, « Le pouvoir de sanction des mécanismes internationaux de règlement des différends dans le domaine de l'environnement », *loc.cit*, p.221.

[1067] Ce document de politique générale énonce les éléments dont le Bureau tient compte pour sélectionner et classer par ordre de priorité, à sa seule discrétion, les affaires pour lesquelles une enquête et des poursuites sont menées. Il expose la politique et les pratiques suivies par le Bureau du Procureur pour ce qui est du processus de sélection des événements, des personnes et des agissements au sujet desquels une enquête et des poursuites sont menées et du processus de hiérarchisation des affaires dans le cadre d'une situation donnée et dans l'ensemble des situations.

[1068] CPI, *Document de politique générale relatif à la sélection et à la hiérarchisation des affaires*, septembre 2016, p.15.

international, car il n'existe aucune juridiction pour juger les crimes environnementaux »[1069].

Le Statut de la CPI inclut, en effet, une disposition encore jamais appliquée – et qui n'existait dans les statuts d'aucun autre tribunal international – qui définit le crime environnemental comme un crime de guerre consistant en une attaque intentionnelle causant des dommages à l'environnement (article 8.2. b.IV), tels que l'exploitation illicite de ressources naturelles, l'appropriation de terres ou la destruction de l'environnement. Cet article n'a encore jamais été mis en œuvre et la compétence de la Cour en matière de crimes environnementaux est strictement limitée aux conflits internationaux et à des dommages à l'environnement « étendus, durables et graves » ainsi que « manifestement excessifs par rapport à l'ensemble de l'avantage militaire concret et direct attendu » (article 8.2. b.IV), ce qui limite fortement son champ d'application. Néanmoins, cette déclaration d'intention du procureur semble ouvrir la voie à de futures enquêtes de la Cour sur les crimes environnementaux[1070].

Par ailleurs, dans l'état actuel du droit international, en ce qui concerne la lutte contre le trafic des espèces sauvages, Henry SOLVEIG relève que « si les juges de la CPI décidaient de suivre les pas de la Cour européenne et de la Cour interaméricaine des droits de l'homme, plusieurs dispositions du Statut de Rome pourraient intervenir » [1071]. Il s'agirait notamment de :

Primo, l'article 8 consacré aux crimes de guerre. Selon son alinéa 2), a), iii), le crime de guerre se cristallise notamment par le fait de « porter gravement atteinte à l'intégrité physique ou à la santé ». Cette intégrité peut également être compromise lorsque des atteintes sont portées à l'environnement, cadre de vie de l'homme. Par ailleurs, comme le relève Sandrine MALJEAN-DUBOIS, « que ce soit délibéré ou non, les guerres causent de graves dommages à l'environnement qui affectent fortement et souvent durablement la santé et la qualité de vie des personnes vivant sur les territoires concernés. Cette situation n'est pas nouvelle, mais avec les outils et techniques militaires modernes la destruction causée peut atteindre des niveaux sans précédent »[1072]. En effet, comme l'a rappelé la CIJ dans son avis consultatif de 1996 sur la licéité de la menace ou de l'emploi d'armes nucléaires, « l'environnement n'est pas une abstraction, mais bien l'espace où

[1069] R. NOLLEZ-GOLDBACH, *La Cour pénale internationale, op.cit.*, Emplacements du Kindle 1650-1653.

[1070] R. NOLLEZ-GOLDBACH, « La compétence de la Cour pénale internationale à l'égard des crimes environnementaux », in *La Semaine juridique*, éd. générale JCP (G), 10 octobre 2016, p.1846-1848.

[1071] *Ibid*, pp.222-223.

[1072] S. MALJEAN-DUBOIS, « L'écocide et le droit international, de la guerre du Vietnam à la mise en péril des frontières planétaires. Réflexions à partir de la contribution de Richard FALK : "Environmental Warfare and Ecocide. Facts, Appraisal and Proposals" (RBDI, 1973-1) », in *Revue belge de droit international*, 2016, XLVIII, 2015-1/2, pp. 359-367, p.359.

vivent les êtres humains et dont dépendent la qualité de leur vie et leur santé, y compris pour les générations à venir »[1073]. Ainsi, toutes les atteintes portées à ce cadre de vie sont susceptibles d'impacter gravement l'homme, celui-ci ayant des relations étroites d'interdépendance avec lui.

Secundo, l'article 7 qui définit les crimes contre l'humanité. En effet, plusieurs alinéas de cet article pourraient être invoqués. L'alinéa 1), k), dispose que le fait de « caus[er] intentionnellement de grandes souffrances ou des atteintes graves à l'intégrité physique ou à la santé physique ou mentale » constitue un crime contre l'humanité. L'alinéa 1), h), énonce qu'il en va de même de la « persécution de tout groupe ou de toute collectivité identifiable pour des motifs d'ordre politique, racial, national, ethnique, culturel, religieux ou ... en fonction d'autres critères universellement reconnus comme inadmissibles en droit international » [1074]. Comme relevé en ce qui concerne l'article 8, il y a des interactions entre l'homme et son environnement. Ce dernier peut être le canal par lequel des criminels peuvent causer des souffrances ou des atteintes graves à l'intégrité physique ou à la santé physique ou mentale de l'homme.

Tertio, l'article 6 du Statut de Rome qui a trait au crime de génocide. L'un des aspects de ce crime est en effet la « soumission intentionnelle du groupe à des conditions d'existence devant entraîner sa destruction physique totale ou partielle » (alinéa c). À ce propos, la Cour interaméricaine des droits de l'homme a notamment indiqué, dans l'affaire *Yanomami Indians c./ Brésil*, que des atteintes à l'environnement peuvent entraîner la « destruction physique totale ou partielle » d'un groupe[1075].

Par ailleurs, le bureau du Procureur près la CPI peut également, à la demande des États, coopérer avec eux et leur prêter assistance au sujet de comportements constituant des crimes graves au regard de la législation nationale, à l'instar de l'exploitation illicite de ressources naturelles, du trafic d'armes, de la traite d'êtres humains, du terrorisme, de la criminalité financière, de l'appropriation illicite de terres ou de la destruction de l'environnement[1076].

Ainsi, de l'analyse des dispositions ci-dessus du Statut de Rome, certaines affaires relatives aux atteintes à l'environnement, y compris le commerce illégal des espèces sauvages et ses conséquences, peuvent être portées devant la CPI, mais celles-ci doivent être en corrélation avec les crimes ci-haut relevés. C'est donc dans ce contexte que l'on peut faire établir lesdits crimes à partir des atteintes à l'environnement et de leurs conséquences sur l'homme. Ou, à l'inverse, une fois ces crimes établis et poursuivis, on peut également

[1073] H. SOLVEIG, « Le pouvoir de sanction des mécanismes internationaux de règlement des différends dans le domaine de l'environnement », *loc.cit*, p.221.
[1074] *Ibid*, p.223.
[1075] *Ibid.*
[1076] CPI, *Document de politique générale relatif à la sélection et à la hiérarchisation des affaires*, *op.cit.*, p.5.

postuler pour la répression des violations environnementales et la réparation des dommages qui en résulteraient.

Une autre possibilité pourrait bien être l'amendement du Statut de Rome.

2.1.2. Amender certaines dispositions sur les crimes actuels relevant du Statut de Rome afin de poursuivre des graves atteintes environnementales ?

Des graves atteintes environnementales, dont le commerce illicite des espèces sauvages avec ses conséquences, peuvent gravement porter atteinte aux valeurs fondamentales protégées par le Statut de Rome. Aussi, certains des crimes relevant de la compétence de la CPI peuvent-ils aisément être amendés afin de lutter contre un tel trafic qui, à une certaine échelle, pourrait avoir de graves et irréversibles conséquences.

2.1.2.1. Le crime de génocide

L'article 6 du Statut de Rome dit entendre par crime de génocide l'un des actes ci-après commis dans l'intention de détruire, en tout ou en partie, un groupe national, ethnique, racial ou religieux, dont :

a) le meurtre de membres du groupe ;

b) l'atteinte grave à l'intégrité physique ou mentale de membres du groupe ;

c) la soumission intentionnelle du groupe à des conditions d'existence devant entraîner sa destruction physique totale ou partielle ;

d) les mesures visant à entraver les naissances au sein du groupe ;

e) le transfert forcé d'enfants du groupe à un autre groupe.

L'écocide, comme relevé plus haut, peut s'apparenter au génocide qui a trait à la destruction de tout ou partie d'un groupe humain. Il peut ainsi être envisagé qu'un génocide soit commis au moyen de l'écocide. En effet, à lire les actes repris aux points b et c de cet article 6, on peut imaginer quelques cas.

D'une part, du fait de l'ampleur et des conséquences du trafic des espèces sauvages, on s'aperçoit que ses conséquences peuvent arriver à porter des graves atteintes à l'intégrité physique ou mentale de membres de certains groupes, s'il s'avère qu'ils vivent aux côtés des ressources convoitées. Dans ces conditions, même si l'objectif premier ne visait pas le groupe de par sa composition, on peut relever le fait que de par son installation géographique, et du fait qu'il subisse pleinement les conséquences de tels actes, et que son emplacement et les conséquences de ce qui lui arriverait ne soient pas ignorés des auteurs, soit consommé le crime de génocide.

D'autre part, le commerce illicite des espèces sauvages peut, par ses conséquences, connues du syndicat criminel, soumettre intentionnellement un groupe à des conditions d'existence devant entraîner sa destruction physique totale ou partielle. En effet, pareils actes peuvent même, pas à pas, décimer tout un groupe dont les populations locales et autochtones qui dépendent ou qui vivent à proximité des forêts et de ses ressources. Ainsi, le prélèvement des espèces de façon non durable en vue du trafic occasionne non seulement l'amenuisement des espèces prélevées, mais aussi leur fuite vers des zones moins hostiles, tout comme l'exode d'autres espèces qui dépendent desdites espèces. Ceci aura notamment pour conséquence la diminution de la « nourriture » et du « capital commercial »[1077], la réduction de la fertilité des sols qui s'enrichissent notamment grâce aux excréments de certaines espèces, la baisse du couvert forestier qui aura aussi du mal à se régénérer. En outre, certains paiements pour services environnementaux (PSE) pourront s'amoindrir à l'instar de l'écotourisme qui peut en pâtir à cause de la fuite des espèces phares. Par effet d'entraînement, la pauvreté s'installe ou s'accentue avec ses maux comme la difficulté d'accès aux soins, déjà médiocres à certains endroits, etc. De telles situations conduisent à ce que l'on peut qualifier de flux d'immigrants socio-écologiques. Des personnes obligées de capituler et de partir de chez elles, car les nouvelles conditions d'existence ainsi imposées peuvent entraîner leur destruction à petit feu. On observe ainsi des villages, voire des communautés entières, se trouvant dans l'obligation de se déplacer afin de chercher des endroits où mieux vivre, voire simplement où survivre. Sans compter que cela peut déjà engendrer d'énormes pertes en vies humaines, la perte de valeurs culturelles, l'éloignement de forêts dites sacrées, la séparation des familles, l'effritement des clans et de certains groupes y compris les minorités ethniques ou linguistiques.

Une autre possibilité serait d'élargir la définition du crime contre l'humanité.

2.1.2.2. Crime contre l'humanité

L'article 7 du Statut de Rome peut être modifié afin notamment d'y inclure « la catastrophe environnementale et animalière comme l'une des incriminations des crimes contre l'humanité, permettant de poursuivre les responsables ayant agi intentionnellement, en instaurant une compétence universelle »[1078].

Il s'ensuit qu'aux côtés des incriminations reprises à son paragraphe 1er, comme notamment le meurtre, l'extermination, le crime d'apartheid, ou d'autres actes inhumains de caractère analogue causant intentionnellement de grandes souffrances ou des atteintes graves à l'intégrité physique ou à la santé physique ou mentale, on pourrait rajouter sur cette liste la catastrophe environnementale, y compris forestière et animalière.

[1077] Qui constitue un faible prélèvement pour le commerce afin de couvrir des besoins de base (nourriture, scolarité, soins de santé, etc.).

[1078] V. RICOULEAU, « Quelques aspects juridiques relatifs aux zoonoses de la faune sauvage », *loc.cit.*, p.8.

Comme mentionné plus haut, le bureau du Procureur près la CPI reconnaît que l'impact des crimes relevant de cette juridiction peut s'apprécier à la lumière notamment des ravages qu'ils causent sur le plan écologique au sein des communautés concernées[1079]. Cette ouverture pourrait donc justifier de préciser dans le corps du statut certaines dispositions, dont celles se rapportant au crime contre l'humanité. De cet avis, Vincent RICOULEAU note que les animaux peuvent être victimes de désastres écologiques, conséquences de l'exploitation des ressources naturelles. Aussi, suggère-t-il d'intégrer dans la définition du crime contre l'humanité « toute atteinte systématique et organisée, toute atteinte directe ou indirecte à la faune sauvage ainsi qu'à son environnement »[1080].

Dans le même esprit, une amélioration de la définition du crime de guerre peut également être envisagée.

2.1.2.3. Crime de guerre

L'article 8 du Statut de Rome sur le crime de guerre fait référence à l'environnement. Cependant, pareille disposition « est malheureusement loin de permettre une protection efficace de l'environnement. On notera, pour commencer, qu'elle ne s'applique qu'aux conflits armés internationaux. Elle ne saurait donc être invoquée dans le cadre de conflits armés internes, lesquels peuvent pourtant être fort destructeurs d'un point de vue environnemental. L'alinéa 2), b), iv) de l'article 8 est par ailleurs assez vague, et la préoccupation centrale est bien plus l'homme (les populations civiles) que l'environnement. On relèvera par ailleurs que les dommages en question doivent être" étendus, durables et graves[1081]" ce qui, outre le fait que les atteintes à l'environnement doivent être importantes, amène à se demander si ces conditions seront considérées comme cumulatives ou alternatives. Enfin, l'infraction est subordonnée à l'appréciation de" l'avantage militaire concret et direct attendu", ce qui risque de laisser aux juges une importante marge d'appréciation, source d'incertitude »[1082]. Abondant dans le même sens, Amissi M. MANIRABONA observe que, « pour être réprimés par la CPI, ces crimes ne doivent pas être justifiés par des nécessités militaires [...]. Autrement dit, quelle que soit leur ampleur, des crimes contre

---

[1079] CPI, *Document de politique générale relatif à la sélection et à la hiérarchisation des affaires*, *op.cit.*, p.15.

[1080] V. RICOULEAU, « Quelques aspects juridiques relatifs aux zoonoses de la faune sauvage », *loc.cit.*, pp.8-9.

[1081] Voy. S. MALJEAN-DUBOIS, « L'écocide et le droit international », *loc.cit.*, p.363. Elle juge la définition de ce qui constitue une « atteinte inadmissible à l'environnement » (les dommages doivent être « étendus, durables et graves ») de paraître à la fois restrictive et ambigüe. Elle exclut une grande partie des dommages qui peuvent intervenir ».

[1082] H. SOLVEIG, « Le pouvoir de sanction des mécanismes internationaux de règlement des différends dans le domaine de l'environnement », *loc.cit*, p.221.

l'environnement commis pendant une guerre peuvent rester impunis s'ils sont considérés comme étant militairement justifiés. Or, les belligérants peuvent toujours réussir à justifier militairement les crimes contre l'environnement qu'ils commettent. De plus, la quasi-totalité de la CET ne se déroule pas pendant la guerre et cela n'a rien à voir avec sa gravité : des atteintes à l'environnement commises en tant de paix s'avèrent aussi nuisibles ou même plus nuisibles que celles commises pendant la guerre »[1083].

Compte tenu de l'ensemble de ces conditions, le niveau d'atteinte à l'environnement exigé dans le Statut de Rome est finalement supérieur à celui requis par le Protocole additionnel I aux Conventions de Genève, en son article 55, paragraphe 1[1084].

Au demeurant, avec l'ouverture qu'il offre déjà quant à sa référence à l'environnement, l'article 8 pourrait être amendé afin de bien relever la prise en compte des valeurs environnementales de façon autonome. Cela signifie sans forcément se référer explicitement à l'homme, à la génération présente et future, qui reste au centre des préoccupations. Par ailleurs, rappelons que l'idée de poursuivre les atteintes à l'environnement au niveau international n'est pas nouvelle. Celle-ci avait notamment « été avancée au début des années 1990 par la CDI, et ce, dans deux projets distincts. Le premier était le projet de code des crimes contre la paix et la sécurité de l'humanité, qui était d'ailleurs un travail précurseur du Statut de la CPI. Dans la version de ce document datant de 1991 se trouvaient deux articles (22 et 26) qui prévoyaient que des poursuites pourraient être engagées contre les individus causant des dommages à l'environnement[1085]. Le libellé du premier ressemble en certains points à celui de l'actuel alinéa 2), b), iv) de l'article 8 du Statut de Rome. Le second allait bien plus loin. Intitulé « Dommage délibéré et grave à l'environnement », il se lisait comme suit : « tout individu qui cause volontairement, ou ordonne que soit causé, un dommage étendu, durable et grave à l'environnement naturel sera (...) condamné [à ...] » [1086].

[1083] A. MANIRABONA, « La criminalité environnementale transnationale : aux grands maux, les grands remèdes ? », *loc.cit.*, p.171, D. VANDERMEERSCH, « Les contours de l'élément moral du crime d'écocide et des infractions environnementales au prisme de l'avant-projet de Livre 1er du nouveau Code pénal », *op.cit.*, p.78. Selon cet auteur, « dans ce cas, la destruction est mise en balance avec l'avantage ou la nécessité militaire ».

[1084] H. SOLVEIG, « Le pouvoir de sanction des mécanismes internationaux de règlement des différends dans le domaine de l'environnement », *loc.cit*, p.221.

[1085] Voy. Nations unies, « *Document sur les crimes contre l'environnement* » ; Ch. TOMUSCHAT, « Doc. ILC (XLVIII/DC/CRD.3 », in *Annuaire de la Commission du droit international*, 1996, vol. II. L'art. 22, intitulé « Exceptionnaly serious war crimes » définissait notamment de tels crimes comme suit (paragraphe 2, d)) : « employing methods or means of warfare which are intended or may be expected to cause widespread, long-term and serious damage to the natural environment », cite par H. SOLVEIG, « Le pouvoir de sanction des mécanismes internationaux de règlement des différends dans le domaine de l'environnement », *loc.cit*, p.226

[1086] H. SOLVEIG, « Le pouvoir de sanction des mécanismes internationaux de règlement des différends dans le domaine de l'environnement », *loc.cit*, p.226.

Ainsi, Sandrine MALJEAN-DUBOIS, relève que « [...] la nouvelle Cour pénale internationale pourrait avoir – même si cela sera difficile – à juger de crimes de guerre à dimension environnementale » [1087] à l'instar de la Cour européenne des droits de l'homme qui a eu à connaître ces dernières années plusieurs affaires possédant une dimension environnementale »[1088].

Le constat est que déjà vers les années 1990, soit il y a un peu plus de trente ans déjà, la question suscitait de l'intérêt en dépit du fait qu'elle n'ait pas abouti et qu'elle ait été abandonnée. Au bout de 30 ans, à la suite d'incertitudes persistantes et aux différents risques incertains et avérés, guidés par le principe de précaution afin d'éviter de faire subir à l'homme les conséquences fâcheuses de désastres environnementaux, la communauté internationale serait plus à même d'apprécier cette nécessité aujourd'hui plus qu'hier. En effet, l'évolution de la conscience collective à cet effet est nettement perceptible à travers les différentes législations nationales qui pénalisent plusieurs atteintes à l'environnement, dont l'écocide[1089]. Aussi, partageons-nous entièrement l'idée selon laquelle il serait temps « de franchir le cap et de reconnaître et nommer officiellement ce crime commis contre la communauté du vivant par une partie de l'humanité, pour en tirer toutes les conséquences sur le plan pénal. Ce passage ne peut se faire que par le biais d'une autonomisation du crime d'écocide »[1090].

2.1.3. Amender le Statut de Rome afin d'y inclure le crime d'écocide ?

Une troisième possibilité permettant d'engager des poursuites devant la CPI pour crime d'écocide serait d'y rajouter une disposition spécifiquement dédiée. Ceci conduirait donc inéluctablement à l'élargissement des

---

[1087] S. MALJEAN-DUBOIS, « La mise en œuvre du droit international de l'environnement », *loc.cit.*, p.48.

[1088] Voy. l'arrêt du 18 juin 2002 rendu en l'affaire *Öneryildiz c. Turquie* (Requête n° 48939/99).

[1089] C.-H. BORN, « Les contours de l'élément matériel des infractions environnementales et leur application à l'écocide », *op.cit.*, p.59. L'auteur relève que, « sur le plan national, une dizaine d'États ont déjà intégré l'écocide dans leur législation pénale interne, généralement au titre de crime international, dont le Vietnam, la Fédération de Russie, l'Ukraine, la Biélorussie et plusieurs autres anciennes républiques soviétiques ». Il mentionne également la France qui le prévoit dans sa Loi climat et résilience du 24 août 2021. Pour la Belgique, la question est d'actualité, « en date du 8 juillet 2020, la Commission des Relations extérieures de la Chambre a voté une résolution « visant à inclure le crime d'écocide dans le statut de Rome de la Cour pénale internationale et le droit pénal belge » (*Doc.parl.*, Ch. Repr., sess. Ord. 2019-2020, n°55-1429/001). Il relève, enfin, l'existence d'une proposition de loi visant à introduire le crime d'écocide dans le Code pénal à la chambre le 1er décembre 2021 (*Doc.parl.*, Ch. Repr., sess. Ord. 2021-2022, n°55-2356/001) ». Voy aussi L. NEYRET, « Chapitre 2 - Les remèdes : les voies d'amélioration », *op.cit.*, p.338.

[1090] M. CAMPROUX DUFFRENE et V. JAWORSKI, *Des changements de paradigme juridique pour un droit de l'environnement rénové*, Rapport auprès du groupe des Verts au Parlement européen, mai 2021, p.41, accessible sur : https://www.greens-efa.eu/files/assets/docs/nature_study_fr_web.pdf, consulté le 2 février 2023.

compétences de la Cour pénale internationale de façon à inclure le commerce illicite des espèces sauvages[1091] et, plus généralement, l'écocide.

Comme le notent Marie-Pierre CAMPROUX DUFFRENE et Véronique JAWORSKI, « [*les*] dispositions du droit pénal international humanitaire sont rarement mobilisées ou difficilement mobilisables pour protéger l'environnement parce qu'elles contiennent trop de limites dans leur champ d'application respectif. Globalement, et c'est là l'obstacle majeur, la protection de l'environnement n'est pas l'objet principal de [*ses*] incriminations »[1092]. Par ailleurs, elles relèvent que « fondées sur une vision anthropocentrique, ces infractions n'assureraient la défense de l'environnement qu'en ce qu'il est immédiatement et directement utile aux hommes et non *per se*, ce qui est bien trop réducteur face aux enjeux actuels »[1093].

L'écocide serait donc, au vu des éléments ci-haut et des discussions nourries au niveau de la doctrine et de plusieurs officines, le 5e crime qui manque sur la liste de l'article 5 du Statut de Rome[1094] qui énumère limitativement quatre crimes relevant de la compétence de la CPI. En effet, aux termes de l'article 5 du Statut de Rome, la compétence de la Cour est limitée aux crimes les plus graves qui touchent l'ensemble de la communauté internationale. En vertu dudit Statut, la Cour a compétence à l'égard des crimes de génocide, contre l'humanité, de guerre et d'agression[1095].

Pour John E. SCANLON, il est très peu probable qu'un tel pas soit franchi, du moins dans un avenir prévisible[1096]. Cette difficulté est également relevée par Vincent RICOULEAU qui fait observer que « sept États ont voté, le 17 juillet 1998, contre la convention portant Statut de la Cour pénale internationale. Parmi eux figurent deux membres permanents du Conseil de sécurité de l'ONU : les États-Unis et la Chine [...]. Réviser les statuts de la Cour pénale internationale s'annonce complexe, mais rien n'empêche

---

1091 J. E. SCANLON, *La dimension internationale du commerce illégal des espèces sauvages*, *op.cit.*

1092 M. CAMPROUX DUFFRENE et V. JAWORSKI, *Des changements de paradigme juridique pour un droit de l'environnement rénové*, Rapport auprès du groupe des Verts au Parlement européen, *op.cit.*, p.41.

1093 *Ibid.* Par ailleurs, elles soulignent le fait que le droit pénal international, par le biais de conventions de protection des droits de l'homme anthropocentriques, vise principalement à réduire les souffrances des êtres humains en temps de guerre et/ou à garantir la dignité humaine en tout temps. L'environnement, patrimoine commun des êtres vivants, n'y a pas sa place en tant que tel.

1094 Voy. A. GAUGER, M. RABATEL-FERNEL, L. KULBICKI, D. SHORT and P. HIGGINS, *The Ecocide Project: 'Ecocide is the missing 5th Crime Against Peace'*, Human Rights Consortium, London, First published 2012, Updated June 2013, accessible sur: https://sas-space.sas.ac.uk/4830/1/Ecocide_research_report_19_July_13.pdf, consulté le 19 février 2017.

1095 Statut de Rome de la Cour pénale internationale, Rome, 17 juillet 1998, RTNU, vol. 2187, p. 3 (entrée en vigueur 1er juillet 2002).

1096 Statut de Rome de la Cour pénale internationale, *op.cit.*, p. 3.

d'essayer, le contexte de la pandémie permettant toutes les audaces »[1097]. Notons également avec Henry SOLVEIG que « les États sont très réticents à l'idée de soumettre leurs litiges à des juridictions internationales et il est à douter qu'ils soient prêts à accepter la reconnaissance d'un nouveau crime, *a fortiori* pour les atteintes à l'environnement »[1098].

Pour notre part, la meilleure option serait de rester sur cette note positive. En dépit du fait que cela demeure effectivement complexe, on ne perd pas de vue notamment que les conséquences du commerce illicite des espèces sauvages se dévoilent également à grande vitesse et font peser de graves risques notamment sur la sécurité et la santé collectives. Dans ce contexte, l'esprit peut devenir plus productif dans le sens de faire admettre l'urgence d'apporter de tels amendements au Statut de Rome.

Si des options sont envisagées pour la poursuite des auteurs de tels actes de barbarie commis sur la faune et la flore sauvages, qu'en est-il de la responsabilité des États en la matière ?

2.2. Responsabilité internationale de l'État : reconnaître la compétence de la Cour internationale de justice en cas de différend CITES ?

Comme l'observe bien à propos Henry SOLVEIG, « si la multiplication des conventions mérite d'être saluée, un constat s'impose : ces instruments ne sont pas toujours respectés. Ainsi qu'il ressort de l'étude de l'état de la criminalité environnementale, il n'est pas rare que des actes prohibés par tel ou tel instrument international se produisent sans que la responsabilité des États en cause ne soit recherchée. On peut, à cet égard, citer le triste exemple du trafic de bois rose qui perdure entre Madagascar et la Chine, pourtant tous deux parties à la Convention sur le commerce international des espèces de faune et de flore sauvages menacées d'extinction (CITES), qui prohibe expressément le commerce de cette essence »[1099]. À moins d'avoir formulé une réserve, en pareil cas celle-ci devrait se faire par les deux parties, il n'est pas possible de commercialiser « légalement » un spécimen en violation de la CITES. Dans ce cas-ci ou lorsque la Partie accuse des faiblesses énormes qui lui sont imputables et qui favorisent un commerce illégal, ne faut-il pas rechercher à établir la responsabilité des États ?

Parlant de la criminalisation des atteintes graves à l'environnement et de la responsabilité qui en découlerait pour les États, Patrick DAILLIER et Alain PELLET relèvent que « l'article 19 du projet de la CDI relatif à la

---

[1097] V. RICOULEAU, « Quelques aspects juridiques relatifs aux zoonoses de la faune sauvage », *loc.cit.*, p.8.

[1098] H. SOLVEIG, « Le pouvoir de sanction des mécanismes internationaux de règlement des différends dans le domaine de l'environnement », *loc.cit*, p.226.

[1099] S. HENRY, « Chapitre 13 - La contribution des mécanismes internationaux de règlement des différends à la pénalisation des atteintes à l'environnement », in L. NEUREY (dir.), *Des écocrimes à l'écocide*, *op.cit.*, pp. 241-259, p.242.

responsabilité des États adopté en première lecture en 1996 cite parmi les exemples de "crimes internationaux de l'État", donnés au paragraphe 3, ceux résultant d'une violation grave d'une obligation internationale d'importance essentielle pour la sauvegarde de l'environnement humain »[1100]. Il est donc clair qu'un État peut se rendre coupable d'une telle violation au point de voir sa responsabilité internationale être engagée.

Il conviendrait de mieux clarifier la notion même de responsabilité internationale d'un État en cas de dommage causé à l'environnement, avant de pouvoir s'interroger sur les compétences de la CIJ en la matière.

2.2.1. La notion de responsabilité internationale

La responsabilité internationale des États en matière environnementale est définie par la CIJ comme étant « l'obligation générale qu'ont les États de veiller à ce que les activités exercées dans les limites de leur juridiction ou sous leur contrôle respectent l'environnement dans d'autres États ou dans des zones ne relevant d'aucune juridiction nationale fait maintenant partie du corps de règles du droit international »[1101].

Pour sa part, Séverine NADAUD relève que la responsabilité internationale est souvent entendue strictement comme l'obligation incombant selon le droit international, à l'État auquel est imputable un acte ou une omission contraire à ses obligations internationales, d'en fournir réparation à l'État qui en a été victime en lui-même ou dans les personnes, les biens ou l'environnement de ses ressortissants[1102].

À ce jour, « il n'existe pas de convention générale portant sur la responsabilité internationale de l'État en matière d'environnement[1103] » [1104]. Ainsi, « pour répondre à la question de savoir dans quelles conditions un État peut être tenu pour responsable des préjudices causés à un ou plusieurs autres États, il faut donc se référer aux règles classiques du droit international public.

[1100] P. DAILLIER et A. PELLET, *Droit international public*, *op.cit.*, p.1298.

[1101] CIJ, *Avis consultatif sur la licéité de la menace ou de l'emploi d'armes nucléaires*, 1996, § 29.

[1102] S. NADAUD, *La responsabilité internationale en matière d'environnement*, cours de master 2 en « droit international et comparé de l'environnement », Formation à distance, Campus Numérique « ENVIDROIT », Université de Limoges, p.2.

[1103] Par contre, il existe de nombreuses conventions spécifiques dont la Convention de Vienne de l'AIEA relative à la responsabilité civile en matière de dommages nucléaires (1963) ; la Convention relative à la responsabilité internationale pour les dommages causés par les objets spatiaux (1972) ; la Convention internationale sur la responsabilité civile pour les dommages dus à la pollution par les hydrocarbures (1992) ; le Protocole de Bâle sur la responsabilité et l'indemnisation en cas de dommages résultant de mouvements transfrontières de déchets dangereux (1999) ; le Protocole additionnel de Nagoya-Kuala Lumpur sur la responsabilité et la réparation complétant le Protocole de Carthagène (« biosécurité ») (2010).

[1104] S. NADAUD, *La responsabilité internationale en matière d'environnement*, cours de master 2 en « droit international et comparé de l'environnement », *op.cit.*, p.4.

Comme l'explique si bien le Professeur Alain PELLET[1105], le droit de la responsabilité internationale de l'État a toujours été d'essence prétorienne[1106]. Ce sont les tribunaux arbitraux qui en ont posé les bases et c'est la Cour permanente qui l'a figé par la suite. Ensuite, la Commission du Droit international a entrepris une codification de ce droit d'essence jurisprudentielle sans en contester les éléments fondamentaux et en se contentant d'en combler certaines lacunes ou incertitudes (projet d'articles sur la responsabilité de l'État pour fait internationalement illicite) »[1107].

La responsabilité internationale au plan mondial souffre donc de nombreuses faiblesses. Cette codification devrait aboutir à un instrument contraignant qui n'a toujours pas vu le jour en raison des oppositions de certains États. De plus, sur le plan juridictionnel, outre la CIJ [...], il y a également des conflits qui sont réglés devant des juridictions spécialisées telles que le Tribunal international du droit de la Mer ou l'Organisme de règlement des différends de l'OMC. Mais il n'existe pas de cour mondiale ou de tribunal international de l'environnement qui centraliserait tous les litiges en la matière[1108]. Qu'à cela ne tienne, en matière environnementale, un État peut être mis en cause et engager ainsi sa responsabilité internationale. Pour cela, il faudrait que trois conditions soient réunies, à savoir : l'existence d'un fait générateur, la survenance d'un dommage et l'imputabilité de ce dommage audit État.

2.2.1.1. Le fait générateur de la responsabilité internationale

Deux faits sont susceptibles d'enclencher la responsabilité internationale des États. Il s'agit d'un fait illicite (responsabilité internationale pour fait illicite), d'une part, ou d'un préjudice lié à des activités ayant un caractère très dangereux (responsabilité internationale pour simple préjudice), d'autre part.

A. Le fait illicite

Tout fait internationalement illicite d'un État engage sa responsabilité internationale[1109]. Il est le fruit de la violation d'une règle de droit international. En effet, « selon les principes du droit international, la violation

---

[1105] A. PELLET, « Remarques sur la jurisprudence récente de la CIJ dans le domaine de la responsabilité internationale », in Mélanges offerts à Christian DOMINICE, *Perspectives du droit international au 21e siècle*, éd. Nijhoff, 2012, pp. 321 et s.

[1106] C'est dans la sentence arbitrale de la Fonderie de Trail rendue en 1941 que la responsabilité internationale d'un État pour une pollution aérienne transfrontière a été pour la première fois engagée.

[1107] S. NADAUD, *La responsabilité internationale en matière d'environnement*, cours de master 2 en « droit international et comparé de l'environnement », *op.cit.*, p.4.

[1108] *Ibid*, p.7.

[1109] Art. 1er du Projet d'articles sur la responsabilité en droit international en cas de dommages causés à l'environnement, Institut de Droit international, session de Strasbourg, janvier 1997.

d'une règle juridique internationale entraîne la responsabilité du sujet du droit international à qui cette violation est imputable »[1110]. Ces mêmes principes « s'appliquent également aux obligations de protection de l'environnement » [1111]. Ainsi, « lorsque l'obligation de vigilance (*due diligence*) sert de critère pour la mise en œuvre de la responsabilité pour fait illicite, elle devrait être mesurée selon des normes objectives concernant la conduite à attendre d'un bon gouvernement et être détachée de toute subjectivité. Les règles et normes internationales généralement acceptées constituent, en outre, des éléments objectifs pour apprécier le contenu de l'obligation de vigilance »[1112].

La violation peut donc résulter d'un manquement des suites d'une action ou d'une inaction en violation du droit international. Ainsi, « le manquement à une obligation de protection de l'environnement établie en droit international engage la responsabilité internationale de l'État pour fait illicite (responsabilité internationale pour fait illicite) ; cette responsabilité a pour conséquence l'obligation de réparer (restitution en nature ou indemnisation) »[1113]. La CIJ a déjà eu à se prononcer sur pareille demande de réparation, notamment dans l'affaire Costa Rica c. Nicaragua[1114]. Dans celle-ci, les questions dont la Cour a été saisie trouvent leur origine dans un différend territorial entre ces deux pays à propos d'une zone jouxtant la partie la plus orientale de leur frontière terrestre commune (paragraphes 21-28). Le 18 octobre 2010, le Nicaragua a entrepris le dragage du fleuve San Juan afin d'en améliorer la navigabilité. Il a également effectué des travaux dans la partie septentrionale d'Isla Portillos, creusant dans le territoire litigieux un chenal[1115]. À la suite de ces travaux, le Costa Rica reprochait notamment à son voisin l'incursion dans son territoire de l'armée nicaraguayenne, l'occupation et l'utilisation d'une partie de celui-ci […] ainsi que « l'altération du débit des eaux alimentant le Colorado, fleuve costaricien, et d'autres dommages à son territoire, notamment aux zones humides et aux réserves nationales de flore et de faune sauvages de la région »[1116].

[1110] A. KISS, *Droit International de l'Environnement*, Paris, Pedone, 1989, p.105.
[1111] Art. 3 du Projet d'articles sur la responsabilité en droit international en cas de dommages causés à l'environnement, *op.cit.*
[1112] *Ibid.*
[1113] *Ibid.*
[1114] Vice-versa. Car, en date du 22 décembre 2011, le Nicaragua a introduit, à son tour, une instance contre le Costa Rica pour « violations de sa souveraineté et dommages importants à l'environnement sur son territoire ». Dans sa requête, il soutient en particulier que le Costa Rica réalise, sur la majeure partie de la zone frontalière entre les deux États, le long du fleuve San Juan, de vastes travaux tendant à la construction d'une route qui auraient de graves conséquences pour l'environnement. Cette affaire a été inscrite au rôle de la Cour sous l'intitulé Construction d'une route au Costa Rica le long du fleuve San Juan (Nicaragua c. Costa Rica). Les deux affaires ont été jointes.
[1115] CIJ, *Certaines activités menées par le Nicaragua dans la région frontalière (Costa Rica c. Nicaragua),* 16 décembre 2015 & 2 février 2018, rôle général n°150.
[1116] *Ibid.*

Au terme de son évaluation des dommages, voir le paragraphe 157, la Cour a accordé au Costa Rica une indemnité totale de 378 890,59 dollars US dont 120 000 dollars à raison de la dégradation ou de la perte de biens et services environnementaux subie par la zone touchée, ainsi qu'une indemnité de 2 708,39 dollars pour les mesures de restauration concernant la zone humide[1117].

Ainsi, par exemple, un État Partie à la CITES ne peut pas s'autoriser, en violation de la Convention, d'abattre ses populations d'éléphants afin de récupérer les ivoires pour les commercialiser et pour avoir les moyens de soutenir sa politique interne. Ce même État ne peut pas non plus s'autoriser à violer les frontières d'un autre État afin de commettre ces mêmes actes. Par ailleurs, même en cas de conflits armés internationaux, les États belligérants, invités ou adverses, ne peuvent profiter de leur présence sur le sol d'un autre État afin de commettre le braconnage et de piller les espèces sauvages ou leurs produits et sous-produits. À ce sujet, on peut relever la résolution 47/37 de l'Assemblée générale du 25 novembre 1992, intitulée « Protection de l'environnement en période de conflit armé » qui consacre l'opinion générale selon laquelle les considérations écologiques constituent l'un des éléments à prendre en compte dans la mise en œuvre des principes du droit applicable dans les conflits armés. Elle précise en effet que «la destruction de l'environnement non justifiée par des nécessités militaires et ayant un caractère gratuit est manifestement contraire au droit international en vigueur »[1118]. Ces questions touchent à l'ensemble de la communauté internationale qui estime notamment que ces spécimens doivent être protégés par les générations présentes et futures, non seulement pour leur beauté en tant qu'élément irremplaçable des systèmes naturels, mais aussi pour l'ensemble des avantages que leur présence pourrait offrir. Il s'agit ici non seulement des avantages associés au tourisme ni à leur beauté, mais aussi aux autres avantages écosystémiques comme, en ce qui concerne l'éléphant, l'accroissement de la capacité de régénération de la forêt grâce à la dispersion des semences d'arbres[1119]. Ceci contribue notamment à lutter contre les changements climatiques.

Rappelons, par ailleurs, que « dans le cas où un État viole une disposition du droit international, trois obligations s'imposent à lui : l'obligation de

---

[1117] CIJ, *Certaines activités menées par le Nicaragua dans la région frontalière (Costa Rica c. Nicaragua),* 16 décembre 2015 & 2 février 2018, rôle général n°150.

[1118] CIJ, *Avis consultatif sur la licéité de la menace ou de l'emploi d'armes nucléaires*, *op.cit.*, § 32.

[1119] L'éléphant a modifié le paysage botanique de quelques parcs nationaux, transformant la savane boisée en steppe herbeuse. Car ce pachyderme, en collectant les branches et les écorces, dévaste les arbres et les fait dépérir. Une longue suite de témoignages concernant le Parc national des Virunga, en RDC, où les éléphants, confinés dans des réserves en dehors de toute influence humaine, sont surabondants, montre clairement le rôle de cet animal dans la transformation du paysage végétal d'aussi vastes régions. Voy. à ce sujet J. DORST, « Impact de la faune sauvage sur l'environnement », in *Scientific and Technical Review of the Office International des Épizooties (Paris)*, 1991, 10 (3), pp.557-576, p.559.

cessation et de non-répétition, et l'obligation de réparation intégrale du préjudice causé, qui peut prendre la forme de restitution, d'indemnisation et de satisfaction, séparément ou conjointement. Ces articles, même s'ils ne sont pas spécifiques au dommage environnemental, n'érigent pas *a priori* d'obstacles à sa réparation, notamment en raison de l'exigence de flexibilité dans leur application reconnue par la CDI elle-même à propos des remèdes : la souplesse des dispositions se trouve dans la détermination *ad hoc* du remède le plus approprié. Nous verrons cependant que, dans le cas de l'indemnisation, il existe des problèmes liés aux conditions pour qu'un dommage soit réparable »[1120].

En dehors du fait illicite, un fait licite peut également engager la responsabilité internationale d'un État s'il cause un dommage.

B. Le fait licite, mais dont les conséquences causent un dommage

Un fait licite, mais qui cause un préjudice, peut entraîner la responsabilité internationale d'un État. Il s'agit là d'une responsabilité sans faute, dite aussi responsabilité pour simple préjudice ou responsabilité objective. Selon Philippe GUILLOT, « nous nous situons dans l'hypothèse d'une responsabilité objective pour dommage à l'environnement, c'est-à-dire dans le cas où la partie lésée éprouve un préjudice qui résulte du fait d'autrui quand bien même son auteur n'avait aucune intention de nuire »[1121].

Le fait qu'un État n'adopte pas les règles et n'institue pas les contrôles appropriés prescrits par les régimes en matière d'environnement, même si cette omission n'équivaut pas en tant que telle à un manquement à une obligation, peut engager sa responsabilité pour simple préjudice s'il en résulte des dommages et notamment des dommages provoqués par des opérateurs qui exercent leurs activités sous la juridiction ou sous le contrôle de cet État[1122]. La seule survenance d'un dommage, sans qu'il y ait un manquement à une obligation internationale, suffirait pour mettre en cause la responsabilité de l'État[1123].

Par exemple, une Partie à la CITES dont la législation ne permettrait pas de mettre en œuvre correctement la CITES et de lutter contre tout commerce fait en violation de la Convention, ou qui n'instituerait pas les contrôles prescrits par la CITES peut engager sa responsabilité pour simple préjudice

[1120] A. DIDIER, « Chapitre 1 – La reconnaissance expresse limitée du dommage écologique pur par le droit international via le cadre théorique de sa réparation », in *Le dommage écologique pur en droit international* [en ligne]. Genève : Graduate Institute Publications, 2013, pp.14-15, accessible sur : http://books.openedition.org/iheid/672, consulté le 15 janvier 2021.

[1121] Ph. GUILLOT, *Droit de l'environnement*, Paris, Ellipses, 2e éd., 2010, p.290.

[1122] Voy. Institut de Droit international, *Art. 4, La responsabilité en droit international en cas de dommages causés à l'environnement*, Session de Strasbourg, 1997.

[1123] L. BOISSON DE CHAZOURNES et al., *Protection Internationale de l'environnement*, Paris, éd. Pedone, 2005, p. 672.

s'il en résulte des dommages. Il y va de même lorsque lesdits dommages sont provoqués par des opérateurs qui exercent leurs activités sous la juridiction ou sous le contrôle de cet État. On sait à ce jour que le trafic des espèces sauvages relève de la criminalité organisée. Les différents acteurs de ce système agissent à partir de plusieurs pays. Aussi, conviendrait-il d'analyser et d'établir la responsabilité éventuelle de l'État sous la juridiction duquel ils relèvent.

Ce deuxième fait générateur de responsabilité internationale des États semble convenir au droit international de l'environnement, car il met « l'accent sur le dédommagement nécessaire plutôt que sur la faute »[1124]. Mais en tout état de cause, il faudrait prouver l'existence d'un dommage.

2.2.1.2. Du dommage environnemental

La meilleure façon d'appréhender la notion de dommage environnemental serait de la définir, puis de démontrer le préjudice qui peut en résulter.

A. Définition du dommage environnemental

Le dommage environnemental ou écologique constitue une atteinte à l'environnement. Il apparaît dès lors indiqué d'en circonscrire les contours afin de mieux en cerner la notion.

En effet, l'environnement, suivant la doctrine abondante et constate, se définit soit de façon stricte, soit de façon large. Le sens large nous paraît le plus inclusif en ce qu'il intègre bien les différents éléments qui caractérisent l'environnement. La Cour internationale de justice opte également pour ce sens large, car selon elle, l'environnement est « l'espace où vivent les êtres humains et dont dépend la qualité de leur vie et de leur santé, y compris pour les générations futures »[1125]. Aussi, l'environnement inclurait-il donc le milieu naturel (écosystèmes, biodiversité, air, sol, forêts, eau...), avec au centre l'homme, ainsi que « l'ensemble des relations et interactions des êtres humains et de leur milieu, car c'est une notion anthropocentrique »[1126]. L'environnement est donc le cadre, déterminé par la nature mais façonné par l'homme, dans lequel se déploient les activités humaines[1127].

Ayant ainsi situé le cadre, l'on peut, à présent, définir le dommage environnemental ou écologique. Celui-ci se comprend donc comme toute atteinte à l'environnement. Aux termes de l'article 2-1 de la Directive 2004/35/CE du Parlement européen et du Conseil du 21 avril 2004 sur la

---

[1124] O. FUCHS, *Pour une définition communautaire de la responsabilité environnementale (comment appliquer le, principe pollueur-payeur ?)*, Paris, L'Harmattan, 2003, p. 35.

[1125] CIJ, *Avis sur licéité de la menace ou de l'emploi d'armes nucléaires, op.cit.*, § 29.

[1126] Ph. GUILLOT, *Droit de l'environnement, op.cit.*, p.1.

[1127] *Ibid.*

responsabilité environnementale en ce qui concerne la prévention et la réparation des dommages environnementaux, on entend par dommage environnemental : « a) les dommages causés aux espèces et habitats naturels protégés (…) ; b) les dommages affectant les eaux (…) ; c) les dommages affectant les sols, à savoir toute contamination des sols qui engendre un risque d'incidence négative grave sur la santé humaine du fait de l'introduction directe ou indirecte en surface ou dans le sol de substances, préparations, organismes ou micro-organismes»[1128]. Tel que défini, l'on se rend bien compte que ce type de dommages rentre dans la catégorie de ceux dont les effets sont collectifs.

Rappelons que, bien souvent, l'idée de dommage environnemental, voire de préjudice, est rattachée à la pollution qu'elle soit de l'air, des eaux ou des sols. Un tel rattachement peut s'avérer logique quand l'on se réfère à la Déclaration de Rio, dont les principes appuient celle-ci, a été adoptée lors de la Conférence des Nations unies sur l'environnement et le développement (CNUED), qui s'est tenue à Rio de Janeiro (Brésil) du 3 au 14 juin 1992. Cependant, relevons que cela va bien au-delà de ces éléments de la nature. On notera, par exemple, que le Principe 13 de la Déclaration de Rio parle de la « responsabilité de la pollution et d'autres dommages à l'environnement ».

D'une part, on se situe ici dans les « autres dommages à l'environnement », ceux-ci pouvant directement ou indirectement viser les espèces de faune sauvage. Pour s'en convaincre, on peut citer une décision de justice française[1129] du 6 mars 2020, laquelle condamne 4 braconniers à verser 350 060 euros au titre de la réparation du préjudice écologique. Ils avaient prélevé illégalement 4,5 tonnes de poissons et de poulpes et plus de 16 000 douzaines d'oursins[1130].

D'autre part, on peut toutefois aussi envisager des cas de pollution qui causeraient des pertes de spécimens, comme l'empoisonnement de certaines espèces, lesquels peuvent aussi être recueillis pour le commerce transfrontalier ou international. Il s'agirait là d'une conséquence d'une activité dangereuse dont les effets affecteraient la faune et qui favoriserait le commerce des espèces victimes de ladite activité. Par ailleurs, relevons que certains cas de pollution, notamment des sols, peuvent conduire les populations à trouver dans le braconnage et le trafic une alternative pour se

[1128] Directive 2004/35/CE du Parlement européen et du Conseil du 21 avril 2004 sur la responsabilité environnementale en ce qui concerne la prévention et la réparation des dommages environnementaux, accessible sur : http://eur-lex.europa.eu/LexUriServ/LexUriServ.do?uri=CELEX:32004L0035:FR:HTML, consulté le 5 janvier 2015.

[1129] Cette décision de justice est une 1re en France pour une affaire de cette ampleur depuis l'inscription du préjudice écologique dans le Code civil en août 2016.

[1130] Office Française de la Biodiversité, *Décision historique sur la réparation du préjudice écologique*, mars 2020, accessible sur : https://professionnels.ofb.fr/fr/article/proces-braconnage-decision-historique-reparation-prejudice-ecologique, consulté le 23 décembre 2020.

procurer le pain quotidien et/ou à créer en eux des prédispositions à accepter d'intégrer des syndicats criminels versés dans le trafic des espèces sauvages.

Par ailleurs, notons que « le dommage écologique ou le dommage à l'environnement présente bien [un] caractère collectif dans ses effets, c'est-à-dire subi et partagé par tous de façon directe ou de façon indirecte »[1131].

La notion de dommage environnemental étant élucidée, il importe d'en relever la conséquence, à savoir : le préjudice.

B. Le préjudice résultant d'un dommage environnemental

Le dommage environnemental ou écologique survient à la suite d'une action ou d'une inaction, fautive ou pas, d'un sujet de droit. Celle-ci peut avoir pour conséquence un préjudice.

Les notions de dommage et de préjudice, souvent utilisées comme synonymes, sont pourtant distinctes. Le préjudice est le mal effectivement subi suite à un dommage.

Un certain nombre de préjudices peuvent être relevés en matière d'espèces sauvages à la suite des prélèvements et des activités commerciales violant la CITES. On peut ainsi donner comme exemples l'insécurité occasionnée par lesdites activités, la perte ou la réduction des spécimens qui peuvent être la motivation du développement d'un tourisme écologique, la fuite de certaines espèces vers des zones paisibles avec le risque d'accroître la famine et la pauvreté, des perturbations écosystémiques avec des risques potentiels sur la santé humaine, etc.

Au moment de la survenance du dommage, il peut arriver que certains préjudices n'apparaissent pas dans l'immédiat, pas même avant une certaine période. Qualifiés de « préjudices différés », ils soulèvent des problèmes de preuves et ils sont difficilement indemnisables.

Relever un fait générateur de la responsabilité internationale d'un État et prouver un dommage qui en résulte ne suffit pas à engager sa responsabilité. Il faut, en outre, que le fait lui soit imputable.

2.2.1.3. Imputabilité d'un dommage à un État et le lien de causalité

Nous distinguerons l'imputabilité du lien de causalité.

A. Imputabilité d'un dommage à un État

L'action ou l'inaction, fautive ou non fautive, au regard du droit international ayant causé un dommage à une victime doit être attribué à l'État,

---

[1131] C. HUGLO, *La pratique de la réparation en matière de dommages catastrophiques, Les risques technologiques majeurs en droit international et en droit communautaire*, XIIe Journées d'études juridiques, Jean DABIN, UCL, 16-17-18 novembre 1988, p.95.

elle doit donc être son fait, et ainsi sa responsabilité pourrait être engagée. Il en résulte que par l'imputabilité, on recherche à rattacher à l'État un comportement causé par un de ses organes et/ou un de ses agents, voire dans une certaine mesure, par un tiers dont il a le devoir de surveiller l'action.

L'idée du tiers ici renvoie, comme déjà évoqué, à la responsabilité des exploitants en droit international. En effet, « le droit international, outre la responsabilité des États, vient aussi réglementer les activités des exploitants d'activités [notamment] polluantes, qui deviennent alors responsables du dommage environnemental » [1132].

Enfin, il faudrait qu'il existe un lien de causalité entre l'acte incriminé et le dommage causé.

B. Lien de causalité entre l'acte incriminé et le dommage

La détermination d'un lien de causalité entre l'acte incriminé et le dommage causé à l'environnement doit être établie pour qu'il y ait réparation.

Cette détermination est importante notamment du point de vue de la réparation du dommage. Car cette responsabilité peut être partagée avec d'autres auteurs, lesquels auraient commis d'autres faits qui auraient tous concouru à la survenance du dommage et/ou à son aggravation. En effet, si plusieurs faits entrent en concours lors de la survenance d'un dommage, cela peut entraîner également l'implication de plusieurs auteurs, et donc éventuellement de plusieurs États si les agissements ne relèvent pas tous d'un seul pays.

Tel se présente le système de la responsabilité internationale en matière environnementale, avec des ajustements imposés par la nature des intérêts en présence. Ceux-ci font dire à Patrick DAILLIER et Alain PELLET qu'« il n'est pas complètement abusif de considérer que le droit international de l'environnement remet profondément en cause les règles traditionnelles de la responsabilité internationale [1133][...]. Il en est résulté à la fois une dilution et une extension du domaine de la responsabilité de droit commun pour fait internationalement illicite »[1134]. De même, observent-ils que, « les contours de "l'illicite rebaptisé[1135]" sont brouillés ; les liens entre le manquement et l'État d'une part, entre le dommage et un autre sujet du droit international

---

[1132] A. Didier, « Chapitre 1 – La reconnaissance expresse limitée du dommage écologique pur par le droit international via le cadre théorique de sa réparation », *op.cit,* pp.15-15.

[1133] P. Daillier et A. Pellet, *Droit international public*, *op.cit.*, p.1294.

[1134] *Ibid.* À mon sens, il s'agit là d'une évolution de cette notion de responsabilité internationale au regard des enjeux que représente l'environnement. Cette évolution viserait ainsi à garantir le respect des engagements internationaux en matière environnementale et d'assurer, s'il échet, la réparation des dommages qui résulteraient des actes, des omissions et des choix opérés par un État dont les conséquences peuvent toucher un ou plusieurs autres États, voire l'ensemble de l'humanité.

[1135] P.-M. Dupuy, in *R.G.D.I.P.*, 1997, p.296, cité par P. Daillier et A. Pellet, *Droit international public*, *op.cit.*, p.1297.

d'autre part sont dilués ; une *actio popularis* s'organise »[1136]. Aussi, constate-t-on notamment, « l'apparition de mécanismes de responsabilité "molle" »[1137]. Il s'agit là « des mécanismes alternatifs que l'on pourrait qualifier de responsabilité atténuée, qui ont moins pour objet de dénoncer l'existence de manquements au droit, que de déterminer les causes de pollutions ou de situations menaçantes pour l'environnement »[1138]. En dépit des alternatifs évoqués, la responsabilité internationale peut être engagée devant la CIJ.

2.2.2. La CIJ et les questions environnementales

Pour rappel, la question du règlement de différend relatif à la CITES, objet de son article XVIII, prévoit, d'une part, les négociations entre les Parties concernées (article XVIII.1) et, d'autre part, le recours à l'arbitrage notamment de la Cour permanente d'arbitrage de La Haye (article XVIII.2). Rappelons également que selon l'OMC, lorsque les Parties à un AME, comme la CITES, ont prévu un mécanisme de règlement des différends, elles devraient « envisager de le régler par l'intermédiaire dudit mécanisme »[1139].

À ce sujet, au vu de l'ampleur de la criminalité liée aux espèces sauvages et à ses conséquences telles que relevées dans le chapitre précédent, devant répondre des actes ou omissions qui engagent leur responsabilité internationale, les Parties à la CITES feraient œuvre utile en insérant une modification à l'article VIII de la Convention afin d'y inclure une reconnaissance de la compétence de la CIJ[1140] en matière de règlement de différends. Celles-ci pourraient s'inspirer de la Convention sur la diversité biologique de 1992 dont l'article 27.3 prévoit notamment que si le différend n'a pas été réglé conformément aux paragraphes 1 ou 2 du même article 27, les Parties devraient accepter de considérer comme obligatoire l'un ou l'autre des modes de règlement ci-après, ou les deux, à savoir : l'arbitrage et la soumission du différend à la Cour internationale de justice. Il s'agit là d'une « liberté de choix laissée aux parties : option alternative ou simultanée en faveur de l'arbitrage et de la Cour internationale de justice »[1141]. L'arbitrage ayant déjà été prévu par la CITES, il conviendrait d'y insérer, soit en cas de persistance d'un différend, soit au choix des parties, le recours à la CIJ.

1136 P. Daillier et A. Pellet, *Droit international public*, *op.cit.*, p.1297.

1137 *Ibid*, p.1296.

1138 *Ibid.*

1139 OCDE, *Expérience d'utilisation de mesures commerciales dans la convention sur le commerce international des espèces de faune et de flore sauvages menacées d'extinction* (CITES), *op.cit.*, p.60.

1140 Statut de la Cour internationale de Justice, San Francisco, 24 octobre 1945.

1141 R. Ranjeva, « L'environnement, la Cour internationale de Justice et la Chambre spéciale pour les questions de l'environnement », in *Annuaire français de droit international*, volume 40, 1994. pp. 433-441, p.436, accessible sur : https://doi.org/10.3406/afdi.1994.3201, consulté le 10 janvier 2021.

À la Conférence de Rio en 1992, Robert JENNINGS, président de la CIJ, « poursuivant les activités de promotion de la connaissance de la Cour[1142], a tenu à rappeler à la plénière de Rio les mérites qu'il y aurait à lui confier le règlement des différends dans le domaine de l'environnement[1143].

Le rappel des principales dispositions concernant la Cour a ainsi été fait à des fins pédagogiques. Il s'agit notamment de :

- la plénitude de la compétence *ratione materiae* pour trancher toutes les questions de droit international dont relève indubitablement le droit international de l'environnement ;
- l'intérêt que présente pour les questions de l'environnement l'article 94 de la Charte de l'ONU ;
- le coût relativement peu onéreux d'un procès devant elle par rapport aux frais d'arbitrage ;
- enfin, la gamme des formations de jugement laissées au libre choix des parties : la plénière, la chambre *ad hoc* ou la chambre spéciale [144].

C'est notamment dans cette foulée, qu'après Rio, la CIJ, « en vertu du paragraphe 1 de l'article 26 du statut, [...] avait institué en 1993 une chambre pour les questions d'environnement, laquelle avait été régulièrement reconstituée jusqu'en 2006. Au cours des treize années d'existence de cette chambre, aucun État n'a toutefois demandé qu'une affaire soit portée devant elle. La Cour a décidé en 2006 de ne pas tenir d'élections pour en renouveler la composition »[1145].

La Cour pourrait revenir sur sa décision et remettre en fonctionnement une chambre pour les questions d'environnement, impliquant les crimes à l'encontre des espèces sauvages face notamment à la survenance de pandémies[1146]. Ainsi, on pourrait imaginer un pays victime de la déforestation et de la disparition d'espèces de faune sauvage [ou victime des conséquences liées au trafic desdites espèces] intenter une procédure en responsabilité internationale et solliciter une indemnisation[1147]. L'affaire Bolivie-Paraguay

---

[1142] « The role of the ICJ in the development of international environmental protection law ». Statement by Judge Sir Robert Jennings, President of the ICJ, read by Mr. E. VALENCIA-OSPINA, Registrar, UNCED, Rio de Janeiro, 3-14 June 1992, cité par R. RANJEVA, « L'environnement, la Cour internationale de Justice et la Chambre spéciale pour les questions de l'environnement », *loc.cit.*, p.435.

[1143] La Cour a eu l'occasion de traiter de problèmes ayant des rapports directs avec l'environnement dont ceux se rapportant au Détroit de Corfou (*Royaume-Uni c./ Albanie*) ; Essais nucléaires (*Australie c./ France*) ; Essais nucléaires (*Nouvelle-Zélande c./ France*) ; Certaines terres à phosphates à Nauru (*Nauru c. /Australie*) ; et Creusement de deux canaux dans une zone (*Nicaragua c./ Costa Rica, 2018*).

[1144] R. RANJEVA, « L'environnement, la Cour internationale de Justice et la Chambre spéciale pour les questions de l'environnement », *loc.cit.*, p.435.

[1145] V. RICOULEAU, « Quelques aspects juridiques relatifs aux zoonoses de la faune sauvage », *loc.cit.*, p.9.

[1146] *Ibid.*

[1147] *Ibid.*

au début des années 1980 peut illustrer cette responsabilité et, éventuellement, une possible action devant la CIJ. Dans cette affaire, les deux États précités « ont été pointés du doigt par les États voisins du fait de leur manque de diligence en matière de lutte contre le trafic illégal de faune sauvage sur leur territoire qui a fini par affecter le territoire des États limitrophes »[1148]. Selon un rapport du Secrétariat CITES, « la Bolivie et le Paraguay étaient un havre pour les trafiquants d'animaux sauvages qui exploitaient la faune du pays et notamment les espèces de félins tachetés qui sont des espèces sédentaires »[1149]. Ainsi, « le trafic avait pris une telle ampleur que cela avait fini par affecter les pays voisins dans la mesure où la Bolivie et le Paraguay laissaient les trafiquants utiliser son territoire pour commettre des déprédations dans les pays voisins et ensuite les exporter parfois avec le soutien des autorités des deux pays concernés. Le problème a été soulevé lors des Conférences des Parties 3 et 4 sans qu'une solution soit apportée. Il fallut attendre la résolution 5.2 proposée par les pays d'Amérique Latine recommandant que les Parties refusent d'accepter des livraisons de spécimens CITES à partir de la Bolivie pour que cette dernière commence à prendre les mesures qui s'imposent »[1150]. Cet exemple démontre que même s'agissant d'espèces sédentaires qui demeurent au sein des frontières d'un État donné, les mesures ou l'absence de mesures prises par un État peuvent avoir un effet sur l'environnement des pays voisins et qu'en matière de gestion de la faune sauvage terrestre il n'est donc plus possible pour les États de fonctionner en vase clos, qu'il s'agisse des espèces sédentaires ou des espèces migratrices[1151]. Pareil cas pouvait être soumis à la CIJ.

Force est de constater que la CIJ a eu à connaître quelques affaires sur l'environnement. Il en est ainsi notamment de l'affaire relative à la chasse à la baleine dans l'Antarctique (*Australie c. Japo*n). En date du 31 mai 2010, l'Australie a introduit contre le Japon une instance[1152] concernant « la poursuite par le Japon de l'exécution d'un vaste programme de chasse à la baleine dans le cadre de la deuxième phase du programme japonais de recherche scientifique sur les baleines en vertu d'un permis spécial dans l'Antarctique (JARPA II), en violation des obligations contractées par cet État aux termes de la Convention internationale pour la réglementation de la chasse à la baleine (ICRW), ainsi que d'autres obligations internationales relatives [notamment] à la préservation des mammifères marins et de l'environnement

---

[1148] Y. PRISNER-LEVYNE, *La protection de la faune sauvage terrestre en droit international public, op.cit.*, pp.87-88.
[1149] *Ibid.*
[1150] *Ibid.*
[1151] *Ibid.*
[1152] CIJ, *Requête introductive d'instance de l'Australie*, Affaire chasse à la baleine dans l'Antarctique (Australie c. Japon ; Nouvelle-Zélande (intervenant)), accessible sur : https://www.icj-cij.org/public/files/case-related/148/15952.pdf, consulté le 25 mars 2021.

marin »[1153] et à la CITES. En effet, au paragraphe 38 de sa requête, l'Australie soutient que, de surcroît, le Japon a violé et continue de violer, notamment, les obligations « en vertu de la CITES, les obligations afférentes aux principes fondamentaux énoncés à l'article II en ce qui concerne "l'introduction en provenance de la mer", dans des conditions autres qu'"exceptionnelles", d'un spécimen mentionné à l'annexe I, ainsi qu'aux dispositions du paragraphe 5 de l'article III, s'agissant des prises projetées de baleines à bosse dans le cadre du programme JARPA II[1154] »[1155].

L'Australie évoque avec force la CITES au paragraphe 6.8 de son mémoire, car pour elle, il est bien clair qu'« une activité est exercée à des fins commerciales si elle est orientée vers la revente, l'échange, la prestation d'un service ou toute autre forme d'utilisation économique ou d'obtention d'un avantage économique[1156] »[1157]. Elle renchérit en soulignant que, dans l'arrêt qu'elle a rendu sur l'exception préliminaire dans l'affaire des *Plateformes pétrolières*, la Cour a conclu que le mot "commerce" incluait "non seulement les activités mêmes d'achat et de vente, mais également les activités accessoires qui sont intrinsèquement liées au commerce"[1158]. De même, dans l'affaire du *Différend relatif à des droits de navigation et des droits connexes (Costa Rica c. Nicaragua)*, elle a considéré comme ayant lieu "aux fins du commerce" certaines activités préalables et antérieures à l'achat et à la vente proprement dits[1159] »[1160].

La Cour, quoique ne s'étant pas appuyée sur la CITES, mais estimant que le Japon avait effectivement violé certaines des dispositions invoquées[1161], dans son arrêt du 31 mars 2014, au point 7 de son dispositif, par douze voix contre quatre, décide que le Japon doit révoquer tout permis, autorisation ou

---

[1153] CIJ, *Chasse à la baleine dans l'Antarctique (Australie c. Japon ; Nouvelle-Zélande (intervenant))*, accessible sur : https://www.icj-cij.org/fr/affaire/148, consulté le 25 mars 2021.

[1154] Bien que les trois espèces de baleines ciblées par le programme JARPA II soient inscrites à l'Annexe I de la convention CITES, le Japon a formulé des réserves en ce qui concerne le petit rorqual et le rorqual commun.

[1155] CIJ, *Requête introductive d'instance de l'Australie*, *op.cit.*, p.19.

[1156] Résolution 5.10 de la conférence CITES.

[1157] CIJ, *Mémoire déposé par l'Australie, Affaire relative à la chasse à la baleine dans l'Antarctique (Australie c. Japon)*, Volume I, 9 mai 2011, p.174, accessible sur : https://www.icj-cij.org/public/files/case-related/148/17383.pdf, consulté le 25 mars 2021.

[1158] Plates-formes pétrolières (*République islamique d'Iran c. États-Unis d'Amérique*), exception préliminaire, arrêt, C.I.J. Recueil 1996 (II), p. 819, par. 49 ; Plates-formes pétrolières (*République islamique d'Iran c. États-Unis d'Amérique*), arrêt, C.I.J. Recueil 2003, p. 200, par. 80.

[1159] *Différend relatif à des droits de navigation et des droits connexes (Costa Rica c. Nicaragua), arrêt,*
C.I.J. Recueil 2009, p. 31, par. 73.

[1160] CIJ, *Mémoire déposé par l'Australie, op.cit.*, p.174.

[1161] À savoir les moratoires sur la chasse commerciale et les usines flottantes, ainsi que l'interdiction de la chasse commerciale dans le sanctuaire de l'océan Austral.

licence déjà délivrée dans le cadre de JARPA II et s'abstenir d'accorder tout nouveau permis au titre de ce programme[1162].

Par-delà cette approche classique fondée essentiellement sur le droit de la responsabilité internationale, les dimensions des menaces à l'encontre de l'environnement s'élargissent aux limites de la « maison commune » qu'est la planète Terre ; cette donne implique une réponse à ces problèmes au niveau du droit international[1163]. Ceci justifierait également une préférence de la soumission des différends à la CIJ, car celle-ci « a pour mission non seulement de résoudre un différend qui lui est soumis mais également de contribuer au développement progressif du droit international dans le cadre des exigences du Statut et du Règlement »[1164]. En effet, « la Cour a en effet pour mission de régler les différends qui lui sont soumis ainsi que celle d'assurer la « police » du développement scientifique du droit international »[1165].

Ainsi, comme il en a été pour le droit de la responsabilité internationale de l'État, lequel est, rappelons-le, d'essence prétorienne, le droit international de l'environnement dans son ensemble s'en trouverait ragaillardi par les différentes interprétations de la Cour et par d'autres bases qu'elle poserait, lesquelles contribueraient notamment à une meilleure compréhension de ce droit et à une meilleure codification future. Par ailleurs, la crainte de se voir jugé par cette haute cour internationale et le prestige qui caractérise les États, contribueraient à plus de vigilance et de responsabilité de la part de ces derniers.

Aussi, ces différentes réflexions prospectives ne pourront que contribuer à accroître l'effectivité et l'efficacité de la CITES, dans la perspective d'endiguer la criminalité liée aux espèces sauvages, dont principalement à l'éléphant d'Afrique. En effet, un certain nombre de réformes de la CITES et de lois nationales, le développement d'outils et de mécanismes innovants ainsi que le recours à des poursuites judiciaires au niveau international ont été proposés.

En ce qui concerne les amendements et réformes, ceux-ci viseraient à améliorer l'effectivité et l'efficacité de la CITES. D'une part, il a été suggéré d'apporter plusieurs modifications à certaines dispositions de la Convention, voire d'en insérer de nouvelles. Ces propositions ont notamment concerné la mise en place d'un mécanisme financier en appui à la CITES, l'institution de l'obligation d'élaborer une stratégie nationale CITES assortie d'un plan de mise en œuvre et d'un plan de lutte contre la criminalité liée aux espèces sauvages, l'insertion dans le texte de la Convention de l'expression « criminalité liées aux espèces sauvages », mais aussi de garantir une

---

1162 CIJ, *Chasse à la baleine dans l'Antarctique (Australie c. Japon ; Nouvelle-Zélande (intervenant)), Arrêt du 31 mars 2014*, p.300.

1163 R. RANJEVA, « L'environnement, la Cour internationale de Justice et la Chambre spéciale pour les questions de l'environnement », *loc.cit.*, p.438.

1164 *Ibid*, p.439.

1165 *Ibid*, p.436.

meilleure transparence et traçabilité tant dans le processus CITES que dans la gestion des stocks des produits saisis. D'autre part, les lois nationales d'application de la CITES devraient, en toute logique, prendre en compte les différentes modifications à apporter à la Convention. Ces divers amendements et réformes, mettant en place des mécanismes innovants ou renforçant ceux qui existent, viseraient à assurer le développement d'un bon système de régulation des espèces menacées d'extinction. Elles lutteraient efficacement contre la criminalité liée aux espèces sauvages, dont elles garantiraient une meilleure conservation et la reconstitution de leurs populations.

En fin de compte, à l'issue de ce deuxième chapitre consacré aux propositions de réformes et au développement des outils innovants pour endiguer la criminalité liée aux espèces sauvages, indiquons que les propositions d'amendements et de réformes seraient également soutenues par des poursuites judiciaires au niveau international pour toute activité qui se ferait en violation de la Convention. En effet, l'idée est d'aller au-delà du système de répression actuel qui ne se pratique qu'au niveau national aux termes de l'article VIII.1 de la CITES. Cette démarche pourrait se matérialiser notamment par l'insertion de l'écocide comme un cinquième crime devant relever de la compétence de la Cour pénale internationale.

Par ailleurs, avec l'ampleur que prend le trafic des espèces sauvages, avec les différents risques que cela engendre, avec ses impacts dans plusieurs domaines de vie de l'homme dont la santé, la sécurité et le développement, il a été envisagé de recourir au droit de la responsabilité internationale des États en matière environnementale. Ce recours aurait notamment pour objectif de soumettre les différends concernés à la Cour internationale de justice. Celle-ci, de par son expérience, sa technicité et sa notoriété, devrait notamment contribuer à une meilleure compréhension de ce droit international de l'environnement, encore en quête d'effectivité et d'efficacité, et à une meilleure codification future.

CONCLUSION GÉNÉRALE

Cette étude a, sans avoir la prétention d'être exhaustive, d'une part, présenté le système de régulation du commerce international des espèces de faune et de flore mis en place par la CITES ainsi que l'évolution des politiques et stratégies de lutte contre la criminalité liée aux espèces sauvages. À l'issue de ce travail, la transposition de la CITES sur le plan national ainsi que quelques décisions judiciaires belges et congolaises ont été analysés. D'autre part, cette étude a évalué, en se fondant sur certains indicateurs, l'effectivité et l'efficacité de la CITES et de sa mise en œuvre en Belgique et en RDC, et a pu en relever quelques faiblesses et lacunes. Fort de cela, quelques recommandations sont formulées, notamment certains amendements et réformes propres à renforcer le système CITES et à endiguer l'épineux problème de la criminalité liée aux espèces sauvages.

Cette étude relève un volume important des transactions commerciales, à la suite de la forte demande mondiale et du développement d'un vaste marché parallèle de certaines espèces sauvages, en violation des conventions et des législations nationales. Des tels constats laissent craindre l'extinction de plusieurs espèces, crainte déjà ressentie il y a une cinquantaine d'années. En effet, les statistiques sont plus qu'inquiétantes. On relève que, de 1975 à 2010, la CITES aura enregistré près de 9 millions de transactions commerciales. De 2010 à 2020, celles-ci ont explosé et ont atteint 12 millions, pour un total global de 21 millions de transactions. On constate depuis 2011 que le taux de criminalité liée aux espèces sauvages croît constamment. Le commerce illicite de l'ivoire s'est intensifié, poussé par l'augmentation continue de la demande d'ivoire sur les marchés asiatiques. On estime qu'environ 5,6 tonnes d'ivoire sont saisies par an. Sur le plan financier, le commerce illégal des espèces de faune est estimé à « 23 milliards USD par an »[1166]. Tandis que l'ivoire, à lui seul, est estimé à 400 millions de dollars américains par an. C'est ce qui attire notamment la convoitise et justifie l'implication des groupes criminels organisés, la pratique du blanchiment d'argent des gains issus de ce commerce illégal, mais aussi l'utilisation fréquente de la corruption pour le faciliter.

Par ailleurs, on constate que le trafic des espèces sauvages a un fort impact sur la biodiversité, qui se voit entamée, et ce qui perturbe le fonctionnement des écosystèmes. Ce commerce a également des conséquences sur la sécurité tant internationale, nationale que locale avec notamment l'implication des réseaux criminels, le lien avec le terrorisme et l'usage d'armes à feu. Ceci affecte également les économies et le développement, mais aussi l'état de droit avec plusieurs cas de violations des droits de l'homme et la fragilisation de l'appareil étatique par la corruption. Enfin, le commerce illégal des espèces sauvages serait un important vecteur des zoonoses comme la COVID-19.

1166 V. CROOK, E. VAN DER HENST and al., *Stop wildlife cybercrime in the EU: online trade in reptiles and birds in Belgium and the Netherlands*, *op.cit.*, p.10.

Avec de telles données, si on pouvait capturer la situation des espèces sauvages de ces 10 dernières années, remonter le temps, et la présenter à la conférence de l'IUCN de 1963, et à des réunions suivantes dont celle de Washington du 3 mars 1973, il serait évident que la Convention signée n'aurait pas été la même. Il n'est pas impossible qu'à cette date-là, les signataires de la CITES auraient pu adopter des mesures interdisant purement et simplement le commerce des espèces de faune et de flore sauvages à l'échelle internationale. Au meilleur des cas, la quasi-totalité des espèces serait classée à l'Annexe I, et des mesures de contrôle auraient été renforcées à cet effet.

Dans un monde idéal, face à la situation décriée entre les années 1960 et 1970, il aurait suffi d'appliquer convenablement la CITES pour espérer redresser la situation et s'éloigner de cette vision apocalyptique laissant craindre l'extinction tous azimuts de plusieurs espèces dont le commerce est à ce jour réglementé. Cependant, la réalité est que, à la suite de la forte demande, de l'appât du gain et, malheureusement, de certaines faiblesses légales et de gouvernance, des animaux et des plantes se trouvent davantage menacées par l'ampleur du trafic. Ainsi, si on n'y prend pas garde, plusieurs espèces pourraient connaître l'apocalypse prédite il y a une cinquantaine d'années.

À ce jour, l'évaluation de l'effectivité et de l'efficacité de la CITES et de son application nationale a montré une disparité réelle dans sa mise en œuvre. Il en ressort globalement que l'effectivité et l'efficacité de la CITES, prises ensemble, sont estimées à 65,62 %. Sa mise en œuvre en Belgique est estimée à 61,5 %[1167] et en RDC à 50 %[1168]. Ainsi, la CITES irait donc à 60 km/heure, alors que la déperdition des espèces, soutenue notamment par leur commerce international, foncerait à 100 km/heure. Il s'en dégage, non pas que des efforts ne sont pas fournis, mais que l' « adversaire » en face y met plus d' « énergie » et avance plus vite. Ainsi, excepté son propre travail, déjà compliqué, la CITES se retrouve derrière à essayer de colmater les brèches que laisse le commerce illégal.

L'évaluation de la CITES a notamment démontré que celle-ci ne dispose pas d'assez de moyens financiers pour sa bonne mise en œuvre. En effet, avec un budget annuel d'environ 6 millions de dollars américains collectés à titre de fonds d'affectation spécial, avec des ressources additionnelles dites financements externes d'environ 6 à 12 millions de dollars américains, la CITES ne sait pas faire face aux charges qu'exige son fonctionnement optimal, ni garantir la mise en œuvre de certaines de ses résolutions et décisions ni apporter aux Parties les soutiens dont elles auraient besoin.

[1167] Soit la moyenne des 70% de l'évaluation de l'effectivité et des 53% de l'efficacité.
[1168] Soit la moyenne des 66% de l'évaluation de l'effectivité et des 34% de l'efficacité.

Quant à ses membres, le constat est que, pour la plupart d'entre eux, la lutte contre la criminalité liée aux espèces sauvages « n'est pas une priorité, malgré son ampleur réelle et potentielle, et malgré ses conséquences » [1169]. En effet, non seulement qu'elle reste souvent négligée et mal comprise, mais les États sont écartelés entre les pesanteurs économiques, scientifiques et politiques. Les politiques en la matière ainsi que les lois et l'application de celles-ci n'ont pas, ou pas toujours, suivi les changements et les modalités du trafic de faune et de flore. Les cadres juridiques « peu développés, des sanctions peu ou mal appliquées, de mauvaises pratiques judiciaires ainsi qu'une mauvaise compréhension des différents facteurs qui animent les infractions contre les espèces sauvages ont conduit à ce que d'importantes ressources végétales et sauvages soient menacées » [1170], entre autres, par le trafic des espèces sauvages.

Le fait que globalement les questions environnementales semblent ne pas constituer une priorité pour les Parties pourrait justifier les faibles moyens consacrés à la mise en œuvre de la CITES et à la lutte contre la criminalité liée aux espèces sauvages. En effet, on peut noter que « malgré l'ampleur de la politique à mener sur un espace important et sur le long terme, la responsabilité juridique et matérielle de la mise en œuvre des décisions reste l'affaire de gouvernements ne disposant que de moyens financiers, humains et technologiques limités face à des demandes internes qui s'accumulent (santé, éducation, sécurité, communications, etc.). Dans ce cadre, les exigences de la CITES ne sont pas perçues comme des priorités, mais comme des charges nouvelles »[1171]. Ainsi, globalement, les pays en développement, contrairement aux pays développés, ont plus de difficultés à mettre en œuvre la CITES. Ceci est également confirmé par les résultats des évaluations de la mise en œuvre de la CITES effectuées pour la Belgique et pour la RDC qui sont respectivement à 61,5 % et à 50 %.

De ces analyses, nous pouvons confirmer, d'une part, le rôle pivot de la CITES dans la conservation de la biodiversité et dans la lutte contre la criminalité liée aux espèces sauvages et, d'autre part, son faible niveau d'effectivité et d'efficacité à cause de pesanteurs économiques, scientifiques et politiques, et aussi de certaines lacunes et faiblesses des législations nationales relatives à sa mise en œuvre. Ainsi, de façon globale, on constate que les efforts consentis, bien qu'énormes, ne sont pas encore suffisants. Aussi, afin de renforcer l'effectivité et l'efficacité de la CITES et de lutter efficacement contre la criminalité liée aux espèces sauvages en général et

---

[1169] UNODC, *Compilation d'outils pour l'analyse de la criminalité liée aux espèces sauvages et aux forêts*, *op.cit.*, p.3.
[1170] *Ibid.*
[1171] C. FRANÇOIS, « L'humanité, l'éléphant et le paysan. Bien commun et pouvoir local », *loc.cit.*, p.126.

contre le commerce illégal des espèces sauvages en particulier, avons-nous formulé un certain nombre de recommandations dont :

Au niveau international :

- l'application des dispositions de la CITES. En effet, pour que la Convention atteigne son objectif, elle se doit d'être appliquée convenablement par les Parties. Pour ce, il faudrait s'assurer que sa compréhension ne pose aucun problème d'interprétation. Car les faibles niveaux d'effectivité et d'efficacité, à l'instar de certains manquements, trouvent aussi leur source dans « les difficultés d'interprétation de conventions peu claires et/ou, peu précises »[1172]. La CITES devrait donc s'outiller davantage pour assurer un suivi régulier de cette application ;
- l'institution d'un mécanisme financier soutenant l'action de la CITES devrait faire l'objet d'un amendement à la Convention. C'est ainsi que nous avons suggéré l'institution d'un Fonds CITES (FCITES). Celui-ci permettrait de doter la CITES des moyens financiers nécessaires devant faciliter l'atteinte de son objectif. Consécutivement à l'institution d'un tel mécanisme, il a été suggéré d'insérer dans le texte de la Convention deux nouveaux articles portant respectivement sur les ressources financières et sur le mécanisme financier. Ainsi, on pourrait envisager d'insérer deux articles entre les articles XVI et XVII ;
- l'insertion des dispositions sur la lutte contre la criminalité liée aux espèces dans le texte de la Convention. En effet, avec l'ampleur de cette criminalité et l'intérêt que la CITES lui accorde depuis près d'une décennie, il serait indiqué de reprendre ces termes dans le corps même de la Convention. En ce moment, deux dispositions de la Convention renvoient implicitement à cette lutte. D'une part, l'article II.4 qui prévoit que les Parties ne permettent le commerce des spécimens des espèces inscrites aux Annexes I, II et III qu'en conformité avec les dispositions de la présente Convention. D'autre part, l'article VIII.1 qui, pour sa part, prévoit notamment que les Parties prennent les mesures appropriées en vue de la mise en application des dispositions de la présente Convention ainsi que pour interdire le commerce de spécimens en violation de ses dispositions. Il est bien clair que tout commerce réalisé en violation de ces dernières est illégal et rentre bien dans la définition de la criminalité liée aux espèces sauvages ;
- l'institution de l'obligation d'élaborer au plan national une stratégie nationale CITES assortie d'un plan de mise en œuvre et d'un plan de lutte contre la criminalité liée aux espèces sauvages. En effet, afin de renforcer l'effectivité et l'efficacité de l'organisation, les Parties devraient se doter de stratégies nationales d'application de la CITES et des deux plans ci-haut indiqués. Avec des outils, des résultats, des actions et des indicateurs précisément identifiés ainsi que les moyens de pouvoir y parvenir (ressources

[1172] S. MALJEAN-DUBOIS, « La mise en œuvre du droit international de l'environnement », *loc.cit.*, p.26.

humaines, financières, logistiques, etc.). À cet effet, nous avons suggéré d'amender l'article II de la Convention se rapportant aux Principes fondamentaux en y rajoutant un 5e paragraphe, lequel indiquerait clairement l'obligation pour chaque Partie d'élaborer une stratégie nationale CITES assortie d'un plan d'action global et d'un plan d'action spécifique de lutte contre la criminalité liée aux espèces sauvages ainsi que d'autres plans qui s'avéreraient nécessaires ;

- la poursuite des actions visant à la réduction de la demande mondiale des produits de faune. Car, à ce jour, il est clairement reconnu que « nous ne pouvons pas arrêter la criminalité liée aux espèces sauvages uniquement par des interventions au niveau de la chaîne d'approvisionnement. Tant qu'il existera une forte demande de la part des consommateurs pour les produits illicites et les animaux sauvages, les prix du marché resteront élevés, les criminels font des bénéfices intéressants et le nombre de saisies ne diminue pas. C'est l'utilisateur final qui a le véritable pouvoir de sauver les espèces de l'extinction »[1173]. C'est ainsi que la CITES a notamment pris résolution Conf. 17.4 sur les stratégies de réduction de la demande pour lutter contre le commerce illicite d'espèces CITES ainsi que plusieurs décisions (18.86 – 18.87) sur la réduction de la demande pour lutter contre le commerce illégal, analysées tous dans le titre II. La CITES devrait continuer à multiplier des actions et des initiatives, voire prévoir des incitations, pour diminuer la demande ;

- l'insertion dans le texte de la Convention de l'utilisation des permis électroniques (*e*Permis). En effet, il convient également de relever, avec notamment les avancées technologiques et le besoin de sécurisation du système même de régulation CITES, la nécessité du permis électronique. En effet, afin d'améliorer la mise en œuvre de la Convention, l'instauration de l'*e*CITES a été proposée. Utilisant les technologies modernes de l'information et de la communication, elle simplifie le commerce licite et lutte contre le trafic, Avec ce système, il est envisagé de migrer vers les permis électroniques[1174]. Par ailleurs, il convient de préciser que l'automatisation des procédures et l'échange électronique d'informations ne sont pas un objectif en soi, mais plutôt un outil pour simplifier et améliorer le travail des administrations et leur force à mettre en œuvre la Convention[1175] ;

[1173] M. Morley, *Le rapport de l'ONUDC révèle des chiffres alarmants et la nature véritablement internationale du commerce illégal d'espèces sauvages*, *op.cit.* ; Parlement européen, *Résolution 2016/2054(INI)*, *op.cit.*, p.6.

[1174] CITES, *eCITES*, *op.cit.*

[1175] Le Secrétariat fournit un ensemble de normes, d'outils et d'instruments de renforcement des capacités aux Parties pour soutenir la mise en œuvre de l'eCITES. Les composants d'eCITES sont développés par différentes parties prenantes, notamment par le Groupe de travail CITES sur les systèmes électroniques et les technologies de l'information, le Secrétariat CITES et le programme SYDONIA de la Conférence des Nations unies sur le commerce et le développement (CNUCED).

- le primat de considérations scientifiques sur les considérations politiques, économiques et éthiques dans les débats et prises de résolutions et décisions CITES. Étant donné la nature de la CITES, elles devraient être l'élément central qui mettrait toutes les Parties d'accord sur la nécessité de l'adoption d'une mesure. Or, à ce jour, le constat est que certaines Parties font davantage passer au premier plan les considérations d'ordres politiques et économiques. Par ailleurs, certaines ONG, voire des personnalités, font passer en avant-plan des considérations d'ordre éthique les poussant notamment à entrevoir une interdiction globale du commerce ;
- le renforcement des poursuites pénales des crimes liées aux espèces sauvages au niveau des juridictions internationales. À cet effet, la reconnaissance au niveau international d'un crime d'écocide relevant de la compétence de la Cour pénale internationale a été suggérée. En effet, il faudrait envisager d'amender le Statut de Rome sur la CPI. Cela pourrait consister soit à maintenir les quatre crimes relevant actuellement de la CPI et à y apporter des modifications de sorte qu'ils permettent d'inclure la poursuite des graves atteintes environnementales, soit à compléter la liste des crimes repris à l'article 5 afin d'inclure l'écocide comme le cinquième crime. Un tel amendement serait une des grandes victoires du droit international de l'environnement, à condition que la communauté internationale puisse l'accepter comme tel. Si pareille idée relèverait selon certains auteurs, « comme Alain PELLET, [...] d'un effet de mode que d'une réalité juridique correspondant à la pratique[1176], force est de constater qu'elles témoignaient déjà, il y a [un peu plus de 30 ans aujourd'hui], de l'intérêt que portait la communauté internationale à la préservation de l'environnement en temps de paix comme durant un conflit armé »[1177]. À ce jour, avec l'ampleur des crimes environnementaux et leurs conséquences notables sur la santé, l'économie, la sécurité et la vie humaine, il est plus que temps de tenter « d'appeler de nouveau ladite communauté à reconnaître l'existence d'un crime spécifique d'atteinte à l'environnement »[1178] ;
- la reconnaissance de la compétence de la CIJ en ce qui concerne la responsabilité internationale des États en matière environnementale. En effet, « par-delà cette approche classique fondée essentiellement sur le droit de la responsabilité internationale, les dimensions nouvelles des menaces à l'environnement s'élargissent aux limites de la « maison commune » qu'est la planète Terre ; cette donne implique une réponse à ces problèmes au niveau du droit international[1179]. Ceci justifierait également la préférence pour la

[1176] A. PELLET et P. DALLIER, cités par H. SOLVEIG, « Le pouvoir de sanction des mécanismes internationaux de règlement des différends dans le domaine de l'environnement », *loc.cit*, p.226.
[1177] H. SOLVEIG, « Le pouvoir de sanction des mécanismes internationaux de règlement des différends dans le domaine de l'environnement », *loc.cit*, p.226.
[1178] *Ibid*
[1179] R. RANJEVA, « L'environnement, la Cour internationale de Justice et la Chambre spéciale pour les questions de l'environnement », *loc.cit.*, p.438.

soumission des différends à la CIJ, car celle-ci « a pour mission non seulement de résoudre un différend qui lui est soumis, mais également de contribuer au développement progressif du droit international dans le cadre des exigences du Statut et du Règlement »[1180]. En effet, « la Cour a en effet pour mission de régler les différends qui lui sont soumis ainsi que celle d'assurer la « police » du développement scientifique du droit international »[1181]. En conséquence, nous estimons que les Parties à la CITES feraient œuvre utile en insérant une modification à l'article VIII de la Convention afin d'y inclure la reconnaissance de la compétence de la CIJ en matière de règlement de différends ;

- le plaidoyer à faire pour l'adoption d'un protocole additionnel à la Convention des Nations unies contre la criminalité transnationale organisée visant à prévenir, réprimer et punir le trafic des espèces sauvages. En effet, comme relevé plus haut, la problématique de cette criminalité est complexe. D'une part, il est constaté notamment que « les flux de ces vastes cargaisons d'ivoire montrent que les réseaux transnationaux de criminalité organisée s'impliquent de plus en plus dans le commerce illégal d'ivoire »[1182] et d'autres produits de faune sauvage (cornes de rhinocéros, écailles de pangolins, diverses espèces de reptiles, etc.). Il s'agit là des réseaux existants et qui s'intéressent à ce commerce pour son gain. D'autre part, à l'inverse, des réseaux criminels naissent aussi à partir de ce trafic avec une chaîne d'acteurs de la base pour le prélèvement à la commercialisation. Afin de bien profiter de leurs entreprises criminelles, les trafiquants s'organisent de mieux en mieux pour devenir de plus en plus une criminalité structurée dont les gains sont blanchis puis financent notamment le terrorisme. Ainsi perçue, la criminalité liée aux espèces sauvages tend de plus en plus dépasser la simple délinquance pour carrément verser dans une forme de criminalité organisée.

Au niveau national, il conviendrait de *:*

- vulgariser et appliquer les législations sur la CITES. Comme pour la Convention, le premier effort à fournir en vue d'améliorer l'effectivité et l'efficacité des lois nationales sur la CITES est de les vulgariser et de les appliquer. En effet, un texte non connu ne peut qu'être faiblement appliqué. Par ailleurs, il est de la responsabilité de chaque Partie de veiller à l'application de ses lois. Dans ce but, la Partie concernée doit notamment prendre les différentes mesures exigées par la loi, mettre en place des structures et des outils identifiés ou institués par la loi, allouer les moyens humains, financiers et logistiques nécessaires, adopter un plan de mise en œuvre de la loi, etc. ;

1180 R. RANJEVA, « L'environnement, la Cour internationale de Justice et la Chambre spéciale pour les questions de l'environnement », *loc.cit.*, p.439.

1181 *Ibid*, p.436.

1182 Commission européenne, *Régime de l'Union européenne réglementant le commerce intra-UE et la réexportation d'ivoire*, *op.cit.*, p.2, Nations unies, *Note du Secrétaire général*, A/59/565, *op.cit.*, p.12.

- renforcer et/ou compléter les cadres légaux sur la CITES. Tant la Belgique que la RDC disposent chacune en ce moment d'un projet de loi important sur la CITES et, ce, en dépit du fait qu'elles soient toutes deux considérés par la CITES comme disposant des législations généralement conformes à la mise en œuvre de la Convention. Le cadre légal belge est d'autant plus complexe qu'il faut appliquer à la fois le droit national et la réglementation communautaire. La RDC, pour sa part, devrait adopter un cadre réglementaire (décrets et arrêtés) pour la mise en œuvre des lois existantes. Il va de soi, que sans ces mesures d'application, le degré d'effectivité et d'efficacité des lois CITES sus-évoquées ne peut qu'être faible. En effet, certaines lois ou certaines de leurs dispositions, en dépit du fait qu'elles soient promulguées, publiées dans un journal officiel et entrées en vigueur, en dépit de ce « caractère immédiatement exécutoire de la loi »[1183], ne pourront que demeurer stériles si des mesures d'application ne sont pas prises. Rappelons que « les trafiquants des espèces sauvages, lesquels opèrent dans plusieurs régions et pays, exploitent régulièrement les lacunes et les divergences qui existent dans les différentes législations nationales, en droit pénal et dans d'autres lois relatives aux espèces sauvages et aux forêts, ainsi que les problèmes structurels liés à la mise en œuvre de ces cadres juridiques »[1184]. À ceux-ci s'ajoutent également des défis supplémentaires comme « l'absence de lois sur la protection des dénonciateurs et des témoins d'irrégularités dans ce domaine [...] ; et l'omission de désigner les atteintes aux espèces sauvages comme infractions principales dans la législation destinée à lutter contre le blanchiment de capitaux »[1185], défis qu'il faudrait combler en adoptant les lois appropriées ;
- procéder à des évaluations périodiques de la mise en œuvre des lois sur la CITES. En effet, il ne faudrait pas perdre de vue que, dans le cycle de vie d'une loi, il faudrait prévoir des mécanismes pour son évaluation afin notamment de pouvoir combler certaines lacunes légales qu'elles soient *intra legem* (voulue par le législateur) ou *praeter legem* (outre la loi)[1186]. Ces mécanismes peuvent tout aussi bien être parlementaires qu'extraparlementaires. Ce n'est qu'en évaluant régulièrement la mise en œuvre d'une loi qu'on peut évaluer si elle est en mesure d'atteindre ou pas ses objectifs, et qu'on peut apporter les réajustements nécessaires (amendements, allocation des moyens supplémentaires, etc.) ;
- assurer la transparence et la traçabilité dans la gestion des stocks des produits CITES : cas du système national de gestion des stocks d'ivoire. Car, des systèmes de gestion des stocks solides sont essentiels pour réduire le

---

1183 M. PRIEUR, « Qui retarde l'entrée en vigueur des lois sur l'environnement ? », *loc.cit.*, p.327.
1184 PNUE, *Rapport du Symposium sur le renforcement des cadres juridiques pour combattre la criminalité liée aux espèces sauvages en Afrique centrale et occidentale*, *op.cit*, p.1.
1185 *Ibid.*
1186 En ce qui concerne les lacunes *praeter legem*, elles peuvent se manifester à la suite d'évolutions scientifiques et/ou technologiques.

risque de corruption et de contrebande, pour sauvegarder les preuves dans les affaires sur la criminalité liée à la faune et préserver les produits d'analyse médico-légale, et pour favoriser une culture de responsabilité et de transparence[1187]. Des tels systèmes favorisent la transparence et la traçabilité des produits d'ivoire et, de ce fait, permettent également de réduire le taux de criminalité relatif aux produits en ivoire ;

- renforcer des actions de lutte contre la criminalité liée aux espèces sauvages au niveau national. En effet, le poids de la mise en œuvre de la CITES repose sur les Parties. C'est le niveau de mise en œuvre de la Convention par celles-ci qui détermine son degré d'effectivité et d'efficacité. Aussi, afin de s'assurer de concourir à l'atteinte de la finalité de la CITES, il conviendrait, dans l'état actuel des choses, que les Parties puissent notamment renforcer les capacités humaines et techniques des agences, les capacités financières et logistiques, l'efficience dans l'utilisation desdites ressources, la surveillance des zones économiques de libre-échange, mais aussi le renforcement de la collaboration entre agences nationales ;
- inscrire la question d'application de la loi et les efforts subséquents dans une vision globale de développement durable et de sensibilisation du grand public. En effet, « il est nécessaire de poursuivre l'analyse des marchés des utilisateurs finaux, de concevoir, soutenir et mettre en œuvre systématiquement des campagnes de sensibilisation et d'identifier d'autres produits pouvant remplacer ceux issus d'espèces sauvages relevant du commerce illégal »[1188]. Les communautés locales ou riveraines, la société civile et le secteur privé sont des acteurs importants dans la mise en œuvre de la CITES et dans la lutte contre la criminalité liée aux espèces sauvages. D'où la nécessité de les impliquer de façon active ;
- renforcer le rôle du pouvoir judiciaire dans la lutte contre la criminalité liée aux espèces sauvages. D'où la nécessité de s'assurer une bonne maîtrise des questions environnementales par les membres de ce corps. Par ailleurs, ils doivent avoir une bonne compréhension de l'ampleur de cette criminalité et des enjeux attachés afin de véritablement refléter la valeur de la société. Sinon, le juge naviguerait dans le sens contraire des attentes et des aspirations profondes de la société. Ainsi, comme le relève Rob WHITE pour que le système pénal soit efficace, il faudrait indéniablement un changement significatif dans l'attitude générale des tribunaux à l'égard des dommages environnementaux et dans les valeurs spécifiques attachées aux différents types de dommages environnementaux[1189].

[1187] S. ZAIN, « Corrupting trade : An overview of corruption issues in illicit wildlife trade », *op.cit.*, pp.7-8.

[1188] C. NELLEMANN, R. HENRIKSEN, P. RAXTER, N. ASH and.E. MREMA (dir.), *La crise de la criminalité environnementale - le commerce et l'exploitation illégale de la faune et des ressources forestières menacent le développement durable*, *op.cit.*, p.97.

[1189] R. WHITE, *Transnational Environmental Crime*, *op.cit.*, p. 123.

Telles sont les quelques recommandations qui peuvent améliorer l'effectivité et l'efficacité de la CITES tant au niveau international que national.

Au total, la contribution de cette étude aura été, de par l'analyse critique et comparative de la mise en œuvre de la CITES, de démontrer qu'en dépit de plusieurs efforts louables dont l'existence de plusieurs textes de loi pour son application, la réalisation d'importantes saisies et arrestations, l'existence de jugements de condamnation des criminels appartenant au syndicat du crime contre les espèces sauvages, la régulation du commerce international des espèces menacées d'extinction et la lutte contre la criminalité liée aux espèces sauvages exigent encore beaucoup d'efforts. Les analyses et les propositions prospectives avancées ont pour objectif de renforcer l'effectivité et l'efficacité de la CITES, laquelle peut utilement contribuer à la lutte contre la criminalité liée aux espèces sauvages et à une meilleure conservation des espèces inscrites dans ses annexes.

BIBLIOGRAPHIE

I. Conventions et textes internationaux

Conventions générales et spécialisées

1. Convention sur le commerce international des espèces de faune et de flore sauvages menacées d'extinction, Washington D.C., 3 mars 1973, RTNU, vol. 993, p. 244 (entrée en vigueur le 1er juillet 1975).
2. Convention sur la conservation des espèces migratrices appartenant à la faune sauvage, Bonn, 23 juin 1979, RTNU, vol. 1651, p. 333 (entrée en vigueur le 1er novembre 1983).
3. Convention sur la diversité biologique, Rio de Janeiro, 5 juin 1992, RTNU, vol. 1760, p. 79 (entrée en vigueur le 29 décembre 1993).
4. Convention concernant la protection du patrimoine mondial culturel et naturel, Paris, 23 novembre 1972, RTNU, vol. 1037, p. 174 (entrée en vigueur le 17 décembre 1975).
5. Convention relative aux zones humides d'importance internationale particulièrement comme habitats des oiseaux d'eau (Ramsar, 1971).
6. Convention des Nations unies contre la criminalité transnationale organisée, New York, 15 novembre 2000, RTNU, vol. 2225, p. 209 (entrée en vigueur le 29 septembre 2003).
7. Convention des Nations unies contre la corruption, New York, 31 octobre 2003, RTNU, vol. 2349, p. 41 (entrée en vigueur le 14 décembre 2005).
8. Convention internationale pour la répression du financement du terrorisme, New York, 9 décembre 1999, RTNU, vol. 2178, p. 197 (entrée en vigueur le 10 avril 2002).
9. Charte des Nations unies, San Francisco, 26 juin 1945 (entrée en vigueur le 24 octobre 1945)
10. Statut de la Cour internationale de Justice, San Francisco, 24 octobre 1945.
11. Statut de Rome de la Cour pénale internationale, Rome, 17 juillet 1998, RTNU, vol. 2187, p. 3 (entrée en vigueur 1 juillet 2002).

Conventions et réglementations régionales

1. Convention africaine pour la conservation de la nature et des ressources naturelles, Maputo, 2003.
2. Convention relative à la conservation de la vie sauvage et du milieu naturel de l'Europe (Convention de Berne), Berne, 1979.
3. Règlement (CE) n° 338/97 du Conseil du 9 décembre 1996 relatif à la protection des espèces de faune et de flore sauvages par le contrôle de leur commerce, JO L 61 du 3 mars 1997, p.1.
4. Règlement (CE) n° 865/2006 du 4 mai 2006 sur les modalités d'application du règlement (CE) n°338/97 du Conseil relatif à la protection des espèces de faune et de flore sauvages par le contrôle de leur commerce, JO L 166 du 19 juin 2006.
5. Règlement (CE) n° 709/2010 du 22 juillet 2010 portant modification de la liste les espèces menacées d'extinction, JO L 212/1 du 12 août 2010.
6. Règlement d'exécution (UE) n°792/2012 de la Commission du 23 août 2012 établissant les règles relatives à la forme des permis, des certificats et autres documents prévus, JO L 242 du 7 septembre 2012.

7. Règlement d'exécution (UE) 2017/1915 de la Commission du 19 octobre 2017 interdisant l'introduction dans l'Union de spécimens de certaines espèces de faune et de flore sauvages, JO L 271 du 20 octobre 2017.

II. Législations nationales

République Démocratique du Congo

1. Constitution de la République Démocratique du Congo du 18 février 2006, modifiée par la Loi n° 11/002 du 20 janvier 2011 portant révision de certains articles de la Constitution de la République Démocratique du Congo du 18 février 2006, J.O., Numéro spécial, 52e année, 5 février 2011.
2. Décret du 30 janvier 1940 portant Code pénal Congolais tel que modifié et complété à ce jour, J.O. Numéro spécial du 30 novembre 2004.
3. Loi n° 04/016 du 19 juillet 2004 portant lutte contre le blanchiment des capitaux et le financement du terrorisme, J.O., 45ème Année, du 1er août 2004.
4. Loi n°14/003 du 11 février 2014 relative à la conservation de la nature, J.O. Numéro°4 -I du 15 février 2015.
5. Loi n° 82-002 du 28 mai 1982 portant réglementation de la chasse.
6. Arrêté n°056 CAB/MIN/AFF-ECNT/F/01/00 du 28 mars 2000 portant réglementation du commerce international des espèces de la faune et de la flore menacées d'extinction (CITES).
7. Arrêté ministériel n°020/CAB/MIN/ECN-EF/2006 du 20 mai 2006 portant agrément de la liste des espèces animales protégées RDC.
8. Arrêté n° 014/CAB/MIN/ENV/2004 du 29 avril 2004 relatif aux mesures d'exécution de la Loi n° 82-002 du 28 mai 1982 portant réglementation de la chasse, J.O. Numéro°14 du 15 juillet 2005.
9. Arrêté ministériel 052/CAB/MIN/ECNEF/2006 du 7 décembre 2006 portant désignation de l'organe de gestion et autorités scientifiques CITES en République Démocratique du Congo, J.O. Numéro 3 du 1er février 2007.
10. Arrêté ministériel n° 021/CAB/MIN/EDD/AAN/WF/05/2017 du 31 aout 2017 portant transfert de l'organe de gestion CITES à l'Institut Congolais pour la Conservation de la Nature.

Royaume de Belgique

1. Constitution belge de 1993, M.B. du 17-02-1994, numéro 1994021048, p. 4054.
2. Loi du 12 juillet 1973 sur la conservation de la nature, M.B. du 11-09-1973, numéro 1973A71207, p.10306.
3. Loi du 28 juillet 1981 portant approbation de la Convention sur le commerce international des espèces de faune et de flore sauvages menacées d'extinction, M.B. du 30 décembre 1983, numéro 1981072850, p.16533.
4. Arrêté royal du 9 avril 2003 relatif à la protection des espèces de faune et de flore sauvages par le contrôle de leur commerce, M.B. du 6 juin 2003, numéro 2003022498, p.31045.
5. Loi spéciale du 8 août 1980 de réformes institutionnelles, M.B. du 15 août 1980.

6. Décret relatif au Code wallon du Bien-être des animaux du 4 octobre 2018 (M.B du 31-12-2018).
7. Arrêté du Gouvernement flamand du 15 mai 2009 relatif à la protection et à la gestion des espèces (M.B., 13 août 2009).
8. Ordonnance du 1er mars 2012 de la Région de Bruxelles-Capitale relative à la conservation de la nature (M.B., 16 mars 2012, modifiée par ordonnance du 10 mai 2012).
9. Loi fédérale du 20 janvier 1999 sur la protection du milieu marin, M.B. du 12 mars 1999, numéro 1999022033, p.8033.
10. Code pénal belge du 8 juin 1867 tel que complété et modifié à ce jour, M.B. du 9 juin 1867, numéro 1867060850, p.3133.
11. Loi du 18 septembre 2017 relative à la prévention du blanchiment de capitaux et du financement du terrorisme et à la limitation de l'utilisation des espèces, M.B. du 6 octobre 2017, numéro 2017013368, p.90839.
12. Loi du 6 janvier 2003 concernant les méthodes particulières de recherche et quelques autres méthodes d'enquête, M.B. du 12 mai 2003, numéro 2003009347, p.25351.

III. Jurisprudence

1. Affaire de la chasse à la Baleine dans l'Antarctique, Australie c. Japon, CIJ, mai 2010.
2. Affaire certaines activités menées par le Nicaragua dans la région frontalière (Costa Rica c. Nicaragua), CIJ, 16 décembre 2015 & 2 février 2018, rôle général n°150.
3. Affaire construction d'une route au Costa Rica le long du fleuve San Juan (Nicaragua c. Costa Rica), CIJ, 22 décembre 2011.
4. Tribunal de grande instance de Boende, RP 325 – L.B. c/ M.P et PC (ICCN), Tshuapa, le 10 octobre 2019 – braconnage dans une aire protégée.
5. Tribunal de paix de Kinshasa/Kinkole, RP 11.555 – Z.D. c/ M.P et PC (ICCN et RDC), Kinshasa, le 29 avril 2014 – détention illégale de défense d'éléphant et contrebande.
6. Tribunal correctionnel néerlandophone de Bruxelles, le 3 novembre 2016 - Importation illégale d'ivoire transformé.
7. Tribunal correctionnel néerlandophone de Bruxelles, le 8 octobre 2017 - Commerce illégal entre Sierra Leone et Beijing des hippocampes séchés et de l'ivoire.

IV. Doctrine

Ouvrages

1. AFFILE, B. et GENTIL, C., *Les grandes questions de l'économie contemporaine*, Paris, Éditions l'Étudiant, 2007.
2. ALLAND, D. et RIALS, S., *Dictionnaire de culture juridique*, Paris, PUF, 2003.
3. ANDERSEN, R., DEOM, D. et RENDERS, D. (dir), *Les sanctions administratives*, Bruxelles, Bruylant, 2007.
4. ARBOUR, J.-M. et LAVALLEE, S., *Droit international de l'environnement*, Québec, Éditions Yvon Blaise, 2e édition, 2001.

5. ARNAUD, A.J. (dir.), *Dictionnaire encyclopédique de théorie et de sociologie du droit*, Paris, LGDJ et Storyscientia, 1988.
6. BAKER, B., JACOBS, R., MANN, M., ESPINOZA, E. and GREIN, G., *CITES Identification Guide for Ivory and Ivory Substitutes*, World Wildlife Fund Inc., Washington DC. Commissioned by CITES Secretariat, Geneva, 2020.
7. BATSELE, D., *Initiation à la rédaction des textes législatifs, réglementaires et administratifs*, Bruxelles, Bruylant, 3e éd., 2013.
8. BEER-GABEL, J., LABAT, B., *La protection internationale de la faune et de la flore sauvages*, Bruxelles, Bruylant, 1999.
9. BETTATI, M., *Le Droit international de l'environnement*, Paris, Odile Jacob, 2012.
10. BEURIER, J.-P., *Droit international de l'environnement*, Paris, éd. A. Pedone, 5e éd., 2017.
11. BILLIET, C. (ed.), *Biodiversiteitsmisdrijven in eigen land : in Vlaamse savannes en Waalse regenwouden. La criminalité en matière de biodiversité chez nous : des savanes flamandes et forêts pluviales wallonnes*, Brugge, die Keure, 2018.
12. BOISSON DE CHAZOURNES L. et al., *Protection internationale de l'environnement*, Paris, Pedone, 2005.
13. BOURRINET, J. (dir.), *L'effectivité du droit international de l'environnement. Contrôle de la mise en œuvre des conventions internationales*, Paris, Economica, 1998.
14. BOWMAN, M., REDGWELL, C. (dir.), *Law and the Conservation of Biological Diversity*, Londres, Kluwer Law International, 1996.
15. BROAD, S., *Commerce d'espèces sauvages, COVID-19, et risques de maladies zoonotiques*, TRAFFIC, 2020.
16. CANAL-FORGUES, E., RAMBAUD, P., *Droit international public*, Paris, Flammarion, 3e éd., 2016.
17. CANIVET, G., LAVRYSEN, L., ET GUIHAL, D., *Manuel judiciaire de droit de l'environnement*, Nairobi, PNUD, 2006.
18. CARBONNIER, J., *Droit et passion du droit sous la Ve République*, Paris, Flammarion, 1996.
19. CLÉMENT, M., *Droit européen de l'environnement*, Bruxelles, Larcier, 3e éd., 2016.
20. COMMAILLES, J., « Effectivité », in ALLAND, D. et RIALS, S., *Dictionnaire de culture juridique*, Paris, PUF, 2003.
21. COONEY, R., KASTERINE, A., MACMILLAN, D., MILLEDGE, S., NOSSAL, K., ROE, D. et S., SASROLFES, M., *Le commerce de la faune et la flore sauvages : un cadre pour améliorer l'exploitation durable de la biodiversité et les moyens de subsistance*, Centre du Commerce International, Genève, 2015.
22. CORNU, G. et al., *Vocabulaire juridique*, Paris, PUF, 1987.
23. DAILLIER, P., FORTEAU, M. ET PELLET, A., *Droit international public*, Paris, LGDJ, 8e éd., 2009.
24. DAILLIER, P., PELLET, A., *Droit international public*, Paris, L.G.D.J., 7e éd., 2002.
25. DE BECHILLON, D., *Qu'est-ce qu'une règle de droit ?*, Paris, Odile Jacob, 1997.
26. DE SADELEER, N. et BORN, C.-H., *Droit international et communautaire de la biodiversité*, Paris, Dalloz, 2004.
27. DE SADELEER, N., *Environnement et marché intérieur, Commentaire Mégret*, Bruxelles, Éd. de l'Université de Bruxelles, 2010.

28. DE VISSCHER, C., *Les effectivités du droit international public*, Paris, Pedone, 1967.
29. DELMAS-MARTY, M., *Vers une communauté de valeurs – Les forces imaginantes du droit (IV)*, Paris, Seuil, 2011.
30. DUPUY, P.-M. et VINUALES, J.E., *Introduction au droit international de l'environnement*, Bruxelles, Bruylant, 2015.
31. DUPUY, P.-M., *Droit international public*, Paris, Dalloz, 8e éd., 2006.
32. EGE, G., SCHLOENHARDT, A., SCHWARZENEGGER, C.(eds.), *Wildlife Trafficking: the illicit trade in wildlife, animal parts, and derivatives, sui generis,* Zürich, Edited by Daniel Hürlimann und Marc Thommen, Volume 9, 2020.
33. ESAMBO KANGASHE, J.-L., *La Constitution congolaise du 18 février 2006 à l'épreuve du constitutionnalisme. Contraintes pratiques et perspectives*, Bruxelles, Academia - Bruylant, 2010.
34. FATIN-ROUGE STÉFANINI, M., GAY, L. et VIDAL-NAQUET, A. (dir.), *L'efficacité de la norme juridique Nouveau vecteur de légitimité*, Bruxelles, Bruylant, 2012.
35. FAURE, M. et PRIEUR, M., *L'analyse économique du droit de l'environnement*, Bruxelles, Bruylant, 2007.
36. FUCHS, O., *Pour une définition communautaire de la responsabilité environnementale (comment appliquer le, principe pollueur-payeur ?)*, Paris, L'Harmattan, 2003.
37. GUIHAL, D., *Droit répressif de l'environnement,* Paris, Economia, 1997.
38. GUILLOT, Ph., *Droit de l'environnement*, 2e édition, Paris, Ellipses, 2010.
39. KISS, A. et BEURIER, J.P., *Droit international de l'environnement*, 3e éd., Paris, Pedone, 2004.
40. KISS, A. et SHELTON, D., *Traité de droit européen de l'environnement*, Paris, Éditions Frison-Roche, 2000.
41. MALJEAN-DUBOIS, S. et RAJAMANI, L. (dir), *La mise en œuvre du droit international de l'environnement*, Académie de Droit international de La Haye, Martinus Nijhoff, Publishers, 2011.
42. MALJEAN-DUBOIS, S., *Droit de l'Organisation mondiale du commerce et protection de l'environnement*, Bruxelles, Bruylant, 2003.
43. MASHINI MWATHA, C. et al., *Les infractions sur la faune en RDC*, Kinshasa, Juristrale, 2016.
44. MASHINI MWATHA, C. et SHABANI AZIZA, N., *La protection de la faune sauvage en droit international : contribution de la CITES à la protection de l'éléphant d'Afrique*, Sarrebruck, Editions Universitaires Européennes (EUE), 2015.
45. MASHINI MWATHA, C., SHABANI AZIZA, N. et al., *Codes enviros : Faune et Biodiversité*, Kinshasa, Juristrale, 2014.
46. MOËRYNCK, P. et al. (dir.), *Droit répressif de l'environnement en Région wallonne*, Bruxelles, Larcier, 1re éd., 2022.
47. NEURAY, J.-F., *Droit de l'environnement,* Bruxelles, Bruylant, 2001
48. NEYRET, L. (dir.), *Des écocrimes à l'écocide. Le droit pénal au secours de l'environnement*, Bruxelles, Bruylant, 2015.
49. NOLLEZ-GOLDBACH, R., *La Cour pénale internationale,* Paris, PUF, 2018.
50. NOVELLA, S. (dir.), *Des droits pour la nature*, Paris, Utopia, 2016.
51. NTUBA-LUABA LUMU, A., *Droit constitutionnel général*, Kinshasa, Éditions universitaires africaines, 2007.

52. NYABIRUNGU mwene SONGA, R., *Droit Pénal Général Zaïrois*, Kinsahsa, DES, 2e éd., 1995.
53. PÂQUES, M. et FAURE, M. (dir.), *La protection de l'environnement au cœur du système juridique international et du droit interne. Acteurs, valeurs et efficacité*, Bruxelles, Bruylant, 2003.
54. PRIEUR, M. (dir.), *La mise en œuvre nationale du droit international de l'environnement dans les pays francophones : Actes des troisièmes journées scientifiques du réseau droit de l'environnement de l'agence universitaire de la francophonie*, Yaoundé, Cameroun, 14-15 juin 2001.
55. PRIEUR, M., *Le Droit de l'environnement*, Paris, Eyrolles, 2007.
56. PRIEUR, M., *Droit de l'environnement, droit durable*, Bruxelles, Bruylant, 2014.
57. PRIEUR, M., *Les indicateurs juridiques. Outils d'évaluation de l'effectivité du droit de l'environnement*, Québec, IFDD, 2018.
58. PRING, G., et PRING, C., *Cours et tribunaux de l'environnement Guide à l'usage des décideurs*, PNUE, 2017.
59. ROMI, R., BOSSIS, G. et ROUSSEAUX, S., *Droit international et européen de l'environnement*, Paris, L.G.D.J, 2005.
60. ROMI, R., *L'Europe et la protection juridique de l'environnement,* Paris, Éditions Victoires, 2004.
61. ROSSER, A., HAYWOOD, M. et HARRIS, D., *CITES: instrument pour la conservation - Guide de l'amendement des annexes à la Convention sur le commerce international des espèces de faune et de flore sauvages menacées d'extinction*, Commission UICN de la sauvegarde des espèces, Cambridge, 2001.
62. SCHENKER, C., *Guide de la pratique en matière de traités internationaux*, Direction du droit international public DDIP, Dép. fédéral des affaires étrangères DFAEC, Genève, 2015.
63. SCHOLES, J. and MENNELL, K.-G. (eds), *Elephant Management: A Scientific Assessment of South Africa*, Johannesburg, Witwatersrand University Press, 2008.
64. WHITE, R., *Transnational Environmental Crime*, Oxon, Taylor and Francis, Édition du Kindle, 2011.
65. WIJNSTEKERS, W., *L'évolution de la CITES*, Budapest, International Council for Game and Wildlife Conservation (CIC), 9e édition, 2011.

Thèses de doctorat

1. BETAILLE, J., *Les conditions juridiques de l'effectivité de la norme en droit public interne : illustrations en droit de l'urbanisme et en droit de l'environnement*, Thèse de doctorat, Université de Limoges, 2012.
2. GADJI, A., *Libéralisation du commerce international et protection de l'environnement*, Thèse de doctorat en droit, Faculté de droit et des sciences économiques, CRIDEAU, Université de Limoges, 2007.
3. HELLIO, H., *L'Organisation mondiale du commerce et les normes relatives à l'environnement. Recherches sur la technique de l'exception*, Thèse de doctorat en droit international, Université de Paris II, 2005.
4. PRISNER-LEVYNE. Y., *La protection de la faune sauvage terrestre en droit international public,* Thèse de doctorat en droit, Université Panthéon-Sorbonne - Paris I, 2017.

5. MASHINI MWATHA, C., *La CITES et la lutte contre la criminalité liée aux espèces sauvages : évaluation de l'effectivité et de l'efficacité de la CITES et de sa mise en œuvre en Belgique et en RDC*, Thèse de doctorat, Faculté de droit et de criminologie, Université de Gand, 2021.

Articles des revues, contributions dans des ouvrages et cours

1. ANDELA, J., « L'article xx du GATT de 1994 dans la jurisprudence de l'organe de règlement des différends de l'OMC : une analyse sous le prisme environnemental », in *Revue québécoise de droit international*, 25.1 (2012).
2. BACHELARD, N., « Un rapport dénonce la législation européenne », in *Droit Animal, Éthique et Sciences*, n° 99 - Octobre 2018.
3. BERNARD, T. (2016), « La lutte contre le commerce illégal d'espèces sauvages », in *Criminologie*, 49 (2), pp.71–93.
4. BETAILLE, J., « La procédure de l'étude d'impact après la loi portant engagement national pour l'environnement : des insuffisances récurrentes », in *Revue juridique de l'environnement*, 2010/5 (n° spécial), p. 241-251.
5. BILLIET, C. et MEEUS, R., « Europese verordeningen als wetgevingsvraagstuk: het voor-beeld van de milieuverordeningen », in *TVW 2009*, pp. 278–306.
6. BILLIET, C., « Sierra Leone – Bejing met gedroogde zeepaardjes: vijftien maanden cel (noot) », in *TMR* 2017, pp.546-555.
7. BLIGNAUT, J., M. DE WIT and BARNES, « The Economic Value of Elephants », in SCHOLES, J., and MENNELL, K.-G. (eds), *Elephant Management: A Scientific Assessment of South Africa*, Johannesburg, Witwatersrand University Press, 2008.
8. BOBBIO, N., « La fonction promotionnelle du droit », *in Essais de théorie du droit*, Paris, LGDJ, 1998, pp. 65 et s.
9. BODSON, L., « Les animaux dans l'Antiquité : un gisement fécond pour l'histoire des connaissances naturalistes et des contextes culturels », in *Acta Orientalia Belgica*, accessible sur : http://promethee.philo.ulg.ac.be/Zoologica/lbodson/bibl/ActaOrient.pdf, consulté le 26 janvier 2018.
10. BORN, C-H, « Quelques réflexions sur le système de répartition des compétences en matière d'environnement et d'urbanisme en droit belge », in *Revue juridique de l'environnement*, vol. spécial, no. 5, 2013, pp. 205-229.
11. BORN, C.-H., « Les contours de l'élément matériel des infractions environnementales et leur application à l'écocide », in MOËRYNCK, P. et al. (dir.), *Droit répressif de l'environnement en Région wallonne*, Bruxelles, Larcier, 1re édition, 2022, p. 33-80.
12. BORN, C-H., HAUMONT, F., ORBAN DE XIVRY, E., et HARDY DE BEAULIEU, L., « La mise en œuvre et le suivi du droit international de l'environnement dans les États selon les secteurs », pp.64 – 92, in PRIEUR, M. (dir.), *La mise en œuvre nationale du droit international de l'environnement dans les pays francophones : Actes des troisièmes journées scientifiques du réseau droit de l'environnement de l'agence universitaire de la francophonie*, Yaoundé, Cameroun, 14-15 juin 2001.
13. BOUQUELLE, F. and LAVRYSEN, L., « EU Action Plan against Wildlife Trafficking – Recent Belgian Criminal Cases », in *Journal for European Environmental & Planning Law*, 17 (2020), pp. 161–188.

14. CARBONNIER, J., « Effectivité et ineffectivité de la règle de droit », in *L'année sociologique*, Vol.9, 957-1958, pp.3-17.
15. CARSTEN, H. and SPRINZ, D., « Measuring the effectiveness of international environmental regimes », in *Journal of Conflict Resolution*, vol. 45, n° 5, 2020, pp. 630-652.
16. CHAMPEIL-DESPLATS, V., « Penser l'efficacité de la norme », in *Keio Hôgaku*, 2014, pp.368-378.
17. CLIQUET, A. and MASHINI MWATHA, C., « Illegal wildlife trafficking from Africa, through the EU, to China », in *Revue Juridique sur la Criminalité Environnementale*, vol.1, n°1/2023, pp.50-64.
18. DE VISSCHER, P., Droit et jurisprudence belges en matière d'inexécution des conventions internationales, *in Revue belge de droit international*, 1965.1, pp.125-140.
19. DELEUIL, T. « La CITES et la protection internationale de la biodiversité », in *Revue juridique de l'environnement* 5/2011 (n° spécial), pp. 45-62.
20. DIDIER, A., « La reconnaissance expresse limitée du dommage écologique pur par le droit international via le cadre théorique de sa réparation », in *Le dommage écologique pur en droit international,* Graduate Institute Publications, Genève, 2013.
21. DOUMBE-BILLE, S., « Droit international de la faune et des aires protégées : importance et implications pour l'Afrique », in *Études juridiques de la FAO en ligne*, septembre 2001, accessible sur : http://www.fao.org/3/bb053f/bb053f.pdf, consulté le 28 octobre 2020.
22. DUBOIS, J. et CARAMEL, L., « Le mystère demeure sur la mort en RDC de l'ambassadeur d'Italie », in *Le Monde Afrique*, publié le 23 février 2021, accessible sur : https://www.lemonde.fr/afrique/article/2021/02/23/l-ambassadeur-d-italie-meurt-dans-une-embuscade-dans-l-est-de-la-rdc_6070914_3212.html, consulté le 25 février 2021.
23. EGE, G. and HOWE, G., « Criminalisation of Wildlife Trafficking », pp.245-270, in EGE, G., SCHLOENHARDT, A. and Schwarzenegger, C. (eds.), *Wildlife Trafficking: the illicit trade in wildlife, animal parts*, and derivatives, sui generis, Edited by Daniel Hürlimann und Marc Thommen, Volume 9, Zürich, Switzerland, 2020.
24. FLÜCKIGER, A., « L'évaluation législative ou comment mesurer l'efficacité des lois », in *Revue européenne des sciences sociales*, XLV-138 | 2007, mis en ligne le 1er juillet 2010.
25. FRANCHETEAU-LARONZE, M., « L'application du droit international de l'environnement par le juge national: éléments d'analyse comparative », pp.607-630, in MALJEAN-DUBOIS, S. et RAJAMANI, L. (dir.), *La mise en œuvre du droit international de l'environnement*, Académie de droit international de La Haye, La Haye, 2011.
26. FRANÇOIS, C., « L'humanité, l'éléphant et le paysan. Bien commun et pouvoir local », in *Critique internationale*, vol. 9. 2000. Politiques de la biosphère. pp. 117-130, accessible sur : https://www.persee.fr/docAsPDF/criti_1290-7839_2000_num_9_1_1629.pdf, consulté le 13 décembre 2020.
27. GAMBARDELLA, S., « La procédure de non-respect des conventions environnementales : une procédure de contrôle sui generis ? », in *L'Observateur*

des Nations unies, Association française pour les Nations unies, 2009 24, pp.363-384.
28. GANSHOF VAN DER MEERSCH, W.J., « Vues comparatives sur l'ordre juridique communautaire et l'ordre juridique national dans les droits belge, néerlandais et luxembourgeois », in *Revue internationale de droit comparé*, volume 18-4, 1966, pp. 797-829.
29. HENRY, S., « Chapitre 13 - La contribution des mécanismes internationaux de règlement des différends à la pénalisation des atteintes à l'environnement », in L. NEUREY (dir.), *Des écocrimes à l'écocide*, 1re édition, Bruxelles, Bruylant, 2015, pp. 241-259.
30. IMPERIALI, C., « Le contrôle de la mise en œuvre des conventions internationales », in BOURRINET, J. (dir.), *L'effectivité du droit international de l'environnement. Contrôle de la mise en œuvre des conventions internationales*, Paris, Economica, 1998.
31. JACOBS, A., « La loi du 6 janvier 2003 concernant les méthodes particulières de recherche et quelques autres méthodes d'enquête : un tournant dans la procédure pénale belge », in *Revue de la Faculté de Droit de l'Université de Liège*, 2004/1, pp.13-132.
32. KISS, A. et SICAULT, J., « La Conférence des Nations unies sur l'environnement (Stockholm, 5/16 juin 1972) », in *Annuaire français de Droit international*, Année 1972, 18, pp. 603-628.
33. KAMTO, M., « La mise en œuvre du droit de l'environnement : forces et faiblesses des cadres institutionnels », in *RADE*, n°1 – 2014, pp. 29-36.
34. KONATE, A., « Pour une démocratie environnementale en Afrique : de nouveaux droits de citoyenneté indispensables à l'effectivité du droit de l'environnement », in *RADE*, n°1 – 2014, pp.37 -51.
35. LASCOUMES, L., « Effectivité », *in* Arnaud, A.J. (dir.), *Dictionnaire encyclopédique de théorie et de sociologie du droit*, Paris, LGDJ et Storyscientia, 1988.
36. LAVALLEE, S. (2014), « Responsabilités communes mais differenciées et protection internationale de l'environnement : une assistance financière en quête de solidarité ? », in *Les Cahiers de droit*, 55(1), pp. 139–192.
37. LAVRYSEN, L., « Application of European Environmental Law by National Courts », in *Environmental Law Network International*, ELNI 2/08.
38. LAVRYSEN, L., « Un accord de coopération : le moyen d'appliquer et de faire respecter effectivement et de manière intégrée, la régulation CITES ? », *in Liber Amicorum Francis Haumont*, Bruxelles, Bruylant, 2015.
39. LECOCQ, Y., « La CITES : critères scientifiques contre réactions émotionnelles ? », in *Lettre européenne d'information*, Numéro 14/2007.
40. LEPAGE, C., « Les véritables lacunes du droit de l'environnement », in *Pouvoirs*, 2008/4 (n° 127), pp. 123-133, accessible sur https://www.cairn.info/revue-pouvoirs-2008-4-page-123.htm, consulté le 14 mars 2016
41. MAES, F. et CLIQUET, A., « Internationaal en nationaal recht inzake de bescherming van de Noordzee, Deurne », in *Kluwer Rechtswetenschappen België*, pp. 567-692.
42. MALJEAN-DUBOIS, S. (dir.), *Droit de l'Organisation Mondiale du Commerce et protection de de l'environnement*, Bruxelles, Bruylant, 2003.

43. MALJEAN-DUBOIS, S., « La mise en œuvre du droit international de l'environnement », in *Analyses*, n° 03/2003, Gouvernance mondiale (ex-Les notes de l'Iddri n°4).
44. MALJEAN-DUBOIS, S., « L'écocide et le droit international, de la guerre du Vietnam à la mise en péril des frontières planétaires. Réflexions à partir de la contribution de Richard Falk : "Environmental Warfare and Ecocide. Facts, Appraisal and Proposals" (RBDI, 1973-1) », in *Revue belge de droit international*, 2016, XLVIII, 2015-1/2, pp. 359-367.
45. MANIRABONA, A. (2014), « La criminalité environnementale transnationale : aux grands maux, les grands remèdes ? », in *Criminologie*, 47(2), 153–178.
46. MANLEY, M., « The (inter)national strategy: An ivory trade ban in the United States and China », in *Fordham International Law Journal*, 2015, Vol. 38, pp.1513-1585.
47. MASHINI MWATHA, C., La criminalité environnementale, un phénomène en plein essor, in *Revue Juridique sur la Criminalité Environnementale*, vol.1, n°1/2023, pp.11-29.
48. MASHINI MWATHA, C. et NGULUNGU, A., « Poursuites judiciaires en matière de criminalité faunique : analyse de jugements rendus en République Démocratique du Congo », in *Revue Africaine de Droit de l'Environnement*, n°5/2020, pp.191-202.
49. MELMOTH, S, « République Démocratique du Congo : décentralisation et sortie de conflit », in *Afrique contemporaine*, vol. 221, no. 1, 2007, pp. 75-85.
50. NEYRET, L., « Chapitre 2 - Les remèdes : les voies d'amélioration », in L. NEYRET (dir.), *Des écocrimes à l'écocide*, Bruxelles, Bruylant, 1re éd., 2015, pp. 329-373.
51. NEYRET, L., « Les outils au service de la lutte contre la criminalité environnementale », in *Défis. Crime environnemental : enjeux de sécurité pour les organisations*, n°6, 2016, pp. 34-37.
52. NEYRET, L., « Pour la reconnaissance du crime d'écocide », in *Revue Juridique de l'Environnement, Le droit répressif : quelles perspectives pour le droit de l'environnement ?*, numéro spécial, 2014, pp. 179-193.
53. NOLLEZ-GOLDBACH, R., « La compétence de la Cour pénale internationale à l'égard des crimes environnementaux », in *La Semaine juridique*, Édition générale JCP (G), 10 octobre 2016, pp.1846-1848.
54. ORBAN DE XIVRY, E. et ROELANTS, C., « Les poursuites administratives : questions choisies », in MOËRYNCK, P. et al. (dir.), *Droit répressif de l'environnement en Région wallonne*, 1re édition, Bruxelles, Larcier, 2022, pp. 257-315.
55. PALLEMAERTS, M., « Le droit comme instrument des politiques internationales de l'environnement : effectivité et symbolisme des normes », in PÂQUES, M. et FAURE, M. (dir.), *La protection de l'environnement au cœur du système juridique international et du droit interne. Acteurs, valeurs et efficacité*, Bruxelles, Bruylant, 2003, pp.57-70.
56. PALLEMAERTS, M. et MOREAU, M., « Le rôle des parties prenantes dans la gouvernance mondiale de l'environnement », in *IDDRI*, Gouvernance mondiale, n° 07/2004.
57. PELLET, A., « Remarques sur la jurisprudence récente de la CIJ dans le domaine de la responsabilité internationale », *in Mélanges offerts à Christian DOMINICE*, Perspectives du droit international au 21e siècle, éd. Nijhoff, 2012, pp. 321 et s.

58. PETIT, Y., « Le droit international de l'environnement à la croisée des chemins : globalisation *versus* souveraineté nationale », in *Revue juridique de l'environnement*, 2011/1 (Volume 36), pp. 31-55.
59. PHELPS, J., WEBB, E., BICKFORD, D., NIJMAN, V. and SODHI, N. « Boosting CITES », in *Science*, 24 décembre 2010, pp. 1752-1753.
60. PRIEUR, M., « L'environnement entre dans la Constitution », in *LPA*, n° 134, 7 juillet 2005.
61. PRIEUR, M., Qui retarde l'entrée en vigueur des lois sur l'environnement ?, in *Revue juridique de l'Environnement*, n°4, 1978, pp.325-328.
62. RANGEON, F., « Réflexions sur l'effectivité du droit », in *Les usages sociaux du droit*, Centre universitaire de recherches administratives et politiques de Picardie (CURAPP), PUF, 1989.
63. RIBANT, D. et VANHAMME, G., « Les poursuites pénales et leurs applications environnementales », in MOËRYNCK, P. et al. (dir.), *Droit répressif de l'environnement en Région wallonne*, Bruxelles, Larcier, 1re éd., 2022, pp. 147-198.
64. RICOULEAU, V., « Quelques aspects juridiques relatifs aux zoonoses de la faune sauvage », in *Village justice*, avril 2020, accessible sur : https://www.village-justice.com/articles/quelques-aspects-juridiques-relatifs-aux-zoonoses-faune-sauvage-par-vincent,34914.html, consulté le 7 novembre 2020.
65. RIVERO, J., « Sur l'effet dissuasif de la sanction juridique », in *Mélanges offerts à Pierre RAYNAUD*, Dalloz, Paris, 1985.
66. ROUVILLOIS, F., « L'efficacité des normes : Réflexions sur l'émergence d'un nouvel impératif juridique », in *Fondation pour l'innovation politique*, novembre 2006.
67. SAND, P.H., « Whither CITES ? The Evolution of a Treaty Regime in the Borderland of Trade and Environment », in *EJIL*, vol. 8, n° 1, 1997.
68. SANTACROCE, L., « Pourquoi des centaines d'espèces menacées ne sont pas protégées », in *Geo.fr*, 27 février 2019.
69. SHELLEY, L., « Illicit Trade in Wildlife: Convergence with other Crimes », in *Défis*. Crime environnemental : enjeux de sécurité pour les organisations, N°6, 2016, pp.10-11.
70. SIBONY, A.L., « Du bon usage des notions d'efficacité et d'efficience en droit », in FATIN-ROUGE STEFANINI, M., GAY, L. et VIDAL-NAQUET, A. (dir.), *L'efficacité de la norme juridique Nouveau vecteur de légitimité*, Bruxelles, Bruyant, 2012, pp. 61-84.
71. SOLVEIG, H., « Le pouvoir de sanction des mécanismes internationaux de règlement des différends dans le domaine de l'environnement », in *Revue juridique de l'environnement*, HS01/2014, 39, 211-227, accessible sur : www.cairn.info/revue-revue-juridique-de-l-environnement-2014-HS01-page-211.htm, consulté le 17 mai 2016.
72. STAHL, J. et De MEULENAER, T., « La CITES et le commerce international des espèces sauvages », in *Revue internationale des forêts et des industries forestières*, n°249, Vol. 68, 2017/1, pp.17-26, FAO, 2017.
73. TRAFFIC, Commerce illicite de la faune en Afrique, *in Bulletin semestriel d'application de la loi sur la faune*, Juillet 2020.

74. TSHIAMALA, C., « La judiciarisation des atteintes environnementales : la Cour pénale internationale à la rescousse ? », in *Revue québécoise de droit international*, 2017, pp. 205-243.
75. VAN DE KERCHOVE, M., « Réflexions analytiques sur les concepts de dépénalisation et de décriminalisation », in *Revue interdisciplinaire d'études juridiques*, 1984/1 (Volume 12), pp. 31-89.
76. VANDERMEERSCH, D., « Les contours de l'élément moral du crime d'écocide et des infractions environnementales au prisme de l'avant-projet de Livre 1er du nouveau Code pénal », in MOËRYNCK, P. et al. (dir.), *Droit répressif de l'environnement en Région wallonne*, Bruxelles, Larcier, 1re éd., 2022, pp. 81-107.
77. VAN DROOGHENBROECK, S., « De vraies sanctions administratives ou des sanctions pénales camouflées ? Réflexions à propos de la jurisprudence récente de la Cour européenne des droits de l'Homme », in *Revue de la Faculté de droit de l'Université de Liège*, Vol. 0, n°.4, p. 467-490 (2005).
78. VERCHEVAL, C., « La répression des atteintes à l'environnement : présentation générale » in MOËRYNCK, P. et al. (dir.), *Droit répressif de l'environnement en Région wallonne*, Bruxelles, Larcier, 1re éd., 2022, pp. 7-32.
79. VIZINA, Y. et KOBEI, D., « Indigenous peoples and sustainable wildlife management in the global era », in *Unasylva*, Vol. 68 2017/1, pp.27-32.
80. WOLTERS KLUWER, Nederlandstalige correctionele rechtbank, Brussel 22 december 2016, *in T.M.R.* 2017/5, pp.611-613.
81. WOLTERS KLUWER, Nederlandstalige correctionele rechtbank, Brussel 8 juni 2017, *in T.M.R.* 2017/5, pp.542-546.
82. YAOVI AMEGANKPOE, V. et KODJO, A., « La force contraignante et le degré d'efficacité variable du droit international matériel et de ses principes naissants. Intensité de la règle selon les secteurs. Les sanctions non juridictionnelles. Cas de l'Afrique », in PÂQUES, M., FAURE, M. (dir.), *La protection de l'environnement au cœur du système juridique international et du droit interne. Acteurs, valeurs et efficacité*, Bruxelles, Bruylant, 2003, pp.327-372.
83. ZAIN, S., « Corrupting trade: An overview of corruption issues in illicit wildlife trade», in *TargetingNatural Resource Corruption*, juillet 2020.
84. ZIMMERMANN, M.E., « The black market for wildlife », in *Vanderbilt Journal of Transnational Law*, vol. 36, n° 5 (2003), p. 1657-1689.

Rapports et études :

1. ABESSOLO, F., NGUEMWO, B., MASHINI MWATHA, C. et NGEH, P. (2017), *Rapport de l'atelier national d'échange sur la lutte contre la criminalité faunique et le trafic illicite des produits forestiers dans le cadre de la mise en œuvre du projet AFRICA-TWIX au Gabon*, TRAFFIC. Yaoundé, Cameroun.
2. Avaaz, *Europe's deadly ivory trade*, juillet 2018, pp. 14-17, accessible sur : https://s3.amazonaws.com/avaazimages.avaaz.org/avaaz_europes_deadly_ivory_trade.pdf, consulté le 25 juin 2020.
3. Belgique, *Rapport 1 January 2015 to 31 December 2017*, accessible sur: https://cites.org/sites/default/files/reports/15-17Belgium.pdf, consulté le 10 décembre 2020.

4. Belgique, *Rapport bisannuel 2011-2012*, accessible sur : https://cites.org/sites/default/files/reports/11-12Belgium.pdf, consulté le 10 décembre 2020.
5. Belgique, *Rapport bisannuel 2013-2014*, 1 January 2013 to 31 December 2014, accessible sur: https://cites.org/sites/default/files/reports/13-14Belgium.pdf, consulté le 10 décembre 2020.
6. CAMPROUX DUFFRENE, M. et JAWORSKI, V., *Des changements de paradigme juridique pour un droit de l'environnement rénové*, Rapport auprès du groupe des Verts au Parlement européen, Mai 2021.
7. CHETEU, L.B., *Évaluation de la mise en œuvre du Plan d'Action sous régional des Pays de l'Espace COMIFAC pour le renforcement de l'Application des Législations nationales sur la Faune sauvage (PAPECALF) pour la période 2012 à 2017*, Rapport final, TRAFFIC, oct.2019.
8. CITES-UNODC, *Analysis of CITES Annual Illegal Trade Reports : 2016 to 2020 seizure data*, 2022.
9. Commission Européenne, *Étude des interactions entre la sécurité et la conservation des espèces sauvages en Afrique subsaharienne*, synthese, 2019.
10. Commission européenne, *Rapport relatif aux progrès accomplis dans la mise en œuvre du plan d'action de l'Union européenne contre le trafic d'espèces sauvages*, COM (2018) 711 final, octobre 2018.
11. Commission européenne, *Régime de l'Union européenne réglementant le commerce intra-UE et la réexportation d'ivoire*, Document d'orientation 2017/C 154/06, in *Journal officiel de l'Union européenne* 17.5.2017, accessible sur : https://eur-lex.europa.eu/legal-content/FR/TXT/PDF/?uri=CELEX:52017XC0517(01)&from=DE, consulté le 15 mai 2019.
12. CROOK, V., VAN DER HENST, E. and al., *Stop wildlife cybercrime in the EU: online trade in reptiles and birds in Belgium and the Netherlands*, Rapport de TRAFFIC, Bruxelles, 2020.
13. DEHOUSSE, F., « Rapport fait au nom de la Commission juridique du Parlement européen concernant la primauté du droit communautaire sur le droit des États membres », Parlement européen, *Documents de séance*, 1965-1966, n°43.
14. ESCOT, L., PONTAL, A. et RINGUET, S., *Break the chain : comment le secteur français de la logistique et du transport peut lutter contre le commerce illégal d'espèces sauvages*, WWF, mars 2020, accessible sur : https://www.wwf.fr/sites/default/files/doc-2020-04/20200423_Rapport_Break-The-Chain_WWF.pdf, consulté le 15 août 2020.
15. GAFI (2020), *Blanchiment d'argent et commerce illégal d'espèces sauvages*, GAFI, Paris, France, accessible sur : http //www.fatf-gafi.org/fr/publications/methodesettendances/documents/blanchiment-commerce-illegalespeces-sauvages.html, consulté le 31 juillet 2020.
16. ICCN, *Rapport annuel 2016*.
17. ICCN, *Rapport annuel 2017*.
18. ICCN, *Rapport annuel CITES-RDC sur le commerce illicite 2018*.
19. ICCN, *Rapport annuel CITES-RDC sur le commerce illicite 2019*.
20. ICCN, *Rapport annuel CITES-RDC sur les exportations et importations 2018* (compilé sur base des permis délivrés).
21. ICCN, *Rapport annuel CITES-RDC sur les exportations et importations 2019*.

22. Instituut voor de gelijkheid van vrouwen en mannen, *Manuel pour la réalisation de l'analyse d'impact*, 2014, accessible sur : https://igvm-iefh.belgium.be/sites/default/files/downloads/AIR%20Manuel%20-%20FR%202014%2001%2002.pdf, consulté le 20 janvier 2021.
23. IPBES (2020), *Workshop Report on Biodiversity and Pandemics of the Intergovernmental Platform on Biodiversity and Ecosystem Services*, IPBES secretariat, Bonn, Germany, DOI:10.5281/zenodo.4147317.
24. KNAPP, A. et AFFRE, A. (2007), *Le commerce illégal et la vente d'espèces CITES en Belgique : ivoire d'éléphant et autres spécimens,* Un rapport de TRAFFIC Europe pour le SPF Santé publique, Sécurité de la Chaîne alimentaire et Environnement, Bruxelles, Belgique.
25. LEVASSEUR, G., *Le problème de la dépénalisation*, Rapport de synthèse présenté aux Troisièmes Journées franco-italo-espagnoles de politique criminelle d'Aix-en-Provence en septembre 1982, accessible sur : https://ledroitcriminel.fr/la_science_criminelle/penalistes/la_loi_penale/generalites/levasseur_depenalisation.htm, consulté le 13 janvier 2023.
26. MASHINI MWATHA, C., *Évaluation des efforts du Gouvernement de la RD Congo dans la lutte contre le commerce illégal des espèces de faune sauvage (IWT) – 2010 à 2016*, TRAFFIC, Kinshasa, septembre 2017.
27. MASHINI MWATHA, C., MABITA MAFUTA, C., et SHABANI AZIZA, N. (2017), *Le marché de l'ivoire d'éléphant à Kinshasa*, RD Congo : 2015-2016. Édition TRAFFIC. Kinshasa, RDC et Cambridge, Royaume Uni.
28. MASHINI MWATHA, C. et NKOKE SONE, C. (2020), *Les stocks d'ivoire d'éléphant de la République Démocratique du Congo : Quel système de gestion mettre en place ?*, TRAFFIC International, Yaoundé, Cameroun.
29. MILLIKEN, T., UNDERWOOD, F.M., BURN, R.W. and SANGALAKULA, L., *Le Système d'information du commerce des éléphants (ETIS) et le commerce illégal d'ivoire*, Rapport à la 18e session de la Conférence des Parties CITES, CoP18 Doc. 69.3 (Rev. 1), TRAFFIC, décembre 2018.
30. MUSING, L. and SHIRAISHI, H. (2019), *Analysis of EU Member State CITES Implementation Reports 2015–2017*, Report prepared for the European Commission.
31. MUSING, L., NORWISZ, M, KLODA, J. and KECSE-NAGY, K. (2018), *Wildlife trade in Belgium with a focus on CITES-listed species*, TRAFFIC and WWF report.
32. Nations unies, *Lutte contre le trafic des espèces sauvages, Rapport du Secrétaire général à la Soixante-treizième session*, A/73/947, juin 2019, accessible sur : https://undocs.org/pdf?symbol=fr/A/73/947, consulté le 27 novembre 2020.
33. Nations unies, *Note du Secrétaire général, A/59/565*, décembre 2004.
34. Nations unies, *Rapport du Secrétaire général sur les activités du Bureau régional des Nations unies pour l'Afrique centrale et les zones où sévit l'Armée de résistance du Seigneur*, S/2013/297, mai 2013, accessible sur : https://undocs.org/fr/S/2013/297, consulté le 15 janvier 2015.
35. Nations unies, *Rétablissement de l'état de droit et administration de la justice pendant la période de transition dans les sociétés en proie à un conflit ou sortant d'un conflit*, Rapport du Secrétaire général au Conseil de sécurité du 23 août 2004, S/2004/616, Par.6.

36. NELLEMANN, C., HENRIKSEN, R., RAXTER, P., ASH, N. et MREMA, E. (dir.), *La crise de la criminalité environnementale - le commerce et l'exploitction illégale de la faune et des ressources forestières menacent le développement durable*, Évaluation du PNUE pour une intervention rapide. Programme des Nations unies pour l'environnement et GRID-Arendal, Nairobi et Arendal, 2014.
37. NGEH, P., SHABANI AZIZA N., MABITA MAFUTA C., et DJAMBA KASONGO, E. (2018), *La répression des crimes fauniques en RDC : comment améliorer les poursuites judiciaires?,* Éd. TRAFFIC. Yaoundé, Cameroun et Cambridge, Royaume Uni, 2018.
38. NKOKE SONE, C., LAGROT J.F. RINGUET, S. and MILLIKEN, T. (2017), *Ivory Markets in Central Africa – Market Surveys in Cameroon, Central African Republic, Congo, Democratic Republic of the Congo and Gabon: 2007, 2009, 2014/2015*, TRAFFIC. Yaoundé, Cameroun and Cambridge, UK.).
39. OMC, *Rapport annuel 2015.*
40. OMD, *Rapport sur les trafics illicites 2013*, accessible sur : http://www.wcoomd.org/fr/topics/enforcement-and-compliance/~/media/WCO/Public/FR/PDF/Topics/Enforcement%20and%20Compliance/Activities%20and%20Programmes/Illicit%20Trade%20Report/ILLICIT%202013%20-%20FR_LR_final2.ashx, consulté le 2 juin 2014.
41. Oxford University Report, *Radiocarbon dating of worked ivory specimens for Avaaz*, accessible sur : https://s3.amazonaws.com/avaazimages.avaaz.org/avaaz_europes_deadly_ivory_trade.pdf, consulté le 25 juin 2020.
42. PNUE, CITES, IUCN, TRAFFIC, *Des éléphants dans la poussière – La crise de l'éléphant d'Afrique*, Évaluation rapide des réponses à apporter Programme des Nations unies pour l'environnement, GRID- Arendal, Norvège, 2013.
43. PNUE et IIDD, *Guide de l'environnement et du commerce*, Genève, 2001.
44. PNUE, *Rapport au Comité permanent de la Convention sur les espèces migratrices appartenant à la faune sauvage*, 54e session, UNEP/CMS/StC44/8, accessible sur : https://www.cms.int/sites/default/files/document/Doc_08_UNEP_Report_f.pdf, consulté le 26 novembre 2020.
45. PNUE, *Rapport du Symposium sur le renforcement des cadres juridiques pour combattre la criminalité liée aux espèces sauvages en Afrique centrale et occidentale*, Abidjan, Côte d'Ivoire, 11 et 12 septembre 2018, janvier 2019.
46. Nations unies, *Rapport du Secrétaire général de l'ONU du 20 mai 2013*, S/2013/297, résolution du Conseil de sécurité de l'ONU 2121 (2013), accessible sur : https://undocs.org/fr/S/2013/297.
47. RDC, *Rapport d'étape relatif au plan d'action national pour l'ivoire*, SC67Doc.13Annex11, juin 2016, accessible sur : https://cites.org/sites/default/files/eng/com/sc/67/E-SC67-13-A11.pdf, consulté le 10 décembre 2020.
48. SHABANI AZIZA, N. et KASSONGO, J., *Lutte contre la criminalité faunique à l'aéroport internationale de N'Djili : analyse de la législation et évaluation des pratiques de contrôle des bagages et des personnes, Kinshasa*, Juristrale, octobre 2016.

49. TRAFFIC, *An overview of seizures of CITES-listed wildlife in the European Union*, 2019.
50. TRAFFIC, Commerce illicite de la faune en Afrique, *in Bulletin semestriel d'application de la loi sur la faune*, Juillet 2020.
51. TRAFFIC, *Comprendre ETIS : introduction et aperçu de l'analyse du système d'information sur le commerce des produits d'éléphants*, Août 2019.
52. TRAFFIC, *EU-TWIX, un outil internet pour aider l'UE à lutter contre la criminalité liée au commerce d'espèces sauvages*, Bruxelles, 2019, accessible sur :https://www.traffic.org/site/assets/files/3792/eu-twix-leaflet-2018-fr-web.pdf, consulté le 21 mai 2019.
53. TRAFFIC, *Ivory processing workshop found in Angola following airport rhino horn seizure*, 28 August 2018.
54. Transparency International, *Corruption perceptions index 2023,* accessible sur : https://www.transparency.org/en/cpi/2023/index/cod, consulté le 5 mars 2024.
55. UICN Comité français (2022), *Trafic des espèces sauvages et criminalité organisée. Les recommandations du Comité français de l'UICN*, Paris, France.
56. UNODC, *World Wildlife Crime Report 2024: Trafficking in Protected Species,* 2024.
57. UNODC, *World Wildlife Crime Report 2020: Trafficking in Protected Species,* 2020.
58. UNODC, *World Wildlife Crime Report 2016: Trafficking in protected species,* 2016.
59. USAID/WCS, *Central Africa Forest Ecosystems Conservation (CAFEC): Maiko-Tayna-Kahuzi-Biega Landscape*, Annual Report. Reporting Period – 01 October 2013 to 30 June 2019, 2019.
60. WWF / Dalberg., *Lutte contre le trafic illégal d'espèces sauvages : Consultation avec les gouvernements*, WWF International, Gland, 2012.
61. WWF France et TRAFFIC, *Le rôle de la France dans le commerce d'espèces sauvages. Une analyse du commerce et des saisies CITES* - Synthèse, 2021.

Autres sources :

1. African Union, *African Strategy on Combating Illegal Exploitation and Illegal Trade in Wild Fauna and Flora in Africa*, Mai 2015, accessible sur : https://au.int/sites/default/files/documents/33796-doc-african_strategy_strategy_africaine_au.pdf, consulté le 8 janvier 2019.
2. Animauxorg, *Éléphant d'Afrique*, accessible sur : http://animaux.org/elephant-d-afrique.htm, consulté le 18 août 2020.
3. APT de la forêt du Mayombe, *Plan stratégique (quinquennal)*, 2013.
4. Assemblée nationale (France), L*e contrôle de l'application des lois et l'évaluation de la législation et des politiques publiques*, Fiche de synthèse n°52.
5. Banque mondiale, *Analyse des financements internationaux consacrés à la lutte contre le commerce illicite d'espèces sauvages*, 2019, accessible sur : http://appsolutelydigital.com/WildLife/cover.html, consulté le 20 décembre 2020.
6. Banque mondiale. 2017, *Avant qu'il ne soit trop tard : Valoriser la faune de façon durable dans le bassin du Congo occidental*, Banque mondiale.

7. BCC (RDC), *Présentation de l'hôtel des Monnaies*, accessible sur : http://www.bcc.cd/index.php?option=com_content&view=article&id=118&Itemid=92, consulté le 20 décembre 2019.
8. Belgique (Point focal national belge pour la Convention sur la Diversité biologique) (éd.), *Biodiversité 2020 – Actualisation de la Stratégie nationale de la Belgique*, Institut royal des Sciences naturelles de Belgique, Bruxelles, 2013, accessible sur : http://biodiversite.wallonie.be/servlet/Repository/strategie-nationale-biodiversite-2020-version-2013.pdf?ID=31107&saveFile=true, consulté le 5 janvier 2021.
9. Belgique, Affaires étrangères, commerce extérieur et coopération au développement, *Corruption, blanchiment d'argent et financement du terrorisme*, accessible sur : https://diplomatie.belgium.be/fr/politique/themes_politiques/paix_et_securite/corruption_blanchiment_argent, consulté le 1er juin 2020.
10. Belgium.be, *Structure de l'État fédéral et des niveaux de pouvoir*, accessible sur : https://www.belgium.be/fr/la_belgique/pouvoirs_publics/la_belgique_federale/structure, consulté le 18 janvier 2020.
11. BLANC, J. 2008, *Loxodonta africana. The IUCN Red List of Threatened Species 2008*:, e.T12392A3339343, accessible sur: https://dx.doi.org/10.2305/IUCN.UK.2008.RLTS.T12392A3339343.en, consulté le 5 janvier 2021.
12. BOLTON, M., *Comment utiliser le Traité sur le commerce des armes pour cibler la Criminalité liée aux espèces sauvages*, Septembre 2016, accessible sur : https://controlarms.org/wp-content/uploads/2018/03/Wildlife-Crime-Paper-FRENCH.pdf, consulté le 17 mai 2018.
13. Born Free USA (2018), *Guide d'identification des espèces de Côte d'Ivoire inscrites à la Convention sur le commerce international des espèces de faune et de flore sauvages menacées d'extinction (CITES)*, accessible sur : http://7a1eb59c2270eb1d8b3d-a9354ca433cea7ae96304b2a57fdc8a0.r60.cf1.rackcdn.com/CITESguide_IvoryCoast_FINALlowres.pdf, consulté le 20 février 2021.
14. Bureau de traduction, *Juridictionnaire*, accessible sur : https://www.btb.termiumplus.gc.ca/tpv2guides/guides/juridi/index-eng.html?lang=eng&lettr=indx_catlog_j&page=9-MuGZdHx-PU.html, consulté le 2 janvier 2023.
15. CACHAPA, B., *Réponses au questionnaire partagé avec l'organe de gestion CITES belge dans le cadre des recherches doctorales de C. MASHINI MWATHA, Université de Gand*, Contribution à la réponse de l'OG Be reçue le 24 juin 2020.
16. Cameroun, *Stratégie nationale de lutte contre le braconnage et la criminalité faunique*, accessible sur : https://www.investiraucameroun.com/environnement/0211-15490-le-cameroun-se-dote-d-une-strategie-nationale-de-lutte-contre-le-braconnage-et-la-criminalite-faunique, consulté le 8 janvier 2021.
17. Cathobem, *La Belgique co-responsable du commerce illégal des espèces animales et végétales sauvages ?*, novembre 2018, accessible sur : https://www.cathobel.be/2018/11/la-belgique-co-responsable-du-commerce-illegal-des-especes-animales-et-vegetales-sauvages/, consulté le 4 juillet 2020.

18. CDI, *La responsabilité en droit international en cas de dommages causés à l'environnement, Institut de Droit international*, Session de Strasbourg – 1997.
19. Chambre des représentants de Belgique, *Projet de loi modifiant la loi du 28 juillet 1981 portant approbation de la Convention sur le commerce international des espèces de faune et de flore sauvages menacées d'extinction, et des Annexes, faites à Washington le 3 mars 1973, ainsi que l'Amendement à la Convention, adopté à Bonn le 22 juin 1979 et l'arrêté royal du 9 avril 2003 relatif à la protection des espèces de faune et de flore sauvages par le contrôle de leur commerce*, accessible sur : https://www.lachambre.be/FLWB/pdf/54/3202/54K3202008.pdf, consulté le 15 décembre 2020.
20. Chambre des représentants de Belgique, *Proposition de Loi interdisant l'importation de trophées de chasse de certaines espèces animales menacées*, DOC 55 1608/001, 28 octobre 2020, accessible sur : https://www.dekamer.be/FLWB/PDF/55/1608/55K1608001.pdf, consulté le 12 janvier 2023.
21. Chambre des représentants de Belgique, *Résolution visant à interdire l'importation de trophées de chasse de certaines espèces animales*, DOC 55 2486/006, 24 mars 2022, accessible sur : https://www.lachambre.be/FLWB/PDF/55/2486/55K2486006.pdf, consulté le 12 janvier 2023.
22. CIJ, *Avis consultatif sur la licéité de la menace ou de l'emploi d'armes nucléaires*, 1996, § 29, accessible sur : https://www.icj-cij.org/public/files/case-related/95/7495.pdf, consulté le 5 janvier 2018.
23. CITES :
- *Amendement de Bonn au texte de la Convention,* accessible sur : https://www.cites.org/fra/disc/bonn.php, consulté le 27 octobre 2017.
- *Amendement de Gaborone au texte de la Convention,* accessible sur : https://www.cites.org/fra/disc/gaborone.php , consulté le 27 octobre 2017.
- *Annual Reports of CITES Parties,* dernière mise à jour au 15-09-2022, accessible sur : https://cites.org/sites/default/files/reports/annual-reports/annual-reports.pdf, consulté le 16 janvier 2023.
- *Application de l'article XIII en République Démocratique du Congo*, SC70 Doc. 27.3.2.1, 2018.
- *Application de l'article XIII*, SC66 Doc. 28.
- *Biennial reports and Implementation Reports*, accessible sur : https://cites.org/fra/resources/reports/biennial.php, consulté le 16 janvier 2023.
- *Biennial reports and Implementation Reports*, accessible sur : https://cites.org/fra/resources/reports/biennial.php, consulté le 6 décembre 2020.
- *Comment la CITES est-elle financée?*, accessible sur : https://cites.org/fra/disc/fund.php, consulté le 5 décembre 2020.
- *CoP16 Doc. 53.2.2 (Rev. 1).*
- *CoP18 Plen. Rec. 3 (Rev. 1)*, accessible sur : https://cites.org/sites/default/files/fra/CoP/18/Plen/SR/F-CoP18-Plen-Rec-03-R1.pdf, consulté le 9 décembre 2020.
- *Criminalité liée aux espèces sauvages*, accessible sur : http://www.cites.org/fra/prog/iccwc.php/Wildlife-Crime, consulté le 20 juillet 2014.

- *Décisions de la Conférence des Parties à la CITES en vigueur après sa 19e session,* accessible sur: https://cites.org/fra/dec/index.php, consulté le 17 janvier 2024.
- *Des centaines d'animaux saisis dans le cadre d'une opération ciblant le trafic d'espèces sauvages en Asie*, décembre 2014, accessible sur : https://cites.org/eng/node/16926, consulté le 5 décembre 2020.
- *Documents d'orientation sur la législation*, accessible sur : https://cites.org/fra/legislation/Legislative_guidance_materials, consulté le 18 mars 2020.
- *eCITES*, accessible sur : https://cites.org/eng/prog/eCITES, consulté le 15 novembre 2020.
- *Examen des propositions d'amendement des Annexes I et II*, CoP19 Prop. 5, accessible sur : https://cites.org/sites/default/files/documents/F-CoP19-Prop-05_1.pdf, consulté le 8 janvier 2023.
- *Fermeture des marches nationaux pour l'ivoire d'éléphant*, CoP17 Doc. 57.2.
- *Fonds d'affectation spéciale cites, barème des contributions pour 2014-2016 (en dollars US),* accessible sur : https://cites.org/sites/default/files/fra/res/16/F-Res-16-02-A4.pdf, consulté le 5 décembre 2020.
- *Fonds d'affectation spéciale CITES, état des contributions au 31 décembre 2020 (en dollar us),* accessible sur https://cites.org/sites/default/files/fra/disc/funds/ct12_fr.pdf, consulté le 8 janvier 2021.
- *Fonds externes (jusqu'en 31 décembre 2009),* accessible sur : https://cites.org/sites/default/files/fra/disc/funds/EF2009.pdf, consulté le 5 décembre 2020.
- *Guide d'utilisation de la base de données sur le commerce CITES*, accessible sur : https://trade.cites.org/cites_trade_guidelines/en-CITES_Trade_Database_Guide.pdf, consulté le 15 novembre 2020.
- *L'approche de l'ICCWC*, accessible sur : http://www.cites.org/fra/prog/iccwc.php/Strategy, consulté le 30 juillet 2014.
- *La 181e Partie : l'Union européenne*, accessible sur : https://cites.org/fra/eu_181st_party, consulté le 27 octobre 2017.
- *La base de données sur le commerce CITES franchit le cap des 15 millions de données*, communiqué de presse de la CITES du 2 juin 2015, accessible sur : https://www.cites.org/fra/cites_trade_db_passes_15million_records#, consulté le 15 novembre 2020.
- *La CITES en Bref*, accessible sur : http://www.cites.org/fra/disc/what.php, consulté le 25 octobre 2014.
- *Le Comité permanent*, accessible sur : http://www.cites.org/fra/res/11/11-01R16.php, consulté le 18 mars 2014.
- *Le Comité pour les animaux et le Comité pour les plantes*, accessible sur : http://www.cites.org/fra/disc/AC_PC.php, consulté le 13 juillet 2014.
- *Les Annexes I, II et III de la CITES*, accessible sur : https://cites.org/fra/app/index.php, consulté le 9 janvier 2023.
- *Les espèces CITES*, accessible sur : https://cites.org/fra/disc/species.php, consulté le 16 janvier 2024.

- *Les obligations en matière d'ACNP figurant dans la Convention*, accessible sur : https://cites.org/fra/prog/ndf/Requirements_Convention, consulté le 15 décembre 2019.
- *Les outils, services et ressources disponibles par l'ICCWC*, accessible sur : https://cites.org/fra/prog/iccwc/tools.php, consulté le 23 juin 2020.
- *List of Contracting Parties*, accessible sur :
- https://www.cites.org/fra/disc/parties/chronolo.php, consulté le 18 juin 2017.
- *Liste des Parties*, accessible sur : https://cites.org/fra/disc/parties/chronolo.php, consulté le 16 janvier 2023.
- *Liste récapitulative de la législation, liste récapitulative pour l'examen des lois d'application de la CITES*, accessible sur :
- https://cites.org/sites/default/files/fra/prog/legislation/ChecklistFR.pdf, consulté le 18 mars 2020.
- *Lois nationales pour l'application de la Convention*, accessible sur : https://cites.org/fra/legislation, consulté le 28 juillet 2018.
- *Lutte contre la fraude – Introduction*, accessible sur : https://cites.org/fra/prog/imp/enf/introduction, consulté le 10 janvier 2021.
- *Mécanisme de prise de décisions et conditions nécessaires pour un futur commerce de l'ivoire de l'éléphant d'Afrique,* annexe au SC62 Doc. 46.4.
- *National laws for implementing the Convention,* accessible sur:
- https://cites.org/fra/legislation/National_Legislation_Project, consulté le 15 juin 2019.
- *Notification aux Parties n° 2023/005: Amendements aux Annexes I et II de la Convention adoptés par la Conférence des Parties à sa 19e session (Panama, 14-25 novembre 2022)*, 12 janvier 2023, accessible sur : http://cites.org/sites/default/files/notifications/F-Notif-2023-005.pdf, consulté le 12 janvier 2023.
- *Notification aux Parties n° 2023/014: Outils pour la délivrance informatisée des permis CITES (version 3.0)*, du 9 février 2023, accessible sur : http://cites.org/fra/node/134473, consulté le 13 février 2023.
- *Notification aux Parties n° 2023/015: Résultats de la 19e session de la Conférence des Parties (CoP19)*, du 10 février 2023, accessible sur : http://cites.org/fra/node/134778, consulté le 13 février 2023.
- *Notification aux Parties n° 2023/028: Les risques d'émergence de futures zoonoses associées au commerce international d'espèces animales sauvages*, Genève, le 16 mars 2023, accessible sur : http://cites.org/fra/node/136013, consulté le 16 mars 2023.
- *Ordre du jour de la dix-septième session de la Conférence des Parties*, accessible sur : https://cites.org/sites/default/files/fra/CoP/17/WorkingDocs/F-CoP17-02-R2.pdf, consulté le 29 juin 2018
- *Parties_Territories_that_submitted_their_annual_illegal_trade report*, mis à jour le 1er novembre 2022, accessible sur : https://view.officeapps.live.com/op/view.aspx? , consulté le 15 janvier 2023.
- *Pays faisant l'objet d'une recommandation de suspension de commerce*, accessible sur : https://cites.org/fra/resources/ref/suspend.php, consulté le 6 décembre 2020.
- *Plans d'action nationaux CITES pour l'ivoire,* accessible sur : https://cites.org/fra/niaps, consulté le 18 mars 2019.

- *Procédures CITES pour le respect de la Convention*, accessible sur https://cites.org/fra/prog/compliance, consulté le 2 août 2020.
- *Questions administratives*, CoP16 Doc. 8.1, accessible sur : https://cites.org/sites/default/files/fra/CoP/16/doc/F-CoP16-08-01.pdf, consulté le 5 décembre 2020.
- *Questions financières*, SC61 Doc. 10.1, accessible sur : https://cites.org/sites/default/files/fra/com/sc/61/F61-10-01.pdf, consulté le 5 décembre 2020.
- *Quotas d'exportation*, accessible sur : http://www.cites.org/fra/resources/quotas/index.php, consulté le 1er janvier 2014.
- *Rapport annuel 2012 du secrétariat CITES*, accessible sur : https://cites.org/sites/default/files/document/F-Annual%20Report%202012.pdf, consulté le 5 décembre 2020.
- *Rapport de tabulation comparatif sur le commerce illégal de 2010 à 2020*, accessible sur : https://trade.cites.org/fr/cites_trade/download/view_results, consulté le 15 novembre 2020.
- *Rapport annuel 2013 du Secrétariat CITES*, accessible sur : https://cites.org/sites/default/files/document/F-Annual%20Report%202013.pdf, consulté le 5 décembre 2020.
- *Rapport annuel 2017 du Secrétariat CITES*, accessible sur : https://cites.org/sites/default/files/document/F-Annual%20Report%202017.pdf, consulté le 5 décembre 2020.
- *Rapport annuel 2018 du Secrétariat CITES*, accessible sur : https://cites.org/sites/default/files/document/F-Annual%20Report%202018.pdf, consulté le 5 décembre 2020.
- *Rapport annuel sur le commerce illégal*, accessible sur : https://cites.org/fra/resources/reports/Annual_Illegal_trade_report, consulté le 24 octobre 2020.
- *Rapport sur l'application*, accessible sur : https://cites.org/fra/resources/reports/Implementation_report, consulté le 20 décembre 2020.
- *Rapports ad-hoc*, accessible sur : https://cites.org/fra/resources/reports/Ad_hoc_reports, consulté le 20 décembre 2020.
- *Réserves formulées par les Parties*, accessible sur : https://cites.org/fra/app/reserve.php, consulté le 6 décembre 2020.
- *Résolution Conf. 9.24 (Rev. CoP17) – Critères d'amendement des Annexes I et II*, p.5, accessible sur : https://cites.org/sites/default/files/document/F-Res-09-24-R17.pdf, consulté le 9 janvier 2023.
- *Résolution Conf. 10.10 (Rev. CoP16).*
- *Résolution Conf. 11.3 (Rev. CoP18) sur la conformité et l'application*, accessible sur : https://cites.org/sites/default/files/document/F-Res-11-03-R18.pdf, consulté le 2 décembre 2020.
- *Résolution Conf. 17.6 - Interdire, prévenir, détecter et réprimer la corruption qui facilite les activités menées en violation de la Convention*, accessible sur : https://cites.org/sites/default/files/document/F-Res-17-06_0.pdf, consulté le 18 juillet 2020.

- *Résolution Conf. 17.6 sur l'interdiction, la prévention, la détection et la lutte contre la corruption, qui facilitent les activités menées en violation de la Convention*, accessible sur : https://cites.org/sites/default/files/document/F-Res-17-06_0.pdf, consulté le 2 décembre 2020.
- *Résolution Conf. 17.8 sur l'élimination des spécimens commercialisés illégalement et confisqués d'espèces CITES*, accessible sur : https://cites.org/sites/default/files/document/F-Res-17-08.pdf, consulté le 3 décembre 2020.
- *Résolution Conf. 17.X*, Annex 1, accessible sur : https://cites.org/sites/default/files/eng/CoP/17/Com_II/Addendum%20Annex%201%20Budget.pdf, consulté le 5 décembre 2020.
- *Résolution Conf. 18.1 sur le financement et programme de travail chiffré pour le Secrétariat pour la période triennale 2020-2022*, accessible sur : https://cites.org/sites/default/files/document/F-Res-18-01.pdf, consulté le 5 décembre 2020.
- *Résolution Conf. 8.3 (Rev. CoP13) sur la reconnaissance des avantages du commerce de la faune et de la flore sauvages.*
- *Résolution Conf.17.4 sur les stratégies de réduction de la demande pour lutter contre le commerce illégal d'espèces inscrites aux annexes CITES*, accessible : https://cites.org/sites/default/files/document/F-Res-17-04_0.pdf, consulté le 1er décembre 2020.
- *Résolutions de la Conférence des Parties en vigueur après la 19e session,* accessible sur : https://cites.org/eng/res/index.php, consulté le 17 janvier 2024.
- *Sanctions adoptées par les Nations unies contre les groupes armés financés par le braconnage et le commerce illicite des espèces sauvages en République centrafricaine et en République Démocratique du Congo*, accessible sur : http://www.cites.org/fra/news/sundry/2014/20140203_un_sanctions.php, consulté le 15 juin 2018.
- *SC62 Doc. 46.1 (Rev. 1),* accessible sur : http://cites.org/fra/com/sc/62/F62-46-01.pdf, consulté le 1er juin 2014.
- *Situation des populations d'éléphants, niveaux d'abattage illégal et de commerce de l'ivoire : rapport au comité permanent de la CITES*, SC61 Doc. 44.2 (Rev. 1), Annexe 1.
- *Status of legislative progress for implementing CITES* (updated november 2019), accessible sur: https://cites.org/sites/default/files/projects/NLP/Legislative%20status%20table%20November%202019%20for%20web.docx, consulté le 18 mars 2020.
- *Status of legislative progress for implementing CITES* (updated on 8 january 2016), accessible sur: https://cites.org/sites/default/files/eng/prog/Legislation/CITES-NLP-Cat1.pdf , consulté le 12 juin 2016.
- *Tableau changements des Annexes I et II adoptés lors de la 18e Conférence des Parties à la CITES (CoP 18) (Genève, Suisse du 17 au 28 août 2019)*, accessible sur : https://www.health.belgium.be/sites/default/files/uploads/fields/fpshealth_theme_file/tableaux_especes_CoP18_fr.pdf, consulté le 15 décembre 2020.
- *Une opération transcontinentale d'une durée d'un mois a frappé durement la criminalité liée aux espèces sauvages*, accessible sur :

https://cites.org/fra/news/month-long-trans-continental-operation-hit-wildlife-criminals-hard_20062018, consulté le 5 décembre 2020.
- *Vision de la stratégie CITES pour 2008 à 2020, annexe à la Résolution Conf. 16.3*, accessible sur : http://www.cites.org/fra/res/16/16-03.php, consulté le 2 juillet 2014.
- *Vision de la stratégie CITES pour 2021 à 2030*, accessible sur: https://cites.org/sites/default/files/document/F-Res-18-03.pdf, consulté le 22 mars 2021.
- *Wildlife crime linked to the Internet*, https://cites.org/eng/prog/imp/wildlife_crime_online, consulté le 27 octobre 2020.
- CICR, *Convention de 1976 sur l'interdiction d'utiliser des techniques de modification de l'environnement*, 02/2003, https://www.icrc.org/fr/download/file/2108/1976_enmod.pdf, consulté le 31 mars 2021.

24. CITES, IUCN, TRAFFIC, *État de la population de l'éléphant d'Afrique et niveaux de l'abattage illégal et le commerce illégal de l'ivoire*, un rapport pour le Sommet sur l'éléphant d'Afrique, décembre 2013, accessible sur : http://uicn.fr/wp-content/uploads/2013/12/african_elephant_summit_background_document_2013_fr.pdf, consulté le 9 janvier 2023.
25. CITES et OMC, *Renforcer la coopération en faveur du développement durable*, Secrétariat de l'OMC, Suisse, 2015.
26. CITES-UNODC, *Analysis of CITES Annual Illegal Trade Reports: 2016 to 2020 seizure data*, 2022, accessible sur : https://cites.org/sites/default/files/EST/AITR/AITR_Analysis_2022.pdf, consulté le 10 janvier 2023.
27. Club des juristes, *Renforcer l'efficacité du droit international de l'environnement : devoirs des États, droits des individus,* Rapport de la commission environnement, novembre 2015, accessible sur : https://www.actu-environnement.com/media/pdf/news-25708-rapport-Club-juristes-droit-international-environnement.pdf, consulté le 7 décembre 2020.
28. CMS, *Résolution 11.31 « Combattre les délits et fautes contre la faune sauvage à l'intérieur et au-delà des frontières »*, adoptée par la Conférence des Parties lors de sa 11e session (Quito, 4-9 novembre 2014), accessible sur : https://www.cms.int/sites/default/files/document/Res_11_31_combattre_d%C3%A9lits_fautes_contre_faune_sauvage_F.pdf, consulté le 15 octobre 2019.
29. COMIFAC, *Plan d'Action sous régional des Pays de l'Espace COMIFAC pour le renforcement de l'Application des Législations nationales sur la Faune sauvage (PAPECALF),* accessible sur : https://medd.gouv.cd/wp-content/uploads/2019/09/Plan%20d%27actions%20COMIFAC%20Faune.pdf, consulté le 14 octobre 2014.
30. Comité des ministres du Conseil de l'Europe, Recommandation R (91)1 relative aux sanctions administratives adoptée le 13 février 1991, accessible sur : https://rm.coe.int/16804fce52, consulté le 7 août 2022.
31. Commission européenne :

- *Adhésion de l'UE à la CITES,* accessible sur :

https://ec.europa.eu/environment/cites/gaborone_en.htm, consulté le 15 mai 2019.
- *Commerce de l'ivoire: la Commission actualise les règles pour mettre fin à la plupart des formes de commerce de l'ivoire dans l'Union européenne*, Communiqué de presse, Bruxelles, 16 décembre 2021, accessible sur : https://ec.europa.eu/commission/presscorner/detail/fr/ip_21_6887, consulté le 16 janvier 2023.
- *Communication de la commission au conseil et au parlement européen sur l'approche adoptée par l'UE en matière de lutte contre le trafic d'espèces sauvages,* COM (2014) 64 final, février 2014.
- *Examen de la mise en œuvre de la politique environnementale de l'UE 2019.*
- *Groupe d'application,* accessible sur : https://ec.europa.eu/environment/cites/eg_en.htm, consulté le 20 juin 2019.
- *La réglementation du commerce des espèces sauvages dans l'Union européenne : Présentation de la CITES et de sa mise en œuvre dans l'Union européenne*, Luxembourg, Office des publications officielles des Communautés européennes, 2007.
- *Questions et réponses sur la directive révisée de l'UE sur la criminalité environnementale*, Bruxelles, 15 décembre 2021, accessible sur : https://ec.europa.eu/commission/presscorner/detail/fr/qanda_21_6745, consulté le 11 janvier 2023.
- *Stratégie de l'UE en faveur de la biodiversité à l'horizon 2030. Ramener la nature dans nos vies*, COM (2020) 380 final, mai 2020, p.25, accessible sur : https://eur-lex.europa.eu/resource.html?uri=cellar:a3c806a6-9ab3-11ea-9d2d-01aa75ed71a1.0003.02/DOC_1&format=PDF, consulté le 25 mars 2021.
- *Au-delà des éléphants, éléments d'une approche stratégique de l'UE pour la conservation de la nature en Afrique - Analyse régionale, Office des publications de l'Union européenne*, Luxembourg, 2016, accessible sur : https://europa.eu/capacity4dev/file/30083/download?token=yplCBhxl, consulté le 18 septembre 2019.
- Conférence internationale sur la région des Grands Lacs, *Protocole sur la lutte contre l'exploitation illégale des ressources naturelles*, 30 novembre 2006, accessible sur : https://ungreatlakes.unmissions.org/sites/default/files/cirgl_protocole_sur_la_lutte_contre_lexploitation_illegale_des_ressources_naturelles.pdf, consulté le 17 mai 2020.

32. Conférence ministérielle africaine sur l'environnement, *Renforcer l'application et l'efficacité du droit de l'environnement en Afrique*, Note du secrétariat, AMCEN/15/EGM/7, janvier 2015, accessible sur : https://wedocs.unep.org/bitstream/handle/20.500.11822/20571/AMCEN_15_EGM_7_Enhancing_Environ_Law_in_Africa.pdf?sequence=1&isAllowed=y, consulté le 30 décembre 2020.
33. Conseil de l'UE, *Le Conseil arrête son mandat de négociation sur la directive relative à la criminalité environnementale*, Communiqué de presse du 9 décembre 2022, accessible sur : https://www.consilium.europa.eu/fr/press/press-releases/2022/12/09/council-agrees-its-negotiating-mandate-on-the-environmental-crime-directive/, consulté le 11 janvier 2023.

34. Conseil d'État français, *L'évaluation des politiques publiques, Cycle de conférences sur l'étude annuelle du Conseil d'État*, Conférence du 18 décembre 2019, accessible sur : https://www.conseil-etat.fr/actualites/discours-et-interventions/l-evaluation-et-le-controle-des-politiques-publiques-par-le-parlement, consulté le 10 octobre 2020.
35. CPI, *Document de politique générale relatif à la sélection et à la hiérarchisation des affaires, septembre 2016*, accessible sur : https://www.icc-cpi.int/itemsdocuments/20160915_otp-policy_case-selection_fra.pdf, consulté le 14 février 2019.
36. *Déclaration de Marrakech - Un plan d'action en 10 points pour lutter contre le trafic illicite d'espèces de faune et de flore sauvages*, accessible sur : http://www.afdb.org/fileadmin/uploads/afdb/Documents/Generic-Documents.pdf .
37. DELEUIL, T., *La CITES et la protection internationale de la biodiversité*, accessible sur : http://www.sifee.org/static/uploaded/Files/ressources/actes-des-colloques/paris/session-1-2/1_DELEUIL_TXT.pdf, consulté le 12 octobre 2016.
38. EELEN, I. (Adviseur), *Réponses au questionnaire partagé avec l'Administration générale des Douanes et Accises – Service du Directeur régional d'Anvers dans le cadre des recherches doctorales de C. MASHINI MWATHA, Université de Gand*, Contribution reçue le 17 juin 2020.
39. EIA, *Pendant que vous étiez en lock-out, les criminels de la faune sauvage l'ont fait aussi - et beaucoup d'entre eux `` travaillaient à domicile'*, novembre 2020, accessible sur : https://eia-international.org/news/while-youve-been-in-lockdown-so-have-wildlife-criminals-and-many-of-them-have-been-working-from-home/, consulté le 15 novembre 2020.
40. Fondation Hirondelle, *ICCN : le trafic illicite des pointes d'ivoire met la RDC en mauvaise posture sur l'échiquier mondial*, accessible sur : https://www.radiookapi.net/environnement/2010/09/10/iccn-le-trafic-illicite-des-pointes-divoire-met-la-rdc-en-mauvaise-posture-sur-lechiquier-mondial , consulté le 15 août 2017.
41. GAUGER, A., RABATEL-FERNEL, M., KULBICKI, L., SHORT, D. and HIGGINS, P., *The Ecocide Project: 'Ecocide is the missing 5th Crime Against Peace'*, Human Rights Consortium, London, First published 2012, Updated June 2013, accessible sur: https://sas-space.sas.ac.uk/4830/1/Ecocide_research_report_19_July_13.pdf, consulté le 19 février 2017.
42. GAVINI, C., *L'efficacité des normes. Réflexions sur l'émergence d'un nouvel impératif juridique*, Fondation pour l'innovation politique, novembre 2016, accessible sur : http://www.fondapol.org/wp-content/uploads/pdf/documents/Etude_Efficacite_des_normes.pdf, consulté le 10 novembre 2020.
43. Gent Side, *La police rwandaise sauve un bébé gorille des mains de braconniers*, accessible sur : https://www.maxisciences.com/gorille-des-montagnes/la-police-rwandaise-sauve-un-bebe-gorille-des-mains-de-braconniers_art16580.html, consulté le 10 mai 2020.
44. GREGOIRE, I. (CITES officer), *Réponses au questionnaire partagé avec l'organe de gestion CITES belge dans le cadre des recherches doctorales de C. MASHINI MWATHA, Université de Gand*, 8 juin 2020.

45. GVTC, *Qui sommes nous ?,* accessible sur : http://www.greatervirunga.org/about-us/who-we-are/, consulté le 10 mai 2020.
46. HIMBERT, C., *La lutte contre les réseaux criminels impliqués dans la criminalité environnementale*, accessible sur : https://www.un.org/fr/chronicle/article/la-lutte-contre-les-reseaux-criminels-impliques-dans-la-criminalite-environnementale, consulté le 24 mars 2020.
47. HUGLO, C., *La pratique de la réparation en matière de dommages catastrophiques, Les risques technologiques majeurs en droit international et en droit communautaire,* XIIès Journées d'études juridiques Jean DABIN, UCL, 16-17-18 novembre 1988.
48. ICCN, *Stratégie nationale de conservation de la biodiversité dans les aires protégées de la République Démocratique du Congo*, septembre 2012.
49. ICCWC, *Cadre d'indicateurs de l'ICCWC pour la lutte contre la criminalité liée aux espèces sauvages et aux forêts : Modèle d'évaluation*, Genève, 2016, accessible sur : https://www.unodc.org/documents/Wildlife/Indicator_Framework_f.pdf, consulté le 27 octobre 2018.
50. ICCWC, *ICCWC Vision 2030. Towards a world free of wildlife crime*, novembre 2022, accessible sur : https://cites.org/sites/default/files/ICCWC%20Vision/ICCWC_VISION_2030.pdf, consulté le 31 janvier 2023.
51. IFAW, *Recherché - mort ou vif : Le commerce d'espèces sauvages sur Internet dévoilé*, avril 2019, accessible sur : https://d1jyxxz9imt9yb.cloudfront.net/resource/40/attachment/original/Recherche_mort_ou_vif__le_commerce_en_ligne_d_animaux_sauvages_de%CC%81voile_.pdf, consulté le 26 juin 2020.
52. IISDRS, *18th Meeting of the Conference of the Parties of the Convention on International Trade in Endangered Species of Wild Fauna and Flora (CITES CoP18),* accessible sur: https://enb.iisd.org/cites/CoP18/, consulté le 9 décembre 2020.
53. INTERPOL:
- *Global Wildlife Enforcement – Strengthening Law Enforcement Cooperation Against Wildlife Crime*, 2018.
- *L'opération de lutte contre le trafic d'espèces sauvages entraîne des arrestations et des saisies dans le monde*, mars 2017, accessible sur : https://www.interpol.int/News-and-Events/News/2017/Anti-wildlife-trafficking-operation-results-in-global-arrests-and-seizures, consulté le 5 décembre 2020.
- *Opération Infra (International Fugitive Round-Up and Arrest),* juillet 2018, accessible sur : https://www.downtoearth.org.in/tag/operation-infra-terra, consulté le 5 décembre 2020.
- *Trafic d'espèces sauvages : l'opération conjointe mondiale INTERPOL-OMD porte un coup dur à la criminalité organisée*, juillet 2019, accessible sur : https://www.interpol.int/fr/Actualites-et-evenements/Actualites/2019/Trafic-d-especes-sauvages-l-operation-conjointe-mondiale-INTERPOL-OMD-porte-un-coup-dur-a-la-criminalite-organisee, consulté le 5 décembre 2020.

54. LEMMENS, L., *Saisie et confiscation par équivalent de l'instrument du crime (articles 4, 20-21, Loi fourre-tout, Droit pénal et Procédure pénale)*, juillet 2018, accessible sur : https://legalworld.wolterskluwer.be/fr/nouvelles/domaine/droit-penal/saisie-et-confiscation-par-equivalent-de-l-instrument-du-crime/, consulté le 13 mars 2020.
55. LIGEON, B., *L'histoire des épices*, accessible sur : https://ileauxepices.com/blog/2013/01/08/histoire-des-epices/wpid846/, consulté le 18 mars 2018.
56. Ligue Royale Belge pour la Protection des Oiseaux, *Position de la LRBPO concernant les zoos et la faune sauvage*, accessible sur : https://protectiondesoiseaux.be/2020/06/29/position-de-la-lrbpo-concernant-les-zoos-et-la-faune-sauvage/, consulté le 20 décembre 2020.
57. MARON, D., *La Convention sur le commerce des espèces sauvages est mise à l'épreuve au Japon et dans d'autres pays*, août 2019, accessible sur: https://www.nationalgeographic.fr/animaux/2019/08/comme-dautres-pays-avant-lui-le-japon-sincline-face-aux-menaces-de-la-cites, consulté le 6 décembre 2020.
58. MEULENEIRE, P.K.M. (Customs Investigation officer), *Réponses au questionnaire partagé avec les douanes belges de l'aéroport de Zaventem dans le cadre des recherches doctorales de C. MASHINI MWATHA, Université de Gand*, Contribution reçue le 12 juin 2020.
59. Ministère de la transition écologique (France), *Commerce international des espèces sauvages (CITES)*, août 2019, accessible sur : https://www.ecologie.gouv.fr/commerce-internat.ional-des-especes-sauvages-cites, consulté le 7 juillet 2020.
60. MORLEY, M., *Le rapport de l'ONUDC révèle des chiffres alarmants et la nature véritablement internationale du commerce illégal d'espèces sauvages*, accessible sur : https://www.ifaw.org/fr/hommes/opinions/rapport-onudc-revele-chiffres-alarmants-et-nature-internationale-commerce-illegal-especes-sauvages, 20 juillet 2020.
61. Natagora, *Nos animations*, accessible sur : https://www.natagora.be/nos-animations, consulté le 25 mars 2021.
62. Nations unies :
- *Conseil de sécurité des Nations unies, résolutions 2134 (2014),* accessible sur : http://www.un.org/fr/ga/search/view_doc.asp?symbol=S/RES/2134(2014), consulté le 15 juin 2018.
- *Conseil de sécurité des Nations unies, résolutions 2136 (2014),* accessible sur : http://www.un.org/News/Press/docs/2014/sc11268.doc.htm, consulté le 15 juin 2018.
- *Dans une liberté plus grande : développement, sécurité et respect des droits de l'homme pour tous*, Rapport du Secrétaire général, A/59/2005, Par.73, accessible sur : https://www.un.org/french/largerfreedom/a592005f.pdf, consulté le 17 mai 2018.
- ECOSOC, *Résolution 2011/36 du 28 juillet 2011 de l'ECOSOC sur la prévention du crime et réponses de la justice pénale contre le trafic illicite d'espèces de faune et de flore sauvages menacées d'extinction,* juillet 2011, accessible sur :

https://www.un.org/ecosoc/sites/www.un.org.ecosoc/files/documents/2011/res-2011.36.pdf, consulté le 27 octobre 2020.
- ECOSOC, *Résolution 2013/40 du Conseil économique et social du 25 juillet 2013 sur les mesures de prévention du crime et de justice pénale visant à lutter contre le trafic illicite d'espèces de faune et de flore sauvages protégées*, juillet 2013, pp.135-138, accessible sur : https://undocs.org/pdf?symbol=fr/E/2013/99, consulté le 21 octobre 2017.
- *Le commerce illicite d'espèces de la faune et de la flore sauvages : conséquences environnementales, sociales et économiques pour le développement durable*, Note d'information du Secrétariat, UNEP/EA.1/INF/19, 2014.
- *Lutte contre le trafic d'espèces sauvages,* Rapport du Secrétaire général, Soixante-treizième session de l'Assemblée générale, Point 14 de l'ordre du jour : « Application et suivi intégrés et coordonnés des textes issus des grandes conférences et réunions au sommet organisées par les Nations unies dans les domaines économique et social et dans les domaines connexes », A/73/947, juin 2019, accessible sur : https://undocs.org/pdf?symbol=fr/A/73/947, consulté le 9 novembre 2020.
- *Recueil de droit international. Collection d'instruments*, Tome 1, New York, 2018.
- *Résolution 2/14 de l'Assemblée des Nations unies pour l'environnement du Programme des Nations unies pour l'environnement sur le commerce illicite d'espèces sauvages et de produits dérivés*, 27 mai 2016, UNEP/EA.2/Res.14, accessible sur : https://wedocs.unep.org/bitstream/handle/20.500.11822/17508/K1607259_UNEPEA2_RES14F.pdf?sequence=9&isAllowed=y, consulté le 12 septembre 2019.
- *Résolution 2129 (2013) du Conseil de sécurité, S/RES/2129 (2013),* du 17 décembre 2013, accessible sur : https://undocs.org/fr/S/RES/2129(2013), consulté le 24 novembre 2020.
- *Résolution 2198 (2015) du Conseil de sécurité du 29 janvier 2015 portant sur la situation concernant la République Démocratique du Congo*, S/RES/2198 (2015), accessible sur : https://undocs.org/pdf?symbol=fr/S/RES/2198%20(2015), consulté le 23 juillet 2020.
- *Résolution 23/1 de la Commission pour la prévention du crime et la justice pénale*, Rapport sur la vingt-troisième session (13 décembre 2013 et 12-16 mai 2014) de la Commission pour la prévention du crime et la justice pénale, accessible sur :https://www.unodc.org/documents/commissions/CCPCJ/CCPCJ_Sessions/CCPCJ_23/Report/E2014_30_f_V1403809.pdf, consulté le 28 novembre 2020.
- *Résolution 28/11 du Conseil des droits de l'homme sur les droits de l'homme et l'environnement,* A/HRC/RES/28/11, du 26 mars 2015, accessible sur : https://undocs.org/fr/A/HRC/RES/28/11, consulté le 6 juillet 2019.
- *Résolution 69/314 de l'AG de l'ONU du 30 juillet 2015 sur la lutte contre le trafic des espèces sauvages*, A/RES/69/314, accessible sur : https://undocs.org/fr/A/RES/69/314, consulté le 27 novembre 2020.
- *Résolution 70/301 de l'AG de l'ONU du 9 septembre 2016 sur la lutte contre le trafic d'espèces sauvages*, A/RES/70/301, accessible sur : https://undocs.org/fr/A/RES/70/301, consulté le 27 novembre 2020.

- *Résolution 71/326 du 11 septembre 2017 de l'Assemblée générale sur la lutte contre le trafic des espèces sauvages*, A/RES/71/326, septembre 2017, accessible sur : https://undocs.org/fr/A/RES/71/326, consulté le 27 novembre 2020.
- *Résolution 73/343 de l'AG de l'ONU du 16 septembre 2019 sur la lutte contre le trafic des espèces sauvages*, A/73/L.120, 10 septembre 2019, accessible sur : https://documents-dds-ny.un.org/doc/UNDOC/LTD/N19/275/94/PDF/N1927594.pdf?OpenElement, consulté le 27 novembre 2020.
- *Résolution 75/311 de l'AG de l'ONU du 23 juillet 2021 sur la lutte contre le trafic des espèces sauvages*, A/75/L.116, accessible sur : https://documents-dds-ny.un.org/doc/UNDOC/LTD/N21/194/14/PDF/N2119414.pdf?OpenElement, consulté le 18 juillet 2021.
- *Résolution 76/187 du 16 décembre 2021 de l'Assemblée générale sur le renforcement du programme des Nations unies pour la prévention du crime et la justice pénale*, A/RES/76/187, 11 janvier 2022, accessible sur : https://documents-dds-ny.un.org/doc/UNDOC/GEN/N21/405/69/PDF/N2140569.pdf?OpenElement, consulté le 27 octobre 2022.
- *Résolution adoptée par l'Assemblée générale le 5 novembre 2020*, accessible sur : https://undocs.org/fr/A/RES/75/4, consulté le 25 novembre 2020.

63. Natuurpunt, *Natuurpunt - En français*, accessible sur : https://www.natuurpunt.be/pagina/natuurpunt-en-fran%C3%A7ais, consulté le 25 mars 2021.
64. NTUMBA, A., *Conservation : 8,8 tonnes d'ivoire d'éléphant en provenance de la RDC saisis à Singapour*, juillet 2019, accessible sur : https://www.environews-rdc.org/2019/07/23/conservation-88-tonnes-divoire-delephant-en-provenance-de-la-rdc-saisis-a-singapour/#:, consulté le 23 juillet 2019.
65. OCDE, *Expérience d'utilisation de mesures commerciales dans la Convention sur le commerce international des espèces de faune et de flore sauvages menacées d'extinction (CITES)*, Paris, 1997.
66. Office Française de la Biodiversité, *Décision historique sur la réparation du préjudice écologique*, mars 2020, accessible sur : https://professionnels.ofb.fr/fr/article/proces-braconnage-decision-historique-reparation-prejudice-ecologique, consulté le 23 décembre 2020.
67. OMC, *Matrice des mesures liées au commerce prises au titre de divers accords environnementaux multilatéraux*, Note du secrétariat, accessible sur : https://docs.wto.org/dol2fe/Pages/FE_Search/FE_S_S009-Html., consulté le 9 août 2020.
68. OMD :

- *Convention du Système harmonisé*, accessible sur : http://www.wcoomd.org/fr/topics/nomenclature/instrument-and-tools/hs_convention.aspx, consulté le 12 décembre 2020.
- *Criminalité forestière et liée aux espèces sauvages : une opération mondiale OMD - INTERPOL* permet des saisies aux quatre coins du monde, 09 novembre 2020, accessible sur : http://www.wcoomd.org/fr/media/newsroom/2020/november/wildlife-and-

forestry-crime-worldwide-seizures-in-global-wco-interpol-operation.aspx?p=1, consulté le 5 janvier 2021.
- *L'Opération PRAESIDIO donne de l'élan aux efforts internationaux de lutte contre le commerce illicite des espèces sauvages*, mars 2019, accessible sur : http://www.wcoomd.org/fr/media/newsroom/2019/march/operation-praesidio-boosts-global-efforts-to-combat-the-illegal-wildlife-trade.aspx?p=1, consulté le 5 décembre 2020.
- *Participation de l'OMD au lancement de la vision d'ICCWC à l'horizon 2030*, communication du 22 novembre 2022, accessible sur : https://www.wcoomd.org/fr/media/newsroom/2022/november/wco-participates-in-the-launch-of-the-iccwc-vision-2030.aspx, consulté le 14 février 2023.
- *Opération COBRA II: Les services de répression d'Afrique, d'Asie et d'Amérique du Nord s'allient contre les trafiquants d'espèces sauvages*, accessible sur : http://www.wcoomd.org/fr/media/newsroom/2014/february/operation-cobra-ii.aspx, consulté le 5 juillet 2014.
- *Une opération réussie met en évidence une coopération croissante pour lutter contre la criminalité liée aux espèces sauvages*, mai 2015, accessible sur : http://www.wcoomd.org/ru-ru/media/newsroom/2015/june/successful-operation-highlights-growing-cooperation-to-combat-wildlife-crime.aspx?p=1, consulté le 5 décembre 2020.

69. OMS, *Flambée de la maladie à coronavirus 2019 (COVID-19)*, accessible sur : https://www.who.int/fr/emergencies/diseases/novel-coronavirus-2019, consulté le 30 juin 2020.
70. OMS, *Maladie zoonotique : nouvelles menaces pour la santé publique dans la Région*, accessible sur : http://www.emro.who.int/about-who/rc61/zoonotic-diseases.html, consulté le 7 novembre 2020.
71. OMS, *Une seule santé*, accessible sur : https://www.who.int/europe/fr/initiatives/one-health, consulté le 17 janvier 2023.
72. Organisation internationale du Travail (OIT) et Institut international d'études sociales (IIES), *La dimension sociale des accords de libre-échange*, Genève, OIT, 2013, accessible sur : https://www.ilo.org/wcmsp5/groups/public/---dgreports/---inst/documents/publication/wcms_228966.pdf, consulté le 5 janvier 2021.
73. Ouest-France, *République Démocratique du Congo. Au moins 17 morts lors d'une embuscade dans le parc des Virunga*, accessible sur : https://www.ouest-france.fr/monde/republique-democratique-du-congo/republique-democratique-du-congo-plusieurs-gardes-tues-lors-d-une-attaque-dans-le-parc-des-virunga-6816958, consulté le 24 novembre 2020.
74. Ouganda, *National strategy to combat poaching, illegal trade and trafficking of wildlife and wildlife products 2020-2029*, accessible sur : https://uganda.wcs.org/DesktopModules/Bring2mind/DMX/Download.aspx?EntryId=37412&PortalId=141&DownloadMethod=attachment, consulté le 8 janvier 2021.
75. Parlement européen, Résolution du 2 mars 2017 sur la politique commerciale commune de l'Union européenne dans le cadre des impératifs en matière de préservation des espèces sauvages (2016/2054(INI)), *in Journal officiel de l'Union européenne*, (2018/C 263/05), du 25 juillet 2018.

76. PNUE :
- *Renforcement des cadres juridiques liés au commerce licite et illicite des espèces sauvages et des produits forestiers, Leçons tirées des secteurs de la gestion des ressources naturelles, de la réglementation du commerce et de la justice pénale*, Nairobi, 2019.
- *The State of Knowledge of Crimes that have Serious Impacts on the Environment*, Nairobi, 2018.
77. PRICE, K., *Poaching, deforestation reportedly on the rise since COVID-19 lockdowns*, avril 2020, accessible sur: https://www.conservation.org/blog/poaching-deforestation-reportedly-on-the-rise-since-covid-19-lockdowns, consulté le 25 mars 2021.
78. Programme mondial pour la vie sauvage, *Réduire le braconnage, réduire le trafic, réduire la demande*, Banque mondiale, 2018, accessible sur : http://pubdocs.worldbank.org/en/510921540998646015/GWP-Brochure-FRE-October2018-WEB.pdf, consulté le 23 octobre 2019.
79. RDC :
- *"Permit verify : CITES DRC SECURE"*, accessible sur : https://www.citesrdc.org/news.php#, consulté le 14 novembre 2020.
- *Plan d'Action National pour l'Ivoire de la RDC 2015-2016*, mars 2015.
- *Rapport bisannuel 2017-2018*, accessible sur : https://cites.org/sites/default/files/reports/17-18DemocraticRepulicoftheCongo.pdf, consulté le 10 décembre 2020.
- *Stratégie et plan d'action nationaux de la biodiversité (2016-2020)*, octobre 2016, accessible sur : http://extwprlegs1.fao.org/docs/pdf/Cng169379.pdf, consulté le 15 juillet 2018.
80. RDC Nouvelles, *113 kg d'ivoires et deux cornes de rhinocéros saisis à l'aéroport international de N'Djili*, accessible sur : http://rdcnouvelles.com/societe/archive-societe/1586-113-kg-d-ivoires-et-deux-cornes-de-rhinoceros-saisis-a-l-aeroport-international-de-n-djili.html, consulté le 15 août 2017.
81. RSA, *National Integrated Strategy to Combat Wildlife Trafficking (NISCWT)*, February 2017, accessible sur: https://pmg.org.za/files/170530NISCWT.pdf, consulté le 15 mai 2020.
82. SAICM, UNITAR et IOMC, *Guide d'orientation sur l'élaboration de plans de mise en œuvre de la SAICM*, édition 2009, accessible sur : https://www.who.int/iomc/publications/saicm_impl_fr.pdf?ua=1, consulté le 27 janvier 2021.
83. SCANLON, J. E., *La dimension internationale du commerce illégal des espèces sauvages, Présentation à l'occasion de la première session de l'Assemblée des Nations unies pour l'environnement (ANUE) du 24 juin 2016*, Nairobi, Kenya, accessible sur : https://cites.org/fra/node/15648, consulté le 19 février 2017.
84. Sénat de Belgique :
- *Projet de loi portant approbation de la Convention sur le commerce international des espèces de faune et de flore sauvages menacées d'extinction, et des Annexes, faites à Washington le 3 mars 1973 ainsi que de l'Amendement à la Convention, adopté à Bonn le 22 juin 1979*, R.A. 11999, 598 (1980-1981), n°1, du 25 février 1981, http://www.senaat.be/lexdocs/S0613/S06131198.pdf, consulté le 17 mai 2019.

- *CITES - Commerce d'espèces animales et végétales protégées*, Question écrite n° 6-1924 de Jean-Jacques De Gucht (Open Vld) au ministre de la Justice, Session 2017-2018, 3 juillet 2018, accessible sur : https://www.senate.be/www/?MIval=/Vragen/SVPrint&LEG=6&NR=1924&LANG=fr, consulté le 30 juin 2020.
- *Convention CITES - Commerce d'espèces animales et végétales protégées - Évaluation approfondie - Croisement de banques de données - Financement - Moratoire sur tout nouveau commerce*, Question écrite n° 7-87, Session 2019-2020, 14 octobre 2019, accessible sur : https://www.senate.be/www/?MIval=/Vragen/SVPrint&LEG=7&NR=87&LANG=fr, consulté le 7 novembre 2020.
- *Question écrite n° 6-1109 de Guy D'haeseleer (Vlaams Belang) au ministre des Finances, chargé de la Lutte contre la fraude fiscale*, 7 novembre 2016, accessible sur : https://www.senate.be/www/?MIval=/Vragen/SVPrint&LEG=6&NR=1109&LANG=fr, consulté le 15 août 2018.

85. Service Public Fédéral Justice, *Moniteur belge*, accessible sur : https://justice.belgium.be/fr/service_public_federal_justice/organisation/moniteur_belge, consulté le 15 janvier 2021.
86. Service Public Fédéral Santé publique, Sécurité de la Chaîne alimentaire et Environnement :

- *Dossier d'information sur le commerce des animaux, des plantes et du bois*, accessible sur : https://www.health.belgium.be/sites/default/files/uploads/fields/fpshealth_theme_file/dossier_de_presse_fr.docx, consulté le 11 décembre 2020.
- *Deuxième rapport fédéral en matière d'environnement*, 2015.
- *Les matières environnementales dans le cadre fédéral belge*, avril 2016, accessible sur : https://www.health.belgium.be/fr/environnement/aarhusbe/les-matieres-environnementales-dans-le-cadre-federal-belge, consulté le 18 janvier 2020.
- *Les risques en cas de non-respect de la CITES*, accessible sur : http://health.belgium.be/eportal/AnimalsandPlants/EndangeredSpecies/WhatIsCITES/TheRisksOfNonCompliance/index.htm#.VX9b6U1FCpo, consulté le 1er juin 2015.
- *Renforcement des règles de l'UE pour limiter le commerce de l'ivoire*, 14 janvier 2022, accessible sur : https://www.health.belgium.be/fr/news/renforcement-des-regles-de-lue-pour-limiter-le-commerce-de-livoire, consulté le 10 mars 2022.
- *Sortir les dents : rapporter de l'ivoire au SPF toujours possible*, accessible sur : https://www.health.belgium.be/fr/sortir-les-dents-rapporter-de-livoire-au-spf-toujours-possible, consulté le 15 septembre 2018.

87. Statista, *Le coronavirus (COVID-19) - Faits et chiffres*, accessible sur : https://fr.statista.com/themes/6050/le-coronavirus-covid-19/#dossierSummary__chapter1, consulté le 25 novembre 2020.
88. Stop Ivory, *Système de Gestion des Stocks d'Ivoire : Note de synthèse*, accessible sur : http://stopivory.org/resources/, consulté le 27 décembre 2019.
89. Tanzania, *National Strategy to Combat Poaching and Illegal Wildlife Trade*, 30th october 2014.

90. UE :
- *Annexe du Règlement (ce) n° 338/97 du Conseil du 9 décembre 1996*, référence 01997R0338 – FR - 19.01.2022 - 022.001, accessible sur : https://www.health.belgium.be/sites/default/files/uploads/fields/fpshealth_theme_file/reglement_ndeg338-20220119_fr_txt.pdf, consulté le 16 janvier 2023
- *Directive 2004/35/CE du Parlement européen et du Conseil du 21 avril 2004 sur la responsabilité environnementale en ce qui concerne la prévention et la réparation des dommages environnementaux*, accessible sur http://eur-lex.europa.eu/LexUriServ/LexUriServ.do?uri=CELEX:32004L0035:FR:HTM, consulté le 5 janvier 2015.
- *Directive 2008/99/CE du Parlement européen et du Conseil du 19 novembre 2008 relative à la protection de l'environnement par le droit pénal*, Journal officiel de l'Union européenne, L 328, 06 décembre 2008, accessible sur : https://eur-lex.europa.eu/legal-content/FR/TXT/?uri=OJ:L:2008:328:TOC, consulté le 27 octobre 2018.
- *Plan d'action de l'Union européenne contre le trafic d'espèces sauvages*, (COM (2016) 87 final).
91. UICN :
- *La Liste rouge mondiale des espèces menacées (version 2023.1)*, accessible sur : https://uicn.fr/liste-rouge-mondiale, consulté le 16 mai 2024.
- *La Liste rouge mondiale des espèces menacées (version 2022.2)*, accessible sur : https://uicn.fr/liste-rouge-mondiale, consulté le 17 janvier 2023.
- *La Liste rouge mondiale des espèces menacées (version 2020.3)*, accessible sur : https://uicn.fr/liste-rouge-mondiale/, consulté le 20 décembre 2020.
- *La Liste rouge mondiale des espèces menacées (version 2015.4)*, accessible sur : https://www.uicn.fr/La-Liste-Rouge-des-especes.html et http://www.iucnredlist.org, consulté le 5 avril 2016.
- *Parcs et réserves de la République Démocratique du Congo : évaluation de l'efficacité de gestion des aires protégées*, BF: UICN/PACO, Ouagadougou, 2010.
- *Procès-verbaux, septième Assemblée générale*, Varsovie, juin 1960
- *Red List*, accessible sur: https://www.iucn.org/fr/tags/work-area/red-list, consulté le 5 janvier 2021.
92. UNEP-WCMC (Comps.) 2020, *Téléchargement complet de la Base de Données sur le Commerce CITES* (Version 2020.1). Secrétariat de la CITES, Genève, Suisse.
93. UNODC :
- *Compilation d'outils pour l'analyse de la criminalité liée aux espèces sauvages et aux forêts*, Vienne, Nations unies, décembre 2012
- *Recueil d'affaires de criminalité organisée : Compilation d'affaires avec commentaires et enseignements tirés, Nations unies*, octobre 2012, accessible sur : http://www.unodc.org/documents/organized-crime/FrenchDigest_Final_301012_30102012.pdf
94. USA, *National Strategy for Combating Wildlife Trafficking*, accessible sur : https://www.justice.gov/sites/default/files/enrd/legacy/2015/04/13/National_Strategy_for_Combating_Wildlife_Trafficking_-__Implementation_Plan.pdf, consulté le 15 mai 2020.

95. WWF, *La Belgique, plaque tournante européenne ?, Note de position sur le commerce des espèces de faune et de flore sauvages*, octobre 2018.
96. WWF, *Vers une fermeture complète et effective du marché de l'ivoire en RDC*, mai 2017, accessible sur : https://wwf.panda.org/?301032/Vers%2Dune%2Dfermeture%2Dcomplte%2Det%2Deffective%2Ddu%2Dmarch%2Dde%2Dlivoire%2Den%2DRDC, consulté le 27 mai 2017.

TABLE DES MATIÈRES

Structures éditoriales du groupe L'Harmattan

L'Harmattan Italie
Via degli Artisti, 15
10124 Torino
harmattan.italia@gmail.com

L'Harmattan Hongrie
Kossuth l. u. 14-16.
1053 Budapest
harmattan@harmattan.hu

L'Harmattan Sénégal
10 VDN en face Mermoz
BP 45034 Dakar-Fann
senharmattan@gmail.com

L'Harmattan Cameroun
TSINGA/FECAFOOT
BP 11486 Yaoundé
inkoukam@gmail.com

L'Harmattan Burkina Faso
Achille Somé – tengnule@hotmail.fr

L'Harmattan Guinée
Almamya, rue KA 028 OKB Agency
BP 3470 Conakry
harmattanguinee@yahoo.fr

L'Harmattan RDC
185, avenue Nyangwe
Commune de Lingwala – Kinshasa
matangilamusadila@yahoo.fr

L'Harmattan Congo
219, avenue Nelson Mandela
BP 2874 Brazzaville
harmattan.congo@yahoo.fr

L'Harmattan Mali
ACI 2000 - Immeuble Mgr Jean Marie Cisse
Bureau 10
BP 145 Bamako-Mali
mali@harmattan.fr

L'Harmattan Togo
Djidjole – Lomé
Maison Amela
face EPP BATOME
ddamela@aol.com

L'Harmattan Côte d'Ivoire
Résidence Karl – Cité des Arts
Abidjan-Cocody
03 BP 1588 Abidjan
espace_harmattan.ci@hotmail fr

Nos librairies en France

Librairie internationale
16, rue des Écoles
75005 Paris
librairie.internationale@harmattan.fr
01 40 46 79 11
www.librairieharmattan.com

Librairie des savoirs
21, rue des Écoles
75005 Paris
librairie.sh@harmattan.fr
01 46 34 13 71
www.librairieharmattansh.com

Librairie Le Lucernaire
53, rue Notre-Dame-des-Champs
75006 Paris
librairie@lucernaire.fr
01 42 22 67 13

www.ingramcontent.com/pod-product-compliance
Lightning Source LLC
LaVergne TN
LVHW080927071026
849535LV00013B/4127
* 9 7 8 2 3 3 6 4 5 7 6 9 7 *